# 校长十年漫谈录

段宝岩

西安电子科技大学出版社

2004年9月30日学校举行新校区一期工程竣工典礼

2005年10月16日段宝岩校长在北京"IFUP-ICT首届国际大学校长论坛"上发表演讲

2006年11月20日本科教学工作水平评估会召开，段宝岩校长作
主题报告《夯人才培养之基、创一流本科教育》

2007年1月21日教育部与西安市人民政府签署合作共建西安电子科技大学协议

2007年3月17日至31日段宝岩校长赴美参加了"2007中国-莱斯大学领导高级研讨班"调研，与莱斯大学校长David Leebron签署合作协议

2007年11月30日陕西电子工业研究院成立，段宝岩校长作题为"特色立足开拓创新、优势提升引领发展"的讲话

2008年1月15日教育部、国防科工委、陕西省人民政府签署三方
共建西安电子科技大学协议

2008年12月12日学校召开迁校50周年纪念大会,段宝岩校长
作主题演讲《在困难中砥砺、在拼搏中成长》

2009年5月21日学校举行第四届关键学术岗位聘任仪式，段宝岩校长发表讲话
《"人才强校"需要"精兵强将"》

2009年12月19日学校承办第三届高水平行业特色型大学发展论坛年会

2010年3月27日学校召开第十一次党代会，研讨制定"十二五"规划

段宝岩校长在第十一次党代会上作题为
"以人为本聚合力、团结奋进谱新篇"的工作汇报

2009年7月18日我校空天研究院成立，孙家栋院士和段宝岩校长共同揭牌

段宝岩校长在我校空天院成立仪式上发表讲话《树西电丰碑、铸空天利剑》

2010年3月4日新校区教工住宅楼开工，段宝岩校长致辞

2010年4月23日新校区图书馆正式开馆

2010年5月5日学校与中国电子进出口总公司、国家留学基金委联合签署合作协议，
成为"中电来华留学生奖学金"项目唯一签约院校

2010年12月10日学校召开全国百篇优秀博士学位论文表彰大会,段宝岩校长致辞

2010年11月20日段宝岩校长出席桂林电子科技大学50年校庆，代表国内高校致辞《五十载耕耘结硕果、半世纪风雨铸辉煌》

2011年3月30日学校召开研究生毕业典礼，段宝岩校长寄语毕业研究生《用心编织自己的人生》

2011年6月22日段宝岩校长在京拜访校友柳传志学长

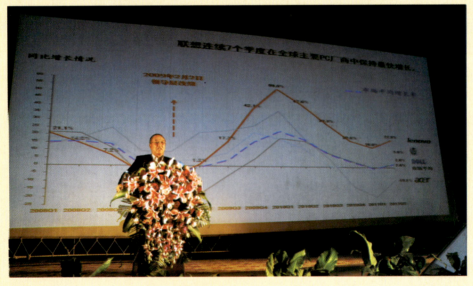

2011年10月12日柳传志受邀回到母校作题为"把想做的事儿做成"的演讲

2011年9月4日时任国务委员刘延东同志来校视察，段宝岩校长汇报学校工作

2011年10月学校80周年校庆期间举行中外大学校长论坛暨国外合作院校签约仪式

2011年10月15日西安电子科技大学建校80周年庆典在新校区隆重举行

段宝岩校长在80周年校庆典礼上作题为"三万里辗转凝聚'西军电'精神、八十载兼程彰显'西电人'本色"的讲话

# 目　　录

# 第三部分　大师之本

# 第四部分　育才之根

## 第五部分　新　区　建　设

## 第六部分　合　作　交　流

## 附录　在报刊、杂志上公开发表的文章选编

# 第一部分 办学之思

思考，是认识事物、分析判断、把握本质、洞悉内涵的一系列思维活动，是产生思想与智慧的前提和基础。

思者常新，行者至真。办好一所大学，应从顶层设计的角度，首先认真思考办学的根本宗旨、发展思路，廓清办学理念，用思想指导行动，用理论指导实践，使办学达到学思结合、知行合一的目的。

凡事预则立，不预则废。思之而先行，谋定而后动。

2002年就任校长伊始，教育部提出"思考两个问题、制定三个规划"的工作要求，各高校围绕"建设一所什么样的大学、怎样建设这样的大学"的问题，广泛开展了办学思想大讨论，为制定发展战略规划、学科建设和队伍建设规划、校园建设规划的"三个规划"开启了帷幕。2002年至2003年，学校开展了自上而下、自下而上的关于办学理念、发展思路的研讨，集思广益、理顺思路、廓清理念、达成共识，逐步形成了"三个理念"、"四个兴校"、"一头两翼一保障"的办学理念和发展思路，从顶层设计、全局布局上为制定发展规划、提出治校方略打下了基础。

本部分收录的7篇讲话及报告，主要是2002年、2003年开展办学思想大讨论期间总结概括的广大研讨者和教职工建设性意见的情况，以及后来学习"三个代表"重要思想、科学发展观的体会，结合学校实际工作的进一步思考，其中一些思考仍显粗浅和不足，有待完善。

# 继往开来　勇挑重担　埋头苦干　不辱使命

## ——在教育部宣布学校新班子会议上的讲话

（2002 年 5 月 17 日）

首先，非常感谢教育部领导与学校广大教职工的信任与支持。作为新任校长，此时此刻，我感到更多的是责任与压力。经过几代人的艰苦奋斗和无私奉献，学校已经取得了显著的成绩，而如何在保持现有优势的基础上，使西电有更大的发展、在国内外有更大的影响，是党和人民赋予我们的历史使命，是广大教职工寄予我们的深切厚望。

我已深深感受到这种责任的崇高、这一任务的艰巨、这副担子的沉重份量。借此机会，谈五点想法：

## 一、狠抓学科建设，向着研究型、开放式的目标阔步前进

两年前，我们在思考应该把一个什么样的西电带入新世纪的问题。今天，我们在思考西电应以什么样的姿态面对新世纪的问题。回答是什么呢？我想应当是一个朝气蓬勃、奋发有为的新西电，是一个特色鲜明、研究型、开放式的国内外知名大学！

为此，就要以学科建设为龙头，因为学科是高校教学与科研工作的基础，学科建设的目的是提高人才培养质量、科学研究水平和管理能力，为实现教学、科研和社会服务三大功能打下坚实基础。

狠抓学科建设，首先要建设好国家级重点学科，突出我校电子与信息特色；其次，建设好 211 工程的"三群一点"，这是我们的骨干学科；再者，着力培育新的学科增长点，大力发展新兴学科、交叉学科与边缘学科，不断增强学科发展的后劲。

## 二、以人为本，大力加强师资队伍和管理干部队伍建设

一流的学科靠谁来创造、靠谁来建设呢？靠创造型的人才，靠大师级的教授，靠一流的管理人才。因此，就要以人为中心，以人为根本，尊重人，重视人，把人的积极性、创造性和主观能动性发挥好、引导好、保护好。说到底，就是要扎扎实实地建设好师资队伍和干部队伍。

首先要有一支知识结构优化、年龄档次合理、具有较高学术水平的师资队

伍，树立教师是学校主体的意识，贯彻教授是大学灵魂的观念，行动上而不是口头上提高教师的待遇与地位，使大家树立校兴我荣、校衰我耻的主人公意识。

同时，要建设一支廉洁高效、扎实肯干的干部队伍。要坚持德才兼备、任人唯贤的选拔干部的原则，确实把那些政治上坚定、作风正派、乐于奉献、有能力的人提拔并充实到各级干部队伍中去。

老教师和老干部是学校的宝贵财富，他们曾经为西电的发展做出过重要贡献，要注意发挥他们的积极性，使他们发挥传、帮、带的作用。

年轻教师是学校的希望与未来，应制定切实可行的措施提高年轻教师的待遇。把待遇留人、事业留人与感情留人的"三留人"措施落到实处。

## 三、落实四个机制，把奖勤罚懒措施落到实处

贯彻执行竞争、激励、评价与奖励等四个机制，是管理工作的关键。我认为贯彻四个机制的核心，在于奖惩严明。要旗帜鲜明地表扬和奖励先进人物。要敢于严惩各种违反校规的人和事，决不姑息迁就。每一位领导干部都要"从自己做起，从现在做起"。

要大力提倡廉洁高效、严厉惩治腐败，从思想上、制度上与组织上堵住各种漏洞。一旦发现腐败现象，不管是何人何事，都要一查到底，严厉惩处，决不让腐败现象在西电有藏身之地。

## 四、拓展外部发展空间，优化校园文化环境

一所大学的发展离不开国家和社会的关心、支持与帮助。为此，我们必须做好以下四方面的工作。

第一，全力搞好并尽快实施共建工作。共建是教育部倡导的高校改革方向之一。实施共建有利于充分利用各种资源，调动各方面的积极性。我们要积极争取陕西省、西安市的支持，争取中国电子科技集团与信息产业部的支持，尽快促成部、省、市、集团的共建，为我校寻求更为广阔的发展空间。

第二，着力改善并加强与陕西省和西安市的关系。要在观念上、思想上乃至行动上，切实改善同省市的关系，加强沟通、增进了解。学校应努力为当地经济与社会发展多做贡献，也希望得到省市多方面的关心、支持与帮助。

第三，继续深化同国家相关部门的友好关系。由于学科专业的特点与历史的原因，我们与总装备部、各军兵种、电科院等部门有着广泛而深入的联系，我校大部分科研经费来自于这些部门。因此，我们应更加积极主动地加强与这些部门的联系，寻求更多的支持。

第四，抓好校园文化建设。要大力加强对学生的综合素质教育，使学生成

为既懂专业知识又具有较高文化品位的新一代大学生。要提高广大教职工的文明素质,在校园内形成一种理解、团结、祥和的良好氛围。要切实加强对新校区建设的领导,加快新校区建设的步伐。

## 五、基本工作方针与原则

在今后工作中,我将始终贯彻的工作方针与原则是:

第一,坚持贯彻公开、公正、透明、合理的原则,努力创造一种公平竞争、透明规范的工作局面,时刻牢记"民不敬吾能、而敬吾公"的古训、不忘"吏不畏吾严、而畏吾廉"的名言。我深信,做任何事情,公开是前提,透明是关键,公正合理是目的。我将认真贯彻这一原则并首先从自己做起。同时要求全校各部门、各级领导都应在工作中认真贯彻这一原则。

第二,坚持党的相信和依靠最广大人民群众的优良传统。注重调查研究,掌握第一手资料,把自己的一生同西电的兴衰荣辱紧密联系在一起,为学校的发展埋头苦干,不辱使命。

第三,坚持按程序办事,按规章制度办事,维护学校各种规章制度的严肃性。

第四,信守踏踏实实做人,认认真真做事的准则。诚信为本、操守为重;不说大话、空话,一切从实际出发;言必信、行必果。

同志们,西电曾经有过辉煌的过去,正经历着充满机遇和挑战的现在,也必将会有一个更加美好的未来。我们应当认真地总结过去,准确地把握现在,清醒地规划未来。让我们以"三个代表"重要思想为指导,紧密结合我校实际,团结一致,振奋精神,奋发努力,扎实工作,少说空话,多做实事,为把我校早日建成特色鲜明、研究型、开放式的国内外知名大学而努力奋斗!

# 跨越　特色　集成

—— 在学校"211 工程""十五"建设动员大会上的讲话
(2002 年 9 月 25 日)

今天，召开"211 工程""十五"建设动员大会，启动学校建设与发展重中之重的这项工作，具有特别重要的意义。下面，着重讲三个问题：

## 一、进一步提高对加强"211 工程"建设意义的认识

### (一)　"九五"建设有力促进了各项工作的全面发展

我校"211 工程"从 1994 年校内专家评审开始到 1998 年被国家计委批准正式立项，经过"九五"建设，到 2002 年 4 月完成整体项目验收，历时近十年。通过"211 工程"的"九五"建设，学校办学实力有了明显增强，在学科建设、人才培养、科学研究、队伍建设、办学效益以及成果转化等方面均取得了重要进展，办学条件大为改善，涌现出一批跟踪国际先进水平、具有国内领先和先进地位的标志性成果。教育部专家组对此给予了高度评价，认为我校"高质量地完成了国家下达的'211 工程''九五'立项建设任务"。

### (二)　继续搞好"十五"建设意义重大

我校"211 工程""九五"建设在主管部门资金未能足额到位的情况下，克服了重重困难，这些成绩来之不易。但在肯定成绩的同时，必须正视问题和不足，主要有三个方面。

第一，学科专业面较窄。我校学科大部分属于工学类，工科又主要集中在电子信息类，这是我们的特色。但是，从另一方面看，对学校发展也带来一定困难，特别是在学科门类间的交叉、融合与渗透，以及对人才培养的综合影响方面有所欠缺。

第二，人才队伍后劲不足。这表现在两个方面，一个是数量，一个是质量。目前我们的教师数量是远远不够的，就质量而言也不容乐观。学校地处西部，吸引和稳定高水平人才队伍存在困难。

第三，学校在体制上的活力不够，教学、科研工作存在隐忧。比如，各学院人才队伍建设的积极性还未能充分调动起来，缺少立竿见影、雷厉风行的作风；缺少一流的教师，缺少一流的教学实验设施；科研上军口的优势比较明显，

要继续保持，但民口纵向、民口横向实力欠缺。

国家"211工程""十五"建设将遵循"上质量、上水平"的宗旨，通过机制创新，继续以重点学科建设为核心，加大学科调整力度，大力支持、发展新兴学科、交叉学科和边缘学科，加快高等教育信息化的步伐，推进知识创新和科研成果的转化。

显然，这又是一次难得的机遇，在一定程度上可以解决我们目前存在的一些问题，加快学校的发展。

首先，可进一步凸显我校电子信息学科特色。"十五"期间将大力发展信息、生命等高技术学科，我校优势将进一步得到发挥。

其次，将进一步巩固学科群的建设成果。"九五"期间重点建设"现代通信网络工程"、"先进军事电子信息系统"、"电子机械先进制造技术"3个学科群和"微电路高可靠制造保证科学与技术"学科点(简称"三群一点")，凝聚了学校学科建设的群体优势力量，继续加强建设，必将得到更大发展。

另外，有利于进一步加速新兴学科、交叉学科的培育与成长，如光通信、光机电一体化、生物医学工程、光电子、电子商务等新兴学科的发展，理学、管理学、教育学以及社会科学的拓展等。

此外，将进一步加速人才梯队的成长。"211工程""十五"建设中明确提出加强学科梯队建设、提高师资队伍水平的任务，有利于加快人才梯队的培育与成长。

## 二、认真做好"211工程""十五"建设规划

凡事"预则立，不预则废"。这里，我想谈三点意见。

### (一) 坚持重点突出、整体推进的原则

教育部2002年7月20日到8月1日，召开首届中外大学校长论坛，"启迪智慧、憧憬未来"，邀请了牛津大学、剑桥大学、哈佛大学、斯坦福大学、东京大学、德国亚琛工业大学等国外著名大学校长出席，召开了40多场座谈会，国内82所大学校长参加。

通过参加这次论坛，我觉得有三句话印象深刻：一是一流大学必须要有一流的学科；二是一流大学不是所有的学科都是一流的；三是学科发展要凝炼方向、体现优势、突出重点。

我校"211工程""九五"建设紧紧抓住学科建设主线，重点突出"三群一点"建设，取得了明显成效。只有紧抓主线、突出重点、有所作为，才能取得事半功倍的成效。"十五"建设仍要坚持紧紧抓住学科建设的重点，搞好学科群点的优势整合，拓展新兴领域、新兴学科。同时，也要坚持整体推进，以重

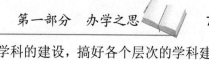

点学科建设为龙头，结合 5 个国家级重点学科的建设，搞好各个层次的学科建设，促进理学、管理学、经济学、社会科学的良性发展，形成工、理、管、文、经多学科更加协调发展的崭新局面。

### (二) 强调创新务实、制定好"十五"建设规划

"创新是一个民族的灵魂，是一个国家兴旺发达的不竭动力"。"211 工程""十五"建设要以创新务实为指导，制定好规划，抓好落实推进各项具体工作。

为此，要强化四个意识：第一是创新意识，要坚持理论创新、体制创新、管理创新和科技创新；第二是竞争意识，必须要在校内各部门、各学院、各教研室、各位教师之间形成竞争的态势，创造一种公开、公正、透明、合理的工作局面，以公平竞争促进积极发展；第三要强化国际意识，各个学科要加强国际合作与交流，要紧跟本学科领域的前沿动态，追踪先进水平；第四是要有超前意识，就是要敢于打破常规，敢为天下先，敢于创新创造。

### (三) 以重点学科为核心，推动"211"建设上水平

重点学科建设是"211 工程"的核心，是学校教学科研水平的重要标志。"十五"建设仍要坚持以重点学科建设为核心、带动学校整体水平提高的宗旨。在"三群一点"的基础上，继续搞好重点学科建设的规划。

在学科规划中，要处理好如下四个关系：第一，处理好"211 工程"重点学科与学校整体学科建设的关系，列入"211 工程"重点建设的学科必须是重中之重的学科，集中有限的资金、力量加强其建设，从而"以点带面"，带动学科整体建设；第二，处理好 5 个国家级重点学科和"211 工程"重点学科之间的关系，前者按照学科专业目录中二级学科评定标准加强建设，后者采取项目组织的形式来实施，二者相互促进、相互发展；第三，要处理好重点建设学科和一般学科之间的关系，既抓好重点学科建设，又兼顾一般学科发展；第四，处理好学科与人才之间的关系，这两者是紧密联系在一起的，相辅相成，缺一不可，应当有机结合、齐抓共进、共同发展。

## 三、坚持"跨越、特色、集成"发展模式

### (一) 走跨越式发展之路

国家"211 工程"建设的总目标，就是要在 21 世纪建设 100 所左右接近或达到国际先进水平的一批高水平大学或者一批高水平的学科。

一流学科的建设，要敢于突破、大胆跨越，譬如美国卡内基·梅隆大学，原来以钢铁冶炼技术研究为主，在 20 世纪六七十年代根据形势发展选择了 IT 技术，以计算机作为突破口，经过 30 年建设，达到了美国大学前 3 名、世界

前 6 名的水平，在学科方向上拥有了自己的特色。世界一流大学并不都是综合性大学，关键是要有自己的特色，要有一流的学科。只要找准目标，强化建设，就能够获得成功。

我校必须走跨越式发展之路，要以"211 工程""十五"建设为契机，产生有影响的标志性成果，打造更多的一流学科。而一流学科是学校的发展命脉，其主要内涵有三个：一流的人才、一流的科研成果、一流的社会服务。从另一个角度看，"先进的学科方向、高水平的师资队伍、高水准的研究基地"是一流学科建设的基石，对此我们应达成共识，持之以恒地进行夯实基础、优化结构和长期锤炼。

要搞好学科建设，首先必须立足现实，着眼长远。一是要有科学的预见性，知己知彼，置身于国内外先进学科的发展潮流，瞄准学科发展的前进方向；二是要发挥自己的优势，就是 IT 技术的前景优势；三是要取得创新与突破，要通过"211 工程""十五"建设，使学科特色更加鲜明、方向更加凝练、结构更加优化、体系更加完善，同时要汇聚学术队伍，形成善于创新的学术梯队，构建一流的学科基地，产生重大的人才与成果。

### (二) 走特色发展之路

我校建校 70 年，具有非常明显的特色与优势。首先具有光荣的革命传统，是毛泽东同志等老一辈革命家亲手创建的我党我军第一所工程技术学校；其次，在学科、专业设置上具有前瞻性，信息化带动工业化、西部大开发，发展前景很大，占有天时、地利之便；另外，学科和专业设置与国防建设密切相关，建设强大的国家就要有强大的国防力量，而电子信息技术在现代战争中的作用越来越重要，这又是学校发展的一大特色。

为了实现"211 工程""十五"建设目标，我们必须坚持有所为、有所不为，走特色发展之路。要通过着力建设，以提升我校"三群一点"的整体水平，支持新兴学科、交叉学科和边缘学科的衍生，推动有影响力的标志性成果的产生，扶植培养学科带头人和优秀学术群体；要通过力量整合，集中优势力量、形成创新团队，以校内人事和分配制度改革为推动，调动各方面的积极性，为"211 工程"建设创造宽松、竞争的良性氛围；把具有开拓精神和发展潜力的人才凝聚起来，形成若干个群体，承接国家的大项目，实施科研大攻坚，进行联合作战；发挥人才的能动性，通过各种渠道发现人才、延揽人才、使用人才，使其在项目建设中有更大的作为。

### (三) 走集成式发展之路

"211 工程"是一项系统工程，其建设与教育部实施的人才培养计划、科

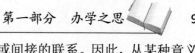

研创新计划和教育教学改革计划等有着直接或间接的联系。因此，从某种意义上讲，"211工程"是龙头，牵一发而动全身，全校上下必须高度重视，与国家其他计划和重大工程项目相互协调，共同促进，走集成式发展之路。

为此，要做好4个方面的具体工作。

第一，与高新技术产业紧密结合。我校主流学科是电子和信息技术学科，是国家当前及今后优先发展的重点。在"211工程"建设中，必须十分注意国家高新技术产业发展新动向。比如新材料、新能源、软件产业、生物技术产业、光电产业等。我们应当找准方向，集中力量，重点作为。

第二，多方筹措建设资金。"211工程"的中央专项资金主要用于支持学校重点学科建设项目和公共服务体系项目的建设，为了保证"十五""211工程"建设任务的顺利完成，我们还要多方筹措建设资金。要加强与陕西省、西安市的沟通和理解，以服务求支持、以贡献求发展，要主动地为当地的经济建设和社会发展做贡献；要加强与各军兵种和总装的沟通与联系，在人才培养、项目研究方面多做贡献，争取得到更多的支持；要加强与信息产业部、中电科技集团的密切联系，争取得到原主管部门的理解与支持；要强化产学研结合的力度，争取国内外企业在学校建立更多的研发基地和主要仪器设备的捐赠支持。

第三，与科技创新紧密结合。学科建设与科技创新密不可分，相辅相成，两者结合得好，就可以更好地为社会进步和经济建设提供服务。当前，教育部已经把成果的转化和大学科技园区的建设作为重点高校的一个非常重要的可比性指标。为了增强学科建设的活力，"十五"期间，学校将采取切实措施，加快国家大学科技园建设的步伐，提高科技成果转化率和企业孵化率。

第四，坚持开放，实现资源共享。"九五""211工程"建设公共服务体系为学校学科建设提供了先进的发展平台。"十五"建设期间，学校要继续建好校园网、数字化图书情报中心，为实施数字化校园工程提供支持，为教学、科研、管理提供服务，不断向数字化校园方向大步迈进。

# 夯教学之基　扬科研之帆　举学科之旗

—— 在学校 2002 年教学成果表彰大会上的讲话
（2002 年 11 月 20 日）

　　教学工作是学校一项重要的中心工作，在当前高等教育事业飞速发展的新形势下，面临着许多新情况、新问题、新挑战，如何进一步深化教学改革、切实提高人才培养质量，保证数量与质量、规模与效益的协调发展；如何夯实教学基础，实现教学、科研和社会服务三大功能的有机结合，成为探索高校办学新思路的重大课题。

　　下面，我着重讲三个方面的问题。

## 一、坚持学科建设为龙头、教学与科研为两翼的战略格局

　　高等教育的发展与世界经济、科技和社会进步密切相关，现代大学更加突出地显现出教学、科研、社会服务"三位一体"的功能。

　　17 世纪欧洲，西方大学发源初期，是以培养人才为唯一目标，传授知识成为当时单一的大学行为，教学功能从一开始就凸现出重要的基础性。1809 年，洪堡在德国创立了柏林大学，提出了著名的"以大学为研究中心"的重要思想，强调研究生训练、知识教授和学术的自由，设立了系和研究所，成为 19 世纪世界上最富有生命力的新兴教育机构；洪堡思想影响至今，构建、形成了现代大学教学、科研两个中心的基本格局。二战以后，美国高等教育融英国传统式、德国注重科研和学术自由以及美国自身的实用主义教育模式为一体，增强了大学的社会服务性，出现了现代大学教学、科研和社会服务三大功能兼而有之、并行不悖的局面。目前，大家对高等学校所具有的这三大功能普遍予以肯定。

　　《中华人民共和国高等教育法》规定："高等学校应当以培养人才为中心，开展教学、科学研究和社会服务，保证教育教学质量达到国家规定的标准。"我们要建设国内外知名的高水平大学，必须紧紧抓住教学、科研中心工作，以学科建设为龙头、教学与科研为两翼，突出重点、推动全局、创新发展。主要有以下三点思考。

　　第一，以学科建设为龙头。

　　学科是学校建设与发展的一面旗帜，是开展教学、科研工作的基础，是学

校组织结构的基本骨架，学科建设水平的高低也是衡量一所学校整体实力强弱的重要标志之一。

学科建设的目的是提高学科的人才培养质量、科学研究水平和管理能力，为实现大学教学、科研和社会服务三大功能打下坚实的基础，一句话，学科建设是高校建设的永恒主题，是高校一项长期性、根本性的建设任务。纵观世界一流大学，无不拥有一流的学科。学科建设只有符合科学规律和社会、经济的发展要求，才能使教育、科技与时俱进；只有把学科建设搞上去，才能促进学校的整体发展。以学科建设为龙头，就是要紧紧抓住学校建设的主要问题，抓住全局战略的主线，推动学校工作取得新突破、实现跨越式发展。

下一步，我们要结合学校"十五"乃至更长一段时期的发展目标展开大讨论，发动全体师生员工一起讨论两个问题——建设一个什么样的大学、怎样建设这样的大学，制定三个规划——发展战略规划、学科建设和队伍建设规划、校园建设规划。其中，最重要的一个关键问题就是对学校学科建设进行分层次讨论，要解放思想、集思广益、广泛动员，每个院系、每个教研室、每个课题组要拿出自己的学科建设和队伍规划，人人都来关心和支持学科建设，形成第一层次的学院重点学科建设；在此基础上，学校要进一步集中，找出有可能形成高地、有良好基础的学科方向，形成第二层次的校级重点学科；第三层次就是依托 5 个国家级重点学科建设形成的"十五""211 工程"立项的重点学科建设项目，是代表学校最高水平、带动学科整体前进方向、体现综合办学实力的集成。

第二，以教学与科研为两翼。

教学、科研工作是学科建设的两个重要的基础性工作，也是学校长期以来的中心工作。有了教学与科研两翼的支持，学科建设才能够迎风起飞、翱翔长空，缺少了教学与科研，学科建设就会成为空中楼阁、无本之木、无源之水，教学、科研对学科建设起着十分重要的支持作用。教学质量直接影响人才培养，而科学研究则直接产生重要的科技成果，人才和研究成果在一定意义上就是代表学校办学水平的最终"产品"，"产品"的质量好坏，取决于教学、科研的水平高低。

教学与科研是辨证统一的，二者相互促进、缺一不可。离开科研的教学，学术水平不高，质量提高受到限制；离开教学的科研，缺乏后劲、动力不足，也会造成学生创造潜力的浪费。科研为教学提供最新前沿领域的研究成果，进一步激发学生的探索兴趣，激励他们学习新知识，促进教学工作提高质量；教学又为科研提供有力的人才梯队支持，在学生学习新知识的过程中不断置疑、反思，推动科研的发展。

第三，合理统筹、突出重点、整体推进。

我国高等教育已经进入到一个新的历史发展时期，环境和形势正在发生着巨大的变化，从可持续发展的角度看，学校必须加强战略研究、确立发展规划、宏观思维、准确定位，及时找准突破口，实现跨越发展。

当前，高等学校教学、科研和社会服务"三位一体"的功能已十分明确，我们要坚持学科建设为龙头、教学科研为两翼的原则，突出重点、统筹安排，加强服务社会的功能，以服务求支持、以贡献求发展，争取在国家信息化建设、国防现代化建设和西部大开发中异军突起、彰显特色、增强实力、阔步前进！

## 二、以教学评估为契机、抓好教学改革与建设，全面推动学校教学工作跨上新台阶

近年来，我校教学工作成果显著，在国内外一系列重大竞赛中取得了优异成绩，人才培养质量保持在较高的水平上，毕业生就业形势基本看好。但是，随着高校扩招，就业压力明显加大，人才需求规格也不断提高，教学工作面临越来越严峻的挑战。

基于此，我校教学工作存在以下不足：

第一，教学现状堪忧，教学质量不容乐观。

一些课程教学质量滑坡的现象没有得到根本改变，个别教师的教学水平不高、教学效果差，跟不上新形势发展的要求。我们不只缺少一流的教师、缺少一流的教学实验设施，更缺少甘为人梯、无私奉献、具有强烈责任心的教师。

第二，教学与科研结合不够，长期分离、顾此失彼。

部分教师远离科学研究发展的前沿，对新经济、新知识了解不够，知识结构未能及时更新，导致更新课程体系困难，教学低水平重复、教学内容相对滞后，不利于学校教学工作的全面改革与建设。

第三，人才队伍后劲不足，一流人才难以稳定。

学校专任教师人数不足，队伍结构不尽合理，一流人才、大师级教师偏少，年轻的学术带头人稳定困难。"大学乃大师之学，无大师则无大学"，世界一流大学普遍拥有一批世界公认的学术权威和知名学者，担任哈佛大学校长达 10 年之久的科学家康南特说："大学的荣誉不在于它的校舍和人数，而在于它一代又一代的教师质量，一个学校要站得住，教师一定要出名。"我校要成为国内外知名的高水平大学，就必须拥有国内外一流的教师。

第四，管理机制活力不够，竞争、激励、评价、监督机制还不健全。

一流大学大多采取严格的教师聘任与晋升制度，积极创造有利于青年教师脱颖而出的有利条件，使教师队伍始终保持优胜劣汰的发展态势。如哈佛大学

在半个多世纪前就实行了"非升即走"的教师聘任制，目的就是使学校拥有世界上最好的教师。我校在这方面还有很大差距。

为此，全体教职工要牢固树立"人才培养质量是学校生命线"的思想，高度重视教学工作，积极学习、借鉴世界一流大学先进的教学、管理经验，抓住教学评估的有利时机，加快教学改革与建设，采取有力的措施，狠抓教学基础工作，推动教学工作上台阶、上档次、上水平。这里，提出五点具体要求。

第一，加强对教学重要性、基础性的认识。

教育的本质是培养人的一种社会活动，高等教育的本质是培养高级专门人才的社会活动，高校教学、科研、社会服务三大职能中，教学是最基本、最主要、最具有本质规定性的职能之一，教学工作始终是学校的一项中心工作，抓好教学是推动学校其他工作的前提、基础和关键。

第二，深入学习领会教育部4号文件精神。

对照《高等工业学校本科教学工作评价方案》的各项指标认真做好本科教学评估的各项准备工作，以评促建，从根本上扭转学校教学质量下滑的趋势，扎扎实实按照《西安电子科技大学关于加强本科教学工作，提高教学质量的若干意见(试行)》的规定加紧建设，逐步解决教学工作中的各种问题。

第三，把教学和科研有机地结合起来，提倡研究性教学。

重视学生学习知识与创新能力培养的结合，在各个环节上严把教学质量关，狠抓课堂教学水平，在有可能的条件下，要努力为学生提供参与科学研究的机会，支持学生开展一定的科学研究活动，注重培养他们创造性的思维品质和创新精神；积极倡导教学研究之风，形成教学实践与理论研究紧密结合、科学研究与基础教学互相补充的浓厚氛围。

第四，加强师资队伍建设。

师资队伍的建设水平是提高人才培养质量的关键，教师也要与时俱进、不断创新，只有创新的教师才能培养出创新的学生，只有研究型的教师才能够胜任教育改革和创新所赋予的使命要求。要把教师的学术研究放在非常重要的地位予以重视，倡导教授上讲台，加强本科基础课教学；鼓励教师开展教学研究和专业科研，创造条件让教师参加学术会议，加强教师校内外的学术交流，不断提高队伍的学术素养，积极探索建立教师学术休假、学术访问和研究制度，加快培养研究型教师队伍。

第五，加大管理工作力度。

充分发挥学校教学工作领导小组的作用，建立、完善各种教学质量竞争、激励、评价、奖励机制，建立教学质量监测与保障体系，建立教师和干部听课制度，加快教学内容、课程体系改革，大力推行现代化教学手段，以科学、规范、高效的管理为教学工作注入持久、稳定的动力与活力，使我校人才培养质量继续保持在较高水平上。同时，要积极推进使用双语教学，适当引进国外原版教材，加快我校教学国际化步伐。学校将积极筹措资金，加大对教学环境、教学实验设施的投入，为不断提高教学质量提供必要的硬件支持。

## 三、建设特色鲜明、研究型、开放式、国内外知名的高水平大学

首先，要对大学的办学理念有深刻的认识。其一，先进的教师理念——一流的大学要有一流的师资，一流的大师是一流大学的灵魂，大学应以人为本、求贤若渴、广纳贤才，同时要爱才、护才；其二，先进的教育目的理念——应实行通才与专才相结合的教育，培养厚基础、宽口径、能力强、重实践的复合型人才，要能够激发学生的创新精神，培养其突出的智力和能力，注重质量，重视综合素质的提高；其三，先进的治校理念——应明确办学主张、增强师生员工凝聚力，倡导兼容并蓄、创造良好的学术软环境，坚持民主办学、管理高效有序。

同时，对特色鲜明、研究型、开放式以及知名高水平的内涵也应有充分的理解。美国斯坦福大学荣誉校长杰拉德·卡斯帕尔教授在大学校长论坛期间曾谈到研究型大学必须具备4个特征：

第一，"对大学(研究密集型大学)工作的不断认识"。认为只有不断对大学的工作，包括大学的使命、组织架构等进行反思，大学才能得以持续发展。

第二，"教学与研究的辨证关系"。他认为大学的教学和科研是一个辨证统一的整体，它们相互促进、缺一不可，科学研究使教师能不断地把最新的成果教给学生，学生出于好奇心的不断置疑又能推动科学研究的发展，科学和学术需要年轻一代的自觉参与才能得到繁荣发展。

第三，"学术自由"。他认为学术自由对于大学的发展极为重要，指出大学促进公共福祉的主要方法是促进知识的增长而不是其他的活动。

第四，"大学自我管理和相互竞争的灵活结构"，一所大学要明确定位以与其他大学区分开来，组织结构和管理运作的灵活性是大学进行变革的重要手段。

我校要继续保持并进一步弘扬优势和特色，要建设特色鲜明、研究型、开放式、国内外知名的高水平大学，必须具有超前眼光、忧患意识、创新思路和吃苦精神。超前眼光，就是要在已有学科优势的基础上，一方面瞄准国际前沿、不断向学科发展的纵深挺进，另一方面要有新的学科不断涌现，在交叉、边缘学科等方面有新突破，要"锦上添花"、"强中更强"；忧患意识，要对科技进步和社会发展的形势有足够的估计和认识，居安思危，潜心研究，真抓实干，

适应形势需要、加快发展步伐，与时俱进；创新思路，要解放思想、锐意改革，大胆创新，积极寻求学校办学特色和学科发展的新路子；要加强对外交流，增进信息沟通，保持学校持续、稳定的办学活力；吃苦精神，要有自我激励、不甘人后、发奋进取的顽强精神，能打硬仗、不怕苦，要有大干一场、铸就辉煌的气魄。

党的十六大已经为我们描绘了全面建设小康社会的宏伟蓝图，学校也将迎来新一轮的艰苦创业挑战。我们将集中力量建设一个蓬勃向上的新西电、一个蒸蒸日上的新西电、一个勇往直前的新西电、一个面貌崭新的新西电！

# 学科建设的顶层思考

## ——在学校学科建设规划高层研讨会上的讲话
### （2002 年 12 月 21 日）

## 一、会议召开的时机和意义

党的十六大提出"举什么旗，走什么路，实现什么目标"以及"发展要有新思路，改革要有新突破，开放要有新局面，各项工作要有新举措"的要求，学习贯彻十六大精神，最根本的问题就是要紧密结合实际，推动学校工作发展。我们召开学科建设规划高层研讨会，目的就是要就是面对新形势、迎接新挑战、明确新任务，对学科建设的顶层设计进行深入思考。

当前，学校面临三大发展机遇，一是信息化带动工业化，二是西部大开发，三是科技强军。面对这三个大形势，西电怎么办？有优势必须确立地位，有机遇必须紧紧抓住机遇。

我们应该不失时机地抓住目前的重要战略机遇，既考虑规模发展，也兼顾质量建设，要有超前眼光、长远考虑、战略思维、国际视野，能看到十年、二十年以后的发展前景。我校的基础是"西军电"的老底子，学科设置也具有前瞻性，科研、人才培养均与国防建设密切相关。这三个特色与三个机遇高度吻合。目前，学校是国家 211 工程重点建设、全国 55 所设有研究生院、35 所设有示范性软件学院的大学之一。但优势不说跑不了，缺点不说改不了，更重要的是应看到我们的不足，要有忧患意识。学校的不足如学科面窄、整体的科学性较弱、人文环境有待提高、体制和机制活力不够，亟待加以改进，为紧抓战略机遇期、科学规划、注重落实、迎头赶上奠定坚实基础。

## 二、关于办学理念的思考

一流的大学要有一流的办学理念。这里，有"三个理念"的初步思考。

第一，先进的教师理念。教师是学校的主体，教授是学校的灵魂。如果没有一支水平比较高、结构合理、能力非常强的教师队伍，学校就没法办。教师理念包含两点，首先是怎样看待教师——即怎样看待教师的地位，地位的提高依靠待遇等方式体现，要在行动上尊重每一位老师，切实提高教师和群众的待遇，使他们真正地树立起主人翁的主体意识。其二，怎样留住人才、稳住人才，即事业留人、待遇留人、感情留人、环境留人，怎样把"四个留人"落到实处，

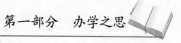

是我们每一级领导和全体员工必须思考的问题。

第二，先进的教育目的理念。其涵义有四层：一是通才和专才的关系，前苏联通行专才教育模式，美国提出通才教育，就是培养"厚基础、宽口径、复合型"的创新人才，通才和专才是两个方向，在二者之间，应该有一个平衡点，找到一个适合西电特色的平衡点；二是学生培养的方向，我们认为应该是创新能力的培养，使学生将来出去能够创新，不只教他们知识，更应该教给他们科学的思考方法、突出的创新能力；三是知识结构体系，即一个人应当具有什么样的知识结构体系，这和创新能力紧密相关；四是课程体系，即要达到这样的知识结构体系，就要设置相应的课程体系，对过时或不适宜的课程体系要进行改革。

第三，先进的治校理念。首先是要不断思考大学使命的问题、西电的使命，怎么样实现这个使命。其次，是正确认识教学与科研的辩证关系，教师应该教学、科研并重，搞科研可以把新的知识、新的动向不断充实到教学里面，提高教学质量；反过来，教学搞好了，又可以促进科研的发展；两方面相辅相成。另外，必须有学术自由，在坚持社会主义办学方向的前提下，学校学科、学术应该百花齐放、百家争鸣，要有一个比较宽松的环境进行讨论、争论，有利于新的学科增长点的生长。此外，办学机制要不断完善，事物会随着时间的变化而变化，我们的观念也要更新，机制更要紧跟观念的更新。

## 三、关于战略部署的思考

我校的奋斗目标是建设特色鲜明、研究型、开放式的国内外知名高水平大学。要实现这个目标，必须有一套完整的战略部署，要思考两个问题、制定三个规划。

### (一) 制定规划的必要性和原则

"凡事预则立，不预则废"，没有长远思考，没有战略思维不行。我们要根据西电的实际，实事求是，反对浮躁，制定一个通过一定努力能够达到的目标。制定规划的原则有三个：第一，要振奋人心，让大家看到希望，感到振奋；第二，要实事求是，根据西电实际，找准参考系；第三，要经得起时间的考验。

### (二) 规划制定的层次

#### 1. 学校规划

主要包括三个规划：一是发展战略规划，有远期目标和近、中期目标；二是学科建设和队伍建设规划，以学科建设为龙头，以重点学科建设为核心，以人才队伍建设为根本，坚持教学科研两个中心，坚持管理向科学化、规范化、网络化方向发展，促进学校全面发展，与之相关的还有教师队伍规划和干部队伍规划；三是校园建设规划。

### 2. 学院规划

主要也有三个规划：一是学院的战略发展规划，要和学校合拍；二是学院的学科规划，除"211工程"重点建设学科以外，还应该有学校的重点学科、学院的重点学科，另外还要有平台的建设；三是学院的队伍建设规划。

### 3. 参照体系

制定规划的一个重要内容就是寻找参照体系，我们示范性软件学院已经在国内外找了几个参照体系。参照体系一定要找准，不能好高骛远，太高则不实事求是，太低则没有战略眼光。与之相匹配，各学院要在国外找一位专家作为各学院分学术委员会的副主任，这些专家每年来学校工作一到两次，努力拉近学校学术水平与国际水平之间的差距。

### (三) 学校总体战略规划——"两大步三小步"

学校总体发展规划步骤与国家的重要发展战略机遇期相吻合，初步考虑分为两大步：

第一大步，到2020年，要建成特色鲜明、研究型、开放式，电子信息领域国内领先、国际知名的高水平大学；

第二大步，到2040年，建成特色鲜明、研究型、开放式，电子信息领域具有国际先进水平的一流大学。

2020年前，分"三步走"，时间区间分别为"三年、六年、九年"：

第一小步是3年，到2005年末，也就是"十五"末，为奠定基础期，主要建设目标是把当前的"211工程"建设搞好，基本理顺学科体系，简称"奠基期"；

第二小步，再用6年时间，到2011年，学校建校80周年，这是个重要的节点，6年是我们的快速发展时期，简称"提升期"；

第三小步，从2011年到2020年，经过9年的建设，达到国内领先、国际知名的目标，简称"跨越期"。

### (四) 制定规划的具体要求

第一，要掌握好几个重要的时间节点，2003年元月上旬，对各学院、各学科进行答辩，院长要写出研究报告，学校请校内或者校外的专家参加答辩；元月底之前，形成各学院三个规划初稿；2月底之前，各学院完成可研报告第二稿；3月底之前，学校修订并形成整体规划，接受教育部专家组论证和验收。

第二，要充分发挥专家的作用。各学院都有各自的学位和学术分委员会以及许多退休了但仍很有影响的老专家，要发挥好这些专家的作用把规划制定好。

第三，要加强领导。各学院院长、书记要亲自抓好规划制定工作。

**(五) 实施规划的工作要点**

**1. 坚持"一头两翼一保障"的战略格局**

具体说就是"夯教学之基、扬科研之帆、举学科之旗",要以学科建设为龙头、教学科研为两翼、以后勤管理作保障,形成一个完整的体系。

学科建设,包括新的学科点申报、交叉学科和新兴学科的产生和培育,强调重在建设。教学是基础,要按人才培养方向、知识结构体系进行课程体系改革,同时要处理好教学与科研相辅相成的辩证关系。科研方面,军口有优势,要保持,弱项在民口,民口特别是纵向如"863"、"973"、自然科学基金等,要加大工作力度。

**2. 加强师资队伍建设**

我们提出"十五"末,实施完成"3512 工程"——即评聘 30 个特聘教授、50 个学科带头人、100 个学术带头人、200 个博士生导师。人才引进方面,每年不少于 1000 万元用于引进高层次人才、领军人才。

**3. 高度重视管理工作**

首先要保证管理工作正常运转,逐步进行改革、搞好创新。第二,也是更为重要的一点是,加强管理队伍的廉政建设和效率建设,古训说:"民不敬我能而敬我公,吏不畏我严而畏我廉",管理干部必须做到这一点,要强化为教学服务、为科研服务、为教师服务的意识。第三,要切实加强科学化、规范化、网络化管理,提高服务水平和质量。第四,管理要坚持"公开、透明、公正、合理"八字方针,公开是前提,透明是关键,公正、合理是目的,这样才能把各项工作推向前进。

**4. 形成你追我赶的竞争局面**

各处、各学院要有指标体系,学校对指标体系将进行实时跟踪,在固定的时间,根据指标完成情况进行奖励,如三大索引、全国百篇优秀博士学位论文奖励等,形成制度,奖勤罚懒、奖优罚劣、多劳多得、少劳少得,加强激励机制建设。

**5. 讲实话、干实事、求实效**

十六大提出了"一个主题、一个灵魂、三个倍加、三个一切"的思想。其中"三个一切"就是"一切妨碍发展的思想观念都要坚决冲破,一切束缚发展的做法和规定都要坚决改变,一切影响发展的体制弊端都要坚决革除"。

落实到学校工作中,就是要从实际出发,把一切束缚、影响和妨碍学校发展的不利因素坚决予以排除并限期改正。这就要求我们要讲实话、做实事、求实效。新班子有四句话:"卧薪尝胆,苦干三年,少说空话,多做实事"。现在最重要就是召唤实干、呼唤实干、需要实干,要在全校形成一种埋头苦干、实干的氛围,一步一个脚印、踏踏实实地走下去,为学校的更大发展做出贡献。

# 新机遇　新挑战　新要求

——在学校工作会议上的讲话

（2003 年 6 月 10 日）

本学期一边抓防"非典"、一边抓工作，因"非典"影响没有开大规模的会，现在全国局势逐渐趋于稳定、疫情得到有效控制，我校没有出现一例，成功拒"非典"于学校大门之外。今天召开会议，对本学期主要工作作以回顾，并安排下一步工作。

## 一、本学期以来的主要工作

### (一) 学科建设

#### 1．龙头地位

学科建设是龙头，怎样确立学科的龙头地位，有 24 个字的思考："抢抓机遇、增强实力；强化优势、突出特色；以点带面、整体推进。""抢抓机遇、增强实力"，就是要抓住每一个机遇，不能错过任何一个发展机会，不断地壮大实力，扩大影响；"强化优势、突出特色"，世界一流大学每一个都有自己的特色、优势，学校的学科发展关键是形成特色和优势，增强竞争力；"以点带面、整体推进"，学科要整体向前跨越、发展，不可能站在同一条起跑线上，总是有前有后，我们的优势学科、"211 工程"学科、国家重点学科应当走在前列，给其他的学科起到模范带头作用。

#### 2．学科规划

在此有三个原则：第一，要确立学科的龙头地位、搞好两个中心，即"一头两翼"，以质量为中心把教学搞好，以指标体系为目标把科研搞好，科研上要注重科研成果的转化和应用；第二，要有重点建设的学科，也要有面上建设的学科以及新兴、交叉学科这样三个层次，即学科建设的基础平台、发展平台和学科尖峰，从而搭建学科建设的科学体系，同时各个学院要认真抓重点，注重战略上的考虑，要注重学科、科研与教学三个方面的重点思考，即"学科要入主流、科研要进入主方向、教学要进入主体系"；第三，就是要注重学科群体的形成，学校在"六五"到"八五"期间形成了几个比较好的群体，现在要继续注重形成具有较高显示度的学科群体。

### 3. 其他方面

一个是第九批博士点的申报，我们一共申报了 7 个点，现在已经有机械电子工程、光学、计算机系统结构、军事通信学 4 个点获批，下面要积极争取材料物理化学、国家 MBA 授权点。

### (二) 教学科研

教学方面，本科生教育是立校之本、研究生教育是强校之路。

本科教学上，首先投入了 1100 万元经费进行名牌专业、基础教学设施以及实验室等的建设。同时，成立了教学督导组、建立院系考核指标体系，教学成果奖的申报、名师工程等都在积极推进之中。研究生教育上，专业实验室投入 200 万元，迎接教育部对研究生院的验收，学校组织进行了两次评审，培养方案修订、招生与就业"入口、出口"的管理工作也在不断加强。

科研方面，重点加强了实验室建设，校长办公会专题研究了实验室的建设规划，加强宏观指导、推进具体操作。

### (三) 立交桥和新校区

### 1. 新世纪、新问题

太白路立交桥的建设对西安市市政是好事，但给我们学校带来了影响，影响教学科研、影响北院整体布局。

3 月 20 日，西安市两位副市长带着规划局、土地局、市建委等来了 20 余人，跟我们沟通、座谈，学校随后分别召开了分党委书记座谈会、院长座谈会、处长座谈会、学科带头人座谈会，多次召开了党政联席会、校长办公会、党委常委会，反复进行研究，考虑怎样化不利为有利，把麻烦事变成有利于学校发展的好事。

### 2. 新思路、新发展

经过反复研究，形成了一个基本的指导思想：第一，在与西安市的沟通中做到理解、支持，建立交桥是对的，但我校受到影响也是事实，要以最小的代价换来最大的共赢；第二，这是一个麻烦事，但要积极考虑能不能抓住机遇、利用机遇、创造机遇，给学校的长远发展带来更多实惠、更多利益；第三，以服务求支持、以贡献求发展，支持陕西省、西安市的建设，在科教兴陕、经济强市中有所作为。基于以上三个考虑，学校和西安市积极沟通、协商，并经过校内一定的程序，召开会议、形成共识。在沟通过程中，得到了西安市政府的理解与支持，为以后新校区的建设争取到了政策上的大力支持。

### 3. 新要求、新干劲

经过反复努力、艰苦协商，5 月 30 日新校区征地已签字，选定在长安区，

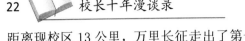

距离现校区 13 公里，万里长征走出了第一步；但怎么把新校区建设好，按时、按质、按量完成建设任务则是重大问题，要有更高的要求，更要鼓足干劲。

### (四) 校园工程和文化建设

数字化、花园式校园建设的观念已经为大家所接受，形成了共识。花园式校园工程基本完成，经过过去几个月的艰苦奋斗，校园面貌焕然一新。另外，我们的数字化校园也在积极地推进当中。校园文化建设也有积极进展，各单位都在注意形成浓郁的学术氛围，注重从中学到新的东西。

### (五) 改善条件、优化环境

改善办公条件，落实了博导办公室，顶层实验室正在改造。电子工程学院改善教师办公条件的经验值得大家学习，就是要时时处处关心一线教师，不忘记改善一线教师的办公条件，使他们为学校的教学科研真正心情舒畅地去做贡献。另外，每年做一次体检，保证教师能够身心健康、心情舒畅地投入工作；启动职工高层住宅建设，以人为本，使广大青年教师能够稳得下来、做出贡献。

### (六) 分配改革、师资建设和其他

首先，修订了分配方案，召开了各个层次人员参加的会议，多次征求意见，正在修改，最后要通过教代会表决。其次，3512 工程也在进行当中，新一轮的学科、学术带头人评聘工作马上启动，礼聘教授计划已经出台。另外，科技园、产业集团都在积极地筹建当中。

## 二、下一步工作

### (一) 加强学科建设

学科建设上去了，整个学校实力才能上去。各位领导要把学科建设作为一件大事放在心上，要进一步在观念上巩固学科的龙头地位。近期将组织校级重点学科、院级重点学科等的评审答辩，要把各项具体工作落实到位。

### (二) 紧抓教学科研

招生工作即将开始，要积极考虑把好学生、高材生吸引进来。研究生论文方面，要把好关，注重质量。下半年要进行研究生院的验收工作，目前正在积极地准备。科研方面要实行大项目战略，进入主战场、主领域、争取大项目，在军事电子方面、国家 973、863 等重大计划以及横向民口研究领域等方面三头并进，要积极策划、努力争取。

### (三) 新校区建设

首先要有规划，规划的四个原则：国际一流标准、大学深厚文化、西电突

出特色，体现出"实用、节俭、大方"的特点。第二，质量与速度。在保证质量的前提下，努力确保 2004 年新生入住，但是必须保证质量，质量是前提、是生命线。第三，组织落实。学校已成立了领导小组，设立了总指挥，下边有规划设计部、工程部、财务部、纪检等具体部门，纪检部门从一开始就要进去，监督每一笔款都要用到位、用到刀刃上、绝对不能出腐败问题，要树立主人翁意识，公开、公正、透明、合理。

### (四) 数字化、花园式校园的建设与维护

数字化、花园式校园工程暑假基本完成后，要注意悉心呵护，珍视付出了很大努力建成的成果。

## 三、几点要求

### (一) 以人为本

要尊重知识、尊重创造、尊重人才，在全校达成这样基本的共识。尊重教师、尊重人才，处处替他们着想，使他们安下心来工作。要积极创造环境，从政策上调动一切人的积极性，投入到学校的建设中。要认识到学校的核心竞争力是教师，学校的主要指标建设是要靠一线教师的，我们要从内心认识到教师是学校的核心竞争力。反过来，干部队伍也同样重要。但是，干部要时时刻刻想到教师、为教师服务、为教师创造好的条件，在生活、校园环境、居住条件等方面时时处处想到教师，搬凳子要搬到位，尽职尽责、恪尽职守。

### (二) 求真务实

要敢于正视现实、看到不足。实际工作中，要有"三个反对、三个倡导、一个牢记"的精神。"三个反对"，就是反对浮躁奢华、急功近利、形式主义；"三个倡导"，就是倡导说实话、做实事、求实效；"一个牢记"，就是牢记一切为了打基础、一切为了学校几十年或者上百年的长远发展。

### (三) 群众观点

要深入群众调查研究，多倾听群众呼声、少听汇报，汇报不是不要听，但难免有修饰的成分，所以大家一定要重视群众观点、要实事求是。要做实事，重大事项要听取意见，比如分配、住房标准的改革要广泛听取群众意见，接受群众的监督。工作中最关键的就是要公开透明，让群众有参与权、知情权、裁决权。

### (四) 跨越创新

要争先恐后争一流，在思想上、意识上要超前，为实现两大步战略目标必

须创新跨越，否则发展总目标就实现不了。要实现跨越的前提是必须创新，观念上要创新，行动上也要创新，要让"观念兴校、学术兴校、人才兴校、管理兴校"这"四个兴校"的意识深入头脑、形成共识，推动学校兴旺发展。

要坚持可持续发展，从战略上考虑到学校的长远发展，可持续发展是实现跨越发展的前提、是基础，反过来，跨越又可以促进我们的可持续发展，要把创新、跨越作为我们的大事情来抓。

要实现跨越，关键在思想观念上要跨越，克服因循守旧、抱残守缺的思想，要勇于探索、敢于创新；在战略部署上要跨越；在方法措施上也要跨越。

总之，我校和国外的一些大学相比，有差异，和国内其他同类大学相比，有差距，但是我们和过去相比又有进步，过去的一年也有一定的变化。我们正在朝着"一年一个样、三年大进步"的目标努力奋斗，我们有坚定的信心做好这件事！

# 结合西电实际 自觉学习领会

—— "三个代表" 重要思想学习班上的讲话
（2003 年 11 月 12 日）

学习贯彻"三个代表"重要思想，召开研讨会，不仅是及时的，也是非常必要的。其目的是要通过掀起"三个代表"重要思想学习贯彻的新高潮，使广大干部能够结合实际，深入思考学校的改革、建设、发展和创新问题，通过讨论与学习，力求使大家在思想认识上出现两个重要变化：一是从理论认知的高度上引领实践创新；二是从经验跟踪式思维转变为理性思维，以增强"三个代表"重要思想学习的针对性、实效性，切实把我校领导和干部的理论素养、认知水平、实践能力和创新精神提高到一个新的层面上来。

## 一、学习"三个代表"重要思想的深刻启示

"三个代表"重要思想是我们党在新的历史时期对马克思列宁主义、毛泽东思想和邓小平理论的继承和发展，深刻理解和把握"三个代表"重要思想的科学内涵、精神实质、历史地位和重要意义，具有十分重要的现实意义。

"三个代表"重要思想创造性地运用马克思、恩格斯的辩证唯物主义和历史唯物主义的世界观和方法论，分析了当今世界和中国的客观现实，揭示了我国社会的基本矛盾和发展规律。"三个代表"重要思想是我们党理论创新的典范，集中体现了在复杂变化的国际国内局势下，坚持党的最高纲领和最低纲领的统一，坚持了我们党必须与人民群众的血脉相连，坚持了马克思主义与时俱进的创新理论。"三个代表"重要思想在邓小平理论的基础上，进一步回答了什么是社会主义、怎样建设社会主义这两个当今中国治党治国的最重大的问题，深化了对中国特色社会主义的认识。

"三个代表"重要思想继承与发展马克思列宁主义、毛泽东思想、邓小平理论，其最根本体现在新的历史时期，把马克思主义与中国具体实际相结合，形成了指导我们党领导人民实现中华民族伟大复兴重任而坚持的正确的立场、观点和方法。它给马克思主义赋予了时代的内涵，正如胡锦涛同志指出的："三个代表重要思想所具有的基本点，马克思主义经典作家都有论述，但把发展先进生产力和先进文化、实现最广大人民的根本利益同坚持党的先进性联系在一

起，上升到党的指导思想的高度，构成一个完整的体系，这是当代中国共产党人对辩证唯物主义和历史唯物主义的创造性运用和发展"。"三个代表"重要思想关键在坚持与时俱进，核心在坚持党的先进性，本质在执政为民，其灵魂就是解放思想、实事求是、与时俱进。

我们学习"三个代表"重要思想就是要掌握其精髓，领会其实质、运用其观点和方法，武装我们的头脑、开启我们的智慧、指导我们的实践。我想，主要有以下几点需要我们进行深入贯彻。

第一，发展是执政兴国的第一要务。

中国共产党领导中国人民在建设中国特色社会主义伟大事业中，能够取得现在这样令世界瞩目的辉煌成就，主要是正确地分析一个时期以来国际国内形势，强调发展是硬道理，发展是解决社会矛盾的根本出路，发展是执政党建设国家强大的物质文明、精神文明和政治文明的根本保障。

第二，坚持解放思想、实事求是、与时俱进。

研究国情、把握国情、指导实践，就是要遵循马克思主义的发展规律。过去，模仿苏联发展模式，开展"大跃进"运动使我们党付出了惨痛的教训，在发展中把握发展的规律，这使中国共产党人夺取政权、建设新中国、进行对外开放、实现小康社会目标，在具体实践中发展和丰富了马克思主义，开辟了理论创新的新境界。

第三，坚持群众的观点。

"三个代表"重要思想的提出，很重要的方法就是进行深入地调查研究，从群众中来，到群众中去，吸取了广大人民群众进行实践创新的经验，研究了新问题，找到了新途径，创造了新理论，依靠人民群众，永葆中国共产党的生机和活力。

第四，坚持理论创新。

江泽民同志指出："创新是一个民族的灵魂，是一个国家兴旺发达的不竭动力，也是一个政党永葆生机的源泉。"他坚持用以实际问题为中心进行研究的科学方法论，使"三个代表"重要思想在实践中得到升华，成为理论创新的典范。

## 二、当前科技与教育发展的趋势

深入学习和贯彻"三个代表"的重要思想，落实到高等教育战线上，就是要我们正确了解和分析当今科学技术和高等教育发展的趋势，把握科教发展的规律，为解决学校的重大战略问题提供科学的判断和正确的方法论。

### （一）科学技术发展的趋势

当今世界各国的竞争，主要是科技的竞争。以信息技术为代表的高新技术的突飞猛进不仅标志着信息社会和数字化时代的到来，同时也正日益改变着人类社会的方方面面，主要表现在：

#### 1．科技发展速度加快、周期缩短

人类从来没有像现在这样依赖科学技术的强大推动力，据有关数据统计，过去近 2000 年科技成果的总量大体与近三十年的创新成果总量相当，未来 20 年的时间里，将会有更大的科技发展空间等着人类去垦荒，与此同时，身处"象牙塔"的广大教师和学生，正在切实感受着知识的迅猛更迭，我们培养的人才进入社会的霎那间，知识已经过时了 50%，这些都表明，科技改变和主宰人类社会与经济活动的时代已经来临。

信息社会另一个表现就是技术变革的周期在缩短。二战后，每十年间，人类就有一项重大技术变革，诸如原子核能、探索宇宙空间、计算机及其网络技术、DNA 基因研究的突破等，前些天，我国成功地发射了"神舟五号"载人航天飞船，也说明我国十余年科技发展的巨大成就。

#### 2．技术交融是当今科技发展的潮流

要发展航天工程、生命科学、海洋技术、国防高科技工程等，提升我国的核心竞争力，必须有信息技术、能源技术、先进制造技术、空间技术、材料技术、管理技术等多领域的交叉与渗透，以单一的技术实现工程的重大突破几乎是不可能的，这些技术领域发展的主要平台就是基础科学和应用基础科学的创新性支撑，基础科学是技术创新的源泉。

#### 3．技术发展的国际化趋势

计算机网络为世界各国的研发人员、研究机构和仪器设备等各类信息提供了共享的物质条件，人类共同研究宇宙问题、海洋问题、环境问题、能源问题、重大疫病防治问题的协作呈现出越来越密切、越来越迫切的趋势。但是国际化的趋势并非技术的趋同化，发达国家与发展中国家技术发展的位差，导致了人才、市场、资源的不平等争夺，以跨国高科技集团为主的发达国家向发展中国家民族工业的渗透正在悄然兴起，IBM、Motorola、Microsoft 等就是鲜明的例证。但是，这些竞争也给我们带来了更多的发展机遇，构筑了高技术平台、融入了国际大市场，激发了自主创新的强烈需求。

#### 4．高新技术突破成为科技发展的主流

二十世纪的后五十年，高新技术已经完全代替了传统意义上的制造技术，成为世界经济快速增长和推动社会进步的主流，比如集成电路、软件技术、生物技术、纳米技术等领域重大突破，发展起新兴的高技术产业，改变了产业结

构，产生了比工业革命时代高几十倍的生产效率，发达国家高技术增加值的比重上升到60%以上，已成为一个国家综合国力竞争的最关键的要素之一。

### 5. 国家安全主要依赖于高技术的发展

高新技术已经成为国家军事安全的核心技术和支撑力量，成为决定战争胜负的关键，而且已经逐步成为国家政治安全、经济安全、文化安全的防御屏障。我们在新世纪前后目睹了美国对南斯拉夫、阿富汗、伊拉克三国的战争，高技术武器的威力已充分地展示在世界面前，现代战争高技术的决定性已显露出来，未来战争一定是核威慑和信息技术威慑条件下的高科技战争。

基于经济、社会和国家安全的战略考虑，我国大力提倡科技原始性创新，着力提高我国集成电路设计与制造、计算机软件开发与应用、先进制造技术、生物技术、网络技术的跨越发展，集中力量，重点攻关突破，提高我国综合竞争力。

### (二) 高等教育发展的趋势

当今科技的竞争，根本在于人才的竞争，人才已经成为综合国力竞争的核心竞争力。充分分析和了解当前国内外高等教育发展的形势，对于我校规划未来、谋求发展、实现跨越具有十分重要的意义。

### 1. 高等教育的多元化

我国加入了WTO，客观上开放了国内的人才市场、教育市场、资源市场和技术市场，高校作为高等教育的主力军，已经越来越深刻地受到来自社会、经济、技术发展等各个方面的广泛影响，使我国高校在计划模式下强大的教学、科研两个中心任务赋予了新的时代内涵，社会服务亦成为高校另一项重要的任务，这三大功能集中体现着一个高校的综合实力。高校要成为原始与技术创新的源泉、成果转化的孵化器和人才培养的重要基地，三者互相影响，共同促进，构成学、研、产相结合的统一体。

### 2. 高等教育的国际化

我国的高等教育历史积淀少，如何与世界一流大学接轨，是一个重要课题。当前高等教育国际化呈现了新特点：一是学科制高点的抢占，世界一流大学和国内知名大学纷纷瞄准新兴技术方向，比如：纳米技术、信息技术、网络技术等，并由此向世界重大工程领域渗透，形成更新的学科方向，这样的研究方向由于结合了自己的传统优势，不容易跟踪与模仿；二是跻身国际重大工程领域，世界知名高校参与世界性研究课题的竞争愈演愈烈，主要表现在技术储备充分、研究手段先进、研究方向的切入点准确、研究成果周期短、研究贴近工程应用化等；三是创新性人才的抢夺，由于网络的普及，拉近了人才交流的距离，一流人才成为国内知名大学竞相抢夺的焦点，谁占有人才，谁就赢得了主动。

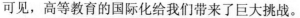

可见，高等教育的国际化给我们带来了巨大挑战。

### 3. 高等教育的集成化

由于各高校面临着来自国内外竞争的压力，如何占领学科和技术的制高点成为需不断思考的一件大事，面对国际学科前沿发展的挑战和国内大的工程背景需要，一些高校已逐步打破原有的学科堡垒和常规的管理模式，开始组建国际国内大工程需求的研究院、技术中心或重点实验室。

由此可见，当今科学技术和高等教育发展的新形势，对于像西电这样一所以信息与电子科学技术学科为特色的高校来说，其发展的挑战性更大。这里有四个原因：一是我校学科设置集中，面临着众多高校发展 IT 学科的强力冲击，而其他高校发展 IT 学科起点高、上马快、羁绊少，迫使我们必须用超常规的思路和办法去探索保持自身特色和优势的新途径；二是我校高层人才数量少、梯队后劲不足，目前学校在各个学科上均缺乏一批在国内外有相当影响的学术大师和中青年学术骨干，竞争优势不明显；三是我们已有的技术人才市场，将随着国家体制改革的深化，所占比重逐渐在缩小；四是我校开放度不够，国内外学术交流和对外合作的广度和深度不够，学术氛围不够浓郁，许多方面与国际上存在不小差距。

## 三、我校发展的战略性思考

关于我校的中长期战略发展规划，学校已经在一年多的时间里在全校各个层面上深入进行了研讨，其要点就是要构筑学科基地、凝聚学科方向、汇聚学术队伍，通过"三年、六年、九年"三小步的建设，把学校建设成为一所特点鲜明、研究型、开放式、国内一流、国际知名的高水平大学。

### (一) 关于学校发展定位

关注西电的前途与命运，需要研究什么是高水平大学，怎样建设高水平大学，如何正确对待学校的实际发展问题。

### 1. 建设研究型大学

纵观世界，研究型大学，可分为综合型，像哈佛大学、剑桥大学等属这一类；特色型，像斯坦福大学、卡内基·梅隆大学、香港科技大学等属这一类；区域型，像巴黎高专等属这一类。我们学校按照特色型建设，经过几十年或者更长时间的奋斗，一定能够实现这个目标，香港科技大学仅用十余年建设就蜚声海内外，充分地印证了这一点。

### 2. 走质量型发展道路

经过 1998 年高校扩招以后，国内知名高校已经开始实现由规模发展向质量发展的重大转变，在稳定本科生规模的同时，重点发展研究生教育，集中精力培养并引进高层次人才。办学的质量重在有高水平的科研、高水平的教学和高水平的队伍。我校早在改革开放初期就确立了按照第一层次办学的目标，坚持不懈数十年，在国内高校中确立了自己的地位和优势，成为"211工程"和建有研究生院的知名高校之一，如今我们正在全力以赴实施共建，向研究型高校行列迈进。

### 3. 走国际化开放办学道路

要把西电建成高水平研究型大学，必须面向世界，融入到世界一流大学发展的大潮中去。为此，需要强化四个意识，即：忧患意识、竞争意识、超前意识、国际意识。要看到世界科技和教育发展趋势，找准自己的发展坐标，走出国门、校门，真切地聆听时代发展的最强音，面对实际，下功夫把新鲜学术空气吮吸进来，把先进办学经验借鉴进来，把好的人才吸引进来，学校将出现百花齐放的新气象。

### (二) 关于国际化的问题

我国正在建设社会主义市场经济体系，教育的社会服务、技术的市场化和人才的市场化将推动高校办学的国际化进程，不仅是在交流与合作层面上要加强，更要赋予新的内涵。

### 1. 学校的社会声誉

社会声誉就是一个学校的社会"品牌"。社会上看重的不是学校的规模，而是学校人才培养的质量和校友影响等社会"品牌"。教育部今后要把就业率这一指标同专业设置、招生计划等8个方面联系在一起，体现了对高校社会需求和影响力的重视。长期以来，我们具有了良好的招生和就业市场，下一步，要像爱护自己的眼睛一样爱护学校良好的社会"品牌"，通过提高核心竞争力，把"西电品牌"尽快推向国际舞台。

### 2. 学校的技术"品牌"

一个学校走向国际舞台，只有人才"品牌"是不够的，必须有自己的技术"品牌"，正如哈佛大学有领先的金融和商业学科、斯坦福大学有世界著名的"硅谷"、清华大学有"小卫星"、复旦大学有转基因组织研究等等，我们要组织在国家"863"、"973"、"攀登计划"、"火炬计划"中承接更多大系统项目，产出具有显示度的标志性成果，提升自身"技术品牌"的影响。

### 3. 国际合作与交流

对外合作与交流是研究型大学一项十分重要的内容。如何通过交流达到宣传自己、提高自己、发展自己的目的，这是摆在我们面前亟待解决的问题。希望西电校园的外国友人能够多起来，校园色彩丰富起来，学术活动活跃起来，广大师生的精神面貌爽朗起来，营造学术交流的国际氛围。

### (三) 关于人才发展战略问题

人才资源是第一资源。高等教育的国际化,其核心就是教师队伍的国际竞争,教师是大学的核心竞争力。

#### 1. 不拘一格延揽一流人才

教师队伍建设是学校重中之重的工作。稳定层面上,我们要不断完善用人机制,不断推出促使人才成长的激励政策和创新举措,要有容人之量、识人之举、荐人之贤。人才队伍建设关乎学校各个层面,要大家共同想办法、出主意,使广大教师能够尽得其为、适得其乐;吸引人才上,要放眼国内国外,吸引一批创新性人才;培养层面上,希望青年教师虚心学习老教授丰富的治学经验,老教授也要吸取年青人拼搏创新的长处,互相取长补短,共同促进。

#### 2. 提升人才发展的平台

我们要把人才放在世界技术发展的舞台上去锻炼,为他们尽可能提供发展的机遇,促进人才的快速成长,使人才能够早出成果、快出成果、出好成果,迅速提升学校的国际竞争力。

#### 3. 创造人才成长的优越环境

当前,学校正在启动高层住宅楼,第二校区也紧锣密鼓地启动建设,再过一年多的时间,我校的工作和生活环境将有质的飞跃。同时,学校上下要顾全大局,为人才成长提供良好的服务,创造好的"软"环境。教学、科研、外事部门要通过有效的办法,走出去、请进来,浓郁起学校的学术氛围,使校园真正成为 IT 学科国内外交流的重要场所。

# 从实际出发查找问题　以实践为准发现矛盾

—— 深入学习实践科学发展观调研报告
（2009 年 4 月）

　　科学发展观是马克思主义中国化的最新成果，是国家经济与社会发展的指导方针，是全面建设小康社会、发展中国特色社会主义的科学理论。深入学习实践科学发展观，不仅是党政机关、党员干部的重要任务，也是推进大学科学发展的重要指针。

　　以科学发展观为统领，紧抓学科龙头建设、强化教学科研两个中心，实施人才强校、充实大学内涵、提升管理水平、浓郁大学文化，是西电向高水平研究型大学目标阔步迈进的战略核心，是大力推进"两大步三小步"战略规划的重要举措。"实践出真知"。学习实践科学发展观，首先必须从认真学习、仔细调研、查找问题、发现矛盾入手，切合实际、强化实践，真正领会科学发展观的科学内涵、精神实质和根本要求，大力推进改革、创新与发展，努力实现学校的全面、协调、可持续发展。

## 一、学习调研基本情况

　　在通读与精读《毛泽东、邓小平、江泽民论科学发展》、《科学发展观重要论述摘编》等重要文献和学习资料、参加和听取了 9 次学习辅导和中心组学习的基础上，围绕"高水平研究型大学建设"的调研主题，分别针对学校发展规划、学科建设、教学科研、人才培养、管理服务等重点内容，主持召开了 7 个不同类型的调研座谈会，广泛听取了群众意见。此外，结合其他主管校领导召开的 22 次调研座谈和涉及行政管理职能部门 2000 余份调查问卷的反馈意见，以及领导班子成员个别谈心、网上邮件、走访调研所收集的意见与建议，对学校行政工作的不足与影响长远发展的问题进行了总结归纳，查找不足、发现矛盾，在反思与分析的基础上，形成了本调研报告。

## 二、存在的主要问题

　　通过深入学习、调研座谈、听取意见、问卷反馈，提倡"讲真话、说实话、摆问题、找差距"，对制约学校科学发展的突出问题进行了分析总结，归纳为以下六个方面。

### （一）办学理念尚需深化、顶层设计还要加强

自 2002 年以来，我们在全校开展了"思考两个问题、制定三个规划"的讨论，确立了基本定位、奋斗目标，进行了"三个理念、四个兴校、一头两翼一保障"的战略思考，制定了"两大步三小步"的战略规划，实施了"五项战略、四个工程"，推进了"战略重心转移、实现三大突破、强化三种创新、迈上三个台阶"24 字方针的具体落实，各项事业取得了长足进步。（详细参见第二部分"治校方略"若干报告）

然而，对于如何进一步深化办学理念、强化顶层设计，按照"电子信息特色鲜明、高水平研究型大学"的奋斗目标加强建设与发展的根本问题，思考、讨论得还不够深入，在大学精神、大学内涵、高水平、研究型、国际化的概念与实质的研究方面还有欠缺，在学校科学发展顶层设计的力度、深度方面还有差距。正如调研座谈中提出的一些意见："把西电办成一个什么样的大学，应有明确目标"；"要成为什么都有的学校是不可能的，必须突出特色，紧跟国家战略、建设创新平台，在 IT 领域知名、成为一流"；"要做好顶层设计、加强学科规划，加强学校的战略发展、大政方针的研究，超前决策"、"校领导要从具体事务中解放出来，有想大事、办大事（如跻身"985"工程）的时间和精力"等。

办学理念是大学发展的核心，顶层设计决定着长远的科学发展。世界一流大学一般不仅在办学理念上具有深厚的历史传承，也在百年发展的远景规划上有科学的顶层设计；而我校战略规划考虑到 2020 年、2040 年的发展，总结了"团结、勤奋、求实、创新"的校风，明确了"厚德、求真、砺学、笃行"的校训，还应当在深化办学理念、强化顶层设计、充实大学内涵、细化目标举措上重点思考、着力研究，从而指导学校科学发展的实践。

### （二）学科发展前瞻不够、队伍实力亟待提升

西电以电子信息学科为特色，确立了在 IT 学科领域的优势地位。经过长期发展，我校从 20 世纪 60 年代"西军电"时期奠定的基本学科布局逐步扩展，形成了以工为主、工理管文多学科协调发展的合理布局，2 个一级学科全国排名分别为第 2、第 6，拥有 7 个国家二级重点学科、6 个博士后流动站，"211 工程"重点学科群及校、院、系三级学科体系建设也取得了较大进展。在师资队伍建设上，近 3 年来，在长江学者、国家 973 项目首席科学家、国家杰出青年基金获得者、国家级教学名师等主要指标取得了重要突破，高层次人才建设获得较大进展，教师队伍的博士化、年轻化也得到显著提升。但是，学科发展

与结构优化、高端人才与师资实力，仍是制约学校更好更快发展的瓶颈之一。

### 1. 学科发展

（1）学科发展的前瞻性欠缺。

我校现有学科是"西军电"时期确立的基本格局，50 年前的开拓性工作奠定了今天的学科基础。而目前，则更要重视西电未来 10 年、20 年、50 年的学科发展，要有前瞻性建设，重视新兴学科、交叉学科、前沿学科的发展。例如，提出的建议中包括："通信学科要发展量子通信和光通信；技术物理则要重视在 CPU、集成电路重大设备方向上寻找突破口；材料学上发展敏感材料传感器要与环境、环保、生物工程等结合；计算机学科要凝炼方向、做强优势；建立生命、材料、空天研究中心等新型跨学科基地"。

（2）学科覆盖面有待拓展。

目前，我校所有学科涵盖了 9 大学科门类，但优势学科面相对较窄。在国家公布的《授予博士、硕士学位和培养研究生的学科、专业目录》中，博士学位授权点包含的 12 个门类中我校只有 3 个，占 25%；学科点分布基本集中于工学，工学领域又多集中于电子科学与技术、信息与通信工程、控制科学与工程、计算机科学与技术、机械工程等 5 个一级学科领域，在理学、管理学、人文学科领域覆盖较少，多学科协调并进的格局与实力尚有一定差距。

（3）若干学科要进入主流。

除了在"信息与通信工程"、"电子科学与技术"等主流学科上具有明显优势之外，其他学科点的现状距离主流学科的水平还有一定的差距。例如，计算机学科的建设需要以进入国内主流行列为目标，加快发展；数学、物理学科也要紧抓机遇、强化基础，努力向理学学科的主干方向发展；而经管、人文学科则更要找准目标、重点突破，建设富有西电特色的管理与人文学科。

### 2. 队伍建设

师资队伍在高层次人才培养与引进、重点岗位人员评聘与考核、青年教师培养与成长等方面还存在一定不足和明显缺憾，与国内一流大学相比仍有很大差距。我校的一流师资队伍建设，在未来 10 年、20 年乃至更长远发展上还要下大功夫，任务艰巨。

（1）高端人才建设还需进一步加强。

高层次人才建设实现了新的进展，后备梯队正在形成，但在两院院士、国家创新团队等指标上还没有取得新突破，一些学科缺乏高水平的领军人物，部分学科后继乏人，应当注重梯队的培养，以取得更大发展。

（2）学术骨干要大力扶持与培养。

重点岗位人员是为学校指标建设做出贡献的主体，对其评聘与考核的方式

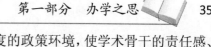

方法应加强研究并给以调整，创造松紧适度的政策环境，使学术骨干的责任感、积极性与工作压力和动力有机协调，真正集中精力搞好学科发展、抓好科研攻坚，全力做出大成果、努力获得大发展。同时，应注重研究生导师队伍的建设。

(3) 青年教师急需快速成长。

青年教师现已成为教师队伍的主体，35 岁以下的青年教师占教师总数的52%，这一群体的成长与成才直接关系到学校未来的发展。青年教师刚起步，压力大、待遇低，思想、素质、能力、水平急需在教学科研的实践中去锻炼提高，使他们尽快融入学科团队、找到发展方向。

(4) 未来师资需长远考虑。

十年树木、百年树人。从学校长远发展的角度看，师资队伍的整体实力和质量水平与高水平研究型大学建设的要求还有很大差距，西电未来发展的师资支撑力量需要大力加强。目前学校在这方面的考虑与筹划还有差距，常怀忧患的意识需要进一步加强，要真正站在百年发展的跨度上，考虑教师队伍的长远建设与发展，避免只顾当前、不管以后的短视眼光，而应具有及时应对、未雨绸缪的长远考虑。

总之，学科是学校的龙头旗帜、人才是学校发展的根本，学科与人才工作上的不足将直接制约西电的科学发展，而目前不仅面临着十分严峻的挑战，也存在着人才短缺等最急迫的问题，需要在思想上引起高度重视。要真正去夯实基础、积攒实力，提高预见性，提升竞争力。

### (三) 教学科研应当兼顾、体制机制有待创新

教学与科研工作是学校的两个中心工作。近年来，教育教学紧抓"质量品牌"，以实施"本科生质量工程"、"研究生创新工程"为抓手，在教学指标、竞赛获奖、学生就业等方面取得了突出成绩；科学研究在基地建设、科研经费、索引论文、成果获奖等方面得到了大幅提升，综合实力明显增强。

西电当前定位是研究教学型的全国重点大学，在教学、科研的实力上与国内一流研究型大学还有不小差距，存在着规模与水平、数量与质量、外延与内涵之间的诸多矛盾。实施南、北校区运行以来，教学科研工作中的旧矛盾、新问题逐渐突现、交错纵横，如何抓好两个校区的协调运行、实现教学科研的统筹兼顾、突破体制机制的改革创新，是教学科研管理面临的新课题。

从根本上看，教学促进科研、科研提升教学，这两项工作是高水平大学建设发展中的辨证统一体，人才培养与科学研究缺一不可，需要在发展中相互补充、相互促进、相互依存。不仅要完成创新人才的培养任务，也要提高科技创新的重要职能，统筹兼顾、改革创新，才是提升教学科研实力的根本出路。同时，教学、科研的管理也恰恰是管理工作最核心的部分，管理水平与效率的高

低直接影响着学科、教学与科研"一头两翼"战略格局的中心工作，制约着综合实力的核心发展，是管理工作的重中之重，所有的管理说到底，都应当围绕这两项基本工作深入展开，从完善健全体制、改善优化机制入手，整合资源、集成力量、加强管理、提高效率，为不断增强教学科研实力、提高综合办学实力提供有力支持和有效保障。

### (四) 开放办学还需拓展、国际进程更要加快

近年来，遵循"以服务为宗旨、在贡献中发展"的原则，我校坚持"一条内线、苦练内功；两条外线、国际国内"的发展思路，在对外拓展、开放办学、国际化建设上着力推进，教育部分别与国防科工委、陕西省、西安市、中国电子科技集团公司共建西电、在 IT 行业领域的横向拓展、与众多研究所、基地的校所合作等工作取得了显著成效，国际合作与交流不断深化，"111 基地"获得突破，"跨国联合实验室"建设得到加强。

然而，与国内一流大学和国外知名高水平大学相比，我们在开放办学、对外拓展、国际化进程等方面还有不小的差距，开放办学的意识还不够强烈，国际化的视野还需要继续拓宽，国际交流的学术与人文氛围还需要进一步浓郁。

经过"九五"、"十五"以及当前"十一五"时期的快速建设，我校在制定发展规划、实施人才强校、巩固学科优势、加强教学科研、扩大规模发展、建设新校区等方面取得了长足的进步；但量的增加不等于质的提升，外延的扩展也不等于内涵的充实，学校在进一步紧抓内涵建设、强化办学特色、优化内部结构、提高质量水平方面还有很多不足，对内需要增强实力，对外需要加强交流，而国际化是对外交流、开拓视野、提升水平、增强内涵的重要途径，也是高水平研究型大学的重要突破口。当今世界一流大学纷纷推行全球化战略，占领未来发展制高点。因此，开放办学、面向国际，不仅是克服国际化水平不高的不足，也是提升质量、提高层次的必由之路。这一方面还有很多工作要下大力气去做实、做好。

### (五) 依法治校仍有缺漏、以人为本亟待加强

依法治校、以人为本，是大学长远发展追求的目标，虽然在一定时期不可能尽善尽美，但必须从依法治校的源头建设、以人为本的基础建设的点滴做起、及时跟进，充分体现出大学的独特品格、学术追求、办学特色、人文精神，把"依法治校"的理念贯穿始终、使"以人为本"的精神深入骨髓。

此外，针对如何建立适合中国特色的现代大学制度建设问题，也引发了诸多深层次的思考，对大学学术权力、行政权力、民主权力的有机协调、统筹平衡等问题提出了若干建议，希望尽快建立起规范、科学、完善、透明的管理、

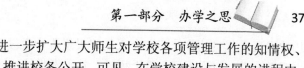

反馈、监督与沟通渠道，进一步扩大广大师生对学校各项管理工作的知情权、参与权、决策权、监督权，推进校务公开。可见，在学校建设与发展的进程中，依法治校是一项长期而艰巨的任务，必须始终坚持；以人为本是一个基本原则，必须不断加强。

### (六) 管理服务必须改进、关心群众重在落实

除学科建设、教学科研中心工作的人、财、物等主体管理外，作为学校正常运转所必需的学习、工作、生活等方面的后勤服务，是各项事业取得进展、获得发展的基本保障。而当前在涉及到广大师生的学习与工作、教学与科研、交通与医疗、生活与休闲、住房与待遇等方方面面的服务工作中，仍然存在着许多不足，直接关系到广大师生员工的切身利益，影响到学习与工作的积极性和主动性，制约着学校科学、长久、和谐的发展，是最基本、最细小的重要保障。

应当说，管理服务无小事、一点一滴在落实。通过座谈调研收集的关于管理服务方面的许多问题，大部分都是可以及时予以解决的小问题，但恰恰是这些小问题的长期积累，造成工作中服务不到位、管理不科学的现象，滋长了官僚作风、拖沓作风，切实需要大力改进，真正树立为广大师生服务、为广大群众服务的意识，提高管理与服务的质量与水平。

## 三、制约发展的主要矛盾

西电建校 70 余年、迁址西安 50 余年，曾是我党我军亲手创建的第一所工程技术学校，曾是 1959 年中央首批确立的全国 20 所重点大学之一，有过"西军电"的辉煌，创造过我国电子信息科学的先河，产生了众多"全国第一"的研究成果，培养了 10 多万电子信息高级技术人才，涌现出一大批杰出校友，获得了良好的社会声誉。虽然也曾经历了隶属关系多变、资金投入不足、环境条件欠缺、吸引人才困难等波折与坎坷，但却始终没有停止过向着特色鲜明、研究型、开放式、国内一流、国际知名高水平大学目标迈进的步伐，"九五"以来的各项事业取得了显著进展，办学实力与质量水平有了明显提升。

随着时代发展，现代大学之间的竞争日趋激烈；时移势易，西电的更大发展面临许多挑战和困难。从现阶段来看，制约学校发展的矛盾包括以下四个主要方面：

### (一) 继承与创新

应当说，任何一所大学都面临着继承传统与创新未来之间的矛盾，这是客观存在的。过去的辉煌不能代表未来的发展，明天的成绩更在于今天的努力。

历史发展中优良的传统要在今天的建设进程中继续保持和发扬，例如西电历史上艰苦奋斗、自强不息、勇于牺牲、甘于奉献的战斗精神，实事求是、埋头苦干、一丝不苟、坚韧执著的踏实作风，服从命令、听从指挥、服务人民、献身事业的顽强品格，都是当代西电人要认真学习和坚定继承的优良传统。

继承传统很重要，创新发展更重要。要创新发展，就必须解放思想、与时俱进，就不能因循守旧、僵化教条，要在继承中有所发展，面对新情况、激活新思维、推出新举措，开创新局面。例如，对西电来说，如何发扬优良传统、继承"西军电"精神，按照高水平研究型大学的目标大力推进改革、建设与发展，巩固学科优势、培育一流英才、凝聚一流师资、建设高水平大学，服务于国家信息化、科技强军、区域经济与社会发展等等，都是继承传统、开拓创新的战略课题。

要认真学习历史经验、科学借鉴他山之石，思筹划、想规划、强举措、重落实，在实践中发扬优良传统、应对崭新挑战、攻克制约瓶颈、推进更快发展，妥善解决继承传统与创新发展之间的矛盾。

### (二) 生存与发展

生存涉及当前利益，发展决定长远大局，这是比较突出的一对矛盾。当前任务一般比较迫切、长远发展则需未雨绸缪。生存与发展之间的矛盾，必然会出现一定的冲突，权衡利弊，应当重在顾及长远，同时兼顾当前。

生存是现实问题，要维护好当前的稳定与平衡，充分考虑迫在眉睫的具体工作，解决好影响具体工作和当前利益的棘手问题，使学校各项工作处于良性运转状态，向着好的趋势持续发展。发展是长远考虑，不仅要顾及当前利益，更要谋划长远的科学发展，一切向前看、一切为了西电的百年发展，早着手、早准备、早筹谋、早策划，看清发展形势、把握未来趋势，未雨绸缪、抢占先机，做好今天的工作，推进未来的发展。

在生存与发展之间，不可避免地会出现一些矛盾，解决好这方面的矛盾，需要有效协调、统筹规划，科学、合理地处置好各种关系。例如，巩固优势学科与发展新的学科增长点以及扶持弱小学科之间的关系，培养高水平师资与引进高层次人才之间的关系，现有队伍建设与支撑未来发展的人才队伍建设之间的关系，教学科研的现实生存与抢占发展先机之间的关系，保障当前基本运行与考虑长远科学发展之间的关系等。

### (三) 全局与局部

全局发展至关重要，局部建设不可忽视。全局与局部的关系是辩证统一的关系，没有全局的大发展，就没有局部的显著进步；没有各个局部的全力支撑，也不会带动全局的整体前进。

例如，学校整体发展了，各个学院、部处、所有师生员工才能得到更大的发展、获得更多的实惠；而学校整体发展的基础，是各学院实力的显著提升，是各个学科的学术水平、师资质量等综合实力的集中显现。全局实质上是由局部组成，而局部的发展，反过来又会推进全局的进展，二者之间相互依存、相互支撑、互为条件、互相影响。

当然，在全局和局部之间不可避免地也会出现对立与矛盾。过多地强调局部利益，必然会打破全局平衡，制约整体发展；单纯地考虑面面俱到、实施平均主义，又会影响重点突破的积极性与创造性，不利于全局的实质性发展。总的看，局部应当服从全局，一切从科学发展的大局出发，考虑整体和长远利益；但同时，也要掌握好平衡点，有利于调动积极性，有所为、有所不为，既有重点作为、又有一般作为，科学统筹、有效协调。

### (四) 刚性与柔性

科学发展必须坚持科学管理。实施有效的科学管理，必须处理好刚性与柔性之间的关系。刚性管理与柔性管理既对立又统一，是矛盾的对立统一体。刚性是原则、是底线、是目标，柔性是方法、是幅度、是过程，妥善处理好二者之间的关系，才能有效实施科学管理，做到宽严适度、刚柔相济。而目前学校的实际状况是刚性管理不能完全到位、柔性管理还有很大不足，特别是在大学文化建设上还需要不断加强，不仅注重指标体系硬任务的建设，也注重大学文化软实力的增强。

坚持刚性管理，必须认真遵循"依法治校"的原则，制定完善各项规章制度、议事规则、办事原则，严格执行各项管理规定、办事程序、违规处罚，按照目标责任制和各项量化指标，加强工作力度，实现工作目标，全力推进战略发展的各项举措、圆满完成奋斗目标的各项任务。

实施柔性管理，应当深刻领会"以人为本"的精神，在坚持基本原则的前提下，端正工作态度、转变工作作风、注重工作方法、优化服务方式，从广大师生的合理需求着眼，从科学发展的实际需要出发，妥善解决管理工作中的问题、难题，耐心解释管理工作的原则、要求，细心听取广大群众的意见、建议，从而进一步提高工作效率、提升工作质量。

刚性管理重在落实工作目标、完善岗位职责，柔性管理重在改善管理过程、强化人文关怀，二者要有侧重、有协调、有补充、有统一，避免单一化的不足，做到有机化的统一。

## 四、科学发展的初步思考

事物的科学发展遵循着一定的主观与客观规律，大学的科学发展同样必须遵循主观与客观的统一，反映问题与发现问题是为了查找原因，找到原因与深刻剖析是为了分析矛盾，认识矛盾与解决矛盾是为了促进发展。学习实践科学发展观，从大学的科学发展角度看，就是要发现问题看表象、分析原因靠认识、找出矛盾抓本质、推进发展重实践，概括起来就是：以认识论的思想指导发展、以矛盾论的思维看待发展、以实践论的举措推进发展。

### (一) 理清发展思路

认识论的基本思想强调：发展是人为满足自身需要而改变世界的实践活动，是人的本质力量的对象化，一切要从实际出发、以人为本，坚持尊重客观规律与充分发挥人的主观能动性相结合。科学发展十分重视人的发展，把"以人为本"作为核心，从认识论的角度说明，人的发展既是目的、又是动力。

对于大学的科学发展来说，如何认识大学的本质、"大学人"的本质，是认识论的基本要求，是大学文化软实力建设的根本目的，文化反映认识论。我们一再强调的办学理念、大学精神，认真思考的"两个问题"、仔细制定的"三个规划"，深入进行的战略思考、顶层设计、发展思路，无一不是基于大学认识论这一哲学层面"形而上"的思考，无一不是围绕大学三大基本职能的实践，无一不是紧扣"以人为本"大学文化的内涵。具体到西电的科学发展来说，就是如何进一步提升办学理念、加强顶层设计、完善发展规划、落实推进举措，用认识论的观点指导科学发展的实践，实现学校的又好又快发展。

### (二) 完善决策思维

矛盾论认为，矛盾存在于一切事物的发展过程中，贯穿于发展过程的始终，既有普遍性，也有特殊性，又有同一性，又有斗争性，是对立的统一体。"一切事物中包含的矛盾方面的相互依赖和相互斗争，决定一切事物的发展。没有什么事物是不包含矛盾的，没有矛盾就没有世界。"

大学的科学发展，关键在于体制机制的创新，科学决策的关键就在于如何完善"矛盾论"的思维，决策体现了矛盾论。要从管理工作入手，分析原因、查找症结、深入本质、剖析矛盾，充分认识和客观对待发展进程中存在的各种矛盾，分析矛盾产生的深层原因，用发展的观点、辨证的观点正确对待工作中的矛盾和问题，认识到矛盾既是制约科学发展的障碍，也是促进科学发展的动因，努力解决问题、化解难题。用"矛盾论"的思维认真、客观、科学地评价工作、思考改革、加强创新，使学校的科学管理、以人为本不断跃上新层次、提升新水平。

### (三) 加强实践举措

实践的过程是一个不断实现科学认知的过程，从对事物的感觉、判断、推理到实践、再思考再实践、再实践再思考，从而达到对事物去伪存真、去粗取精、由此及彼、由表及里的本质认识。客观事物的发生、发展是无穷的，决定了人的认识的发生、发展是无穷的，社会实践的发生、发展也是无穷的。

大学的科学发展，成败在于实践论，只有通过实践，才能真正检验决策的正确与否。推进发展不能只停留在思想、理念、蓝图、规划的层面，而要落实到改革、创新及建设、发展的实践中。实践是检验真理的唯一标准，"实践论"是检验发展成效的最有力武器。具体到我校的实际工作，就是如何在科学发展观的统领下，迎接挑战、直面困难，突破制约瓶颈、解决实际问题，紧抓人才建设、学科发展、教学科研、管理服务等各项实务。

### (四) 实现具体要求

西电的科学发展，要立足于国家信息化战略、电子信息产业振兴、科技强军、区域经济与社会发展的历史高度，以科学发展观为统领，以建立并完善现代大学制度为着力点，以建设高水平研究型大学为奋斗目标，以一流师资队伍建设为战略抓手，从顶层设计、科学管理、以人为本、大学文化等四个方面深入思考、仔细筹划、深化内涵、狠抓落实，大力推进"两大步三小步"的战略规划，全面提升办学的实力与水平。

第一，要进一步完善顶层设计。大学的顶层设计涵盖了大学理念、发展思路、奋斗目标、战略规划等一系列内涵实质，是改革与创新、建设与发展的指导思想。通过学习科学发展观，深刻领会其科学内涵和精神实质，分析制约科学发展的主要矛盾，要紧密结合学校实际，进一步梳理战略思想、完善战略规划，站在长远发展、科学发展、全局发展的高度，加强顶层设计、深化源头保障，努力实现西电上百年的科学、协调、可持续发展。

第二，要大力加强科学管理。科学管理的根本在于体制机制，关键在人，加强现代大学制度建设，规范体制、活化机制，加强干部队伍的意识、作风、能力、素质建设，是保障科学管理得以逐步实现的重要前提。必须从学习调研中获得的第一手资料着手，立即解决能够解决的问题，包括机关服务、后勤服务等各种不到位、不够人性化的缺陷与不足，切实改善工作作风；必须深入反思存在不足的深层次矛盾，进一步理顺管理体制，努力改善运行机制，按照科学发展的客观要求，着力提升管理的质量与水平。

第三，要深入贯彻以人为本。人是一切发展的根本，人的因素是科学发展

中最为活跃的因素。以人为本，就是要充分体现出"教育以育人为本，以学生为主体；办学以人才为本，以教师为主体"的理念，并使之真正内化为实际工作的最初动因，落实到各项具体工作的一点一滴中，切实体现出"尊重学生、尊重教师、尊重知识、尊重创造"的和谐氛围，全力做好管理服务。

第四，要不断丰富大学文化。大学文化在浓郁文化氛围、促进人才成长、激发学术灵感、孕育创新创造等方面具有不可替代的重要作用，是大学环境不可或缺的典型因素，是重要的软实力建设。必须从深化大学学术沃土、思考大学百年发展的高度出发，重视并加强大学文化建设，以文化风、以文化人，继承深厚传统、发扬优良作风、不断创新跨越，抓住"学者、学生、学科、学术、学风"五个要点，浓郁文化氛围、充实文化内涵、建设西电文化。

# 第二部分 治校方略

　　不同的学校有不同的特色，不同的时期有不同的发展。校长，是一所大学建设与发展的 CEO、践行者，如何管理、运行好行政工作，使之高效、有力、务实、可行，需要对大学的定位、目标、举措等战略规划和组织、落实、推进等执行方略进行精心策划、细致安排，需要准确把握内外部客观形势，切实扣准发展脉络，改革创新、与时俱进，着力推动大学的战略发展。

　　西安电子科技大学的前身，是 1931 年诞生于江西瑞金的中央军委无线电学校，是我党我军亲手创建的第一所工程技术学校，以后不断发展壮大，曾先后在延安、获鹿、张家口三地留下了办学足迹，1958 年迁址西安，1959 年成为全国 20 所重点大学之一，"西军电"闻名遐迩。1966 年从军校转为地方建制，1988 年定为现名。光荣的革命历史、鲜明的电子信息特色、突出的国防研究优势、过硬的人才培养质量，成为学校独树一帜的办学特征。

　　优良传统需要继承，改革发展更要创新。在 21 世纪科技发展日新月异、高教事业蓬勃鼎新的形势下，如何把学校的建设与发展引入到一个新的阶段，需要从定位、目标、规划、举措上通盘考虑。任职 10 年期间，学校先后召开了两次教代会、两次党代会，对战略规划、"十五"、"十一五"战略举措等不同阶段的任务进行了审议与部署，同时，进一步加强了人才培养工作，对实施科学管理、加强廉政建设给予高度重视，在改革中求变、在务实中求新，取得了一定进展。

　　本部分收录的 15 篇讲话及报告，主要涉及"两大步三小步"发展规划、"十五"、"十一五"战略举措、"十二五"的发展思考、日常管理、廉政建设等方面，一定程度上体现了治校方略的若干思路和实践进展。

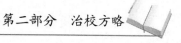

# 开拓新思路 增创新优势

# 为建设一流大学而奋斗

—— 在中共西安电子科技大学第十次代表大会上的工作报告

(2003 年 7 月 18 日)

在全国上下以"十六大"精神为指导、全党兴起学习贯彻"三个代表"重要思想新高潮的重要时刻，在防治"非典"与改革发展取得双胜利、学校各项工作不断前进、令人信心倍增之际，我校隆重召开第十次党代会，集思广益同商校是、汇聚一堂共谋发展，谱写西电改革与建设事业的新篇章，具有十分重要的意义。

下面，就学校一年来的行政工作向大会作汇报。

## 一、一年来工作的简要回顾

过去的一年，是学校认真总结回顾"九五"建设、规划"十五"、"十一五"乃至更长远发展蓝图的一年，是积极推进改革、勇于创新、加快事业发展的一年，是为了学校长远发展扎扎实实搞建设、认认真真打基础的一年。

一年来，在教育部、陕西省以及西安市的领导与大力支持下，在学校老领导、老同志的关心与爱护下，全体教职员工团结一致、同心同德、勤奋耕耘、默默奉献，各项工作取得了较大进展，为实现西电未来发展的两次大跨越开好了局、起好了步。

### (一) 全面启动"十五""211 工程"、学科建设持续发展

经反复论证，我校确定了"十五""211 工程"重点建设的四个学科群以及相关配套建设项目，《"十五""211 工程"建设可行性研究报告》顺利通过了教育部专家组的论证。专家组认为"总体目标明确，定位准确，发展战略思路清晰，展现了当前学校上下团结振奋的精神面貌和生机勃勃的良好发展势头"、"学校的《可研报告》是完整、科学、合理的"。

一年来，学科建设的龙头地位得到不断巩固和加强，学科建设取得明显进展：基本明确了 14 个校级学科、10 个院级学科、18 个系级学科三级学科体系以及 4 个跨学院研究中心建设格局。在全国第九批博士学位点、硕士学位点的

申报工作中，我校取得了显著成绩，机械电子工程、计算机系统结构、军事通信学等 3 个学科排名第 1，光学学科排名第 3；在教育部组织的全国一级学科评估中，我校信息与通信工程学科名列第 2，电子科学与技术学科名列第 9；高层次人才师资队伍得到进一步发展壮大；校园学术交流日益活跃，学术氛围日渐浓厚。

### (二) 制定三个规划、确立战略目标

一年来，认真抓了两个问题的思考与三个规划的制定。学校多次召开各个层次的研讨会、座谈会，在深入探究办学理念、理清办学思路的基础上，紧密结合实际，提出了"两大步、三小步"的长远发展目标和战略部署，初步制定了我校《发展战略规划》、《学科建设与师资队伍建设规划》以及《校园建设规划》。同时，放眼国际、瞄准前沿，初步明晰了国内外同类学科的参照体系，明确了坚持走研究型、开放式、特色鲜明、跨越发展之路的基本思路。

### (三) 狠抓指标体系、促进教学科研

本科教学方面，全面启动了本科教学评优的各项准备工作，出台了教学检查、教考分离、学生评教等 10 余项管理制度和相关措施；新增 3 个陕西省名牌本科专业，获得全国普通高校优秀教材一等奖 1 项，新增省部级以上教学改革项目 16 项；在首届全国大学生机器人电视大赛、全国大学生电子设计竞赛、数模竞赛、英语竞赛等重要比赛中均取得优异成绩。

研究生教育方面，以迎接研究生院验收为契机，全面加强了教育教学工作；整体规模逐步扩大，培养过程管理与监督机制不断完善，积极推进研究生二级管理模式，1 篇博士论文入选全国百篇优秀博士论文，总数达到 3 篇。

2003 届研究生及本科生一次性就业率分别达到 100%和 98%，在全国高校名列前茅。值得指出的是，在学生就业形势十分严峻的情况下取得如此好的成绩，从一个侧面反映了我校的综合实力与水平。科学研究取得新进展，项目、经费、论文等指标有大幅提升，获国家科技进步奖 1 项、国防科学技术进步奖 5 项。

### (四) 加强队伍建设、取得一定成效

在师资队伍建设方面，修订了《关于进一步加强教师队伍建设的若干意见》，并制定了具体措施、保证重点落实；每年投入不低于 1000 万元的资金用于高层次人才队伍建设；同时，吸引大批留学回国人员来校工作；着力改善教师的办公与生活条件，始终坚持从点滴之处做起，为一线教师服务。

在干部队伍建设方面，加快了干部队伍年轻化步伐，加大了干部交流力度，使处级干部换岗率达到 41%，一批学历高、年富力强、具有一定管理经验的教师被充实到干部队伍中来，增强了干部队伍的活力和战斗力。

### (五) 基础设施建设步伐加快

2002 年暑假，在短短 40 多天的时间内，顺利完成了教育部修购和国债基金改造项目，使以前陈旧落后的基础设施条件得到了根本性改善，校园面貌焕然一新，使师生员工的学习、工作及文体健身活动条件发生了重大变化。"西部大学校园计算机网络工程"正紧锣密鼓地进行。

本着理解、支持、互利、互让的原则，学校在就太白路立交桥与西安市的多次沟通过程中，把握原则、站稳立场、因时易势，善于利用机遇、抓住机遇、创造机遇，变被动为主动、化不利因素为有利条件，经过近 2 个多月的多方协商，最终达成了共识，使太白路立交桥这一老问题得到妥善解决，使我校新校区建设取得突破性进展。2003 年 5 月 30 日，学校与长安区人民政府签订了合同书，征地 3000 亩建设新校区工作进入到一个崭新的阶段。无疑，这是西电建设史上一件具有里程碑意义的重大事件，必将在西电的发展史上写下浓墨重彩的一笔！

### (六) 加强合作与交流、拓展发展新空间

争取教育部与陕西省、西安市重点共建我校以及与中国电子科技集团总公司紧密合作建设的工作一直在积极进行并取得了重要的阶段性成果。继续加强了与总装、国防科工委、各军兵种、航天、中电集团等部门的紧密合作与联系，在相当程度上拓宽了合作面；进一步加强了国际合作与交流的广度与深度。

### (七) 多渠道筹措资金、增强办学实力

一年来，除上级部门正常经费支持外，学校通过多种渠道筹措到 1 亿多元建设资金，大大增加了办学投入，增强了发展后劲。

### (八) 关心群众生活、不断改善条件

在着力改善办公环境和条件的同时，注意在财力允许的情况下稳步增加教职工收入。确立了每年一次的体检制度，启动了 500 多套的教职工高层住宅楼工程，不断提高广大师生员工的工作、学习与生活水平。

在防治"非典"工作中，学校始终把师生员工的健康与生命安全放在首位，按照党中央、国务院和上级部门的指示与部署，成立了专门的领导小组和工作小组，各单位各部门高度重视，责任落实、措施到位、保障有力，实现了"拒'非典'于校门之外"的目标。

## 二、面临的形势与应对策略

### (一) 面临的形势

本世纪头 20 年是国家发展的一个重要战略机遇期，党的"十六大"已经

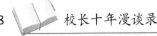 

勾画出 2020 年全面建设小康社会的宏伟蓝图，高等学校在国家发展战略中的地位和作用日益突出，高校之间的新一轮竞争已经展开。时势召唤创新，竞争带来突破。借鉴其他高校的先进经验，结合西电实际，理清思路、准确定位、把握机遇、加快建设，切实推进每一步改革新举措，努力实现各项事业的不断发展，是我校各项工作的根本出发点。

### 1. 发展机遇

一是国家实施"以信息化带动工业化"战略，IT 浪潮蓬勃兴起，新的机遇和挑战已经到来；二是西部大开发，区域经济建设中大有可为；三是科技强军，使我校具有大展身手的广阔空间。

### 2. 优势特色

其一，"西军电"的光荣革命传统、严谨务实的优良作风，是我们的宝贵精神财富；其二，学科、专业设置上的前瞻性；其三，学科和专业设置与国防建设密切相关；其四，经过 70 余年建设，奠定了比较雄厚的办学底子，特别是经过前几届党政班子和全校上下的共同努力，各项工作取得了明显成绩，为实现我校 21 世纪上半叶的两大步跨越奠定了坚实的基础。

### 3. 存在不足

第一，学科专业面窄，基础学科薄弱，学科点的拓展和新兴学科的生长受到一定制约；第二，优势学科、领军人物、重大项目和成果还存在较大不足，师资队伍的数量和质量不容乐观；第三，科学精神和创新意识不够浓厚，在一定程度上影响了原始性创新和技术创新的发展，人文氛围也有待提高；第四，适应现代大学办学的科学体制和有效机制还未完全建立健全起来。

### (二) 应对策略

### 1. 学校定位

目前，全国 1300 所大学基本可划分为教学型、教学科研型以及研究型大学三大类。我校基本属于教学科研型的大学。

### 2. 办学理念

(1) 先进的教师理念。

一流的大学要有一流的师资，一流的教授是大学的灵魂。我们应牢固树立"以人为本"的思想，增强教师是主体的意识、强化教授是灵魂的观念，不断提高教师应有的待遇与地位。

(2) 先进的教育目的理念。

一流的大学要出一流的人才。要培养宽口径、厚基础、重实践、复合型人才；重视对学生创新能力和创造精神的培养，引导学生构建合理的知识结构体系，多出人才、出好人才。

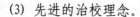

(3) 先进的治校理念。

要树立学校制度高于权力的基本观念，制度面前、人人平等。要按照《中华人民共和国高等教育法》和高校教育教学的自身规律严谨治校，倡导学术自由、兼容并蓄，教学与科研并重，管理工作应坚持公开、公正、透明、合理的八字方针。

### 3. 发展思路

(1) 坚持"一头两翼一保障"、加快科技创新。

必须始终围绕学校的中心工作，坚持"一头两翼一保障"的基本思路——以学科建设为龙头、教学、科研为两翼、管理与后勤作保障，"夯教学之基、扬科研之帆、举学科之旗"。同时，要加快科技创新，促进成果转化，全面推进各项工作。

(2) 坚持"四个兴校"、实现跨越发展。

坚持"观念兴校、学术兴校、人才兴校、管理兴校"：要有创新意识和敢为天下先的胆识与气魄，解放思想、更新观念、与时俱进、开拓创新；要执著于探索未知、追求真理，崇尚学术自由、浓郁学术氛围，不断提高学校的学术水平和社会声誉；要"以人为本"，把人才的培养与引进、队伍的稳定、建设与发展作为学校各项工作的根本，着力搞好两支队伍建设；要强化科学管理、规范管理和网络化管理；建章立制，不断提高运用现代化管理技术手段的能力。

(3) 走特色鲜明、研究型、开放式的建设之路。

特色是一所大学保持旺盛竞争力的根本之所在，建设研究型大学是提升跨越的必需，实行开放式办学是与国际接轨的必然。

特色鲜明——我们要在已经形成的办学特色基础上，进一步强化特色、使优势更优、强项更强，打造品牌、创造名牌，增强学校在国内外的知名度和影响力。

研究型——建设研究型大学是我们的强校之路，要注重对大学特点、使命和组织架构的不断思考，强调教学与科研的辩证统一、学术自由以及自我管理、相互竞争的灵活机制，在研究型大学的建设过程中不断增强实力、提高水平、跻身前沿。

开放式——"开放"是一种观念的更新、模式的改革，是学校办学机制的变革与探索，是加快与国际接轨的必由之路。

## 三、发展战略规划

立足学校的现在，应当看到今后十年、二十年乃至更长远的发展，对形势要有充分的估计和预测，不仅要有近期的奋斗目标，更要有长远的战略规划，

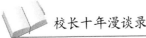

对学校的未来负责，为西电的后辈铺路。例如，现在 40 岁左右的年轻教师，到退休还有 20 年左右的时间，如何设计自己、如何发展自己，应与学校的大发展融为一体。另外，大学要有发展后劲，关键是师资队伍的建设，而师资队伍建设不仅体现在学术水平上，也体现在年龄结构上，这就要求我们想好现在 30 岁、40 岁及 50 岁等不同年龄段的师资培养与建设。显然，从以上两点看，对未来 20 年有个比较清醒的认识与规划是十分必要的。这样，我们的事业才能够代代相传、薪火相继、不断前进！

从 2002 年 10 月起至今，在逐步梳理办学理念、廓清发展思路、明确战略目标的基础上，通过学校学术委员会、党委常委扩大会、校长办公会、党政联席会以及学科建设高层研讨会等各种形式，在广泛征求老领导、老专家、中青年教师骨干以及广大中层干部意见的基础上，进行了数次修改，初步形成了学校的发展战略规划。内容如下：

### (一) 总体目标

牢牢把握以信息化带动工业化、国防现代化及西部大开发难得的历史机遇，把西安电子科技大学建设成为特色鲜明、研究型、开放式、具有国际先进水平的一流大学。

### (二) 战略部署

根据学校实际情况，为实现建设"特色鲜明、研究型、开放式、具有国际先进水平的一流大学"的长远奋斗目标，按照"两大步、三小步"的步骤整体推进、有序实施。

#### 1. 两大步

第一大步——建设国内一流、国际知名高水平大学。

到 2020 年，努力把学校建设成为特色鲜明、研究型、开放式、国内一流、国外知名的高水平大学。其标志是：重点建设学科处于国内领先地位，若干学科具有较大国际影响。

第二大步——建设具有国际先进水平的一流大学。

再经过 20 年的建设，到 2040 年，力争把学校建设成为特色鲜明、研究型、开放式、具有国际先进水平的一流大学。其标志是：主流学科达到国际先进水平，若干学科处于国际领先地位。

#### 2. 三小步

第一大步是学校战略发展的关键，分为"三小步"具体实施：

第一步——奠基期。

在学校 70 余年办学的基础上，再接再厉，进一步夯实基础。

到"十五"末，即 2005 年末，经过 3 年左右的建设，使学科建设成效明显，学科门类和领域有新的拓展，继续保持优势学科在国内高校的先进地位，特色更加鲜明；"十五""211 工程"建设富有成效；教学水平与质量有显著提高，建设好若干个国家级教学和人才培养基地；科学研究指标稳步提升，科技创新能力明显增强；基本建成新校区，办学条件得到较大改善，教职工待遇稳步提高，工作环境和条件不断改善，综合办学效益稳中有升。

第二步——提升期。

到 2011 年，即建校 80 周年时，信息与电子学科在国内的优势更加明显，主要学科在国际上具有较高的知名度，学科体系日趋合理完善；人才培养的规模、结构、质量和效益得到进一步协调发展；基础研究、应用基础研究、应用技术研究以及科技开发在促进国防建设、国家信息化建设和地方经济建设中的作用进一步增强；综合竞争力有显著提升，学校综合实力接近国内一流大学水平。

第三步——跨越期。

再经过 9 年的建设，即到 2020 年，把西安电子科技大学建设成为特色鲜明、研究型、开放式、国内一流、国际知名高水平大学。

### (三)　"十五"奠基期指标建设

"十五"建设是学校"三小步"战略的第一步，是实现今后两次大跨越的关键时期。这一阶段的具体指标是：

#### 1．学科建设

国家重点学科和"211 工程"重点学科建设富有成效，在继续保持信息与电子学科优势的基础上，使新兴学科和交叉学科快速生长；力争使国家重点学科数有新突破；校、院、系分层次学科建设布局得到进一步完善、巩固。

#### 2．教学工作

以教育部本科教学评优为契机，以评促建，教学质量与水平有显著提高；国家教学基地数目有新突破，产生 50 项以上具有较高水平的教学成果，"双语教学"不断普及；探索完全学分制的管理模式，使本科教学和研究生教育水平有较大幅度提高；同时，不断完善研究生两级管理模式；注重创新素质教育，提高培养和管理水平，确保研究生院以优异成绩通过教育部验收，早日建成为一流的研究生院。

#### 3．科学研究

全力建设好 3 个国家(国防)重点实验室和 1 个教育部重点实验室以及其他部省级重点实验室，争取建立新的国家、部省级重点实验室和工程研究中心；实施高水平论文建设工程；获得国家、部省各种科技奖励及获专利数有明显增加；年均科研经费有更大增长。

### 4. 科技创新

加快大学科技园建设，逐步完善管理体制和运行机制，科技成果转化工作取得新进展，科技创新能力显著增强。

### 5. 师资队伍

到 2005 年末，学校"3512 工程"建设目标基本完成，形成梯次合理、规模匹配的师资队伍体系。

### 6. 合作交流

拓宽对外交流和合作的领域与渠道，加大与国内外科研院所和校际间联合培养研究生、科研合作的力度，有计划地组织校际代表团出访，举办有较大影响的国际学术会议。

### 7. 办学条件

基本完成占地 3000 亩的新校区建设，按照国际水平、大学文化、西电特色以及实用大方的标准，早日建成设施一流、环境宜人、条件优越的现代化大学新校园；完成现校区花园式、数字化校园建设工程，大力改善师生员工的学习、工作与生活条件。

## 四、改革与发展措施

近年内，我们将要进行的改革与发展举措可以简要概括为"两大改革、三项工程、四点要求"。

### (一) 两大改革

#### 1. 管理体制改革

学校纵向层面上，管理体制改革将按照"宏观引导、分类指导、重心下移、两级管理"的总体思路，把责、权、利有机地统一起来，积极探索事业经费、指标体系、工作业绩为一体的管理重心下移新体制，以逐步扩大学院的办学自主权，充分调动各学院的积极性、主动性与创造性。

学校横向层面上，将在学科结构、教育教学、科研体制、后勤改革、科技创新及产业体制等方面逐渐推行体制创新，建立健全科学的管理制度和措施，促进各项工作不断跨上新的台阶：

学科结构调整：坚持"学科入主流"的指导思想，按照校、院、系分层次布局建设的原则，加大学科建设力度，以国家级重点学科、"211 工程"重点学科为主，以点带面、以面促点，进一步提升优势学科水平，凝炼学科方向、构筑学科高地，形成学科尖峰，促进新兴、交叉及边缘学科的发展。

教育教学改革：贯穿"进入核心圈"的思想，坚持"本科生是立校之本、研究生是强校之路"的原则，全面提高人才培养质量，保证规模、质量、结构与效益的协调发展。

研究生教育方面，要强化对研究生培养质量的认识，要在培养模式、教材建设、课程体系等方面加强管理并不断创新；要继续深化并完善两级管理模式，加大质量监督与评估体系的改革力度；完善弹性学制、硕博连读制与博士生淘汰制，充分调动广大师生的积极性；顺应国家研究生扩招的大形势，抓住国家对设有研究生院的大学在招生规模上的倾斜政策，适时适当地扩大我校研究生招生规模，使在校研究生规模达到一个与学校总体发展相适应的水平；要加强导师队伍建设，使其数量和质量的矛盾逐步得到缓解。

本科教学方面，要实施"教学质量工程"，加强检查与督导制度建设，探索教学运行与学籍管理的创新机制，积极进行完全意义上的学分制与学生自由选课制度改革的有益探索，给学生更多的自由发展空间。同时，大力加强名牌专业建设，坚持按照优化知识结构体系的人才培养目标，逐步推进课程体系改革，做到按需设课，而不是因人设课。

科研体制改革：强调"进入主领域"的思想，实施"大项目战略"，加快经费使用和管理新办法的出台进度，以最大程度地调动广大教师从事科学研究的积极性；整合各学科优势，积极承担国家重大研究项目，保持军事电子领域的科研优势，加快向高新技术诸兵种研究领域的渗透，进一步拓展科研攻关合作面。

后勤改革：要以调整机制、整合资源、提高效益为重点，逐步理顺后勤管理机制，提高自身的造血功能和进一步发展能力。

科技创新和产业体制改革：要坚持"走向市场、参与竞争"，进一步厘清科学研究、高新企业孵化和科技产业发展的关系，走产学研相结合的发展之路，不断增强科技创新能力，瞄准大市场、孵化大项目、经营大领域；在成立产业集团的基础上，努力做大做强科技产业；同时，加快大学科技园的建设。

办学拓展层面上，要加快部省市共建步伐、早日跻身国家重点建设行列。在与陕西省、西安市初步达成和教育部共建西电以及与中国电子科技集团公司紧密合作建设协议的基础上，继续全力以赴争取得到教育部的大力支持。加强与总装、各军兵种、航天、中电集团等有关单位和部门的密切联系，积极探索合作与共建的新模式。

## 2. 运行机制创新

管理体制改革是理顺关系、建新章立新制。运行机制创新则是实施动态管理，运用"激励杠杆"调动各方面积极性，人尽其才、物尽其用，把学校的各项事业不断推向前进。

运行机制创新主要包含人事制度改革、分配制度改革和住房政策改革三个方面。

人事制度改革：要重点搞好全员聘任制，按需设岗、以岗定编、以岗定责，要在科学管理的基础上，继续完善管理岗位全员聘任，逐步推行教师岗位的全员聘任，把聘任制与目标管理责任制有机地结合起来，逐渐向能上能下、能进能出、灵活机动的用人方向迈进。

分配制度改革：要体现"绩效优先、优劳优酬、重心下移、两级分配"的原则，要加强干部与教师的考核并使之制度化，考核结果应当与待遇挂钩，做到数量上多劳所得、质量上优劳优酬，让那些从事创造性劳动并为学校指标体系做出贡献的教职工享受到优厚待遇，让那些想成就一番事业而富有创新精神的教职工的活力尽情发挥，让一切热爱学校、辛勤奉献的教职工共享改革成果。

住房政策改革：要努力适应不断发展变化的新形势，从广大教职工的根本利益出发，为大多数群众的安居乐业着想，探讨新的住房政策方案的可行性。

以上三项改革方案将提交下半年召开的教代会讨论。

### （二）"三项工程"

#### 1. "十五""211工程"

这是战略部署三小步中第一小步的核心，要在"九五"建设成果的基础上，强化优势、突出特色。要进一步确立并不断巩固学科建设的龙头地位，认真抓好校院系分层次重点学科建设工作，在着力加强重点学科建设的同时，要注重经管、人文等学科的建设。

#### 2. "人才工程"

主要内容包括"3512工程"和礼聘教授计划。要充分体现尊重知识、尊重人才、以人为本的思想，为广大教师发挥聪明才智提供广阔的发展空间。继续花大力气培养和引进高层次人才，坚持每年投入不低于1000万元的资金，稳定、培养与引进并举，到2005年末实现30名校内特聘教授、50名学科带头人、100名学术带头人和200名骨干教师的目标。培养和吸引一批在国内具有较高知名度的青年学术骨干，逐步完成师资队伍的代际转移，为学校的可持续发展提供有力的人才保障。

#### 3. "新校区建设工程"

要按照高标准、高起点、高水平的要求，整体规划，分步实施，建成具有现代水平的优美校园。

现校区将全面完成运动场改造、校园绿化美化工程和"西部大学计算机校园网"工程，建成真正意义上的数字化、花园式校园。要进一步加强图书馆、校园网等公共服务设施建设，图书馆、校园网应走在数字化校园建设的前列。

(三) 四点要求

### 1. 跨越创新

要实现学校的中长期发展战略目标，跨越、创新是关键。要把发展作为学校工作的第一要务，摒弃因循守旧的"老框框"，倡导敢为天下先的精神，解放思想、更新观念、勇于创新、大步跨越，要敢于有所突破、勇于有所作为，开拓蓬勃向上的新局面。

### 2. 以人为本

要树立人才资源是第一资源的思想，尊重知识，尊重人才，尊重劳动，尊重创造。努力营造有利于人才成长的学术、人文和科学环境，调动人的一切积极因素和创造性，团结合作，协同攻关，奋发有为，扎实工作。

### 3. 群众观点

要尊重广大教职工的创造性劳动，着力保护他们的积极性和创造性，把不断提高待遇作为本届班子的一项重要工作。通过各种渠道经常深入一线、深入基层，开展调查研究，从群众中来，到群众中去，增加决策的透明度。

### 4. 求真务实

千里之行，始于足下。我们要在努力实现学校宏伟战略目标的伟大进程中，时刻把三个反对、三个提倡与一个牢记贯穿到各项工作中去。这就是：反对空谈、反对浮躁、反对急功近利；提倡说实话、做实事、求实效；牢记一切为了打基础，一切重在打基础，一切为了西电上百年的长远发展。

# 为政三件事

—— 在学校 2003 年纪检监察审计工作会议上的讲话
（2003 年 4 月）

建设一支勤政、廉政、精干、高效的干部队伍是党的教育事业之需要，是全校广大师生员工之呼唤，是确保我校顺利实施"两大步、三小步"战略规划，实现两次跨越的根本保证。古人说："为政之道，唯有三件事：一是清，不贪；二是慎，不疏；三是勤，不懒。不贪、不疏、不懒之为政，政者是也，子帅以政，谁敢不正！"从形式到内涵，从表面到实质，系统阐明了勤政、廉政、精干、高效这一对为官者的基本要求。今天，学校召开 2003 年纪检、监察、审计工作会议，结合学校情况，我讲以下几点意见：

## 一、充分认识党风廉政建设的重要意义

去年底召开的党的十六大和刚刚结束的全国十届人大会议，把党风廉政建设和反腐败工作再一次摆到了一个新的高度来认识，确定了反腐败工作的指导思想、基本原则、领导体制和工作格局，根据发展变化的新形势新情况，提出了以坚持标本兼治、综合治理，逐步加大治本力度的工作方针和工作思路，从中央到各部委、各省市都加大了工作力度。

今天，我校召开纪检、监察工作会议，多数校党政领导和院系党政领导、处级单位负责人参加会议。这充分说明，十六大以后，我们党、我们国家把党风廉政建设和反腐败斗争放在了重中之重的位置上，我们的各级领导一定要清醒地认识到这一点，一定要在搞好教学科研和其他业务工作的同时，把我校的党风廉政建设和反腐斗争工作做好。

## 二、加强党风廉政和反腐制度建设

我们的各级领导党性是较强的，觉悟也是较高的，多数能做到严于律己。但是，制度比自觉更可靠。有了健全的规章制度和管理约束机制，就会使不廉洁和腐败的现象无空可钻，使自觉的人更自觉，不自觉的人也能自觉。当前，我们要重点抓好以下八种制度建设。

（1）干部任用制度。要坚决执行《党政干部选拔任用工作条例》，严格考

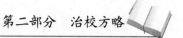

察、考核、民主评议和任职公示等程序，提拔的干部要让群众拥护，让组织放心，让同事服气。坚决反对暗箱操作，杜绝干部任用上的不正之风。

（2）财务管理制度。校内各级财务都要严格执行财会法规，管好钱，管好财，要坚决实行会计、出纳、审批三分离，不准会计兼任出纳，不准领导亲自管钱，不准自收自支。各级领导要有明确的审批权限，重要的建设项目和大宗开支，要通过一定的会议研究，做到集体决策，集体负责。各级财务、帐目一定要完整，要按规定健全财务档案，切实做到每元钱都花在实处，每笔账都记得清楚。

（3）招生、分配制度。去年本科生招生工作开展得比较顺利，今年的研究生招生工作进展也较好，要保持良好的工作姿态，用好国家、学校赋予我们的权力。同时，加强招生、分配工作的制度建设，让制度高于权力。这样，我们这个学校才能健康发展，才会大有希望。

（4）招投标制度。我们学校每年有几个亿的建设项目，比陕西省的个别地区建设资金还要多。基建方面最容易出现问题，我们要高度重视这方面工作，建立健全招投标制度。每个项目、每项工程都要按一定的程序进行，选好施工队、选好监理公司，搞好结算审计。上级领导不要干预基建项目，也不要插手基建项目，负责基建后勤的校领导一定要按规定程序组织好招标投标工作，坚决不能加杂个人私情，妨碍招投标的公正性。

（5）分配奖励制度。学校已经成立分配工作领导小组，将对分配制度进行合理改革，逐步向下倾斜，调动广大教职工的积极性，激发起大家投身于西电建设和发展的热情。

（6）人事调入调出制度。人事管理部门要从建设高水平大学来考虑加强人事制度建设，建立合理的高层人才引进制度、重点人才留住制度等，一切从学校建设和发展考虑，保证制度的超前性、完善性。

（7）回避制度。为了保证用人或处理犯错误同志的公正性，各级领导对涉及自己亲属、身边工作人员的要主动回避，不要故意插手或干预。为此，要建立重大事情回避制度。

（8）建立竞争机制、杜绝垄断经营等。后勤社会化改革要进一步推进，破除计划经济的后勤模式，引入市场经济管理方式，提高服务质量，减少浪费和不必要的支出。

## 三、加大监督力度、规范干部权力

首先，腐败是由权力造成的。我们要通过制度建设等，规范干部权力，控制权力滥用。同时，要坚持"公开、公正、透明、合理"的工作方针，今后凡不牵扯保密的内容，都要公开、透明，接受师生员工监督。

其次，要严格责任制，坚持"谁主管、谁负责"的原则，把党风廉政建设和反腐败工作的责任落实到人，落实到位。去年暑假学校基础改造工程责任比较落实，工程进度快，比较顺利，没有发生问题。今后，各院、系，各部门的一把手在党风廉政建设上要负总责，分管领导各负其责，发生问题板子要打到实处。

第三，要发挥各种监督机构的整体效应。要加强群众监督，充分相信群众，该让群众知道的要让群众知道，该让群众参与的更要让群众参与。让群众充分了解情况，自觉接受群众监督，才能取得群众信任和支持。要强化舆论监督，不要惧怕舆论，该公开的事情要通过校报、闭路电视和校园网等公开，接受来自各方面的舆论监督，让大家评头品足，提出好的建议。同时还要加强民主监督，要贯彻好多种规章制度，重大事情通过党内民主研究决策，牵扯到师生利益的要通过教代会、学生会等组织进行民主监督、民主决策，吸纳各方面的意见，使决策更加合理、合法。重大事项，大宗资金的使用要通过一定的会议、一定的程序集体决策，集体决定，不能一个人或少数人说了算，防止因权力过于集中发生腐败等问题。

## 四、加大惩处力度、提高腐败成本

经验教训告诉我们，近年来各种腐败现象屡屡发生，不能说与处理过轻没有一定的关系。中纪委二次全会提出，要加大对腐败分子的惩处力度，使敢于以身试法的人，付出高昂的代价。

一是要严格责任追究，提高政治成本。今后凡发生了不廉洁和腐败的问题，该政纪追究的要政纪追究，该法纪追究的要法纪追究，不能姑息纵容，处理不能手软。二是使用媒体曝光，提高名誉成本。名誉在某种程度上也可以说是信誉。名声坏了，这个人也就没有好的信誉了，今后工作、处人也就困难了。要通过媒体把不廉洁、有腐败行为的人进行曝光，也就会使这些人名声扫地，不会取得组织和群众的信任，也就再不会有掌握权力进行腐败的机会和条件了。三是要加重经济处罚，提高经济成本。不廉洁和搞腐败的人，大多都是在经济上想多捞好处的人，对他们加大经济处罚，使他们得不偿失，又在政治上、名誉上受到严重损害，他们就会在不义行动前缩手。因此说，加大惩处力度，提高腐败成本，是反腐倡廉、加强党风廉政建设的一个有效方法，我们必须重视用好这一方法。

## 五、高度重视审计工作

审计是我们的眼睛和卫士，是经济工作的警察。在高校内部，没有税务机构，一切经济工作都要靠审计来监督。我们要充分重视审计工作。近年来，我校审计工作部门和监察工作部门为学校的建设与发展做了大量的工作，审计了几亿元的工程项目和财务财目，纠正了许多偏差。监察工作实行效能监督，防止了跑冒滴漏，防止了国有资产流失，功不可没。今后，我们仍然要一如既往地重视监察和审计工作，支持监察和审计工作部门的同志大胆工作。要通过审计工作维护学校利益，同时也要通过审计工作给群众、给干部一个清白。要查处有问题的人，同时要保护好忠诚教育事业，无私奉献的干部和职工，让他们有更大的热情投身于学校建设事业之中。

## 六、干部要管好自己、管好身边的人

腐败分子，原中央候补委员、浙江省副省长许运鸿徇私渎职，支持和纵容妻子、儿子利用自己的职权大肆收受贿赂，被判处有期徒刑10年。他在忏悔录中写道："千万不能放松对家庭成员的教育和家庭家务的管理，这是我走上犯罪道路的一个十分深刻的教训。"正如江泽民同志指出的："相当一部分领导干部，对共产党人应该如何治家缺乏研究和思想准备，缺乏知识和经验，历史上封建官场中的封妻荫子之类的腐朽思想，农民和其他小生产者治家中的一些落后办法，在社会生活中有着广泛的潜移默化的影响，他们有些领导干部，自觉不自觉地受到一些传染。"许运鸿就是这样一个典型。我们的各级领导干部，都要牢牢记住江泽民同志这段教诲和许运鸿犯错误的教训。一定要遵纪守法，严于律己，管好自己，管好家人与家务，管好亲朋好友及身边人，过好人情关。在招生、分配、新校区建设和找工作等方面严格按规定办事，不徇私情，不谋私利，公公道道办事，堂堂正正做人，保持共产党员的本色不变。

## 七、每个干部要有高尚的共产党员人格魅力

各种社会都讲人格。西方社会也讲信用。基督教每周两次做祈祷，表示自己的忠心与真诚，这是他的信仰和人格。我们国家的党员干部，特别是现在的官员，肩负着国家和人民的期望，人民群众时刻在监督着我们，如果没有一定的人格魅力让群众佩服，怎么来开展工作，怎么来搞现代化建设？缺少人格魅力，你这个官就当不好，也当不了。所以，要在我们的各级干部中提倡关注人格，珍惜人格，完善人格，树立强大的人格魅力。始终牢记：金杯银杯不如口碑，民不畏我能而畏我公。有了严格的作风，严格的纪律，才能带好干部队伍，

才能发动起人民群众。

树立良好的人格魅力，我们要加强个人道德修养与行为矫正。要通过努力树立"六种气"和增强"六种能力"。即通过学习，多读书、讲政治、为群众、淡名利、敢负责、不媚俗，以养才气、大气、底气、正气、浩气和骨气。通过"六种能力"增强自己的认真、认识、审美、识恶、认恶、审丑的能力。做到：志存高远，常怀敬畏，心不恶，身不斜、手不伸，慎独、慎始、慎微。在任何情况下，做人、做事、做官都要堂堂正正，勤勤恳恳、清清白白。这样才能保持一种光彩照人、价值永驻的人格魅力。

今天，我们讲勤政、廉政，说到底就是要全心全意为党的教育事业服务，为西电广大师生员工服务。这就要求我们，深怀爱民之心。要甘于当公仆，甘为孺子牛，要倾听民声，体察民情，把老百姓的温暖放在心坎上。恪守为民之责。要忠于职守，不辱使命，不负众望。树立正确的权力观、地位观、利益观，解放思想，勇于创新，殚精竭虑，勤政为民；绝不能绝食仇日，无所用心；明哲保身，不思进取。那种"有权不用，过期作废"的实用主义，"不求有功，但求无过"的混世哲学，都是对人民赋予的权力的亵渎。要谋富民之策。要大兴调查研究之风，深入了解民情，充分反映民意，广泛集中民智，努力实现决策的科学化、民主化，端正工作作风，提高决策水平和工作效率。

多办利民之事。要静下心来，深入基层、深入群众，深入教学科研第一线，多做得人心、暖人心、稳人心的好事、实事，把好事做好，把实事做实。

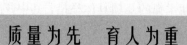

# 质量为先　育人为重

——在 2004 年学校本科教学迎评促建动员大会上的讲话
（2004 年 6 月 4 日）

今天，我们聚集一堂，隆重召开本科教学迎评促建工作动员大会，全面部署本科教学评估的各项前期准备以及实施教学质量与教学改革工程的具体工作，这是学校教学工作方面的一件大事，也是扎实推进"十五"奠基期整体工作的一个重大步骤，具有十分重要的意义。

## 一、大会召开的时机与意义

国家深入实施科教兴国、可持续发展和人才强国战略，对高校提出了新的历史任务与使命，在 21 世纪前 20 年我国全面建设小康社会的伟大事业中，高校作为人才培养强大基地和拔尖人才、高层次人才集聚地的两个基地的作用越来越凸显，高校人才培养基本功能在促进科技创新、贡献社会、服务社会过程中的作用也越来越重要。

今年 3 月 30 日国务院批转了教育部《2003—2007 年教育振兴行动计划》，确立了"一个宗旨、三项任务"以及"巩固、深化、提高、发展"的新八字方针。教育部开始实施"高等学校教学质量和教学改革工程"，把五年一轮次的教学质量评估确定下来，提出了评估的 20 字方针，即"以评促建、以评促改、以评促管、评建结合、重在建设"，标志着教学质量评估正逐步走向动态化和常规化建设的轨道，显示出教育部对教学——这一基础性、全局性和系统性工作的高度重视。

在这样的形势下，我们召开本科教学迎评促建动员大会，对学校教学工作全面提高质量、促进整体的跨越式和可持续发展，无疑具有非常重要的意义。

学校立足整体发展，确立了建设"特色鲜明、研究型、开放式、国内一流、国际知名的高水平大学"发展目标，做出了"两大步三小步"的战略部署，提出了"一头两翼一保障"的战略发展思路，可以说，已经在学校层面上初步规划了长远发展的总体蓝图。

目标靠奋斗、规划要落实，学校历史任务的完成、"两大步三小步"战略部署的实施、从当前研究教学型大学向研究型一流大学阔步迈进的目标都要靠求真务实的具体举措予以保证。开学初，我们提出了"五项战略、四个工程"，作为学校"十五"奠基期主抓的几项具体举措，其中，把实施"质量品牌战略"作为学校教学工作的重点，充分认识教学质量对学校生存与发展的极端重要性，要下大力气抓好、抓紧教学质量和教学改革工程，以质量为生命线，为西电的跨越式和可持续发展注入动力和活力，推动各方面工作的不断前进。

## 二、本科教学的现状和存在的问题

### 1. 学校的现状

我校当前定位为研究教学型的大学，纵向看，近年来取得了明显进步：我校是国家"211 工程"重点建设的大学之一，是 56 所设有研究生院的高校之一，是 35 所设有示范性软件学院的高校之一，是 9 所设有国家集成电路人才培养基地的高校之一，电子信息的学科优势和国防科研特色比较突出。最近，学校在几件重大事项上也取得了可喜进展，研究生院顺利通过转正评估，电工电子教学基地通过了教育部专家组验收评估，新校区一期建设工程全面封顶。

### 2. 教学现状

西电的前身是军队院校，管理严格、作风严谨是我们的优良传统，学校的教学工作长期以来保持着这些宝贵的传统作风。

近年来，学校教学工作紧跟高等教育的形势发展，贯穿严格、求实的原则，在人才培养方面全面推行素质教育和创新教育，培养质量保持在较高水平，毕业生受到社会的广泛欢迎。2003 年，我校在教育部教学质量工程首批实施的 4 项重点工作中，国家教学名师、国家精品课程、人才培养基地、教学改革立项等方面均有可喜收获；新增 3 个省级名牌本科专业，使总数达到 8 个；成功申报了 5 个本科专业，使总数达到 39 个，覆盖了 7 个学科 15 个门类；教学研究和教改立项取得明显进展，院系指标考核的有关制度和办法陆续出台，有力地促进了教学工作的开展。

### 3. 存在问题

从学校整体看，主要有以下不足：

首先，是人才数量与质量的不足，特别是拔尖领军人才和大师级带头人的稀缺，与建设一流大学的需求有较大差距，人才队伍建设已经成为制约学校跨越和可持续发展的首要问题。现有教师队伍中，高层次教师少，具有博士学位教师占专任教师总数的比例较低，与一流大学的差距很大；队伍结构呈"哑铃型"，年富力强、能为学校指标体系做出突出贡献的中坚力量匮乏；专任教师数量不够，数量增加和质量提高都需要不断加强。教师队伍的问题不仅是教学上存在的重大问题，也是学校整体发展面临的巨大挑战。

其次，学科面相对狭窄，学科面需要拓展提高。要大力拓展与电子信息相关的学科，例如计算机、控制、仪器仪表以及电子信息功能材料等，生长出新的学科增长点。

再次，整体上科学精神、学术氛围以及人文素养还有所欠缺，原始性创新动力不足，影响着指标体系快速跃上新台阶。创新有两种，一种是原始性创新，一种是技术性创新，前者我们欠缺，后者有一定优势，怎样把科学精神和科学内涵结合起来，使科学气氛浓郁起来，非常重要。另外，团队意识和协作精神有待加强，体制和机制需要进一步理顺，管理水平和服务意识亟待提高。

最后，学校的人文环境、学术氛围和校园文化建设需要加强，花园式、数字化校园的总体工程要进一步推进，文明素养和文明行为要逐步提高。

另外，还应看到，随着本科招生规模的扩大，教学工作量增加与质量提高之间不可避免地形成新的矛盾，教学上，除了教师队伍的最主要问题之外，还存在以下三个不足：

其一，教学质量与教学水平的提升不够。因为教师队伍本身存在青黄不接的不足，加上扩招带来的巨大压力，教学质量在一定程度上得不到快速提升，反而出现了一定的下滑趋势，内在的激励机制活力不够，教学与科研、教与学、教学与教研之间的关系还没有完全理顺，教师的积极性还没有充分调动起来，教学改革的力度和深度还远不能适应创新教育和素质教育的要求，从而影响到教学水平的快步提高，影响了教学工作的跨越前进。

其二，教学管理与教风学风建设需要加强。规范、科学的教学管理是教学建设的根本保证，从专业设置、课程体系、教材建设、实践教学到质量控制、教风学风，都离不开严格、规范、充满生机与活力的教学管理，管理出效益，管理就是生产力。在这方面，我们还有明显不足，管理的科学化、规范化还做得不够，管理措施落实还不够有力，某些教学建设指标如教材建设的欠缺、教学管理的赏罚严明等还需要进一步加强。

其三，基本设施建设与经费投入需要加大。去年学校拿出了 1100 万元投入到教室、实验室等基础设施建设中，还对图书馆、校园网及体育设施增加了大额资金投入，取得了明显的效果。但与不断增长的教学、实验的需求相比，还不能从根本上解决问题。

## 三、教学工作的再认识、再定位

### 1．教学与科研、学科三者关系

在"一头两翼"的格局中，学科、教学与科研相互作用、相互支持、相互影响，三者是辨证统一的。学科是旗帜，是开展教学、科研工作的龙头，带动教学与科研的发展；教学是基础，支持并积极促进科研工作和学科建设；科研体现创新，对提高教学质量和教学水平具有一定的激励和提升作用，对拔高学科的建设水平大有帮助。所以，我们提出了"夯教学之基、举学科之旗、扬科研之帆"的发展思路。

### 2．教学与科研的辨证关系

教学、科研对学科建设起着十分重要的支持作用，是学校长期的中心工作，二者紧密联系、互相促进、辨证统一、缺一不可。

教学质量直接影响人才培养，而科学研究则直接产生重要的科技成果，人才和研究成果在一定意义上就是代表学校办学水平的最终"产品"，"产品"质量的好坏，取决于教学、科研的水平高低。离开科研的教学，学术水平不高，质量提高受到限制；离开教学的科研，越研越窄、缺乏后劲，也会造成学生创造潜力的浪费。科研为教学提供最新前沿领域的研究成果，进一步激发学生的探索兴趣，激励他们学习新知识，从而促进教学工作质量的提高；教学又为科研提供有力的人才梯队支持，在学生学习新知识的过程中不断置疑、反思，推动科研的发展。

### 3．教学工作的基础性、全局性和系统性

质量是高校永恒的主题，是需要常抓不懈的长期工程。

从大学演变的历史看，人才培养是现代大学的最基本职能。17世纪欧洲，西方大学发源初期，以培养人才为唯一目标，传授知识成为当时单一的大学行为；1809年，洪堡创立了柏林大学，提出了"以大学为研究中心"的洪堡思想，提倡科学研究和学术自由，设立了系和研究所，构建了现代大学教学、科研的两个中心；二战以后，美国融英国传统式、德国研究型以及自身的实用主义教育模式为一体，增强了大学的社会服务性，出现了现代大学教学、科研和社会服务三大功能兼而有之、并行不悖的局面。无论如何，教学工作在大学的所有工作中都是一项最基础的根本性工作。基础不牢、地动山摇，夯实基础非常关键。

教学工作又是涉及全局的、系统性十分强的基础工作，几乎牵扯到学校所有的学院和机关部门，人才培养任务的顺利完成需要大量的人力、物力、财力支持和学校整体氛围与环境等因素综合发生作用，需要各个部门"机器运转"的协调统一和协作配合，任何环节的大意和失误都有可能对人才的健康成长和成才造成不利影响，质量工程的实施更有赖于全校上下的普遍重视和齐心协力的努力工作。

### 4．教学工作的根本在队伍

"打铁先得本身硬"，提高教学质量和教学水平的根本在于建设一支结构

合理、素质过硬、学识渊博、经验丰富的教师队伍，没有一流的教师，就不可能培养出大量的一流人才。人才队伍建设是人才强校战略的核心，只有吸引、集聚起高层次的一流教师人才队伍，形成教育、教学的坚强力量，才具备了培养优秀人才成长的前提，也只有通过一代又一代教师的辛勤耕耘，培养出更加优秀的接班人，才能不断加强教师队伍的梯队建设，形成后续人才的有效积淀，把学校的建设与发展不断推向前进。

## 四、本科教学要狠抓质量、严格管理

抓质量工程不外乎"严"字当头、加强管理、指标考核、有效激励，为了在 2 年后的本科教学评优中取得优异的成绩，从现在起，就要提倡并落实"从严治教、强化管理、量化考核、优化指标"的 16 字方针。

第一，从严治教，严师出高徒。

俗话说："严是爱、松是害。"做学问、搞研究来不得半点虚假，教书育人也一样，任何"放羊式"的教育教学只能是误人子弟、贻害学生；只有坚持高标准、严要求，才能真正把教学工作搞上去。学校教育教学的施行者是教师，教师的职业道德、敬业精神、授业能力、知识水准都直接影响着学生。大学生虽然具备了一定的自学能力，但仍需要教师的循循善诱、启发辅导和答疑解惑，从理论基础、实践技能、动手能力等各个方面培养学生全面的综合素质，掌握一定的专业基础知识和基本技能。因此，教风是否严谨、教学是否严格、考风是否严肃，直接决定了教学质量的成败与否。"严格"的另外一层含义是"务实"，不浮夸、不造假，实事求是、求真务实，这才是从严治教的根本，决不能因为眼前的蝇头小利而舍弃一贯的严谨作风，更不能因为急功近利而放弃长远的质量追求，质量工程作为学校的生命线，是需要一代又一代的西电教师不断紧抓的长期工程。

第二，强化管理，管理见效益。

管理不仅要严格，还要科学、规范，符合教育教学的客观规律，符合人才成长的内在规律，符合不断提高教学质量的必然要求。管理工作中最核心的环节就是理清职责、责任落实、照章办事、奖惩分明，任何有效的管理手段和方法都必须最终落实到有关团体和个人的责任上，任何先进的规章制度最终都必须靠奖惩鲜明的激励机制来保障。因此，强化管理说到底就是一句话，能不能真正实现奖勤罚懒、奖优罚劣，从根本上体现多劳多得、优劳优酬的分配原则。教学管理就是要运用有效的激励杠杆来充分调动广大教师的积极性和创造性，发挥师生互动的教学主观能动性，加强课堂教学、实践教学以及课外科技活动等各个环节，努力提高教师投入质量工程建设的积极性，强化责任意识，同时加强学生思想教育和考风管理,从严治考,倡导诚信做人、严肃对待考试,多管齐下,从教师和学生两个方面共同做好不断提高教学质量这一艰巨工作。

第三,量化考核,比较才能有鉴别。

考核是教学管理的一种有效手段,是实行奖惩的可靠依据,考核必须真实、量化,才有可能产生有效的激励作用,增强严格管理机制的活力与动力。考核量化可以反映出不同单位、不同个人之间的数据对比性,有了横向与纵向的定量比较,才能真正区分和鉴别优劣、拉开水平、显示质量;在考核比较的基础上,才能有效地运用激励杠杆不断提高,促使教学质量和教学水平跃上新台阶。我们评价教学质量的依据只能是真实可靠的量化数据,推进质量工程的切入点也必然是量化考核。因此,我们在教学评优的各项准备工作中,必须实行量化考核、分解指标,以此来推动各个学院、各个部门的具体工作,分兵作战、各个击破,集中优势、形成合力,切实提升教学质量和教学水平。

第四,优化指标,指标提升说明质量。

目前,各种验收、评估工作的最基本依据就是考核指标体系,用数字说话、用指标证明实力。提升教学质量,不能仅凭主观印象说话,要有明确的定量数据,进行一定的客观分析,才能得出最终的定性结果。本科教学评优也一样是以评估的具体量化指标来支撑,靠数据、实绩和实力来说明质量。我们加强质量工程的最终目的就是要不断提升和优化指标体系,以严格管理、从严治教、从严治考、从严治学的优良作风锤炼时代需要的高素质人才,以各方面的量变达到总体教学工作质的飞跃,扎扎实实地把教学质量和教学水平搞上去,创造具有鲜明特色的电子信息人才培养的一流品牌,树立质量过硬的教育教学的崭新形象。

## 五、全面实施质量工程、努力做好教学评优各项工作

全面实施教学质量和教学改革工程,努力使本科教学评估达到优秀标准,是教学工作的主要目标。为了实现这一目标,要全校动员、认真准备,要坚持教、学、管三位一体,对照评估指标体系,从各方面找出差距、弥补不足、迎头赶上,扎扎实实抓好教学质量与教学改革工程,不断提高我校的人才培养质量和教学水平。具体讲,要做好以下四点工作:

首先,要树立牢固的质量观,明确强烈的质量意识和责任意识。在思想上真正形成质量第一的共识,时刻把教学质量放在教学工作的第一位,扎扎实实做好工作,不浮躁、不急功近利;要妥善处理好眼前与长远之间的关系,从眼前着手、考虑长远发展,一切以质量为上、一切为评估服务;要善于解决好跨越与可持续发展的关系,既要迅速提升教育教学水平,又能长期保持高质量发

展，不断增强发展后劲；要摆正创新与打基础的相互关系，既要夯实教育教学基础，又要不断创新跨越。全校上下团结一致，下活一盘棋，从教师、管理人员到教辅人员，从教务处、各学院、机关各部门，全体教学工作人员都应抱着对学生认真负责的态度，在每一个工作岗位上兢兢业业、严把质量关，为广大学生成长、成才做出贡献，把"教书育人、管理育人、服务育人"的理念落实到实际工作的一点一滴中去，求真务实、真抓实干，为进一步提升教学指标体系、优化评估指标、提高教学质量做出贡献。

其次，要深入开展教学改革与教学研究。教学工作要适应发展形势，按照质量工程的高标准、严要求，深化教学改革，改革不合时宜的管理办法，出台增强活力的有效机制，大胆突破、与时俱进，结合素质教育和创新教育的新要求，切实加强课程体系、专业设置、教学内容、方法手段、实践教学、网络管理等方面的改革与建设；广泛开展教学研究，形成钻研教学、关注质量、迎接评估、深化提高的良好风气，善于把教学与科研有机地结合起来，以教学促进科研、以科研提升教学，做到研教相长、互动共进，为使我校教学质量和教学水平早日跃上新台阶而忘我工作。

再次，加强学生的学风、班风和文明之风的"三风"建设。要积极引导学生树立正确的人生观、价值观和成才观，加强他们的思想道德和素质教育，提倡刻苦学习、深入钻研、努力实践，促使他们全面成才。要严格学籍管理和考试管理，加强考风考纪教育，加大对违纪行为的惩处力度。要不断浓郁校园学术氛围和蓬勃向上的学习气氛，形成"学有真才、品学兼备、诚信做人"的良好学风和品德素养，充分发挥学生学习的主观能动性，配合教学质量工程的实施，培育更多更杰出的优秀人才茁壮成长。

另外，学校将在政策配套、组织保障和经费投入方面为全面实施质量工程铺平道路，为全力争取本科教学评估达到优秀标准开辟绿色通道。校长办公会议日前已经研究决定了成立教学评优工作领导小组和评估办，机构及人员设置已经基本确定，有关政策将进一步研究落实；为积极配合教学评优，学校人才工程建设的重点将以教师队伍为核心，加大引进与培养力度，注重现有队伍结构的优化以及学历层次的不断提高，以"两个工程"、"四个计划"为主，继续强化师资队伍建设，下大力气解决好教师队伍数量和质量上存在的问题；同时，学校将投入一定的经费支持教学基本设施、实验室、实习基地的建设，加大图书资料的购置和使用，加强数字化图书馆的建设，不断推进高速校园网络系统的进度，完善文体活动基础设施的建设，努力达到教学评估的优秀标准。

# 西电的长远发展与当前任务

## ——在第四届教职工代表大会上的工作报告
### (2004 年 6 月 24 日)

自 1995 年召开第三届教代会以来，已整整九年。九年中，学校发生了许多令人鼓舞、使人振奋的显著变化，广大教职工辛勤耕耘、积极奉献，全校上下团结一心、拼搏奋进，努力把西电的建设事业推向新的发展阶段！

今天，我们隆重召开第四届教职工代表大会，这是我校进入新世纪召开的第一次重要的教职工代表大会，全体代表肩负全校师生员工的重托，说主人话、做主人事、尽主人责，共商学校的振兴与发展大计，具有十分重要的意义。

本次大会的指导思想是：高举邓小平理论伟大旗帜，认真实践"三个代表"重要思想，深入贯彻十六大与十六届三中全会精神，遵循科教兴国、人才强国的战略方针，按照依法治校、以德治校、民主治校的基本原则，牢固树立全面、协调、可持续的科学发展观，与时俱进、开拓进取，全力推进学校的改革、发展与创新，为实现学校 21 世纪头 20 年重要战略机遇期的历史性跨越奠定新基础、推出新举措、开创新局面！

下面，我向大会作工作报告，提请各位代表审议。

## 一、 两年来的主要工作

2002 年 5 月至今的两年，是学校领导班子顺利换届后承前启后、迎接新世纪新挑战的开始，也是研究总体发展战略、制定规划、实施"两大步、三小步"战略部署的开局和起步的两年。

两年中，我们进一步理清了办学理念、明确了发展思路，各项工作按照"有思想指导、有规划落实、有制度保障、有举措创新"的要求，不断加强和改进，取得了明显成效，开创了"十五"建设的良好开端，为第一小步战略目标的完成奠定了比较扎实的基础。

### (一) 战略思考

谋发展必先有深思考，大发展更需要新思维。

立足宏观战略高度、放眼未来长远发展，我们认真思考了两个问题、缜密制定了三个规划，即《发展战略规划》、《学科建设规划和队伍建设规划》、《校

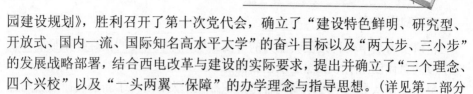

园建设规划》，胜利召开了第十次党代会，确立了"建设特色鲜明、研究型、开放式、国内一流、国际知名高水平大学"的奋斗目标以及"两大步、三小步"的发展战略部署，结合西电改革与建设的实际要求，提出并确立了"三个理念、四个兴校"以及"一头两翼一保障"的办学理念与指导思想。（详见第二部分《开拓新思路、增创新优势、为建设一流大学而奋斗》一文）

## （二）学科建设

学科建设是学校的一面旗帜，其建设目标是凝炼学科方向、汇聚学科队伍、构筑学科高地，真正成为带动全局前进的龙头。

两年来，学科建设方面的工作主要有："十五""211工程"进展顺利，学科建设分层次布局基本形成，学科优势稳步增强，导师队伍逐渐发展壮大。

## （三）教育教学

高校的根本任务是培养高素质的创新型人才，而人才培养质量则是学校的生命线，代表着学校的品牌和社会影响。本科生教育为立校之本，研究生教育是强校之路，教育教学工作必须常抓不懈，不断提高教学质量和教学水平。

### 1. 本科生教育

本科生教育坚持以2006年本科教学水平评估的迎评促建工作为契机，在保证正常教学秩序的基础上，开展了深化教学改革、提升教学质量等方面的工作，学校先后投入了1100余万元用于加强本科教学基础建设，有效改善了本科生的教学与实验条件。

### 2. 研究生教育

研究生教育以迎接研究生院评估为契机，以建设一流研究生院为目标，注重培养质量，强调创新，在招生、培养、学位授予等方面进行了积极的改革与探索，强化了培养过程管理与监督机制，稳步推进两级管理。实施研究生教育创新工程，加大培养环境的硬件和软件以及科学和规范化管理等方面的建设力度，不断提高研究生教育水平。

### 3. 人才培养及就业

人才培养狠抓质量，素质教育确保顺利就业。2002年至2003年，我校学生参加全国性科技与文体竞赛成绩显著。在国际数模竞赛、ACM（美国计算机协会）国际大学生程序设计竞赛、全国大学生电子设计竞赛、机器人电视大赛、"挑战杯"创业设计大赛、英语写作大赛以及世界大学生运动会、亚洲锦标赛、全国城运会等各类竞赛中，获得了10余项国际、国家奖项，为学校赢得了荣誉。2003年，我校应届本科毕业生一次就业率达到98.6%，研究生一次就业率达到100%，均居全国高校前列。

### (四) 科学研究

科研实力是学校科技创新能力的重要体现，科学研究的指标体系最能够说明学校的总体创新水平和深层次创新能力。

科研工作从最大限度地调动各方面积极性出发，出台了新的科研项目与经费管理办法。积极与国际标准接轨，启动了 ISO 9001 质量管理认证工作。在三大索引论文数、科研经费数、成果获奖数各项指标以及新的实验室建设取得一定进展。

### (五) 两支队伍建设

教师和管理两支队伍建设是学校生存与发展的关键，任何创新的思维和举措都必须靠人才来实现，高水平的教师队伍是学校的核心竞争力，高素质的干部队伍是实施科学管理的主力军。

师资队伍以构建核心竞争力为主线，修订出台了《关于进一步加强教师队伍建设的若干意见》，启动了"高层次人才工程"、"3512 工程"以及礼聘教授计划，进一步优化了教师队伍的结构，补充了新生力量。

干部队伍建设方面，贯彻落实《党政领导干部选拔任用工作条例》，推行公开选拔、竞争上岗的任用方式，加强群众的参与权、知情权、选择权和监督权的建设，加快了干部队伍年轻化步伐，加大了干部交流力度，加强了干部的考核和监督，进一步增强了干部队伍的活力和战斗力。

### (六) 新校区建设

新校区建设是百年大计，它关系到学校的长远利益，是建设与发展的重要基础。结合太白路立交桥建设，充分考虑学校的整体利益和长远发展，以"理解、支持、互利、互让"为原则，妥善解决了太白路立交桥这一老问题，使新校区建设取得突破性进展。2003 年 5 月 30 日，学校与长安区人民政府签订了合同书，征地 3000 亩建设新校区工作进入到新阶段，实现了长远发展新突破，具有里程碑式的重大意义。

10 月 27 日，我校取得了新校区《建设用地规划许可证》，完成了 3000 亩校园用地界桩的打桩工作；2004 年 2 月 14 日，新校区一期工程正式开工。5 月 22 日，新校区一期主体工程(包括学生公寓、食堂、工程训练中心、院系综合楼等)全面封顶，取得了重要的阶段性成果。目前正在抓紧水电安装与室内装修，外网配套工程已经全面开工，确保 2004 级新生入住。

### (七) 现代化校园

一流的大学应有一流的环境。现代化校园建设的目标是建成花园式、数字化、学术氛围浓郁、国际交流与合作活跃、文明素养高的大学殿堂。

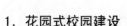

### 1．花园式校园建设

通过教育部、财政部修购基金与国债资金的投入，顺利完成了校园基础设施及环境改造工程，对十分脆弱的校园基础设施进行了彻底改造，重新构建了上下水、强弱电、供暖等地下网管系统，并实现了全面扩容，大大提高了后勤保障能力，解决了长期以来水电供应不足、污水雨水排放不畅的问题。对北校区环境进行了重新规划和全面改造，特别是运动场塑胶化，彻底治理了校园中心部位的黄土污染源。同时，架空明线已全部"入地"，使校园面貌焕然一新。完成了学生宿舍楼和游泳池改扩建等2.6万平方米的基建工程。2.7万平方米的科技实验楼工程已基本竣工，即将投入使用，将大大改善教学实验和科研的基础条件。

### 2．数字化校园建设

启动了"十五"校园网建设项目和教育部800万元的"西部大学校园计算机网络工程"，加强了软、硬件的基础建设。

硬件方面，800万元的"西部大学校园网"工程综合布线已经完成并进行了验收，部分设备也已到货，而工程核心中价值500万元左右的设备，由教育部集中采购，有待统一安排解决。

软件方面建设包括三个部分，均有一定进展。即：校、院、系三级网站建设、网络教学平台以及学校综合管理信息系统等三个部分；其中学校综合管理信息系统涵盖了数字化图书馆、办公自动化、研究生综合信息管理、综合教务管理、人事信息管理、国有资产管理、校园一卡通等7个项目；4月23日，学校与交通银行西安分行签订了合作协议，"校园一卡通"项目正式启动，数字化校园将会有根本改观。

### 3．学术交流与合作

经过全校努力，学术交流的意识得到了加强，正逐步变成大家的一种自觉行动。例如，学校成功举办了第五届中日微波技术会议、中韩通信与信息技术研讨会、第一届IEEE纳米CMOS技术研讨会、第十七届先进信息网及其应用国际会议等，将于今年9月在我校召开首届亚洲机械电子学学术会议，为浓郁校园学术氛围做出了贡献。

### 4．文明素养

广泛开展了各种课外科技竞赛及校园文化建设等活动，加强了文明素养和文明行为的教育和监督，学校总体文化与科技氛围得到了增强，师生员工的文明程度有了明显提高。

### (八) 拓展外部发展空间

学校的发展不外乎一条内线和两条外线：内线就是苦练内功，把管理、改革与建设搞好；外线即国内、国外两条线。拓展外部空间是增进学校自身发展实力、扩大社会影响和知名度的有效途径。

第一条外线在三个方面取得了积极进展：其一，与省市、中电集团共建取得重要进展；其二，继续保持与总装备部、国防科工委、各军兵种、航天等部门的密切协作；其三，加强了校所合作，先后与中电集团所属 14 所、54 所、13 所、36 所、20 所、39 所、22 所及航天科技集团 504 所签署了长期战略合作协议。

第二条外线主要做了三件事，首先在意识上做强做大外事工作，组成了院长代表团访问了美国 11 所著名大学，开阔了视野、加强了学校与各学院的对外合作与交流；其次，聘请国外知名专家担任各学院学术委员会副主任工作有一定进展，海外校友会得到进一步的加强；最后，加强了与境外大学合作办学以及学术交流互访。

### (九) 筹措经费

要建设、要发展，筹措经费是实实在在的大事。两年来，除上级部门正常经费支持外，学校通过多种渠道筹措到 1 亿多元建设资金，加大了办学投入，增强了发展后劲。此外，2002 年至今各种收入性筹措资金约为 3000 多万元，为增强办学实力做出了实质性贡献。

### (十) 关心群众

任何事业的成功都离不开广大群众的有力支持，关心群众是学校工作的重要组成部分。学校逐步改善了教职工的办公条件，稳步增加教职工收入，确立了每年一次的体检制度，完善了师生的后勤生活服务体系。开工建设了 600 余套 12 万平方米的教职工住宅楼工程。2003 年上半年付出了比较大的人力、财力和物力，取得了防控"非典"工作的决定性胜利，从根本上保障了广大师生员工的生命、健康和切身利益。

## 二、形势与挑战

### (一) 面临形势

21 世纪初叶的高等教育发展形势可以简单概括为：前景广阔、竞争激烈、挑战严峻。

#### 1. 前景广阔

自 20 世纪 90 年代末至今，我国高等教育进入到历史上最快最好的发展时期，国家对高等教育的投入逐步增加，高等教育的重要战略地位不断得到加强。1999 年起，按照"共建、调整、合作、合并"八字方针，中国高等教育进行了

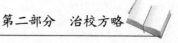

实质性体制改革与大调整，实现了从"精英化教育"向"大众化教育"的历史性跨越。《面向21世纪教育振兴行动计划》则把高等教育的发展推向新的历史阶段，提出了我国"建设若干所具有世界一流水平大学"的战略目标。21世纪初，高等教育确立了"巩固、深化、提高、发展"的新八字方针，出台了《2003—2007年教育振兴行动计划》，把推进高水平大学和重点学科建设作为两大战略重点之一，提出了六项重大工程和六个重要举措，规划了教育界进一步落实科教兴国和人才强国战略的宏伟蓝图。高等教育发展前景将十分广阔。

### 2. 竞争激烈

发展必然产生竞争，高等教育的竞争将越来越激烈。从当前全国高校的总体布局来看，国家重点建设、多方合作共建、地方政府建设以及社会民办投入建设的不同层次已经基本形成，"国家队、地方队、民办队"的格局逐渐清晰。从现实情况看，几乎所有的高校都在人才、实力和市场等方面准备应对激烈的竞争，这不仅集中表现为各高校在办学理念、办学特色、发展思路以及战略规划等理论层面上的思考和探索，更集中表现为在吸引优秀生源、引进优质师资、扩大学术影响、增强学科实力以及加快与国际接轨的具体实施举动上，以人才之争为代表的高校整体竞争正在拉开序幕，明天的竞争将更趋激烈。

### 3. 挑战严峻

机遇与挑战并存。对于我校来说，国家大力推进信息化战略、实施科教兴国、人才强国战略和科技强军计划，推动西部大开发，为我校的跨越发展提供了难得的历史性机遇，学校的优势与特色进一步彰显，在许多方面具有大显身手的广阔空间。但是，机遇只是提供了可能的发展空间，能否抓住机遇、利用机遇、创造机遇，使理想变成现实，则主要靠自己的努力。特色须在动态发展中不断强化，优势应在改革创新中不断巩固。所以，我们依然面临严峻的挑战。

### (二) 存在不足与经验教训

回顾学校近年的发展，纵向看有明显进步，但是与国家加快发展高等教育的形势比较、与大步快进的国内研究型大学及一些重点大学横向比较，还存在明显不足和较大差距，表现为：在一定程度上，改革思路还不够开阔、建设措施还不够有力、务实工作还不够彻底、创新举措还不够坚决。

纵观自身存在的不足，主要有以下几方面：

首先，最大的不足在于人才的不足，特别是拔尖领军人才和大师级的带头人的稀缺，人才问题已经成为制约学校跨越和可持续发展的首要问题。我们现有的教师队伍结构呈现为"哑铃型"，即居于"两头儿"的老一辈专家以及年轻教师比较多，而处于"中段"部分、年富力强的中坚人才比较匮乏，人才群体建设和顶尖人才、领军人物的培养和引进亟待加强，全校上下对教师是学校核心竞争力的认识还有待于进一步加强，管理干部队伍的整体能力、管理水平和服务意识还需要继续提高、增强。

其次，学科需要拓展提高。例如：如何进一步凝炼学科方向、形成尖峰，使信息与电子等学科优势更加集中、特色更强，又比如在计算机、控制、仪器以及材料等学科面上的拓展等，以寻求新的学科增长点，形成多学科协调发展的合理布局，从而带动教学、科研获得快速发展，形成规模与结构、数量与质量、实力与水平以及品牌与影响的协调，有效推动跨越式和可持续发展。

另外，还应看到，学校整体上的科学精神、学术氛围以及人文素养方面还有较大差距，原始性创新动力不足，影响着指标体系快速跃上新台阶；团队意识和协作精神也有待加强，管理水平和服务意识需要提高。"金无足赤、人无完人"，学校的发展也一样，存在不足说明工作中仍有欠缺，及时总结才能吸取教训、扬长避短，以弥补不足，这是我们正视问题、深入分析、迎头赶上的根本出发点。

时代在不断发展变化，历史总留给我们深刻的经验启示：第一，必须抢抓机遇、与时俱进。良机可遇不可求，机不可失、时不再来，一切有利于学校发展的时机都要及时而牢牢抓住，一切有利于增强办学实力、提高办学水平的条件都要充分用足、用好，而且要紧跟不断发展的形势需求，更新观念、开拓进取、常思创新，善于把有利的发展机遇转化为现实优势，以增强实力、提高水平，实现西电的跨越和可持续发展。第二，必须紧抓主要矛盾，抓大事、议大事、谋大事，以学科、教学和科研的中心工作带动学校全面工作的发展。凡是有利于学校发展的大事，认准了就要抓紧干，正如邓小平同志曾提出的"不争论"原则，避免长期"议而不决"，只要是解决学校发展主要矛盾的事情、有利于长远发展的大事情，就应当不折不扣地大力推进，并在推进中不断总结经验。第三，必须紧密团结和依靠广大教职工。教职工是学校建设与发展的主力军，是学校的主体。众人拾柴火焰高、众志成城力量强。学校要发展、要大发展，必须凝聚人心、形成合力，心往一处想、劲往一处使，拧成一股绳，齐心协力把西电的事业搞上去。

### (三) 长远发展与当前任务

面对严峻的形势挑战，我们必须立足长远的可持续发展，站在对历史负责、对西电的百年发展大计负责、对广大教职工负责的高度，找准目标、准确定位、重点突破、加快发展。党的十六届三中全会提出"坚持以人为本，树立全面、协调、可持续的发展观"。科学的发展观和求真务实的根本要求，是指导我们实现跨越式和可持续发展的两条最高原则。

树立科学的发展观，就是我们一直强调的要有战略思维、长远眼光、超前意识和国际视野。就是要善于根据国际国内形势的发展作出科学的判断，设计、规划好学校的未来发展，把近期目标与长远规划紧密结合起来，按照"两大步三小步"战略部署扎扎实实地做好前期的基础工作。科学的发展观具体到学校，就是要树立正确的人才观、质量观和治校观，也是"三个理念"的不断深化。

人才观体现先进的教师理念，即要以人为本，紧紧抓住教师这个核心竞争力的中心实现"人才强校"的战略目标；质量观反映先进的教育目的理念，即以培养优秀创新人才为己任，狠抓学科、教学与科研的质量与水平，不断增强办学实力、强化办学特色；治校观折射出先进的治校理念，即以规范内部管理为出发点，进一步强调行政管理、学术管理与教职工监督管理的统一，实现行政宏观控制、学术参与指导、教职工民主监督的协调一致，以改革为突破、以创新为目标、以发展为主题，建立起适应特色鲜明、研究型、开放式、国内一流、国际知名高水平大学建设所需要的现代化管理架构和运行体系。

当前的主要任务，第一是改革。包括分配制度、住房管理条例等制度的改革，目的是增强内部活力，适应发展要求。第二是创新。创新来自求真务实、真抓实干，要从工作的实践中提出新思路、拿出新举措、实现新突破、形成新风气。第三要有实实在在的保障举措。这就是要加强奠基期的各项建设工作，重点实施"五项战略、四个工程"。

## 三、改革、创新与保障举措

改革促发展，发展靠创新，改革与创新是保证学校跨越、可持续发展的重要突破口。

### (一) 巩固成果、深化改革

学校的改革已经取得了重要的成果，但体制与机制还未完全理顺，管理方面还存在一些不足与漏洞，与全体教职工对学校深化改革、加快发展的深切期望还有一定差距，与国际国内发展变化的大形势以及学校工作跨越发展的实际需要还不太适应。内外部形势的发展和广大教职工的热忱期望，要求我们全力推进改革、不断加快建设。

当前，深化改革的思路是：抓住主要矛盾，尽快解决制约发展的"瓶颈"问题，革除管理体制与运行机制中的弊端，增强活力、提高效率，最广泛、最大限度地调动教职工的积极性，集中精力搞好"十五"奠基期建设。

#### 1. 分配方案

分配改革是"牵一发而动全身"的系统工程，关系全体教职工的切身利益，是"多劳多得、优劳优酬"原则的直接体现，其改革的成功与否意义重大，对全局的稳定和发展至关重要。分配改革的核心是"重心下移、两级分配",体现"分配与工作业绩挂钩"的宗旨,实施客观评价、进行动态考核,最终目的是充分发挥两级分配的有效杠杆作用、调动基层单位的积极性、推动各项工作快速发展。

### 2．房管条例

以维护群众利益为根本出发点,根据形势的发展和广大教职工居住需求的愿望以及学校财政的可承受程度,重新修订了房管条例,努力做到与时俱进、实实在在为教职工谋利益。我校原住房管理条例与现有居住要求和实际情况有一定差距。学校修订后的房管条例在住房面积标准方面有所增加,对具体的计分办法有所调整,就规范申请住房条件和资格方面作了更细致的规定,从整体上力求体现实事求是、公开、公正、合理的原则,尽量满足广大教职员工的居住需求,其中未尽完善之处需要不断加以补充。

### 3．校务公开

校务公开是学校加强民主管理、实行民主治校、群众监督、发动广大教职工积极参与学校综合管理的有效途径之一。实施校务公开,就是要进一步落实公开、公正、透明、合理的工作原则,不断推进依法治校、依法行政,实现符合大学自身发展规律的科学化规范管理。校务公开的主要内容包括改革与发展的重大决策以及人事、财务、资产等涉及日常规范管理的具体办事依据、办事权限、办事程序和办事结果。

### 4．其他后续改革

本次大会主要审议的是以上三项改革方案,其他方面的改革或者需要继续探索、或者必须循序渐进、或者时机还不够成熟,例如两级管理、教师职务聘任、国有资产的有偿使用、后勤社会化服务的深化改革和提高等,需要在积极探索和充分准备的基础上,根据形势发展和学校实际,把握好改革、发展与稳定的关系,统筹兼顾、稳步推进。

### 5．改革中的有关问题

(1)政策的时效性。应当认识到,事物总是不断向前发展的,任何政策都具有一定的时效性,一段时期内看来比较合适的政策,随着时间、形势的变化有些会过时、陈旧,必须及时修正,以不断适应发展变化之需要。同时,任何新政策也不可能十全十美,难免有这样或那样的不足,需在实践中不断改进、不断完善。

(2)坚持量力而行、综合统筹。改革要从实际出发,要从长远考虑,必须量入为出,不能"吃饱上顿、没了下顿";人无远虑、必有近忧,更不能急功近利、影响后辈人的发展之路。要考虑到学校的百年大计,结合实际量力而行、

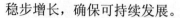

稳步增长，确保可持续发展。

（3）最广大群众长远利益原则。任何改革，都会触动一些既得利益，让100%人都满意的改革是不现实的，要看主流方向。学校拟订改革方案的基本出发点，是将学校的长远发展放在优先地位，这是代表最广大教职工的根本利益，统揽全局的根本考虑。我们的津贴核拨方案和住房管理条例的修改也正是建立在这样的指导思想基础之上的，不完善的地方一定存在，敬请大家仔细研究、广泛讨论，提出修改建议。

## （二）求真务实、全面创新

发展的前提在于创新，创新是保持学校长久而旺盛竞争力的动力之源。而创新并非空穴来风、更不是飘渺的空中楼阁，创新来自于实践，蕴藏在点点滴滴的工作实践中，只有真正从实际出发，积累丰富的工作经验，全身心地投入到工作中，才能够像许振超一样摸索和总结出"振超效应"的创新真谛。

### 1. 求真务实

科学有真理、生活有真义，科学上来不得半点虚假，工作中同样需要求真务实。求真务实，要求我们具有强烈的主人翁精神，真正把自己当作西电的主人，说主人话、做主人事、尽主人责，树立"校强我兴、校弱我困、校衰我耻"的观念，形成大家都来关心学校建设与发展、时时刻刻以为学校发展做贡献为荣的良好局面。求真务实，要求我们坚持"一个牢记、三个反对、三个倡导"：牢记一切为了学校的长远发展而打好基础；反对空谈、反对浮躁、反对急功近利；倡导说实话、做实事、求实效。求真务实，要求我们具备忧患意识、竞争意识、超前意识和国际意识，继续发扬艰苦奋斗的优良传统和作风，正视现实、迎难而上，扎扎实实地为学校的建设与发展做贡献。

### 2. 全面创新

创新涉及方方面面，任何有利于学校发展的奇思妙想、任何实际工作中的智慧火花、任何打破常规的革故鼎新，都可能成为创新点，都能够为学校的建设与发展做出贡献。创新的内容千差万别，创新的贡献有大有小，但创新的本质却极其相似，目标只有一个，那就是发展，标准只有一条，那就是实践。

创新无处不在，全面创新的内容大致有三类：一是日常管理的创新提高，例如新管理办法的出台、人性化服务、办公自动化的推行等；二是对已有基础的不断提升，例如凝炼学科方向、锤炼创一流学科群体、加强科研指标体系建设等，要努力强化学校的优势与特色；三是建设与发展中必然遇到的新事物、新问题，例如新兴、交叉与边缘学科的发展问题、新校区建设、办学规模扩大与提高质量之间的矛盾、开拓科研新领域、开展国际合作研究项目等，是全面创新中最大也是最难突破的重点。

全面创新要以发展为中心，不浮夸、不急躁，紧密结合学校实际情况和工作实践，紧密结合求真务实的具体要求，妥善处理好发展过程中规模与结构、数量与质量、投入与产出的相互关系，为切实增强实力做出积极贡献。

### 3. 统筹兼顾

创新与务实必须统筹兼顾；理论与实践、思想与行动、动机与效果应该协调一致；体制与机制、个体与群体更要相互统一。

理论创新与实践创新兼顾——从理论创新到实践创新，应当注重两者的结合和相互转化，既要在理论上有新观念，又要在实践中可操作。比如队伍建设的理论创新和实践创新，既要提出建设方案、保证人才梯队的持续发展，又要在引进、培养人才的过程中善于解决实际存在的矛盾和问题，做好人才的稳定工作，切实解决好人才的后顾之忧，从实际情况出发，从细微之处关心他们，把"感情留人、环境留人、事业留人、待遇留人"落到实处，让人才全心全力地投入到教学科研的中心任务中去。

思想创新与行动创新兼顾——思想上要有创新观念，行动上要有创新作为。任何只想不动或者只动不想的创新都不是完整的创新。有所思才能有所为，有所为才能有所发现，有所发现才能有所突破，把思与行统一起来，不做说话的巨人、行动的矮子，言有新，行重实。这就要求我们在教学、科研活动的实践中，既干好实际工作又注重研究、既有近期目标又有长远规划，知行并举、言行一致、敬业爱岗、努力工作。

体制创新与机制创新兼顾——体制的创新是基础，奠定制度的科学性、规范性和可行性。机制创新是保证，关系到体制运转的操作性、过程性和目的性，两种创新在具体的改革与发展实践中缺一不可，必须兼顾。

个体创新与群体创新兼顾——无论科研攻关、教学改革、管理服务还是科技创新，都离不开优秀个体和杰出群体的相互支持和相互帮助。个人的力量是有限的，集体的力量是无穷的，工作创新中应当特别注意把个体创新和群体创新联系在一起，既要发挥个体的示范作用，又应注意学科群体的力量整合；既要强调领军人物的突出贡献，又需注意学科团队的良好协作。学校要建立若干个成绩突出、有发展潜力的创新群体。

### (三) 保障措施

### 1. 基本考虑

今年是学校实施"两大步三小步"战略部署第一小步的关键之年，也是"十五"建设的攻坚之年。在认真分析当前形势的基础上，以学校准确定位为研究教学型大学为出发点，以搞好"十五"奠基期建设为当前任务，提出了重点实施"五项战略、四个工程"的近期建设思路和保障举措。

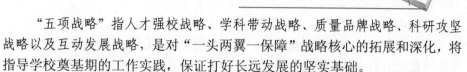

　　"五项战略"指人才强校战略、学科带动战略、质量品牌战略、科研攻坚战略以及互动发展战略，是对"一头两翼一保障"战略核心的拓展和深化，将指导学校奠基期的工作实践，保证打好长远发展的坚实基础。

　　"四个工程"指新校区建设工程、数字化校园工程、规范管理服务工程及校园文化形象工程，是配合"五项战略"加快实施的校园软、硬件环境建设工程的总体概括，也是保证"五项战略"顺利实施的物质条件和综合环境基础。

### 2. 主要内容

　　(1) 人才强校战略。

　　国家提出人才强国战略，把人才工作放在第一位战略意义上予以重点考虑。

　　人才聚则事业兴，人才强则学校旺。人才强校战略不仅是生存战略，也是发展战略。教师是学校的核心竞争力，队伍建设始终是学校发展的重中之重和战略抓手，没有突出的人才和一支高水平的师资队伍，一切美好愿望和长远奋斗目标都是不可能实现的。人才强校战略是第一战略，只有把教师队伍的质量搞上去了，学校的长远发展和各项建设才有了根本保障。

　　人才强校战略中，我们将重点实施两项工程、四个计划，注意五个统筹。两项工程是"高层次人才工程"和"3512工程"，四个计划是长江学者奖励计划、优秀留学人员回归计划、礼聘教授计划以及兼职教师计划。五个统筹就是要做好数量与质量的统筹、拔尖人才与创新团队的统筹、引进人才与稳定现有队伍的统筹、学历层次与实践能力的统筹以及基础研究与应用研究的统筹等五个方面的工作。从资金投入、政策保证、管理落实等诸方面都要积极围绕人才这个中心来做好支持与服务，真正吸引、稳定、培养拔尖人才、孕育产生领军人物和学术大师。

　　同时，要积极推进教师队伍的博士化建设步伐。

　　(2) 学科带动战略。

　　学科建设是学校的旗帜，学科发展将带动教学与科研的同步上升。要在观念上牢固树立并不断强化学科建设的龙头地位，抓好"十五""211工程"建设，在近两年的时间里及早做好具有显示度标志性成果的准备工作，争取产生10～15项标志性成果；全力做好第三批国家重点学科的评估、申报工作，在确保已有5个国家重点学科的基础上，再努力争取新增2～3个国家重点学科；进一步完善校、院、系三级学科体系，加强学科的深化提高，增强指标体系；加强学科顶层设计，加快新兴、交叉和边缘学科建设，探索建立学科特区，给予某些特殊政策和特殊条件，使某些方向能够实现异军突起、出奇制胜、取得突破；加强经济管理、人文以及社会哲学学科的建设，促进多学科的协调发展。

(3) 质量品牌战略。

质量是生命线、品牌是竞争点。无论本科生教育还是研究生教育，人才培养的质量应当始终放在教育教学工作的首位。

本科生教育是立校之本，研究生教育是强校之路。

本科生教育方面，要以 2006 年本科教学评优为目标，坚决贯彻"以评促建，以评促改，以评促管，评建结合，重在建设"的方针，自觉地按照教育规律办事，明确办学指导思想，改善办学条件，加强教学基本建设，强化教学管理，深化教学改革，全面提升教育教学质量和办学效益。要以专业规范引导教学工作，以教改项目支持教学工作，以专业评估促进教学工作，以信息资源服务教学工作，以规章制度保障教学工作。认真落实教育部"教学改革与教学质量工程"，抓紧抓好专业建设、课程建设、教材建设、师资队伍建设，深化课程体系改革，加强外语教学改革。坚持从严治教、规范管理，充分调动教与学两方面的自觉性、主动性和积极性。近期着力搞好以"修订本科教学计划，修订教学管理与学籍管理制度，完善本科教学考核评估体系与教学质量监控体系，构建数字化、网络化的教学管理体系"为目标的 4 项基础工程，不断总结、培植亮点与特色，保证迎评促建工作的顺利进行，为 2006 年本科教学评优打下坚实的基础。同时，要适应扩招与就业新形势的需要，加强对学生的诚信教育、素质教育和创新教育，转变观念、拓宽渠道，多层次、多形式地开展就业指导和就业服务，稳定我校毕业生的就业率，确保毕业生充分就业。

研究生教育方面，以正式建立研究生院为契机，以建设一流的研究生院为目标，牢固树立并强化全校办好研究生院的意识。进一步加强研究生教育创新体系和运行机制的改革，全面实施研究生教育创新工程，积极建设创新基地。大力推进研究生教育成本分担机制改革，充分调动导师和研究生的积极性；加强指标体系建设，努力在百篇优秀博士论文、研究生精品课程、推荐教材等方面有新进展；进一步完善研究生的两级管理模式，加强研究生管理的制度化和信息化建设，强化研究生的招生、培养和授位的过程管理，完善评价机制和监控机制，不断提升教育质量和水平，为全校指标体系的不断攀升做出更大的贡献。

(4) 科研攻坚战略。

科研水平的高低已经成为衡量一个学校综合实力的重要指标之一，提升科研水平是进入研究型大学行列的必备条件。科研工作要着力增强实力，要坚持"大项目、大成果、多专利、高指标"，坚持三头并进(军事电子、基础研究、横向合作等)战略。要加强横向项目建设，产生具有显示度的标志性成果，加强专利等工作，提高整体创新水平和系统攻关能力；学校在大项目上(如 973)

已有进展，要进一步开阔思路，抓大项目、抓专利等原始性创新的工作、争取国家奖；加强重点实验室建设，筹备建立国家(国防)实验室；办好科技园和科技产业，增强科技创新能力和科技成果的转化能力。

(5) 互动发展战略。

学校应坚持以服务求支持、以贡献求发展，主动为省市经济与社会发展多做贡献。为此，我们应积极做好一条内线、两条外线的工作：苦练内功、强调实力政策，注重科研经费、三大索引论文等指标体系建设，拓展发展空间、创造宽松环境，寻求多方支持与合作；继续全力推进共建工作；主动出击，抓紧落实校所合作的具体事项；加大国际交流与深层次合作的力度，有计划地安排有关人员的派出访问与学习提高。

(6) 新校区建设工程。

把新校区建设作为头等大事之一，整体规划、分步实施，全力以赴、保质保量，确保一期工程顺利完成，尽快实施二期工程。

(7) 数字化校园工程。

现有的数字化校园建设水平有待迅速提高，为教学科研的发展提供高速、高效率、高质量的综合信息广阔平台。

(8) 规范管理服务工程。

规范管理服务，就是要坚持公开、公正、透明、合理的八字方针，认真做好"一头两翼一保障"的保障工作。要进一步完善分配制度；积极推进重心下移、两级管理；增强服务意识，提高服务水平，从态度和能力两方面同步加强；建立必要的考核、考评和责任追究制度以及投诉制度，加强干部的培训，提高掌握办公自动化的实际能力和水平；后勤服务要提高质量、拓展市场，进一步增强自我发展能力；加强纪检、监察、审计、保卫等工作，确保学校的安全稳定。

(9) 校园文化形象工程。

大学是传授知识的地方，是进行知识、信息交流的开放式领地，是崇尚学术独立和自由的殿堂。置身于大学的浓郁文化环境之中者，应当具有崇高的使命感和责任心，为发挥人才培养、科学研究和社会服务的现代大学三大职能贡献力量。大学精神的必有之义在于主体精神与校园文明、风貌的相互融合与集中体现，而校园文化形象则是大学精神的外在表现形式。

大学整体文化形象应当是环境、氛围、文化底蕴与大学精神的统一，是大师、大楼与大气的和谐。要进一步加强校园学术活动，包括研究生学术年会、国内外学术会议。各学院应逐步将学术活动制度化；要营造积极向上、充满生机的文化环境，培养师生的文明意识和文明行为；进一步做好校园有关纪念性

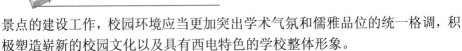

景点的建设工作，校园环境应当更加突出学术气氛和儒雅品位的统一格调，积极塑造崭新的校园文化以及具有西电特色的学校整体形象。

### 3．工作要求

第一，要加强团结。团结、团结、再团结，团结起来才有力量，团结起来才能干成大事，学校"五项战略、四个工程"近期目标的顺利实现需要团结，10 年、20 年、40 年乃至上百年的长远发展更需要团结。

第二，要深化改革、勇于改革。按照十六大报告关于"三个一切"的论述，要敢于改革制约和阻碍西电发展的规章制度、运行机制和管理体制。改革是为了适应两方面的需要，即外部形势的发展要求改革，如果我们不改革就跟不上全国形势的发展，西电广大教职工利益的改善也需要改革，改革势在必行。

第三，要跨越创新。要敢于跨越，敢为天下先；敢于创新，闯出新天地，以长远眼光、国际视野、战略思维和超前意识来思考我们的未来和指导我们的行动。

第四，要重在落实、真抓实干。要在全校形成实干、实干、再实干的良好氛围和普遍意识，牢记我们的一切举措和工作都是为了西电的长远发展，一切为了打基础、一切重在打基础，要深谋远虑而不要短视眼光和短期行为。大力提倡埋头苦干，真抓实干。

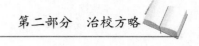

# 强优　整合　拓展　创新

—— 在 2004 年庆祝第二十个教师节暨表彰大会上的讲话
（2004 年 9 月 10 日）

教师是阳光下最光辉的职业，教师是学校的主体。没有广大教师的辛勤劳动，就没有学校今天的显著变化；没有默默无闻的烛光精神，就没有西电明天的迅速崛起。人才强校、人才兴校，最关键之处就在于要拥有一支德才兼备、学识渊博、勤恳务实、素质一流的教师队伍。

教师是学校的核心竞争力。学校任何成绩的取得都离不开广大教职工的理解和支持，建设一流大学的宏伟目标与"两大步三小步"战略部署的实施，更需要全体教师的努力奋斗与拼搏。在此，就师资队伍建设谈三点想法。

## 一、人才强校是关键

人才强校是第一战略，以人为本，要从点点滴滴做起，广大教师肩负的责任与义务十分重大。培养人才、汇聚队伍，是学校肩负的双重任务，教师和学生始终是校园里最活跃的因素，人才强校的根本出发点就在于如何最大限度地激发人的潜能，调动全体学生和教师努力成才的积极性，创造"智有所长、才有所用、人尽其才、全面成长"的良好环境，实现人才强校。

实现人才强校，关键是要抓好人才队伍建设，要积极探索"大师+团队"的有效组织模式，加强教师队伍建设，不断增强学校的核心竞争力。

首先，要抓好三个层次的人才队伍建设。第一层次，要着力提高全校人员的知识结构水平，包括一般教师、干部与行政人员、技术保障人员等，巩固基础，创造有利于青年人才脱颖而出的有利环境与肥沃土壤。第二层次，加快推进教师队伍的博士化进程，为建设高水平大学补充与储备高层次人才。第三层次，下大力气做好拔尖、创新人才的遴选和重点培养工作，加强师资队伍的中坚力量建设。

其次，继续做好两个工程、四个计划工作。加强"高层次工程"、"3512工程"以及长江学者奖励计划、优秀留学人员回归计划、礼聘教授计划和兼职教授计划的工作，不断完善并落实各项建设任务和目标，加快推进人才工程的建设步伐。

此外，面向国内外、延揽一流人才。要积极走向国际市场、面向海外招聘杰出人才，引进国内外知名人士来校工作，提升学校的整体水平与知名度。

## 二、学科带动为牵引

教师队伍的发展，根植于深厚的学科土壤，发展学科要靠坚强的学术骨干队伍，另一方面，学科发展起来了，学术队伍也同时得到了锤炼和提高，这是一个相辅相成的互动过程。

首先，要全力搞好校院系三级重点学科建设工作，搭建学科体系基础平台，为学科建设与发展创建一个良好的土壤，营造一个优越的成长环境。

第二，要坚持"强优、整合、拓展、创新"的八字方针，进一步促进学科特色与内涵建设，通过切实可行的举措，推进学科内涵的创新发展和不断充实提升。

强优——就是要不断加强国家重点学科的建设，使之影响更大、实力更强，成为带动和引领学校学科整体建设与发展的领头羊，进一步强化优势学科的重要地位与作用。

整合——就是要建设若干个学科平台，整合学科优势，促进学科创新、科研创新和学科群体建设的统一协调。具体讲，就是要在若干前沿方向如下一代通信、电子科学与技术等方面加以优化整合，集成优势、突出重点，实现若干重大突破(如下图)。

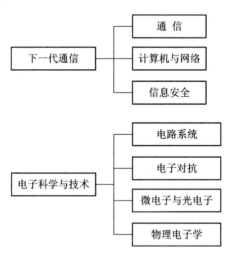

拓展——注重交叉、新兴及边缘学科建设，在产生新的学科增长点方面深入思考、积极探索，努力拓展现有学科的方向与范围，为学科的长远发展抢占先机(见下图)。

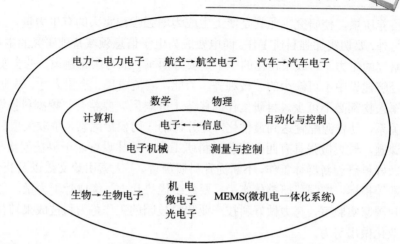

电力→电力电子　　航空→航空电子　　汽车→汽车电子
数学　　物理
计算机　　电子←→信息　　自动化与控制
电子机械　　测量与控制
机 电
生物→生物电子　　微电子　　MEMS(微机电一体化系统)
光电子

创新：就是要加强材料、特别是国防工业材料的工程化(尤其是电子信息功能材料)、仪器仪表、微机械、纳米技术以及与电子信息相关的环保方面(如电磁环境等)的学科创新。

此外，也要处理好强势学科与弱小学科之间的关系，突出重点、统筹兼顾，一切从大局出发。同时，根据"保持电子信息传统专业特色与优势、筹划具有良好市场前景的新兴专业方向、建设国家战略发展重点技术的前导性专业"的原则，以就业为导向，切实加强专业设置改革和课程体系的更新，不断提高人才培养的质量。

## 三、科学研究作支撑

首先，要正确认识教学与科研的辨证关系。清华大学校长顾秉林院士说："只教不研，越教越死；只研不教，越研越窄。"教学、科研缺一不可，教学可使知识系统化，科研能进一步提高水平，高水平的教育教学是产生科研后备军的强大支撑，高水平的科学研究是培养高层次、高素质拔尖人才的必由之路。工作中，要认识到教学、科研相互支持、相互联系的一致性，不能有失偏颇、厚此薄彼，更不能一条腿走路，教师特别是年轻教师一定要教学、科研两条腿走路，要善于在二者的结合上寻找创新点，增强教学与科研的有机融合与渗透。

其次，要努力构建与研究型大学目标相适应的学生培养体系。本科生教育要以 2006 年教学评优为动力，注重培养学生扎实的知识基础、较强的动手能力和富于创新的精神，探索完全学分制的实施；要加强对学生的管理与教育，特别应做好新生的入学教育和日常管理；巩固毕业生就业成果，紧跟市场需求，多方面拓宽毕业生就业渠道，确保充分就业。研究生教育以建设一流研究生院为目标，继续加强、加快各项指标体系的建设，建设好研究生创新与实践基地，

紧抓培养质量，使研究生尤其是博士生成为增强学校实力的有生力量。

　　另外，要切实加强科研工作。西电要成为电子信息领域基础研究的主力军、应用研究的生力军、成果转化的一个重要方面军，成为国家建设、社会发展和区域经济建设中不可缺少的一枝独秀。为此，一流成果、杰出人才、攻坚团队和领军人物都必不可少。科研工作的任务十分艰巨。要整合、挖掘科技资源，理顺关系，使资源配置达到最优化，充分调动一切积极因素，争取大项目，承担大课题，做大做强具有西电特色的科研工作；要建设好若干科技创新平台，认真做好科研创新群体工作，不断提升科研经费、三大索引论文数以及获奖数、专利数等指标，增强科研整体实力；要集中优势兵力、集成骨干力量，全力争取创建国家实验室，努力做好科技产业和科技园的工作，为科技成果转化、推进产业化做出努力。

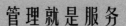

# 管 理 就 是 服 务

—— 在全校科级以上干部工作会议上的讲话

(2004 年 12 月 16 日)

管理的实质就是服务。在当前内外部激烈竞争的情况下，一定要沉下心来、明确信念、苦练内功、增强实力，拿指标衡量、靠实力说话，切实做好管理工作，提升学校整体的办学实力和水平。

## 一、正确认识管理工作的重要性

### 1．一流大学需要一流的管理

建设一流大学，必须具备一流的管理。我们明确了"一头两翼一保障"的发展思路，而推进学校的建设与发展，必须提升管理工作的效率和效益。站在战略发展的长远角度看，管理工作是学校各项工作的基础和平台，是推动学科、教学和科研起飞、跨越的基本保证，也是建设电子信息特色鲜明、研究型、开放式、国际知名、国内一流的高水平大学的必然要求。

### 2．一流的管理靠精干的队伍

人的因素始终是一切工作中最活跃的因素，实施一流管理的关键在于有良好的执行力。没有一支精干高效的管理队伍，再好的制度和措施都无法落到实处。

在学校"五项战略、四个工程"之中，人才强校是第一战略，两支队伍建设缺一不可，教师队伍是学校的核心竞争力，干部队伍是实施有效管理的实际执行者，教师与管理干部共同构成人才强校战略的两大主干。人才强校，首先要锤炼大师汇聚、才俊云集、知名专家学者层出不穷的教师人才队伍，同时也要锻造责任意识重、工作能力强、知识型、年轻化的管理人才队伍。

### 3．大学管理的本质是服务于教学科研

现代大学的职能是人才培养、科学研究和社会服务，大学内部的一切管理都是围绕实现这三项基本功能而展开的，所以，大学管理的本质就是服务于教学科研等中心工作。大学的早期管理是从教学、科研主体活动中逐渐分离、分化出来的。早期的高校并没有设置专职行政管理人员，一般都是由教师兼任。随着规模和功能的扩展，出现了专门的管理人员，管理成为一项常规工作。

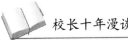

讲管理的本质是服务，不是弱化管理工作的重要性，而恰恰相反，科学管理对大学的建设与发展发挥着不可替代的重要作用。管理也是一项系统工程，大学内部管理要求能够充分发挥统筹规划、组织协调、交流沟通的职能，使体制不断调整完善、机制持续良性运行，使全校的资源运作达到最优化。实现凝聚人心、形成合力，整合资源、挖掘潜力，促进办学规模、结构、质量、效益的协调发展，达到不断增强综合竞争实力的目的。

## 二、正确认识面临的困难与挑战

### 1．面对新挑战

从大的形势看，我国从计划经济体制逐步走向社会主义市场经济体制，社会处于重要的转型期，加入 WTO 带来了许多新的挑战与机遇。高校的发展从以"共建、调整、合作、合并"为原则转变为"巩固、深化、提高、发展"的新八字方针，就是要"巩固成果、深化改革、提高质量、持续发展"，要积极探讨新的机制，促进大学的新发展。

### 2．面临新问题

目前，管理工作面临许多新问题。扩招带来了质量的问题，也带来了资源紧缺的问题。学生人数增加了，质量不能下降，要保证人才培养的水平，对管理与教育的要求会更高；扩招后，面临教师缺，教室、实验室等资源也趋于紧张的情况，出现了许多新情况、新问题，需要我们积极应对、妥善处置，要不断积累经验，搞好管理。

### 3．推进新改革

管理到不到位，大的方面决定于管理体制和机制，体现着管理者的能力、水平和艺术，也反映出管理人员的责任心和意识。正视我们管理工作中的挑战与困难，要在思想认识上正确看待管理工作和管理改革，虚心学习借鉴先进的管理方法和经验。

第一，以虚心学习、求真务实的态度看待管理工作。

管理=服务≠命令+控制——要正确认识到学校的主体是教师。培养人才、科学研究以及社会服务是学校的三大基本功能，完成基本功能必须紧紧依靠教师和科研人员，高校的管理与一般的行政管理有所不同，其管理的本质就是为教学科研等中心工作服务，不是简单的行政命令和控制约束，而是要真心实意地做好本职工作。

工作=责任≠推诿+敷衍——一份工作，一份责任。无论在哪个岗位上，不管是校长、处长还是科长，都要首先有一份责任意识，在其位谋其政，干好份内的每一件事，推诿和敷衍是不负责任的表现，是极为有害的。

改革=发展≠痛苦+麻烦——管理应当是动态常新的，不同历史时期，对管理工作的具体要求不同，根据形势发展和实际需要进行管理改革是与时俱进的明确要求，也是对个人发展的不断激励，克服惰性、开拓创新，改革就不会变成痛苦和麻烦。

第二，立足长远发展角度，正确看待管理改革，要有科学的发展观。

不改革是没有出路的，故步自封、僵化保守等于停滞不前，不利于学校的建设与发展。管理改革的最终目的是要建立起与现代大学发展目标相适应的管理体制与机制，以有利于调动积极性，为学校的长远、可持续和跨越发展源源不断地注入新的动力和活力。

第三，大学也需要经营，办学要核算成本，在市场经济条件下，管理出效益、管理见水平、管理也是生产力。

现代大学不仅需要科学的管理，也需要有效经营，这种经营是 operation 而非 business，要充分考虑降低成本、提高效益，在刚性成本不可压缩的情况下，尽最大可能压缩柔性成本。按照适应市场机制的原则，使学校整体的运转更加科学、经济、合理。我们要注重开源节流、勤俭办事、增收节支，要杜绝浪费和重复、盲目建设，不能事不关己、高高挂起。既要增加收入、也要提倡节约，增加收入要从正当的办学收入、周边开发以及科技园和产业集团的创新发展积极想办法。

## 三、进一步提升管理效能

### 1. 正视成绩与不足

西电的管理，具有自己的传统特色，为学校的发展做出了历史性贡献。总的看来，成绩是主要的，管理工作踏实、肯干，作风比较扎实；工作人员能打硬仗，善于集中攻坚；管理教育比较严格，纪律观念比较强等等，这些都是值得巩固和发扬的好传统。但是，我们更应当看到不足，经常看不足是为了取得更大发展。

存在的不足主要有：其一，整体工作的规划性较弱，学校层面的发展战略已经制定，但从机关部处、科室到学院、系以及教研室落实大规划的具体举措还不够完善，各个单位之间也不平衡；其二，当前工作与长远发展相互协调较少，二者之间协调不够，重当前轻长远，忙于应付具体事务而不见成果，存在避实就虚、避重就轻、不敢负责的情况，工作的连续性和系统性不完善，创新动力不足；其三，工作中重形式轻内容、重领导轻群众，听取基层群众的实际需要、建议和呼声不够，对实际情况的掌握、了解、沟通、交流也不够；其四，不同部门之间相互协调、沟通与理解不够，团队精神和协作意识需要加强。

## 2．正视存在的问题

管理干部队伍是执行管理工作的主力军，加强管理队伍建设刻不容缓。从现有的管理队伍整体现状来看，结构基本合理。但从长远发展的角度看，也存在着一些问题：第一，年轻化、专业化、知识化进程需要进一步加强，年轻化步伐还不够快，干部队伍的学习还抓得不够，理论层次、工作能力和水平还需继续提高；第二，对管理干部的出路问题还没有系统的考虑，干部对外交流面还不够宽广；第三，干部队伍和教师队伍的合理双向流动存在壁垒，不利于两支队伍的交流与沟通，从形式上限制着能上能下、能进能出政策的落实。

## 3．真抓实干、提升素质

建设一流的现代化大学，必须从抓管理入手；做好管理工作，必须从求真务实、取得实效着手。目前，要着重做好以下四个方面的工作。

其一，规划引导。要首先确定工作的目标、思路，制定规划，避免盲目性和随意性；规划制定好、纲举目张之后，应当"循纲索目、提纲挈领"地推进各项具体工作，通过切实可行的实现手段和保障措施，引导各项具体工作从重点、要点抓起，克服不利因素的影响，按照规划目标，坚定不移地推进，增强实力，加快发展。

其二，组织协调。管理工作是"穿针引线"，是"管人+理事"，在高校其实质就是服务，有大量的组织落实要做好。协调是管理见水平、见成效的保证，是对利益冲突的合理、妥善处置。当然，协调不是无原则的妥协，要坚持个人利益服从集体利益、局部利益服从全局利益、当前利益服从长远利益的原则。

其三，交流沟通。管理工作也是"润滑剂"，是联系的纽带和桥梁，它不仅为教学、科研等中心工作提供服务和支持，也提供共享的信息和资源，提供交流沟通的平台。通过管理的有效润滑作用，保证学科、教学、科研等核心"发动机"的良性运转。

其四，监督反馈。管理工作也有互相监督、及时反馈各种信息和情况的作用，实现上情下达、下情上传，反映各项具体工作的进度、落实以及存在问题等情况，以利于学校领导及时调整、改进和修正有关政策和决定。

可以说，整个管理队伍就是学校领导层决策的助手和参谋，是"千里眼"和"顺风耳"，是推动学校建设与发展的参与者和实施者，当好参谋就要从说实话做起，管理干部要掌握实情，说实话、干实事、求实效。

此外，要下功夫加强管理队伍素质的建设。作为优秀的管理者，应当必备五种基本素质——敬业精神、政策水平、工作能力、知识结构以及处事艺术，这是对管理者个人的具体要求。

敬业精神——态度决定一切，责任意识、敬业精神要加强。管理干部职员化改革在保证人尽其才、才尽其用的基础上，不仅要建设一支优秀的组织管理者队伍，也要建设一支踏实能干的机关服务人员队伍，充分体现出级别、职务、分工不同而重要性相同的原则。正如央视一则公益广告用语所说"岗位虽小、请坚守"，管理者和工作人员的敬业精神、责任意识是管理与服务的最根本要求，责任意识非常重要。

政策水平——眼光要开阔，政策水平要提高。优秀的管理者应当时刻关注时事，加强与工作有关信息的搜集、筛选和整理，了解本行业、本部门工作业务在某方面的最新动态、发展趋势和政策走向，坚持研究，钻研业务，不断提高自身的政策水平。

工作能力——要拥有三种能力：处理日常事务的能力、处理突发事件的能力以及抓主要矛盾的能力。处理日常事务能力是基本的要求，干好常规工作才能考虑创新拓展；处理突发事件的能力是解决应急问题的关键，对可能出现的问题和矛盾要有预案，不打无准备之仗，处理突发事件要果断、妥贴；抓主要矛盾的能力是解决长远发展的根本，不能"一叶障目、不见森林"，要对全局和系统有很好的把握，干好当前细琐的实事，也要考虑未来长远发展的大事。

知识结构——知识是根本，管理者自身的知识结构、水平和体系，决定着其工作的方式、方法和工作艺术，是其开展具体工作的基础支撑，也是为人修养、增加内涵的必修课程。管理人员应当积极构建"山"字型的知识架构，即中间突出"一竖"代表管理知识，左右"两竖"各代表自然科学和社会科学知识，基座的"一横"代表深厚、广博的综合知识基础。

处事艺术——处事讲艺术，原则应坚持。为人处事是艺术，对工作要出于公心，坚持公开、公正、透明、合理的八字方针。遇到具体矛盾，应善于化解、及时缓冲，或耐心说明、积极寻求解决的办法和途径，不能推脱责任。要彻底改变机关工作作风，讲求工作中处置具体事件、处理一般矛盾的艺术方法，即建立在坚持原则前提下的处事艺术。

总之，抓好管理工作是一项系统工程，要从"管理就是服务"的理念出发，从提高管理队伍的能力和素质着手，从解决管理的实际问题入手，切实为学校教学科研等工作提供有力支持和保障。

# 西电的战略转移与突破创新

—— 四届二次教代会工作报告
(2005 年 12 月 30 日)

学校"十五"建设即将结束,"两大步三小步"的战略部署即将完成第一小步奠基期的各项建设任务,"十一五"规划与建设也将很快展开,第二小步提升期面临更加艰巨的任务和更大的挑战。在这样一个承前启后的重要时机,召开教代会四届二次会议,认真地总结过去、正确地面对现在、清醒地筹划未来,加快各项事业迅速发展,具有十分重要的意义。

回顾过去,从思考"两个问题"、制定"三个规划"到明确建设特色鲜明、研究型、开放式、国内一流、国际知名高水平大学的奋斗目标,从梳理先进的教师理念、教育目的理念和治校理念等三个理念到明确"一头两翼一保障"战略布局的宏观思考,从观念兴校、人才兴校、学术兴校、管理兴校等"四个兴校"的发展思考到"五项战略、四个工程"的战略举措,西电面向 21 世纪头20 年的发展在长远目标与整体布局上已经基本确立,各项事业稳步发展、有序推进。通过全校教职员工的共同努力,"十五"奠基期的预期任务和主要目标已经基本实现。

展望未来,"十一五"是实现重点突破、加快跨越发展的关键时期,也是第二小步提升期建设的重要阶段。怎样实现从外延向内涵的战略转移,如何进一步提升学校的整体实力和办学水平,尽快跻身高水平研究型大学行列,是摆在我们面前的新课题和新任务。

## 一、一年半主要工作的回顾

从 2004 年 6 月四届一次教代会召开至今,在进一步明确长远奋斗目标及近期主要任务的基础上,按照"五项战略、四个工程"的具体部署,学校的各项工作全面推进、稳定发展,人才、学科、教学与科研以及对外拓展等工作均取得了长足发展,办学质量与综合实力得到进一步提升,新校区工程、数字化校园、管理服务、校园文化建设成效明显,办学的基础条件与配套设施得到进一步改善,校园整体的环境、风貌、氛围发生了较大改观,长远发展所需的扎实的基本条件已初步具备,"十五"奠基期的目标基本实现。

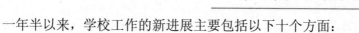

一年半以来，学校工作的新进展主要包括以下十个方面：

## (一) 落实宏观发展战略

自 2004 年提出实施"五项战略、四个工程"以来，紧抓落实与推进成为学校总体工作的重点。

在"十五"最后阶段一年半时间的建设过程中，结合 2005 年开展保持共产党员先进性教育活动，提出了"以先进性教育为动力，提高认识，统一思想，推动各项工作跨上新台阶"的工作思路；突出强调"强化一个共识、突破三个重点、做好十项工作、狠抓全面落实"的 24 字工作方针，即强化实力指标的共识、提升核心竞争力，突破师资队伍建设、多渠道增加收入、加强管理与经营等三个重点，做好学科建设、"211 工程"、教育教学与人才培养、科研、拓展，提倡"三实"、"三到位"——"干实事、出实招、求实效"和"想到位、说到位、做到位"，以加强实力指标建设、规范内部管理为原则，以深化内涵建设、强化核心竞争力为目标，积极做好"十五"奠基期各项收尾工作，推进学校各项事业不断取得新进展，努力实现新跨越。

## (二) 推进学科重点建设

学科建设始终是学校工作的龙头，是统领各项事业的旗帜，大学的发展必须紧紧依靠学科的旗帜来凝炼方向、汇聚人才、锤炼队伍、构筑高地，不断增强办学实力。

推进学科建设重点做了以下三个方面的工作：

### 1. "十五""211 工程"和三级学科体系建设

"十五""211 工程"建设任务以及投资计划已按计划基本完成，进行了校内标志性成果的遴选，并使之得到不断升华；同时开展了校内自评工作，已进入"十五""211 工程"总结和"211 工程"三期建设的启动阶段。校、院、系三级学科体系和 4 个跨学院研究中心的基本框架已经成形，初步完成了推平基础、构筑高台、树立尖峰的任务。

### 2. 学位授权点工作

获准成为全国 MBA 培养单位，经管类学科建设取得突破，2005 年开始首届招生。在全国第十批学位授权点申报工作中取得了一定成绩，新增"机械工程"博士学位一级学科；新增"机械设计及理论"、"车辆工程"、"材料、物理与化学"等 3 个博士学位二级学科；新增 10 个硕士授权一级学科与 10 个二级学科。

至此，我校目前共有一级学科博士后流动站 5 个，博士授权一级学科 4 个，二级博士点 27 个；硕士学位授权一级学科 14 个，二级硕士点 62 个。其中，"机械工程"一级学科博士授权点的获得，标志着以电子信息为基础构成机电光一体化学科结构方面的一大进步，对今后的学科发展具有深远意义；材料物理与化学博士点的获得，填补了我校在材料科学与工程学科门类上的空白。

### 3. 导师队伍

2005 年新增博士生指导教师、硕士生指导教师 71 人，使二者总数分别达到 154 人和 422 人，导师队伍建设得到进一步加强。

### (三) 加强教育教学质量

本科生教育为立校之本，研究生教育乃强校之路。

抓好教育教学质量是学校生存与发展的根本，推进教育教学改革与创新是不断提高质量的基本保证。

按照研究型大学的建设目标要求，进一步推进教学体制改革，实行了三学期制，有利于促进教师的研究性教学和学生的研究性学习。本科生教育以评促建，全面启动了本科教学工作水平评估的各项工作，自觉贯彻执行国家教育方针，按照教育规律进一步明确办学指导思想，改善办学条件，加强教学基本建设，强化教学管理，深化教学改革，全面提高教学质量和办学效益。研究生教育以实施研究生教育创新工程为重点，进一步加大硬件基础、软件条件以及学术氛围的建设，深入实施教育创新工程。

### 1. 本科生教育

面对两个校区同时运行的新情况，本科生教学工作克服了许多困难，保证了正常而稳定的教学秩序，全面完成了教学任务。

本科教学工作水平评估工作全面启动，积极开展了修订本科教学计划、完善教学管理和学籍管理制度、完善教学考核与评估以及质量监控体系、构建网络化教学管理系统等 4 项工作。

一些主要教学指标又有新突破：2005 年获得国家教学成果二等奖 1 项、陕西省教学成果特等奖 1 项、一等奖 5 项、二等奖 4 项；2004 年新增国家级精品课程 4 门，使总数达到 5 门；2004～2005 年新增省级精品课程 17 门，使总数达到 22 门；2004～2005 年新增陕西省名牌专业 5 个，使总数达到 13 个；2004～2005 年新增"空间信息与数字技术"、"智能科学与技术"等 2 个本科专业，使总数达到 41 个。"电工电子实验中心"和"物理实验中心"经省教育厅专家组评审，被确定为省级教学实验中心，"电工电子实验中心"被陕西省推荐到教育部，力争成为国家级教学实验中心。同时，我校已有 13 名同志被教育部选拔为"全国教学指导委员会"委员候选人(上届 6 人)，将进一步促进我校的专业建设、教材建设、课程建设和实验室建设。

### 2. 研究生教育

研究生教育以建设国内一流的研究生院为目标，稳步推进了两级管理，深入实施研究生教育创新工程，积极完善培养过程管理与监督机制，在高层次人才培养质量、创新能力建设等方面大力拓展，在营造浓郁的学术氛围、加强学术交流与提高方面常抓不懈。

2004～2005年新增全国百篇优秀博士学位论文1篇、提名1篇，使我校获得全国百篇优秀博士论文的总数达到4篇、提名4篇；2004～2005年3部教材被教育部推荐为全国研究生教学用书，使总数达到5部。

与西安高新区共建研究生创新与实践基地，入围教育部支持的国家研究生创新基地。成功举办了2005研究生学术年会，举行各种报告会30余场，邀请了两院院士、国家教学名师、国内外知名专家、杰出校友等做学术报告，极大地活跃了学术氛围、加强了学术交流。研究生学术年会迄今已成功举办4届，规模和水平逐年提高。

### 3. 人才培养及就业

严格细致的人才培养举措才能保证高水平的人才培养质量，各种国内外竞赛的获奖和毕业生的充分就业是学校过硬的人才培养质量的最好见证。

在2004年全国大学生电子设计竞赛"嵌入式系统"专题赛中，我校2个参赛队均获一等奖，获Intel杯，取得了我校历史最好成绩；在2004年全国大学生EDA/SOPC设计竞赛中我校1个队获唯一的一等奖，荣获Altera杯；在2004年第七届全国大学生运动会上，我校代表团获5金3银4铜，打破8项大运会纪录，荣膺"校长杯"，列西部高校第一。

在2005年国内外各项科技竞赛中，我校代表队又取得了一系列的优异成绩：全国大学生电子设计竞赛中，我校代表队获得一等奖总数全国排名第4，创我校在该项竞赛中历史最好成绩；在第九届"挑战杯"全国大学生课外学术科技作品竞赛中，6件作品全部获奖，获"优胜杯"，在参赛的300多所高校中总积分排名全国第7；在首届"中国青少年科技创新奖"奖励基金、"全国大学生机械创新设计大赛"及各类体育竞赛中成绩优异。

### (四) 着力提升科研实力

科研实力体现着学校的科技创新综合能力，指标体系是科研工作最有力的衡量指标之一，研究型大学需要有强有力的科研支撑。科研工作以"大项目、大成果、高指标、多专利"为目标，"三头并进"的工作取得比较明显的成效，2004年、2005年共获得国家科技进步二等奖2项、省部级一等奖1项、二等奖2项，中国优秀仪器仪表奖1项；科研经费、三大索引检索论文、授权发明专利等指标稳步进展。新增1个教育部重点实验室。

## (五) 加快人才队伍成长

两支队伍建设是学校生存与发展的关键,任何创新的思维和举措都须依靠人才来实现,高水平的教师队伍是学校的核心竞争力,高素质的干部队伍是实施科学管理的主力。

在教师队伍建设方面,第一,继续深入强化"教师是学校核心竞争力"的意识,在全校上下初步形成了重视人才、培养人才、激励人才成长的良好氛围;第二,继续深化"人才工程"建设,紧抓"两个工程、四个计划"的实施与落实,2005 年增聘 2 位工程院院士为我校"双聘院士",使总数达到 8 位,又有 5 位教师新入选教育部"新世纪优秀人才支持计划";第三,积极推进高端人才建设工作,出台《西安电子科技大学"优秀创新团队建设"实施办法》等举措和具体奖励措施,与教育部三个层次的人才队伍建设相衔接,力争在 2~3 年内实现较大突破;第四,加快教师队伍博士化进程,同时,十分重视青年教师的成长,先后到 10 个学院召开现场办公会,现场解决实际问题、解除后顾之忧,促进青年教师健康、快速成长。

在干部队伍建设方面,按照"四化"原则,着力选拔具有"想干事的动力、能干事的能力以及干成事的魄力"的优秀人才到领导岗位上,使管理干部队伍焕发了新的活力。

## (六) 建设新校区

新校区建设是百年大计,事关学校的长远利益,是全校建设与发展的重要基础,不仅对 2006 年本科教学评估工作具有重要作用,更对学校以后的宏观布局、定位和长远发展起着十分深远的决定作用。

新校区建设顺利完成了从选址变更、全面规划到一期、二期工程几个重要时间节点的推进,实现了两届 1 万余名学生的顺利入住。新校区已建成教学、实验(实习)、办公及学生宿舍、食堂等 33 万平米的建筑,基本完成了热力中心、污水处理站、提升泵站、地热泵站及横贯东西、接通南北的地上交通和地下网管系统。目前,新校区运动场区建设工程和标志性工程——"巨构"工程正在抓紧施工,力争按期竣工投入使用。新校区管理按照"以条为主、职责延伸、纵横结合、统一协调"的十六字方针,采用新体制,形成新机制,有效地加强了科学规范管理,新的学风正在逐步形成。

## (七) 数字化校园

加快推进数字化校园建设,目标是提高工作效率与水平,从管理的深层次入手,大力推进科学、规范、高效、快捷的管理模式,为学科建设、教学科研等中心工作提供更加广阔的信息平台。

"西部大学校园计算机网络工程"基本完成，校园网从速度、门户网站建设以及覆盖面等方面均得到明显改观；"一卡通"工程顺利实施，运行良好，在相当程度上规范了内部管理，推进了数字化校园建设的步伐；针对网络建设的实际情况进行深入调查、研究，多次召开专门会议，解决校园网在信息安全方面存在的问题，学校投入 200 余万元购置了设备改善网络运行状况；"数字迎新"效果明显，大大缩短了新生报到时间、提高了办事效率，受到广大新生与家长的好评；新校区网络建设正在加快实施，新老校区数字化校园协调发展的布局已初步具备，为进一步提高教学科研质量与水平提供了更加完善的平台和先进技术支撑。

### (八) 拓展外部发展空间

学校"一条内线、两条外线"的工作快速推进，为进一步拓展外部发展空间、增强自身实力、扩大社会影响做出了积极努力。

首先，加强了教育部与中电集团共建我校的工作；其次，在加强与中电集团所属 8 个研究所战略合作的基础上，又与中电集团公司 27 所、航天科技集团 504 所签订了战略合作协议，校所合作取得了新的进展；同时，积极与总装备部、中国航天科技集团、中国航天科工集团、各军兵种、几个基地等加强联系，拓展新的合作渠道；另外，进一步加强了校友会的工作。

加强了国际学术交流，加快国际化建设步伐。2005 年我校共聘请和接待来自美国、英国、日本、法国、德国等 29 个国家和地区的专家学者和留学生达 123 批 422 人次；选派了 65 批 141 人次出国参加国际会议、合作研究、考察访问和留学学习。分别与以色列理工学院、日本电气通信大学、日本早稻田大学理工学部签订了校际交流协议。还与日本东北大学、同志社大学及静冈大学续签了校际交流协议和学生交流备忘录。举办了"2005 年计算智能与安全"、"2004 首届亚洲机械电子学"等数次规模较大的国际学术会议，扩大了学校的知名度和国际影响。

### (九) 加强管理服务

管理是保障，服务是根本。大学的管理从本质上看，就是为学科建设、教学科研穿针引线，提供所需的保障、支持和帮助，切实履行好"绿叶"衬"红花"的职责。

在加强管理方面，曾多次召开工作会议，强化"管理就是服务"的意识，坚持"教育以育人为本，以学生为主体；办学以人才为本，以教师为主体"的原则，指出大学也需要经营，要强化成本意识，重视管理工作，扎扎实实搞好管理服务。倡导并贯彻"公开、公正、透明、合理"的八字方针，积极建立考核、评价、监督、激励的赏罚分明的机制。其次，在具体工作中，积极落实各项建设指标。学校与8个学院签订了主要指标目标任务书，把科研经费、三大索引论文、引进博士数等3项主要指标分解到学院，推进责任与目标的层层落实。此外，进一步深化人事制度改革，推行教师聘任制。进一步深化后勤服务改革，创新机制，加强监督，不断提高服务质量和水平。

### （十）关心群众生活

广大群众的有力支持是学校事业得以快速健康发展的保证，关心群众是学校工作的一个重要组成部分。在经济条件允许的情况下，切实提高了在岗教职工待遇，注重提高教职工的居住和生活水平，着力解决教师办公场地和生活问题。大三间改造已经完成，600多套高层住宅即将交付使用，南院全面规划与改造即将启动，完成了北大门改造工程以及2005年基础设施改造工程，涉及供水、供暖、供电系统的改造、4栋研究生公寓改造装修工程以及学生浴室改建、北院茶水炉改造、南区部分综合管线布设等工程。

回顾四届一次教代会召开一年半以来的主要工作，广大教职工以主人翁的姿态主动关心学校的发展，积极支持各项改革与建设，坚守本职岗位，辛勤耕耘、默默奉献，使学校各项工作取得了许多新的进步，战略举措得以具体落实和大步推进。

回顾班子换届三年半以来的工作，面向21世纪头20年的发展战略和远景目标已基本确立，办学思路和长远规划得到不断完善和提升，战略布局和具体步骤更加明确，各项改革、发展与创新有条不紊地整体跟进，一年一个样、三年大变样的预期目标基本实现。

回顾学校"十五"建设的整体发展，学校班子换届顺利完成，各项工作平稳交接，传接与继承、创新与发展并重，学科、教学科研、人才队伍以及整体实力在"九五"建设的基础上又取得了新进展，规模稳步扩大、定位逐渐明晰、布局渐趋完善、举措更加得力，在积极应对高等教育20世纪90年代末飞速发展的形势方面，交了一份比较完满的答卷。

但是，在看到成绩的同时，更要看到不足，知不足然后思进取，有进步还要有大跨越。宏观思考足远虑，扎根实际谋发展，学校发展的道路还很长，要把握好发展的历史机遇，认真分析新形势，仔细应对新问题，不断推动学校的新发展。

## 二、"十一五"面临的形势与挑战

"十一五"是国家本世纪头20年重要战略机遇期建设承前启后的重要时期，也是整体建设转型的关键时期。2005年10月11日，党的十六届五中全会

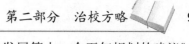

通过的《中共中央关于制定国民经济和社会发展第十一个五年规划的建议》，初步勾画了国家"十一五"建设与发展的蓝图，是一项具有重大历史意义的规划建议，也是指引科技、教育事业在"十一五"期间不断创新发展的纲领。

国家"十一五"规划建议以全面落实科学发展观为重点，明确提出了坚持"六个必须"的原则，其中最突出的就是"必须提高自主创新能力。""要深入实施科教兴国和人才强国战略，把增强自主创新能力作为科学技术发展的战略基点和调整产业结构、转变增长方式的中心环节，大力提高原始创新能力、集成创新能力和引进消化吸收再创新能力。"

"十一五"规划建议从整体上体现出三个新的特点：

第一，战略重心转移、加强规划指导。

"十一五"规划的大体框架，提出了把经济社会发展转入全面协调可持续发展的轨道，凸显出国家的战略重点从单纯注重 GDP 发展向注重科学发展的重心转移。延续 50 多年的国民经济和社会发展"计划"转向"规划"，也显示出国家推进科学发展、加强对各项工作规划指导、宏观调控的规范管理。

第二，构建创新体系、突出自主创新。

十六届五中全会旗帜明确地提出了提高自主创新能力的要求，把自主创新能力建设提到了一个前所未有的高度，并明确了原始创新、集成创新、引进消化吸收再创新等三种创新的具体形式，指出了我国科技创新实现突破、有所作为的新方向。可以看出，自主创新将成为国家"十一五"科技发展战略的核心，成为以科技、教育、企业等战线为主，构建国家创新体系，全社会共同参与、大力提升国家核心竞争力的重要突破口。

第三，深化人才强国、推进科教兴国。

高校不仅是孕育重大原创性成果的基地，是产生自主创新能力的源地，也是杰出人才聚集和培养的孵化地。高校是国家基础研究的主力军，高新技术研究的重要方面军和科技成果转化的强大生力军，是构建国家创新体系的一支重要力量。人才强国和科教兴国战略的推进落实，离不开高校的积极贡献，高校只有在服务国家重大战略和社会发展中才能不断增强实力、做大做强。

长期以来，我国的科学技术和经济发展落后于国际先进水平，近年来经济发展领域中主要是跟踪研究，对于基础研究和应用基础研究的要求不大迫切。十六届五中全会提出提高自主创新能力的号召，是一个重要的机遇信号。

形势不断向前发展，机遇带来新的挑战。当前，摆在我们面前严峻的挑战，就是创新上的挑战。自主创新能力的提高是国家"十一五"科技创新要求的核心，创建创新型国家已经成为一种新的发展趋势。如何提升自主创新能力？在构筑国家创新体系过程中，大学应该做什么？这已成为大学下一步发展需认真思考的主要问题。应当说，大学要在自身的创新体系建设上下功夫，要提高研究型大学的自主创新能力，努力实现知识集群与不同产业集群的结合，在培养创新人才、构筑创新体系、形成创新文化、产生创新成果等方面实现突破。"十一五"对西电来说，是一个增强实力、提升水平的关键时期，对照自主创新的要求和自身发展的实际，我们仍存在一些明显不足。

主要不足有四个方面：

### 1．高端人才缺乏

目前，学校发展面临的最大困难就是高端人才的缺乏，缺乏领军人物、拔尖人才。属于国家队的长江学者特聘教授、国家杰出青年基金以及创新团队上空白的问题，是软肋问题，一直困扰着学校的进一步发展，已经成为制约学校进一步发展的瓶颈。另外，教师队伍的整体规模与质量、层次与水平还需要大步提升，核心竞争力的建设需要有进一步的强化与加强。

### 2．管理创新不够

激烈竞争的时代，实力就是发言权；没有实力，就没有参与竞争的资本。当前，国内外大学之间的激烈竞争，说到底就是人才上的比拼、实力上的较量。实力从哪里来？除了历史客观形成的基础以外，增强实力、创新发展，最关键就在于管理上的潜力挖掘，在于进一步加强内涵建设，大力提升自我发展能力。学校近年来的发展，纵向上取得了令人欣喜的进步，但横向看，与其他快速发展的大学相比还有一定差距，在整体的管理创新上还很不够。要在新一轮的激烈竞争中脱颖而出，就必须拿出不同于常人的举措，具有敢为天下先的勇气和气魄，在突破管理创新上实现质的飞跃。

### 3．国际化建设迟缓

国际化是现代大学建设与发展一个很重要的方向。加强国际化建设，最重要的就是在学术的尖端和前沿领域与世界一流水平接触、学习借鉴，在学术互访、人员往来、科研合作、联合办学等方面真正落到实处，引进优质教育资源，快速提升学校自身的实力和水平。我校的国际化建设经过努力，取得了一定进展，但是整体的意识、开放的氛围还比较欠缺，请进来、走出去的工作还需要进一步加强，从学校各个层面，还需要进一步调动积极性，站在更高的起点上，与国际一流水平接轨，促进国际化建设进程的加快，提升学术水平和学科实力。

### 4．科学文化比较欠缺

创新成果孕育于深厚的科学文化土壤，良好的科学文化和创新氛围对于产生杰出成果和优秀人才具有十分重要的影响。只有加强科学文化的建设，才能从根本上创建有利于成果和人才健康成长的良好环境。学校在创新意识、创新能力、创新氛围等方面还很欠缺，发展的思维还不够活跃，真抓实干的魄力还需要加强，跨越创新的意识还有待提高，科学文化建设还需要下大力气继续加强。

## 三、第二小步"提升期"的战略思考

"十一五"是我校"两大步三小步"战略部署"提升期"的重要阶段，围绕制定学校"十一五"规划，对于"提升期"的战略发展首先应当有宏观的思考，即确定在第二小步战略发展期内主要应抓哪些大事，实现哪些方面的重点突破，强化哪些方面的改革创新，真正使各项指标不断跟进、大幅递增，真正把实力提升到一个新的层次，为继续第三小步跨越期的长远发展奠定更加扎实的基础。

### (一) 总体思路

"提升期"战略发展的基本思路是：深化"五项战略、四个工程"，实现战略重心转移；有所为有所不为，"不为"是为了"有为"，重点突破软肋与不足，进一步强化优势与特色；有重点、分步骤地打好攻坚战，大幅度提升整体实力。

"提升期"战略发展的主要内容是：战略重心转移、实现三大突破、强化三种创新、迈上三个台阶。其中，战略重心转移是主线，三大突破和三种创新是举措，迈上三个台阶是目标。

### (二) 战略重心转移

战略重心转移的出发点，是基于"十五"奠基期建设基础上向更高目标奋进、向战略部署纵深发展的整体考虑，主要是为了实现从规模到水平、从数量到质量、从外延到内涵的实质性转变。即：以发展为主题，在办学规模基本稳定的基础上向提高水平、增强实力的目标迈进；在继续做好指标体系数量建设的同时，更加注重质量的升华；在搞好外部环境、硬件基础和设施建设的同时，更加注重学科、教学科研、科技创新及软环境等方面的内涵建设。

从具体战略上讲，就是要进一步深化"五项战略、四个工程"，把战略中心从总体部署、全面布局推向重点突破、深化跟进，就是要抓住发展中的主要矛盾和矛盾的主要方面，集中精力解决好急需解决的问题，集中力量紧抓中心工作的核心突破，集中精神创造不凡的一流业绩，树立典型榜样、确立具体目标，使西电的发展向前跨出一大步，实力迈上一个大台阶！

从内线、外线发展的角度看，就是要在注重内涵建设的同时，积极推进学校整体从国内知名到国内一流的提升，为实现从国内一流到国际知名高水平研究型大学的目标搭建更加广阔的国际化平台，在继续加强国内外、特别是国际交流的基础上，努力提升西电的学术知名度和国际影响。

### (三) 实现三大突破

实现三大突破就是要实现人才突破、新校区建设的突破和国际化的突破。三个重点突破代表着提升期内需要迫切解决的一些比较突出的矛盾，也是制约进一步跨越发展的软肋、不足和难点的问题。正确认识这些问题，有助于我们从抓主要矛盾的角度出发，有所为有所不为，正视不足，开拓思路，创新进取。

#### 1. 人才突破

人才资源始终是第一资源，人才强校战略始终是第一战略，人才是学校生存和发展的根本，人才队伍的建设始终是学校各项工作中应当抓紧抓好的头等大事。坚持不懈地加强人才队伍建设，努力抓好两支队伍特别是教师队伍的核心竞争力建设，是提升期各项任务中首当其冲的第一任务。人才工程建设既要重视整体规模与结构的协调与优化，更要下大力气重点突破，使学校的核心竞争力真正强大起来，同时抓好青年教师的培养与提高，对青年教师要高标准、严要求，放眼长远，促进青年教师健康成长与快速成才。

人才工程主要包括三个方面的内容：其一，构建与研究型大学建设目标相适应的师资队伍人才建设体系，规模与结构和相应的要求相吻合。同时，应继续抓好管理干部队伍建设；其二，下大力气抓好"两项工程、四个计划"的落实与推进(高层次人才工程、"3512 工程"、长江学者奖励计划、优秀留学人员回归计划、礼聘教授计划、兼职教授计划)，实现院士、长江学者、创新团队、国家杰出青年基金的新突破，力争在第二小步战略发展期内，实现新增院士、长江学者、国家创新团队等人才队伍指标建设上的突破，在核心竞争力的储备上获得强劲的推动力；其三，加快博士化进程，着力培养青年教师的后备潜力梯队，"遴选苗子、扶持骨干、引上大路、培养尖子"，使他们在重点任务的实践中锻炼成长，为跨越期学校核心竞争力的进一步强化积攒厚实的人才基础，形成一马当先、万马奔腾的大好局面。

#### 2. 新校区突破

新校区的一期建设已经圆满完成，二期工程也已基本过半，正在加快进行新校区标志性建筑——教学实验楼群(即"巨构")的建设。新校区建设虽然已经取得了令人瞩目的成绩，创造了西电建设史上的奇迹，但后续建设面临的困难和问题仍不可小视，不能有丝毫的懈怠思想和放松情绪。要实现新校区建设的突破，善始善终地完成新校区建设整体目标，不仅要求硬件基础和必备设施完全保证，还应在新体制管理、新机制运行和新学风、教风以及校园文化的建设方面下真功夫，真正把新校区建设从外部环境设施构筑推向内在精神与风貌、现代大学精神形成的内涵发展。

### 3. 国际化突破

国际合作与交流是高校引进国外优质教育资源,实现教学、科研跨越发展,迈向国际化的必然途径。国际化的突破要以学术为基础,积极扩大国际影响,进一步明确工作要点,加强突破与创新。国际化建设的长远目标,首先是增加在国际会议上的发言权、提升在国际学术组织中的地位以及增加在国际上有影响的刊物中编委的数量等指标;其次,要在增加国际会议论文、国际发明专利、国际重大科研项目等方面着力提升;另外,要积极参与国际学术事务,举办有影响的国际学术会议,积极参与国际大学之间的评奖和研讨,提升在国际上的影响力和知名度。

具体举措方面:第一,要大力加强"走出去、请进来"的工作,提高国际交流合作的广度与深度,每年有计划地选派关键学术岗位的专家学者以及中青年骨干教师出国学习、交流、提高,每年召开若干次有影响的国际学术会议;第二,深入拓展"一条内线、两条外线"工作,"务虚与务实相结合",把校所合作的外部空间拓展举措积极推向国际合作新战略,加强国际联合办学,加强国际科研合作,增加国际学术互访,与国外知名大学建立友好交流关系,积极学习、引进与吸收世界一流研究型大学的先进管理经验和具体措施;第三,"上下疏通、内外兼顾",进一步拓展校友会,从国内走向海外,认真做好海外学院学术委员会副主任、海外名誉教授、讲座与客座教授等的聘任工作,建立广泛而友好的国际学术联系,进一步加强留学生教学,为学校在国际学术交流合作与人才培养方面搭建更加广阔的平台,走出更加坚定有力的步伐,全面推进国际化建设。

### (四) 强化三种创新

强化三种创新就是要进一步强化管理创新、质量创新和自主创新。三种创新是保证战略转移、三大突破异军突起的重要举措,更是学校长远发展应当坚持的恒定目标,是促进各项常规工作不断取得大步前进的动力和源泉。

没有创新就没有竞争力,没有竞争力就很难实现大步跨越,没有跨越就没有快速发展。可见,创新的任务是何等艰巨。这就要求我们要有长远考虑、战略思维、国际视野、超前意识,使创新的目标更加远大,创新的举措更加有力,创新的效果更加明显。

### 1. 管理创新

管理是科学,管理是服务,管理更是实务。缺乏管理创新,推进战略发展就只能停留在理论的层面,就不能取得立竿见影的效果。创新是改革的突破,没有体制与机制上的管理创新,没有突破定势思维的大胆举措,事业的发展就不会取得大的跨越。管理创新的总目标是：服务于战略重心转移的实际需要，积极推进管理改革、体制更新与机制创新。管理创新主要涉及到三个方面、两个问题。三个方面是主体管理、分层负责和服务到位，两个问题是效率管理和成本管理。

(1) 主体管理。

人才、学科、教学、科研是学校的中心工作，管理要为中心工作服务，这是主体管理的关键之所在。主体管理的创新着重体现在整合实力、统筹集成方面。具体讲就是，学校人才与学科建设、教学科研方面的重大突破和重点工作，要取得大步提升，就必须在组织管理方面不断加大工作力度，苦练内功。一方面，要积极整合全校力量、努力挖掘潜在力量，加强重大突破和重点工作的目标规划与过程管理，形成全校上下团结一致、积聚实力重点突破的推进局面；另一方面，也要进一步强化主要职能部门"牵头负责、穿针引线"的职责，充分发挥其沟通上下、统筹考虑、协调各方的作用，多出点子、出好点子，在重点工作突破方面采用超常规手段，加快超常规发展，强化"有所为"中心工作的推进力和显示度。

(2) 分层负责。

分配方面实行重心下移、两级分配，既能加强目标管理，又可有效地调动基层的积极性，使分层负责、任务落实、责任到位得到进一步的巩固与加强。

在逐步推进重心下移的过程中，管理创新首先需解决的是各个层面、各个单位职能和责任的落实到位问题。要确定管理工作中的分层职能与责任的落实到位，该属于哪个层面和哪个单位负责解决的问题和工作，需进一步明确；同时，还要做好有关管理工作的统筹与协调，形成既有明确分工、又有协调合作的有序状态，使管理责任到位、到人，管理职能充分发挥；积极研究两级管理的有效举措和办法，适时加以推进。

(3) 服务到位。

服务到位主要指机关日常服务与后勤综合服务管理的加强与提高。要进一步加强机关的服务管理，强化评价、考核、激励与监督的机制，加大奖惩力度，落实问责制，切实提高工作人员的服务意识和工作能力，提升办事水平和工作效率。要进一步深化后勤综合管理与改革，以机制创新推动后勤服务整体发展，转变观念，增强服务能力，做好教学科研和学科建设的有力保障，积极创造一流服务，让广大师生员工更加满意。

(4) 效率管理。

效率是管理工作追求的主要目标之一，管理模式与管理方法改革创新的目标指向之一就是提高效率。数字化校园平台的建设是保证效率管理的基础之一。加强效率管理，首先，要继续推进数字化校园的建设，加强数据库综合使用和后续开发，完善信息共享平台；第二，着重解决新老校区管理协调的问题，在异地办公、视频会议、网上信息平台建设、有关信息的快速传递和共享方面积极推进，提高办事效率、节约工作成本；继而，要深入考虑教学、科研等网络公共资源的集成与共享，搭建教学、科研、学科建设深入拓展的广阔信息平台，促进内部交流、加强信息对称；另外，继续推进办公自动化，在"一卡通"工程全面实施的基础上，促进管理工作更加科学、规范；最后，要进一步加强机关工作人员的培训与提高，以个人学习与集中培训相结合的方式，提高服务意识和工作能力，大力推进效率管理。

（5）成本管理。

大学需要精心运营，要讲求成本管理。开源节流、增收节支，多渠道筹措资金是一方面，成本管理也是很重要的一个方面。在建设节约型校园的过程中，压缩成本，是为学校积攒财政实力和扩大发展的一条重要途径。国家从粗放型管理向集约型管理转变，学校也要在这方面不断加强，改变以往粗放式的管理模式，加强细节节约，聚沙成塔、集腋成裘；要注意在日常一点一滴的工作实际中节俭、节约，充分考虑降低成本、提高效益，在刚性成本不可压缩的情况下，尽最大可能压缩柔性成本。加强各项工作的规划与预算，不随意投入，不盲目攀比，形成节约光荣、浪费可耻的良好风尚。财务管理要进一步规范，使学校整体的运转更加科学、经济、合理。

## 2．质量创新

人才培养质量是学校发展的生命线，是固本、创新的基础，没有一流的人才培养质量，建设一流高水平大学的目标就无从依托，学科发展、科研攻坚、科技创新就会缺乏有力的后盾。

质量创新是在质量品牌战略的基础上提出的更高要求，不仅要树立强烈的质量品牌意识，狠抓人才质量、提高教育教学水平，更要在具体推进的过程中，以创新求发展、从外延到内涵，扎扎实实地把人才培养的质量和水平提升到一个新的高度。要面向未来、立足长远，积极与国家建设和社会发展不断变化的新形势相适应，在人才培养模式和有效举措上不断创新。

质量创新要坚持本科生教育是立校之本、研究生教育是强校之路的基本原则，要逐步建立与研究型大学相适应的教育教学体系，充分认识"一本一强"对于学校人才培养与生存发展之道的重要意义，切实推进人才培养的质量创新。

（1）本科生教育。

本科生教育要"固本"，讲求质量，大力实施质量工程。要以本科教学工作水平评估为契机，认真做好以评促建工作，不断提升人才培养的质量和水平。要遵循人才成长规律，按照教育教学的基本规律，进一步明确教学指导思想，更新教育教学理念，加强基础配套设施建设，强化教学管理，推进教学改革。要继续加强教学规范，以教改项目推动教学，以落实举措促进教学，以信息资源保障教学，以质量创新提升教学。要继续大力抓好国家人才培养基地、国家实验中心、国家精品课程、省级实验中心和精品课程以及陕西省名牌专业等指标的建设，继续加强对各种科技竞赛的支持力度，鼓励创新、倡导实践、努力创造，不断取得新成就。

（2）研究生教育。

研究生教育要"创新"，提升水平，大力实施创新工程。要以建设国内一流的研究生院为目标，培养高层次创新人才。要进一步深化研究生教育创新体系和运行机制的改革，把研究生教育创新工程和创新基地的建设提升到更高水平；积极推进并完善两级管理和成本分担机制改革，加强日常管理的制度化和信息化建设；继续加强指标体系建设，在全国百篇优秀博士学位论文、研究生精品课程、全国研究生教材推荐用书等指标上不断获得新进展；继续大力加强研究生招生、培养与授位三个环节的过程管理，注重培养举措的创新与发展，使研究生教育创新取得更大进展。

（3）以人为本、培育英才。

质量创新要突出以人为本的原则，要努力培养国家建设急需的杰出人才。在教育教学的具体环节上，要以市场需求为导向，以学科为先导，积极进行教育教学理念、课程体系、教学模式以及学科方向、专业调整等方面的改革与创新，要有机动灵活、适度调整的举措，也要坚持稳定的主干方向、突出特色、强化优势，有所为有所不为。要积极营造有利于人才健康成长的良好环境，继续加强校风、学风、教风的建设，继续抓好招生、就业，鼓励并激发学生的创造精神和创新热情，促进学生早日成才。

### 3．自主创新

提高自主创新能力是国家"十一五"的重大战略决策，也是研究型大学建设与发展的必然要求，为我们建设特色鲜明、研究型、开放式、国内一流、国际知名高水平大学提供了重要的机遇和途径。自主创新是实现科技创新的灵魂。

科技创新提出科研工作与成果转化在规模与结构上的要求，自主创新则更加强调了科研的层次与水平、集成与交叉、理论与实践的结合。因此在加强自主创新方面，我们要积极跟进，充分发挥科学研究生力军的作用，在培养一大批杰出人才的同时，努力产生具有一流水准和自主知识产权的理论成果和技术成果，产生若干有影响的重大奖项和发明专利。

要注重研究论文的层次和质量，有关奖励政策应不断更新，更加注重质的提升，实实在在地提高水平、增强实力。不仅在数量上继续保持长足的进步，更要在质量上获得更高、更快的提升，加强基础研究和专业基础研究，孕育产生原始创新。

要以项目为带动，增强科研整体实力。在成立国防科技研究院的基础上，进一步强化"大项目、大成果、多专利、高指标"的原则，加强跨学科、跨学院的校内集成，课题组强化特色、较大项目学院攻坚、重大项目学校集成，注重在集成创新上取得突破和进展；继续保持项目数和经费数逐年有较大幅度递增的势头，获得国家三大奖项不断取得新进展；使纵向发展优势进一步巩固，横向研究的范围大面积扩展，加强专利和重点研究的奖励、激励，促进科研工作不断跨上新的台阶。

要非常重视科学文化、创新文化的建设，积极营造宽松、浓郁的学术文化氛围，培育深厚、扎实的科学文化底蕴，打好创新文化的基础，孕育产生重大的自主创新型成果和人才。

### (五) 迈上三个台阶

提升期6年时间的奋斗既是艰苦而漫长的过程，又是一项十分重要的战略任务，不仅需要克服重重困难，更要精心策划、仔细规划，既要有宏观目标的大规划，也要有分阶段实施的小规划，既要确立提升实力的坚定信心，也要紧抓切实可行的举措落实。

具体说，要在制定"十一五"发展规划的基础上，进一步明确提升期的奋斗目标和主要任务，要结合提升期的具体任务，进一步确立每年的量化指标以及两年一期小规划的奋斗目标，使学校的整体实力不断递增、总体排名持续上升，大步挺进国内一流，为跨越发展积攒实力！

回顾2002年到2005年三年的工作，"一年一个样、三年大变样"的预期目标基本实现；展望2006年到2011年的六年，我们更要有"两年一台阶、六年大台阶"的决心、气魄和胆略，要加劲、加速、加油，一步一个台阶、步步上好台阶，为实现西电的长远可持续发展和大步跨越而不懈努力！

# 夯人才培养之基　创一流本科教育

——本科教学工作水平评估报告
(2006 年 11 月 20 日)

本科教育是大学基石，没有本科教育，就不成其为大学。本科教学处于大学中心地位，缺乏高质量的人才培养，就无法支撑起高水平的学科建设和科学研究。本科教育教学的质量，决定着大学的生存与发展。

## 一、学校历史、现状与特色

### (一) 历史沿革

西安电子科技大学的前身，是 1931 年诞生于江西瑞金的中央军委无线电学校，是毛泽东同志等老一辈无产阶级革命家亲手创建的我党我军第一所工程技术学校。学校的建设与发展，始终得到了老一辈无产阶级革命家、党和国家领导人的亲切关怀。毛泽东、朱德、聂荣臻、江泽民等同志曾分别题词，彭德怀、贺龙、叶剑英等老帅和李岚清、陈至立等领导同志曾来校视察。学校历史上开创了我国电子信息学科的先河，取得了一批一流成果、培养了大批杰出人才。

### (二) 建设现状

今天的西电，已经成为电子与信息学科特色鲜明，工、理、管、文多学科协调发展的全国重点大学，是国家"211 工程"立项建设高校之一，是全国 56 所设有研究生院的高校之一，是全国 35 所设有示范性软件学院的高校之一，是全国 15 所设有国家集成电路人才培养基地的高校之一。

### (三) 办学特色

#### 1. 特色之一：艰苦奋斗、自强不息，走以电子信息学科为优势的办学之路

西电具有鲜明的"军"（国防科研）、"电"（电子信息）特色。当前，学校建成了通信、信号与信息处理、电磁场与微波、微电子与光电子、信息安全等优势学科。在 2001 年教育部组织的一级学科评估中，我校"信息与通信工程"学科全国排名第二，"电子科学与技术"学科全国排名第九。

学校保持并拓展了国防科研的传统优势。3 个国家级重点实验室中有 2 个

为国防科技国家重点实验室，分别在 2003 年、2004 年评估中获"优秀"（40 个实验室中 5 个优秀），累计有 11 位专家在总装备部科技委与专家组中担任顾问、委员、组长、副组长或成员。长期承担着"496"、"995"、"0 号工程"、国防科技重点型号、武器装备创新项目、国防"973"及"863"等重大、重点国防项目。

2. 特色之二：知行合一、学以致用，构筑培养创新人才的工程实践教育体系

长期办学过程中，形成了以工程实践为特色的创新人才培养教育体系。20 世纪 50 年代初，以毕德显院士为代表的一批杰出学者已经为本科生讲授理论和实验课，指导科研实践。60 年代，教学相长、学研互动，"学院 89% 的教师、53% 的学生参加科研及生产试制工作"。70 年代以后，以保铮院士为代表的教师群体以科研促教学，强化了工程实践对本科人才实践能力培养的环节，奠定了研究教学型大学的基础。近年来，以国家教学名师梁昌洪、孙肖子教授为代表，广大教师致力于"一条龙、不断线"的实践培养，使工程实践成为贯穿本科教学的主线，取得了显著成效。

## 二、 办学思想、规划及部署

### (一) 指导思想

坚持社会主义办学方向，全面贯彻党的教育方针，以科学发展观为指导，以人才培养为根本，以教学质量为生命线，加强学科建设，提高创新能力，不断增强电子信息学科的办学优势，着力培养"厚基础、宽口径、重实践、创新型"的优秀人才，为建设创新型国家提供强有力的人才支持、技术支撑和知识贡献。

### (二) 定位、目标

当前的总体定位是："研究教学型"全国重点大学。学科专业定位是：重点发展电子信息优势学科，工、理、管、文多学科相协调。服务面向定位是：面向国家信息化、面向国防现代化、面向西部大开发，以服务求支持、以贡献求发展。学校的中期奋斗目标是：建设特色鲜明、研究型、开放式、国内一流、国际知名的高水平大学。长期奋斗目标是：建设特色鲜明、研究型、开放式、具有国际先进水平的一流大学。

### (三) 发展思路

三个理念、四个兴校、一头两翼一保障(略、详见第二部分《西电的长远发展与当前任务》一文)。

## (四) 战略部署

21世纪头40年实施"两大步三小步"战略部署(略、详见第二部分《西电的长远发展与当前任务》一文)。

# 三、举措和成效

近年来,学校切实加强了本科评建工作,把人才培养与长远发展有机结合,实施了一系列改革举措,取得了明显的建设成效。

## (一) 实施举措

### 1. 注重教学顶层设计

(1) "十五"整体思路。

"十五"期间,学校把"思考两个问题、制定三个规划"和加强本科评建、培养创新人才的两大工作有机结合、统筹考虑,重点实施了"五项战略、四个工程"(略、详见第二部分《西电的长远发展与当前任务》一文)。

(2) 加强本科教学的思路。

确立了学科建设为龙头、教学科研作两翼的"一头两翼"战略格局,本科教学作为"一头两翼"之重要一翼,进一步巩固了其中心地位。

(3) 两校区协调发展与运行的思路。

学校规划了新、老校区协调发展的基本布局,从思想上到行动上逐步由老校区向新校区实现战略转移。

### 2. 加强师资队伍建设

(1) 实施"两项工程"、"四个计划"。

紧抓人才队伍建设,实施了高层次人才建设工程、"3512"工程和长江学者计划、礼聘教授计划、兼职教授计划、优秀留学人员回国计划,加强队伍建设。

(2) 坚持举办青年教师讲课竞赛。

从20世纪80年代初开始,一直坚持每3年举行一届青年教师讲课竞赛,以点带面,提升教师讲课水平;迄今已举办5届,并对获得一等奖的教师提前晋升了职称。

(3) 着力引进、培养高端人才。

学校成立了"高层次人才建设办公室",出台了《创新团队建设实施办法》,每年用于高端人才建设经费不低于1000万元,且上不封顶。

(4) 加快教师队伍博士化进程。

教师队伍建设上,坚持新进的教师以博士为主,并给予引进博士科研启动费、安家费补贴以及提供大面积住房等,给予在职攻读博士学位教师50%的学费支持，要求 2007 年起年轻教师评聘教授职称应当具有博士学位。

### 3. 学科带动、科研促进

(1) 学科建设带动本科新专业发展。

以学科建设带动本科新专业的发展，是学校推进本科教育创新的新举措。"十五"期间，我校新增 14 个本科专业，全部依托博士点、硕士点建立，其中软件工程、信息安全、网络工程、材料科学与工程等代表了电子信息学科的发展方向。

(2) 重点学科、重点实验室、基地中心支撑实践能力培养。

以国家重点学科为引领，以国家重点实验室为支撑，以物理实验中心、工程训练中心、电工电子基地和计算机实验教学中心为平台，结合实验、实习、实训、社会实践、科技活动、毕业设计等环节，学校进一步构建起了学科带动、科研促进本科教学的创新体系。

(3) 共建实验室发挥重要作用。

近年来，学校与国内外知名的 IT 公司如英飞凌、TI、Intel、惠普、IBM、Philips、华为、大唐等合作建设了 31 个共建实验室，接受软件、仪器设备捐赠，开展学术交流、科研项目合作，成为促进本科教学工程实践培养和与国际接轨的有效平台。

(4) 电工电子基地成为示范典型。

电工电子教学基地依托学校优势与特色，构筑起"理论基础、技术基础、实践基础"为一体的"三条主线"的课程体系，形成了"基础实验层、提高设计层、综合应用层、科技活动层"的"四层塔式结构"实践教学新体系，在本科人才培养方面发挥了良好的示范辐射作用。

(5) 导师制。

为促进优秀的本科生脱颖而出，实行了博导、硕导担任高年级优秀本科生导师的制度，使优秀的本科生可以提前介入科研、交流提高，脱颖而出；博导、硕导、教授、副教授指导本科毕业设计；加强毕业设计与科研项目的结合，近年毕业设计选题结合科研、工程实践的比例平均在 78.6%以上。

(6) 重点实验室开放、科技活动活跃。

国家、省部级重点实验室向本科生开放；从 80 年代起举办"星火杯"等科技竞赛已经坚持了 18 年，校园科技活动蔚然成风，规模和影响不断扩大。许多学生从科技活动中受益良多。

### 4. 体制改革、机制创新

(1) 因材施教、分类培养。

本科教学中，始终贯彻"因材施教、分类培养"的原则，在优秀生培养方面，实施了教改班、导师制以及加强科技活动、拓展课外实践等，在大面积成才方面，加强了数理基础、工程实践的训练和提高，在后进生提高方面，实施单独辅导、互帮互带、小学期补课等举措。

(2) 深化教学研究、推进教学改革。

教学研究和教学改革的重点在于课程建设。学校从市场需求出发，建构合理的知识结构体系，建立科学的课程结构体系，加强课程研究、深化课程改革，以达到按需设课、及时更新的目的。同时，加强教改项目研究工作，"十五"期间教改立项项目总数达到 134 项。积极推进国际化办学步伐，聘任海外知名专家任各学院学术委员会副主任，加强了学科、专业建设与国际接轨的工作。

(3) "名师、名课、名专业、名教材"建设。

在教学名师的培养上，实行"培养青年教师、扶植中年骨干、重奖国家名师"的政策。近三年给予名课、名专业、名教材建设经费投入达到 600 多万元。同时，对国家精品课程设置了学科带头人岗位。

(4) 完善质量监控、实行教学督导。

学校建立了由目标系统、决策指挥系统、教学过程监测系统、评价系统和反馈调控系统等五个子系统组成的质量监控体系。同时，聘任了主要由退休老教授组成的校级、院级教学督导组，独立进行教学督导，保证教学质量。

**5. 强化教学基本保障**

(1) 四项经费持续增长。

三年来，四项经费占学费收入的比例及生均四项经费逐年增长，支出总和达到 6613 万元。

(2) 基础设施建设加强。

新校区、数字化图书馆、校园网等基本设施和条件建设不断得到加强和改善。新校区占地 3000 亩，已建成 51 万平方米的校舍，相当于又建设了一个老校区；数字化图书馆近三年文献资源建设总投入 2322 万元，电子文献下载量达 475 万篇；校园网投入 2814 万元，建成 100 公里光纤线路，信息点达到 4 万余个，接入计算机 3 万余台。

(3) 基本条件不断改善。

推行办公用房的有偿使用，盘活了资源，改善了条件。此外，建成了 12 万平方米住宅楼，559 户喜迁新居，其中青年教师占到大部分，保证了具有博士学位青年教师的整体入住。

**6. 浓郁校园文化氛围**

通过举办"名人名家"百场讲座、院士报告、学术年会等，进一步浓郁了学术氛围。通过开展各类校园讲座，"星火杯"专业导航、全优学长讲座等活动，进一步加强了课内与课外的紧密结合。通过"科技活动新区行"、新校区文体活动等，使校园文化积极走进新校区，原有校园文件得到了有效传承。通过举办思想教育、心理咨询、勤工助学、社会实践等活动，有力地促进了学生的全面发展。

### (二) 取得成效

评建工作的加强，使本科教学的中心地位得到进一步巩固，各项教育教学具体工作得以落实和推进。

#### 1. 巩固了本科教学中心地位

(1) 领导重视、人心凝聚。

三年来，学校召开了与教学紧密相关的会议 60 余次，建立了校领导联系基层、听课制度等，召开校长现场办公会及时解决教学实际问题；校领导带头为本科生授课，带动了广大教师、干部、职工服务本科教学的积极性和热情。

(2) 名师垂范、精神振奋。

院士、国家教学名师等带头人率先垂范，带动了教师队伍献身教学与人才培养的干劲与热情，教师队伍精神振奋。保铮院士不仅坚持为本科生开设学术讲座，还将个人获得的"何梁何利"奖金 20 万元港币捐赠设立"青年科教创新奖"，奖励杰出的青年教师；国家教学名师梁昌洪教授、孙肖子教授一直为本科生授课，并开设学术讲座、亲身进行实践教学指导，以身作则，发挥了传、帮、带的良好表率作用；理学院已故教授武海楼捐献毕生积蓄设立了"武海楼奖学金"，奖励品学兼优的优秀学子。广大教师普遍增强了责任意识，投身教学与科研一线的热情空前高涨。

(3) 举措激励、面貌焕新。

学校推行了"重心下移、两级分配"的分配体制改革。学校总额核拨、学院二次分配，向教学一线倾斜，多劳多得、优劳优酬；实施了核拨总额的 10%与院系本科工作考核结果挂钩，极大地调动了基层的积极性；同时，实行奖惩并举，制定教学事故认定与处罚制度，落实责任，做到有功必奖，有过必罚；广大教师的工作态度更加认真，工作面貌焕然一新。

#### 2. 提升了教师队伍实力与水平

(1) 整体实力得到增强。

教师队伍建设方面，先后引进国家杰出青年基金获得者、中国科学院百人计划 1 人，实现了零的突破；新增国家"973"项目首席科学家 2 人；新增国家教学名师 2 人，省级教学名师 5 人；有 112 人 (174 人次) 被聘为"礼聘教授"、83 人被聘为兼职教授，其中包括微软全球副总裁张亚勤博士等知名学者。

(2) "名师、名课、名专业、名教材"成果显著。

"十五"期间，有2人获得国家教学名师、5人获得省级教学名师。新增6门国家级精品课程、27门省级精品课程；新增16个陕西省名牌专业；新增3部国家级优秀教材、4部省部级优秀教材，名教材在全国享有较高声誉。例如，樊昌信教授主编的《通信原理》自20世纪70年代以来已经连续6轮次中标为全国统编教材，仅第五版发行量已经超过26万册，以《通信原理》为基础建设的课程入选2006年国家精品课程。吴大正教授从20世纪60年代起参与国内最早的电路课程教材编写，90年代主编的《电路基础》教材总发行量已达15万册；80年代编写的《信号与线性系统分析》在国内高校中被广泛使用，总印量超过20万册，曾两次获国家优秀教材奖。"十五"期间，学校获得了4项国家教学成果奖、34项省部级教学成果奖；先后承担了65项国家级和省部级教改项目。

(3) 教书育人蔚然成风。

近年来，教学、科研并重，已经成为广大教师的共识，质量意识进一步增强；教师队伍中，教授、副教授为本科生上课的比例达到86%；广大青年教师主动提高，上网查询文献、到图书馆补充营养，目前有312位青年教师正在攻读博士学位，学校近一、两年内教师队伍的博士比将达到45%以上；青年教师主动出击、争取科研项目，加入团队；广大教师主动"充电"蔚然成风。

(4) 管理服务、全员育人。

学校提出"管理就是服务"的工作理念，广大管理干部、服务人员普遍增强了"管理就是服务"的意识；教书育人、管理育人、服务育人的"三育人"机制得到巩固和加强；学校机关工作作风、后勤服务质量有明显改善。

### 3. 提高了创新人才的培养质量

(1) 学习风气浓。

第一，严格管理、打好基础。西电本科新生第一年实行集中管理，以养成好习惯，形成好学风。第二，工程实践不断线。除了加强本科基础课、专业基础课以及数理基础外，全过程的工程实践环节训练，使广大学生切实感到"学有压力、学有动力、学有所成"。第三，研究性学习深入开展。学生出书、撰写论文的兴趣增强。近三年来，我校平均考研录取率达到了34.5%。

(2) 能力素质强。

通过工程实践的严格训练和多方位的思想教育、校园文化熏陶、心理辅导、文体活动等，在校生的能力素质得到了进一步提升，集中体现在参加国际、国内各种科技竞赛、体育竞技和文化活动中，西电学子过硬的能力素质得以充分展现，得到了社会的高度认同和肯定。近年来，我校组队参加各种国际、国内竞赛，共获国际竞赛奖 18 项、全国竞赛奖 170 余项，其中：2004 年全国大学生电子设计竞赛获 Intel 杯、Altera 杯；2004 年第七届全国大运会上获 5 金 3 银 4 铜，打破了 8 项纪录，荣膺"校长杯"；2005 年全国大学生电子设计竞赛全国排名第 4；2005 年第九届"挑战杯"总积分全国排名第 7；在其他英语演讲、文艺比赛中也屡获殊荣。2006 年在美国西雅图举行的第三届微软全球嵌入式系统决赛中获得全球第三、中国第一的好成绩。

（3）就业质量高。

西电学子就业体现出"三高"的特点，即高新技术行业（国防重点单位）、高就业率、高收入。近 10 年来，西电本科生的一次就业率平均达到了 97.1%，"十五"期间，就业率保持在 98.6%以上，居于全国高校前列、陕西高校第一。

（4）社会评价好。

培养质量优、素质能力强、就业质量高，西电学子获得了社会和用人单位的广泛好评。

### 4. 建立了质量保障长效机制

加强本科教学，学校不仅建立了质量监控体系、加强了教学督导，更把质量建设作为长远发展的战略目标加以考虑，与学校下一步发展规划和战略重点紧密结合，制定了具体目标和举措。学校"十一五"及提升期将主要实施"战略重心转移、实现三大突破、强化三种创新、迈上三个台阶"的战略部署（详见《西电的战略转移与突破创新》一文）。

## 四、问题与对策

### (一) 问题

由于历史的原因，学校的建设与发展曾遇到了一些困难。

第一，教师博士比急需进一步提高。

学校扎根西部已 48 年，受地区经济不发达因素和环境影响，吸引和留住人才十分困难。八、九十年代又逢 IT 行业迅猛发展，学校投入严重不足与外部市场 IT 人才的迫切需求及高水平收入之间形成了强烈反差，造成吸引人才更加困难，教师的博士比例较低，与研究型大学的建设目标不相适应。

第二，因隶属关系多变、致使建设资金投入不足。

1931 年至 1966 年，西电一直属于军队序列编制；1963 年至 1966 年隶属国防科委管理；1967 年至 2000 年，先后归属第六机械工业部、第四机械工业部、电子工业部、信息产业部管理，隶属关系多变，长期投入不足。

## (二) 对策

第一，着力加强高水平师资队伍建设。要努力培育拔尖人才，产生大师级领军人物，建设一支高水平的师资队伍。

第二，开源节流、集约管理，降低成本、提高效率。要多方面筹集建设资金，开源节流、增收节支；同时，加强内部管理，挖掘自身潜力，把有限的资金用在刀刃上，降低成本、提高效率，不断增强办学实力，提高办学水平。

学校将以本科教学工作水平评估为新起点，进一步加强本科建设的各项工作，加快推进本科教育教学的改革与创新。学校将牢牢抓住人才培养这一中心任务，不断提升办学质量与水平，敢于迎接挑战、克服困难，团结一致、奋勇拼搏，努力向着特色鲜明、研究型、开放式、国内一流、国际知名高水平大学的奋斗目标阔步前进！

# 管理责任重如山

——处级干部聘任仪式讲话

（2008 年 10 月 29 日）

　　"正人先正心"，站得高才能看得远。做好管理，首先要对管理有清醒而深刻的认识，有正确的思想和科学的理念，用以指导管理实践。管理是一门学问，也是一种艺术，更是一份沉甸甸的责任。

## 一、　正确认识管理工作

　　我想用四句话来概括对管理工作的整体理念，特别是对从事一定领导岗位工作——"当官"的个人认识。这就是：领导是一份责任、岗位是一方阵地、工作是一种担当、人生是一腔情怀。

　　领导的职责在于引领和指导，关键时刻要果断决策，因此意味着对各项工作"事前分析决策、做出正确判断"、"事中落实执行、加强反馈监督"、"事后总结回顾、弥补存在不足"的全程责任。俗话说："当官不为民做主，不如回家卖红薯"，浅显的语言中透露出"领导是一份重大责任"的深刻内涵。作为大学校级、处级、科级管理干部，要有不论哪个层面，都是为学校的广大师生员工服务，承担着大学管理繁重而复杂的事务性工作，肩负大学发展的神圣使命，为师生负责、为国家服务，责任异常重大。

　　岗位就是阵地。"在其位谋其政，履其职尽其责"，对待岗位要像战士坚守阵地一样"守土有责"，承担起应尽的职责和义务。全体领导干部在竞聘、就任时，几乎都发表了对所聘岗位认识与设想的精彩演讲，规划了工作、做出了承诺。"知易行难"，重在实践。到岗即到位，要切实履行岗位承诺、负起岗位职责，岗在人在，人在岗兴，未来还有更加艰巨的挑战与考验，希望大家做好充分的准备。

　　工作就是担当。要有敢于担当的精神，才能真正做好工作。敢于担当就是切实负起责任，具有强烈的责任感，直面困难、敢于碰硬、知难而进、迎难而上，对工作负责、对师生负责、也对自己负责；而不是遇到困难绕着走、见到问题就躲避。工作的过程实际就是跨越障碍、克服困难、解决问题、增加自信的过程，敢于担当、勇于奉献，才会真正收获自信、锤炼能力、增强阅历、提高水平，使工作不断进展，让心灵得到充实。

人生真谛在于奉献，付出满腔情怀，得到价值实现。工作是平凡的，也是伟大的，关键在于你是否享受工作的过程，正确看待它在人生中的价值与作用。俗话说"铁打的营盘流水的兵"，我们每个人的工作时间是有限的，而学校的发展却是长远的。为了西电的长远发展，需要今天的努力工作和无私奉献，拥有这种情怀，人生价值和意义就会得到提升、得以升华。

## 二、强化管理、落实责任

大学管理是一项综合管理，涉及学科建设、教学科研、学生管理、人事财务、国资基建、后勤服务等各方面的具体工作。强化规范管理，重在落实责任。就学校目前的管理工作看，强化管理就是要"抓住三大要素、分清三个层次、落实四项重点"：三大要素是制度、执行力和监督反馈；三个层次是日常工作、改革与创新；四项重点是思想作风、工作态度、方法手段、绩效考核。

### (一) 三大要素

"不依规矩、不成方圆"，建章立制是强化管理的前提；制度在于执行，执行力是强化管理的核心；成效在于检验，监督反馈跟踪强化管理的效果。近年来，学校从新校区建设管理开始，"以条为主、职责延伸、纵横结合、统一协调"，新校区管理实施新体制，积极探索管理与后勤服务的新机制，取得了明显成效；同时，结合队伍建设、国资管理、教学管理、学生管理、科研管理等工作实际，更新出台了一系列政策性文件，加强了内部管理、明晰权限和职责，进一步理顺了机制，加强了执行力，各项管理逐步向深层次、内涵式方向不断发展。

### (二) 三个层次

管理工作从层次上看，可以分为日常工作、改革与创新三个层次。日常工作即"门市部"的工作，就是做好本部门正常的稳定运行，处理日常业务和一般性工作，是每一个机关部门最基本的职责。改革就是在日常工作的基础上，针对实际工作的具体情况具体分析，通过发现问题、分析问题，进行深入思考，对旧有体制和机制提出改革，拿出改进意见和办法，改善管理、改进工作。创新是更高的管理要求，要超越日常工作和具体工作的局限，结合工作实际与发展趋势，有预见性地提出管理思路与举措，创造性地推进改革与发展，未雨绸缪、抢占先机、与时俱进、敢为人先。有这样一句话：高层管理者"做正确的事"、中层管理者"正确地做事"、基层管理者"把事做正确"。基本对应了创新、改革与日常工作等三个层次上的重点分工，即各个单位和部门的一把手重点要思考创新、把握方向，进行科学判断和果断决策；副职重点要贯彻决议、坚决执行，正确地实施改革；一般干部重点在于履行职责、圆满地完成好各项具体工作。当然，工作职责的侧重有所不同，而做好工作的关键还在于互相支持，高层领导的科学决策也必须建立在对基层工作深入了解和掌握的基础之上才行。

### (三) 四项重点

强化管理、落实责任，关键在于抓好干部队伍思想作风、工作态度、方法手段、绩效考核四项重点工作。

思想作风体现管理水平。思想决定行动，眼界决定未来。管理者的思想认识直接影响到工作实际，体现出管理水平的高低优劣。大学管理不是政府管理，也不是企业管理。作为大学各级管理者，要有全局观念、大局意识，要深入了解大学、了解教师、了解学生，了解高等教育的趋势和动态、掌握客观规律，深入一线、深入基层，放下"官"架子，虚心做服务。要尊重知识、尊重人才、尊重学术，牢固树立"学术大师是大学灵魂"、"教师是大学核心竞争力"的思想，全心全意为教学科研服务。要对工作投入满腔热情，只有投入热情，才会真正享受工作，体验成功带来的乐趣。要快速进入角色。本次中层干部聘任，部分同志交流换岗，部分同志是初次上岗，尽快适应、早日进入角色，对于后面工作的开展至关重要。因此，要加强学习，尽早适应，快速进入到岗位角色中，担当起应尽的职责和义务。要廉洁自律，干实事，反对华而不实，也要提倡情趣高尚、用语文明、行为得体，勤政廉政。

工作态度决定服务质量。管理服务要讲求质量，工作的态度与作风是保证质量的基础。要敢于负责、敢于担当、爱岗敬业、踏实工作，彻底杜绝"门难进、脸难看、事难办"，从工作态度与作风的源头做起，重点抓好"文风、会风、作风"的三风建设，提倡"文风简洁凝练、会风务实高效、作风扎实干练"，加强办公技能、文字能力的学习与培训，进一步改善管理、提高质量。同时，深入实践学习。工作是在实践中磨砺的，能力是在工作中锤炼的。要重视实践、深入基层、贴近群众，接触广大教师、学生，摸索行之有效的管理办法和途径，改善管理，积累经验。要"讲正气、树正风、立正事"，敢于弘扬正气、摒除邪气，对于聘任过程中出现"跑官要官"的不和谐音要坚决消除，真正树立"求真务实"的作风、"埋头苦干"的精神。

方法手段提升管理水平。"成功者想办法、失败者找借口"。管理既是一门学问，也是一种艺术，掌握了好的方法和技能，在实践中恰当运用，可以进一步提升管理水平，取得事半功倍的良好效果。全体干部要"多思、勤学、善问、力行"，注重加强学习，学习管理知识、掌握管理技能，摸索工作方法、提升管理艺术。要不断学习相关的专业知识、管理知识，精通计算机使用、网络使用、数据库使用、办公自动化使用等方面的实用技术，提高工作效率、减少低水平的重复性劳动；要学会沟通、加强沟通，善于待人处事、善于协调统筹，树立大局意识，培育团队精神，敢于攻坚、乐于奉献，一切从西电的长远出发，一切为学校的大局考虑。

绩效考核增强管理效能。抓管理不仅要重过程，更要看结果。要加强闭环管理，加强绩效考核，增强管理的实效，避免"虎头蛇尾、有始无终"、"雷声大雨点小"的偏颇，杜绝"光说不做、说多于做"的懒汉行为和投机取巧作风。要大力提倡"说实话、做实事、求实效"，追求高效率、低成本，力求多务实、少空谈。通过考核、激励、监督、问责等举措，切实把管理工作的全程化落实到位，让实干者脱颖而出、让投机者无处遁迹，做到"公正、公开、透明、合理"，把全体干部的工作实绩和取得成效置于广大群众的监督之下，求真务实、真抓实干，切实把学校管理服务工作不断推上新的层次和水平。

## 三、深化管理、创新发展

服务永无止境、管理任重道远。站在西电百年发展的角度看，深化管理工作、实现创新发展，将是学校大学制度完善与提升的重大战略工作。管理创新，才能真正从体制与机制上推动现代大学内涵与本质的创新发展。为此，要在强化管理、落实责任的基础上，进一步向符合现代大学的高水平方向深化管理、推进改革，"把握三个方向、紧扣一个主题。"

### 1. 三个方向

即扁平化、精细化、人本化。扁平化是指通过缩短管理通道和途径，减少管理层次，从而达到扩大管理的宽度和广度、压缩机构、节约成本、提高效率、注重效能的作用，概括起来就是"重心下移、实时跟踪、信息直达、切合实际、减少偏差、高效互动"。精细化是指重视细节、注重积累，细微之处见精神，从具体环节入手，加强责任目标的过程管理，体现"由小见大、由简入繁、丝丝相扣、环环相连"的整体化管理思想，注重目标的具体化、可执行，改变粗放模式、追求细节集约。人本化的核心是"以人为本"，关注人的需求，促进人的发展，尊重人、理解人、关心人、善用人，始终把调动和激发人的潜能作为重点，正视人的价值，发挥人的作用，人尽其才、才尽其用。

从学校管理的角度出发，扁平化就是要"重心下移、深入基层、发现问题、解决问题"，要改变只听汇报不作调查、教条指挥不切实际、互相推诿拈轻怕重的不良作风，走出办公室、走出小轿车，贴近矛盾，深入实际，扎实工作，切实解决存在的问题和矛盾；精细化就是要注重细节管理、从小事做起，做有心人，善于发现"跑、冒、滴、漏"等琐碎事项，及时发现、立即解决，让"灯不亮、路不平、网不通、厕不净"的现象彻底消失，加强规划规范、杜绝乱搭乱建，加强集约管理，提高服务质量；人本化就是时刻坚持"以人为本"理念，坚持"教育以育人为本，以学生为主体；办学以人才为本，以教师为主体"的思路，尊重知识、尊重人才，全心全意为教师和学生服务，在工作中增强理解、沟通，增加微笑、热情，把刚性原则与柔性艺术有机结合，既树立正气、正风，也营造温馨、和谐。

## 2．一个主题

即建设与长远奋斗目标相适应的一流大学管理体系，服务于"特色鲜明、研究型、开放式、国内一流、国际知名的高水平大学"宏伟目标的实现。全体管理干部要立足于学校的长远发展，以西电之忧为忧、以西电之乐为乐，思务实之事、虑发展之需、急改革之急，为创新之为，兢兢业业、克勤克俭，在各自岗位上为共同构建一流大学管理体系而发奋努力，为提高学校管理与服务水平勤奋工作。

# 依法治校　以人为本

## ——关于高水平大学建设的几点思考
### (2009 年 1 月 19 日)

我国改革开放 30 年，高等教育事业从循序渐进到大胆改革，在创新中突破、在改革中发展，取得了历史性的跨越。国家实施科教兴国、人才强国战略，在当前应对金融危机冲击的形势下，以科学发展观为指导，突出教育的优先发展地位，制定《国家中长期教育改革和发展规划纲要》，认真筹划国家未来 12 年的教育改革与发展，高瞻远瞩、意义深远。

高水平大学是高等教育的中坚力量，是支撑创新型国家建设的人才库、智力源和发动机，是建设人力资源强国的坚强保障。高水平大学的建设与管理要立足长远、面对实际，切实加强依法治校、以人为本，真正理顺内外部管理的体制与机制，真正破解深层次发展的问题与难题，提高质量、提升水平、强化内涵，按照高水平大学的建设目标和客观规律改革创新、科学发展。

## 一、高水平大学是科教兴国、人才强国的中坚力量

历史实践证明，大学兴盛推动了大国强盛。要建设一流国家，必须拥有一流的实力，一流的高等教育必不可缺，而高水平大学则是一流高等教育事业的中坚力量。

### (一) 教育强国的点滴启示

从意大利的文艺复兴到英国、德国分别引领了世界第一次、第二次工业革命，再到美国成为当今世界的超级大国，随着现代大学中心的诞生与迁转，不仅孕育了若干所世界一流大学，也随之产生了一大批高水平大学。高水平大学的发展，不仅避免了为数较少世界一流大学"一枝独秀"的单薄，也对大学之间的公平竞争与有效激励发挥了积极的推动作用。例如，美国不仅拥有哈佛、耶鲁等"领头羊"式的老牌大学，在二战后也重点发展了各具特色的高水平大学，一些年轻的高水平大学如麻省理工、斯坦福等，最终在自身特色的基础上发展成为世界一流大学。

我国推进科教兴国、人才强国战略，实施"985 工程"、"211 工程"，既要建设若干所世界一流大学，更要建设一大批高水平大学。目前，我们还没有产

生出真正的世界一流大学，而高水平大学建设则恰恰是一个重要的平台，只有产生一批高水平大学，才有可能孕育出真正的世界一流大学，高水平大学应当成为相当长一段时期内绝大多数高校努力奋斗的目标。

### (二) 整体布局的客观要求

从整体布局的地域角度看，我国大学历史性地形成了集中于大城市的现象，而美国大学的地域布局则保持着与大城市分离的特点。这在客观上造成了我国大学布局过于集中的局面，在资源、环境的竞争上更加激烈，容易造成趋同行为，对大学的科学发展存在着一定的不利影响。

另一方面，我国大学实际发展也基本保持着"重点建设"的政策，对整体布局的顶层架构、合理协调规划不够、兼顾不足、筹谋不细，造成了"贪大求全"、"盲目跟风"、"不切实际"、"模糊发展"的偏颇与缺陷，不利于分层次、分类型的合理布局与整体协调，在一定程度上限制着各层次、各类型大学的健康发展。

高水平大学的建设是一种目标建设，不是一种定位，更不是一个名称，是需要扎扎实实推进的历史建设过程，对于任何层次、任何类型的大学来说，都是一种需要立足实际、突出特色、提高质量、强化内涵的奋斗目标。因此，从大学整体布局的客观要求出发，必须大力倡导高水平大学的建设，使大学的总体规划与分类规划相互协调，使广大高校根据自身实际务实发展、科学发展。

### (三) 长远规划的实际需要

我国目前是人力资源大国，要努力建设人力资源强国，就必须长远规划、科学发展，依靠人才的发展实现国家的强盛。

根据人力资源理论分析，劳动密集型人才结构是"金字塔型"，即：低端人才底座大、中间层次相对少、高端及顶端拔尖人才和领军人物更少；而技术密集型人才结构是"橄榄型"，即：低端人才数量需要减少，高端人才有所增加，中间力量成为骨干。

大学是以培养人才为根本目的，人才队伍的成长和大学布局的发展息息相关。与此相对应，制定高等教育的中长期发展规划，不仅要高度重视世界一流大学建设的高端，兼顾普通大学发展的肥沃土壤，更需要集中大的力量建设好一大批各具特色的高水平大学，使大学"橄榄型"的合理布局早日形成、建设加快。

## 二、依法治校、以人为本，大学文化是建设重点

我国高水平大学的建设，刚刚处于起步阶段，从体制到机制、从理论到实

践，均需立足实际、打牢根基、长远规划、逐步推进，遵循大学发展的客观规律、遵循人才成长的客观要求，依法治校、以人为本，真正建立起适应高水平大学建设的体制机制，注重顶层设计、增强内涵实力、回归学术本体、提升质量水平，探索出一条适合中国国情与特色的高水平大学管理与建设新路，为科教兴国、人才强国做出重要贡献。

从高水平大学的长远发展出发，依法治校、以人为本将是实现科学、民主管理的长期奋斗目标，文化建设更是需要点滴积累、长期孕育的软实力建设。

## （一）　"依法治校"是一项长期任务

大学发展需要学术研究的自由，也需要国家意志的支持。没有学术的高尚追求，大学将随波逐流、趋于世俗，丧失思考力与判断力，不能发挥引领社会发展的重要作用；没有国家的宏观指导、法治约束，大学的发展将失去坚实的根基，脱离社会、脱离实际，成为自由散漫的虚妄理想；而体现国家意志的最典型表现就是依法治校，在法治国家里，高水平大学依据宪法和法律的规范自主办学，达成与国家意志的协调统一，既不违背学术追求的崇高原则，也与国家战略、社会发展紧密结合。

现代大学表现出双重的基本历史使命。一方面是保持相对独立的学术品性，即学术自由、追求真理的大学传统，对社会的反思、批判，对真理的崇尚、追求，是大学自治精神的历史沿袭，例如，早期意大利波罗尼亚大学以神学、医学、法学为主的学科设置，偏重于塑造独立的人文精神等。另一方面，随着现代大学的发展，特别是德国洪堡思想重视科研理念的提出、美国拓展了大学的社会服务功能之后，现代大学才真正走上与国家战略、国家意志相互协调的崭新发展之路；而美国大学的兴盛与《莫里尔法》的颁布、与大学在法治条件下的规范管理不能说不无关系，"无规矩不成方圆"，国家意志的重点扶持、大力支持，是现代大学得以快速成长的主要动因之一，例如美国在二战后茁壮成长起来的一大批研究型大学就是很好的例证。

因此，高水平大学应"顶天立地"，既保持高品位的学术独立追求，也保持与国家战略的高度一致，遵从法治原则、遵循发展规则，依法自主办学、科学民主管理。

我国大学的发展始终伴随着法治进程的不断完善与健全。改革开放30年，从恢复高考、20世纪80年代颁布《学位条例》、《义务教育法》到20世纪90年代制定《中国教育改革与发展纲要》、颁布《教师法》、《教育法》、《高等教育法》乃至21世纪初制定《教育振兴行动计划》以及目前正在制定的《国家中长期教育改革和发展规划纲要》，优先发展教育、重点建设大学，已经成为越来越鲜明的国家意志，高水平大学的建设在长期探索与实践中得到高度重视与广泛关注，虽然还存在许多深层次的矛盾和问题需要解决，例如优质资源供给与需求之间的矛盾、合理布局与分类发展的问题、接受公平教育的权利、学术浮躁与功利思想、大学与政府、社会、企业、市场之间的关系等，而由此也证明了大学确实需要良好的法治建设来理顺体制机制，需要在发展中解决存在的矛盾和问题。因而，问题的核心就在于如何以更加完善、健全的法治来促进高水平大学的建设，而不是要不要法治而随意自由发展的无谓争论，高水平大学建设必须纳入国家法治体系的历史进程中，才能取得事半功倍的效果。

现阶段，我国大学的法治建设还有一段相当长的路要走。如何借鉴发达国家学术自由、教授治学、民主管理的经验，如何实现中国国情下的学术、行政与党委领导的协调统一，如何推进高水平大学的健康发展，都是法治建设需要重点统筹的内容。依法治校，不仅要以遵守宪法和国家法律为前提，还要结合高水平大学建设的实际需求，理顺管理体制、激活运行机制，制定出切实可行的法律法规，为科学发展奠基铺路、为长远建设统筹指导，任重而道远，是一项长期任务。

### （二）"以人为本"应深入大学精髓

"以人为本"理念在大学里应当得到最典型、最直接的体现，这是由大学的根本任务和特征所决定的。大学的所有活动都是围绕着"人"的主题展开的，培养全面发展的"人"，服务于国家建设和社会发展的人才需求，产生大师和拔尖人才，为推动科技进步、造福人类而努力，为营造浓郁的人文精神而积淀，按照创新人才成长的客观规律高质量办学，是高水平大学义不容辞的历史责任。

现代大学具有人才培养、科学研究、社会服务三大功能，但其根本任务仍是培养人才，教育教学与科学研究、社会服务是相互统一、相互协调的，大学的科研、社会服务始终与人才的培养、高水平师资的汇聚紧密结合在一起，是建立在育人为基础之上的科研与服务。"教育以育人为本，以学生为主体；办学以人才为本，以教师为主体。"教师、学生作为大学主体的地位与作用从大学诞生之日起就从来没有发生过本质性的变化，而高水平大学建设的关键动因仍在于"人"，"以人为本"的思想应当深入到大学的精髓当中。如果说"依法治校"是宏观统筹与制度固化的历史进程，那么，"以人为本"就是大学本质与办学宗旨的最好体现。

"以人为本"集中体现了大学的育人本质。现代大学产生之初，直接目的就是为了宣扬教义思想、弘扬人本精神，培养大量的神学人才；以后随着社会历史发展产生了学科分类，培养各种各类社会需求的专业人才成为大学的主要任务；德国研究型大学的诞生、美国一流大学的发展，虽然使现代大学人才培养、科学研究、社会服务三大基本功能逐渐齐备，但大学的育人功能仍是最基本的功能；培养拔尖人才和杰出人才是高水平大学始终追求的目标，"以人为本"就是要培育英才、孕育大师，在人才上的贡献是大学最主要的贡献。

"以人为本"有效补充了大学法治的缺憾。法也有不全、也有不足，法治仍不能代表大学管理的全部，况且大学的法治建设也是一个动态发展的过程。建设高水平大学，单纯依靠法治是不全面的，还需要合法合理合情、体现人文精神、具有浓郁品位的人文关怀，实施"以人为本"的人性化管理，才能真正凝聚人心、鼓舞士气，从而达到合规律与合目的的辨证统一。

"以人为本"真正彰显了大学的学术回归。大学是追求学问的地方、探索学术的殿堂，思想碰撞才会产生激情火花、灵感迸发才能造就重大成果。尊重人才、尊重知识、尊重劳动、尊重创造，真正做到"以人为本"，使人才的潜力和能量得到最大释放，学术才能取得成就，研究才能获得成果。

总之，要通过"以人为本"的思想、举措和氛围，彰显大学的独特品位与特质，使"以人为本"的理念深入到高水平大学建设的精髓之中，大学之所以为大学，核心就体现在学术自由、以人为本、兼容并蓄、孕育创新，能够担当起引领社会发展的职责和重担，而不是随波逐流、趋炎附势，被功利化、行政化、庸俗化。

### (三) 重塑大学精神、发展大学文化

大学精神是独立批判的思考精神，大学文化是引领发展的社会文化，大学的个性、品格透过大学精神和文化得以保持与发扬。

随着现代大学的历史发展，社会的影响不可避免地渗透进大学，抵御功利思想、过滤媚俗文化，解决市场经济发展带来的诸多问题，消除浮躁腐败浸染大学校园的负面影响，都需要在价值取向、精神文化的层面上予以正确引导、有效破解。因而，保持大学应有的精神与文化，是高水平大学建设的必要内容，是软实力建设的重要任务，是依法治校、以人为本落实到位的氛围保障。

西南联大存在仅8年，不仅云集大师、广揽英才，培育了一大批杰出人才，而且饱含强烈的爱国热情、树立优良的校风学风，推行科学治校、实施民主管理、倡导学术自由、开展学术研究，在艰苦卓绝的环境和条件下，创造了我国高水平大学办学的历史辉煌，铸就了中国气质与特色的大学精神与文化建设的丰碑，值得今天的大学深入思考、认真学习。

当前，制定《国家中长期教育改革和发展规划纲要》，不仅要对高等教育的长远规划、质量建设、管理体系、保障举措有科学细致的思考，更要对重塑大学精神、发展大学文化有纲领性的指导原则和意见，高度重视加强大学的软实力建设，进一步明确我国高水平大学的发展方向、思想理念、精神价值和文

化构建。

高水平大学要规划高远的奋斗目标。应站在国家建设和社会发展的高度，准确定位、科学规划、分类发展、积极推进，为高水平大学的长远发展确立高标准，在科技进步的贡献率、师生满意度、社会评价与影响力等量化指标与综合影响上，提出纲领性要求，给予政策性支持，加快重点建设。

高水平大学要坚决地守护大学精神。大学要孕育大师、胸怀大气、拥有大智、坚守大节，高水平大学更应成为大学精神的坚定拥护者和有力守护者，保持大学气度、培植大学风骨，追求真理、崇尚学术、产生思想、创造成果，为创新型国家建设和人类社会发展做出贡献。

高水平大学要构建浓郁的大学文化。大学不仅要产生人才、技术、成果，更要发展浓郁的大学文化。高水平大学要成为大学文化的引领者，以文化的氛围培育人、以文化的精神熏陶人、以文化的气质感染人，使大学文化成为社会先进文化的代表，为精神文明建设和社会文化和谐贡献力量。

## 三、切实加强高水平大学建设

高水平大学的建设，要按照"依法自主办学"原则实施科学管理，按照创新人才成长的客观规律培育杰出人才，按照"以人为本"的思想理念回归学术本体。切实加强高水平大学建设，需要大学内外部战略的有机结合与融合。简单地说，涉及到"上、中、下"三个层面的主要战略发展，分别是：人才、知识与成果；学科、教学与科研；管理、服务与保障。

第一层面，人才、知识与成果，是高水平大学的目标战略。就是站在大学宗旨的最高要求，从培养人才、塑造人才、传播知识、创造知识、产生成果、服务社会的大学基本功能出发，为国家建设、经济发展、社会进步做出历史性贡献；即实现大学追求真理、崇尚学术的最高理想，重在通过内部建设实现外部战略。

第二层面，学科、教学与科研，是高水平大学的内容战略。就是以切实提高质量、增强内涵为内容，进一步强化大学的内部建设，形成优势学科、提高教学与科研的质量与水平，增强办学实力，扩大国际影响和社会知名度。

第三层面，管理、服务与保障，是高水平大学的组织战略。即做好理顺体制与机制、加强管理与服务、凝聚人心与士气的各项内部服务，创造有利条件、解除后顾之忧，从根本上为高水平大学主要战略目标的实现保驾护航，加油、鼓劲。

对此，有以下五点思考与建议：

第一，制定高水平大学分类发展规划，通过顶层设计的立法，进一步强化高水平大学依法自主办学的职能。在制定《国家中长期教育改革和发展规划纲要》中，要重视对高水平大学分类规划的顶层设计，借鉴发达国家大学自治传统与分类发展原则，对我国高水平大学的规范化建设予以宏观统筹，即可通过试点方式，在实践中逐步探索各个类别、各个层次大学实现高水平大学建设目标的自主方案，在国家宪法、法律及《高等教育法》范围内实现依法自主办学，进一步扩大高水平大学办学的自主权。

第二，积极创造有利条件，实施外部"减负"政策，以促进高水平大学在规划纲要指导下的健康成长。国家应切实帮助大学解决教育投入、新校区建设、汇聚高水平师资等方面的困难，妥善化解资源配置与重复建设、结构质量与办学效益、优质教育与社会需求之间的矛盾，稳步推进科学管理、积极促进后勤社会化，为高水平大学建设积极创造外部条件，减轻负担、加快发展。

第三，完善健全科学管理，推进内部"增压"政策，以推动高水平大学在国家宏观统筹下的个性发展。强化目标管理、淡化行政管理，加大高水平大学建设"责、权、利"相互统一的力度，促进学科、教学与科研的内涵发展，增强主动性、调动积极性，以科学管理为抓手、以人才强校为主线，变压力为动力，切实在质量、水平上专心致志搞建设、扎扎实实谋发展。

第四，鼓励行业特色大学确立建设高水平大学的奋斗目标，促进各级各类大学通过横向拓展，注入持久发展动力。应充分利用行业特色大学的传统与优势，在新机遇的起点上重点规划高水平大学的合理布局，鼓励特色型高水平大学继续加强与行业领域的横向合作与拓展，广泛参与到行业创新、区域创新的体系建设中，"以服务求支持、在贡献中发展"，为行业发展、区域经济建设做出新贡献。

第五，加大国际化推进步伐，使高水平大学建设早日走上国际舞台。搭建国际化的合作与交流平台，大力实施"请进来、走出去"政策，推进我国大学与发达国家知名大学、世界一流大学之间的合作与交流，吸收先进的办学理念、借鉴先进的管理经验，创新体制与机制，推进大学之间、学院之间、教授之间深入的学术交流与科研合作，提升国际化办学水平，在更宽视野、更高层次上加快高水平大学的建设步伐。

# 大气　大节　大志

—— 在 2009 年学校纪检监察工作会议上的讲话
（2009 年 3 月）

每年都要召开全校纪检监察工作会议，这不仅仅是在单纯地履行一项常规工作，更重要的是时刻重视和加强党风廉政建设、加大反腐倡廉力度，以反面事例为教材、以清正廉洁为目标，为学校健康、稳定、科学、长久的发展保驾护航、鼓劲加油！下面，就干部队伍的勤政、廉政建设谈三点想法。

## 一、"勤政、廉政"是干部队伍建设之本

大学应具有"象牙塔"的独特品格与品味，清廉刚正、超脱名利，是大学人的根本特质。

现代大学的诞生，是以培养人才、创造知识为根本使命，以追求真理、崇尚学术为最高宗旨，大师成为大学的灵魂，教师是大学的核心竞争力；没有人才，就没有大学的存在与发展。在我国早期的大学中，专职的管理干部人数很少，大多是由教务长、教授会来实施对大学的正常管理和运行，保持着"思想自由、兼容并包"的民主与透明，洋溢着求是、求真的风范与追求，坚守着学术至上、教授治校的清正与廉洁，蔡元培、梅贻琦、竺可桢等中国现代大学的先驱者，不仅开创了办学理念与大学精神的先河，更树立了一心为公、两袖清风、鞠躬尽瘁、心底无私的坦荡为人、清廉做事的典范，值得我们今天的大学管理者好好学习。

随着大学的不断发展，大学的专职管理干部队伍得到进一步壮大，在大学管理中发挥着重要作用，是服务师生、服务教学科研和学科建设的有效联系纽带和沟通桥梁，是增强教师队伍核心竞争力的坚强保障。教师队伍和管理队伍，已经成为实施人才强校战略最主要、最有力的两支队伍，缺一不可；建设高水平研究型大学，更加需要一支勤政、廉政、高效、精干的干部队伍。

"勤能补拙、廉以立信"，勤政、廉政是干部队伍的建设之本。我们迫切需要"真抓实干的干部"而不是"华而不实的干部"，需要"敢于担当"的干部而不是"回避问题"的干部，需要"爱民、亲民、惠民"的干部而不是"官气十足、无所作为"的干部，需要"创造性开展工作、破解难题"的干部而不

是"僵化教条、唯唯诺诺、阳奉阴违"的干部。

要切实加强党员干部的勤政、廉政建设，提高广大管理干部的能力与素养，建立并完善与高水平研究型大学奋斗目标相适应的管理体制与机制，锤炼出一支敢打硬仗、能打大仗、吃苦耐劳、谦虚谨慎、清正廉洁、高效精干的高水平管理队伍，推进并加快西电各项事业不断取得新的更大发展，迈上新台阶、提升新水平。

## 二、大学干部要"有大气、守大节、存大志"

大学的管理干部，既不是政府官员，也不是企业老板，是根植于学科、教学与科研中心工作的服务者，要做广大师生员工的贴心人。要透射出"大学文化的大气"、坚守"党风廉政的大节"、心存"淡泊高远的大志"，坚定不移地反对腐败、坚定不移地恪守规章，清正廉洁、爱岗敬业，体现出一名大学管理者应有的情操、气质与品格。

### 1. 有大气

大学不仅要有大楼、更要有大师、还要有大气。大学的大气集中表现在大学文化上，是软实力的典型体现。在大学干部身上，应当更多地看到"名位利禄皆为身外之物，品格事业才是立身之本"的独特精神，具有"不畏浮云遮望眼、心底无私天地宽"的坦荡与通达，能够时刻"自重、自省、自警、自励"，始终做到"慎权、慎欲、慎微、慎独"。

干部的大气，是一所大学胸怀与气魄的体现。要真正使"人人代表西电、西电在人人心中"成为行为规范、工作准则，增强政治意识、大局意识、责任意识和服务意识，一言一行以学校利益为重，一举一动以服务师生为准，切实把"以人为本、依法治校"落到实处、抓住关键，彰显大学气度、凝聚西电精神。这就要求我们的广大干部，不仅要"想得到、说得好"，更要"做到位、做得好"。行胜于言，要在实际工作的一点一滴中，真正把"以人为本"贯穿于始终、深入到精髓、付诸于行动，要"深怀爱民之心、出台惠民之举、强化便民之实"。

首先，要畅通信息传达的渠道、倾听广大师生的心声，及时发现问题、解决难题、化解矛盾；要做到"上情下传、下情上达"，加强沟通、增进理解，使广大师生的合理建议与要求在第一时间得到答复、得以实现，而不能回避逃避、无所作为。各级干部要切实负起责任，在其位谋其正，履其职尽其责，贴近群众、贴近实际，求真务实、真抓实干。

其次，要能够创造性地开展工作。遇到情况变化要及时应对、不能僵化教条，更不能墨守成规，要结合实际情况、体现"以人为本"，与时俱进、懂得变通、善于变通、取得实效。

另外，在日常管理服务中，要主动补位而不越位、积极伸手而不缩手，不能事不关己、高高挂起，而要加强协作与合作，形成全校一盘棋的局面，互相关心、互相提醒、互相补台、互相促进，共同关心学校的发展，共同做好管理的实务，共同提高服务的质量。

### 2. 守大节

大学干部要有操守、有原则、有底线，"傲不可长、欲不可纵、乐不可极、志不可满"，坚决做到清正廉洁，坚决把反腐倡廉作为工作的根本原则，抵御诱惑、抵制腐败、坦荡做人、廉洁做事。要时时刻刻自励、自省，计算腐败成本，切实把预防工作做到前头，筑牢思想防线、恪守原则底线，衡量得失、常怀警惕，充分估量腐败会给自身、家庭、学校以及教育事业带来的损失与影响，不做后悔事、勤敲警示钟。

贪污腐败、成本极大、危害无穷，不论是对自身还是家庭、对同事还是群众、对学校还是党的教育事业都同样祸害严重、影响恶劣，一旦发生、无可挽回，"一失足成千古恨"。

对自身和家庭来说，贪污腐败、违法违纪，既会带来政治上的损害，也会造成经济上的损失，得不偿失，同时也会因自己的问题而带给家庭、亲人极大的不利影响，腐败成本十分巨大。

对同事和群众来说，贪污腐败、违法违纪，引发了大家的信任危机，个人的诚信、信誉一落千丈，为人的基础受到动摇，自身形象大打折扣，在周围人群中失去了口碑，即使以后工作中付出再大努力去挽回，也只能是杯水车薪，事倍功半，负面影响极其深远。

对学校乃至党的教育事业而言，培养干部是组织行为，付出了极大的心血和精力。一旦发生干部贪污腐败、违法违纪事件，不仅对学校的声誉有很大损害，也直接阻滞了干部队伍的有效衔接、造成一些管理岗位一时的缺位，延误了正常工作、造成了不利影响，在教师、学生、校友、领导等各个层面和各界社会人士眼中也会造成不良影响。

因此，全体干部要像爱护自己的眼睛一样爱护西电的声誉、珍视自己的岗位，深刻认识贪污腐败、违法违纪必将带来的不可挽回的严重后果与极大成本，既珍惜自身的前途发展，也维护学校的长远大局，克己奉公、勤政敬业、廉洁自律、洁身自好，严格坚守勤政、廉政的原则底线，不触雷、不越轨，秉执操守、坚持大节，不为利欲贪心、敢做清廉卫士，坦荡为人、坦诚做事。

### 3. 存大志

廉洁清正、勤政廉政，最根本之处在于从源头抓起、从点滴做起。"源洁则流清，身正而影直。"正直坦荡、表里如一，最重要的在于树立正确的人生观、义利观、价值观，心存远大志向、养成卓越情操。

当前，就是要努力学习实践科学发展观，对教育事业无限忠诚，做到事业为重；对腐败现象坚决反对，做到反腐倡廉；对群众利益坚决维护，做到贴近群众；对自己和家属严格要求，做到严于律己。要"想干事、能干事、干成事"、"重诚信、讲廉洁、顾大局"，心里要时刻装着老百姓，时刻想到西电的整体利益和声誉，为学校事业的创新发展贡献力量，使人生价值在奉献中得到最高实现，"粉身碎骨全不怕、要留清白在人间"，要着力培养这样的人生追求和思想境界。

### 三、廉洁自律要"警钟长鸣、常抓不懈"

实践证明，"祸患常积于忽微"。腐败事件的发生，往往根源于日常细节的疏忽，萌芽于思想的逐步放松，以至于出现"小不严而致大祸患、情可谅而法不能容"的严重后果。

因此，党风廉政建设要"警钟长鸣、常抓不懈"，思想意识防线要"筑牢基础、夯实根基"，不能出现丝毫的松懈和反复。"流水不腐、户枢不蠹，"反腐倡廉是一项长期的任务，只有坚持不懈、常抓常讲，真正落实在工作的点点滴滴之中，才能切实取得良好的效果，保证干部队伍肌体的健康，保证学校事业稳定、长久、可持续的科学发展。

第一，要按照学校纪检监察工作的具体安排，广泛开展思想教育活动。结合深入开展学习实践科学发展观活动，进一步强化廉政意识、增强党性修养，提高思想觉悟、提升服务水平，使党风廉政建设深植于思想、落实到行动，而不是泛泛地走过场、走形式，要真正从发生在身边的反面事例中吸取教训、深刻警醒、时刻检查、防微杜渐。

第二，要进一步加强管理，建立健全监督监察的体制与机制。用制度约束和规范工作行为，特别是要加强涉及到招投标、招生、基建等与财务、资产相关工作的监督与管理，杜绝发生腐败现象，从根源上予以治理，从而进一步做到以预防为主，同时达到做好事情、不犯错误的目的。

第三，要大力弘扬爱岗敬业、勤政廉政的思想与作风，进一步加强干部队伍的党风廉政建设。要引导广大干部自觉地树立"克己奉公、服务群众、不贪不占、情操高尚"的理想与追求，培养广大干部正当的兴趣和爱好，开展有益身心的健康文体活动，活跃文化氛围、增进交流沟通，顾大局、谋正事、做实事、干好事，把精力和心血集中到为了西电百年发展的宏伟目标上去，以实际行动向80周年校庆献礼！

# 以人为本聚合力　团结奋进谱新篇

## ——在学校第十一次党代会上的报告
### (2010 年 3 月 27 日)

今天，我们在这里隆重召开中国共产党西安电子科技大学第十一次党代会，这是继 2003 年第十次党代会召开 6 年之后，在西电建设与发展的关键时刻召开的一次重要会议，这是归纳经验的总结会、是思考发展的分析会、是达成共识的交流会，是拼搏奋进的动员会！此次会议对于西电进一步启迪思想、形成共识、深化改革、加快发展，为下一步战略规划部署奠定良好的新开局，无疑具有十分重要的意义！

六年来，学校"两大步三小步"战略规划稳步推进，从第一小步"奠基期"向第二小步"提升期"迈出了坚实而有力的步伐。经过全体师生员工的共同努力、奋力拼搏，学科优势进一步巩固，高端人才实现了新突破，教学质量不断提高，科研指标连年递增，对外拓展持续推进，新校区建设取得了历史性成就，各项事业蓬勃发展，呈现出新的气象、迸发出新的活力！

## 一、战略进程与工作进展

2003 年起，围绕"思考两个问题、制定三个规划"，学校进行了深入研究和思考，提出了"三个理念、四个兴校、一头两翼一保障"的发展理念与思路，制定了"两大步三小步"的发展规划，加强了各项工作，推进了改革创新，促进了各项事业的建设与发展。

### (一)　"两大步三小步"总体进程

在"两大步三小步"发展规划指导下，我校 3 年奠基期、6 年提升期、9 年跨越期第一大步战略进程已历时 6 年，各项规划指标如期实现，各项工作取得了长足进步，正处在提升与攻坚的关键时期。

"十五"期间，我校重点实施了"五项战略、四个工程"，即："人才强校战略、学科带动战略、质量品牌战略、科研攻坚战略、互动发展战略"与"新校区建设工程、数字化校园工程、规范管理服务工程、校园文化形象工程"，"十五"目标基本实现，为长远发展奠定了坚实基础。

"十一五"初期，提出了"战略重心转移、实现三大突破、强化三种创新、迈上三个台阶"的 24 字方针，即：实现"从规模到水平、从数量到质量、从外延到内涵"的重心转移，取得"高端人才、新校区建设、国际化"三大突破，强化"管理创新、质量创新、自主创新"三种创新，6 年提升期内分 2 年一个小台阶目标稳步推进。

### (二) 六年来的工作回顾

#### 1. 学科建设

学科是旗帜，构筑平台、汇聚人才、引领发展是学科建设的目标和重点。近年来，学科建设紧抓了学位授权点、国家重点学科、"211 工程"、校院系三级学科体系以及拓展学科面等工作。

学位授权点稳步增长——新增了博士后科研流动站 5 个、一级学科博士点 1 个、二级学科博士点 13 个、一级学科硕士点 10 个、二级学科硕士点 29 个。至此，我校共拥有博士后流动站 7 个、一级学科博士点 4 个、二级学科博士点 27 个、一级学科硕士点 13 个、二级学科硕士点 63 个。

国家重点学科有新突破——新增 2 个一级国家重点学科(涵盖 6 个二级学科)、1 个二级国家重点学科，使我校二级国家重点学科的总数达到 7 个；2007 年国家重点学科评估中，原有的 5 个二级国家重点学科成绩优异，在 2006 年全国一级学科评估中，我校"信息与通信工程"、"电子科学与技术"均名列前茅。

"211 工程"稳步推进——"十五""211 工程"建设工作顺利完成，三期建设正式启动，不仅进一步加强了重点学科、公共服务体系建设，还增加了师资队伍和创新人才项目，向更深内涵、更高水平不断提升。

国防特色学科取得突破——在国防特色学科专业上，分别获得了重点专业、紧缺专业、以及基础支撑学科的立项建设，3 个学科专业被列为"十一五"国防特色紧缺学科专业。

三级学科体系日臻完善——完成了校、院、系三级学科体系一期建设，确立了 14 个校级学科、9 个院级学科、20 个系级学科的建设格局；启动了 2009 年至 2011 年为期 3 年的二期建设，立项建设校级 17 个、院级 10 个、系级 8 个学科项目，促进多学科协调发展。

新兴学科增长点正在加强——积极探索新兴、交叉、边缘学科建设，先后成立了软件学院、微电子学院、生命科学技术学院、国防研究院、空天研究院等，新增了 MBA 授权点，努力拓展学科的覆盖面和学科发展的重点、前沿领域。

#### 2. 师资队伍

人才是根本，教师实力是大学最重要的核心竞争力。队伍的建设方面，近年以"人才强校"战略为抓手，着力加强了高层次人才建设、博士化进程及青年教师培养，师资队伍的规模、结构、质量、水平得到一定程度的提升。

高端人才实现突破——2006年至2009年，在长江学者特聘教授及讲座教授、国家杰出青年基金获得者、教育部创新团队等国家级高层次人才指标上不仅实现了零的突破，而且获得持续进展，为学校的长远发展注入了新的活力。

博士化进程不断推进——大力推进教师队伍的博士化进程，引进优秀博士充实到师资队伍中，近6年教师队伍的博士比增幅达3倍之多，队伍的学历层次显著提高，结构得以优化、后劲得到增强。

后备梯队正在成长——近年来师资队伍的年龄结构发生了可喜变化，当前35岁以下的青年教师占教师队伍整体的48%，45岁以下的教师占教师队伍整体的76%，后备人才培养成为工作的重点。六年来，新增"新世纪百千万人才工程"入选者4人，使总数达到7人；入选教育部"新世纪优秀人才支持计划"的年轻教师总数达27人，学术梯队得到增强。

### 3. 教育教学

质量是大学的生命线。教育教学工作中，以实施本科生教育"质量工程"和研究生教育"创新工程"为核心，强基固本、勇于创新，取得了一系列可喜成绩。

质量工程深入推进——2006年本科教学工作评估获得"优秀"，这不仅是一项成绩，更是一个新开始。围绕质量工程的开展，"本科教学以专业建设为龙头、专业建设以特色专业建设为抓手、特色专业建设以培养目标为指南"的教育教学理念得到提升和深化，带动了各项教学指标不断递增。近年来，新增本科专业11个，使总数达到了48个；新增2个国家级教学基地、3个国家级人才培养模式创新实验区、4个国家级实验教学示范中心；新增国家教学名师4人、国家级精品课程11门、国家级双语教学示范课程1门，国家级特色专业11个、国家级教学团队5个；获得国家教学成果二等奖5项，首批进入国家大学生创新性实验计划；"百所著名中学校长西电行"活动成功举办、重点中学生源基地挂牌工作积极展开，为不断提高生源质量做出了贡献。

创新工程稳步推进——获准正式建立了研究生院，以培养拔尖创新人才为目标，大力推进了研究生教育创新工程的实施，研究生为学校指标体系建设做出了重要贡献，6年来新增2篇全国百优博士论文、百优提名7篇，使总数分别达到5篇、7篇，5部教材被推荐为全国研究生教学用书；创新实践基地获教育部立项建设；研究生学科建设在全国高校的实力与水平位居前列。此外，进一步强化了导师队伍建设，研究生学术活动蓬勃开展，招生、培养、授位等过程管理也得到不断加强。

培养质量不断提升——近年来，在校学生参加国内外各种科技竞赛获奖总数为：国际奖 38 项、全国奖 348 项，为学校争了光。同时，本科生一次就业率 96%以上，研究生基本保持 98%，就业率和就业质量在全国高校名列前茅，塑造了良好的西电品牌。

**4．科学研究**

科研工作坚持"大项目、大成果、高指标、多专利"的目标，军事电子、基础研究与横向合作"三头并进"，经费、论文、专利、获奖等主要指标进展明显，"三证认证"全面完成，为推进高水平研究型大学建设提供了坚强保障，迈出了坚定步伐。

主要指标连年递增——2003 年到 2009 年，研发经费年均增长率达到 27 %；三大索引论文数年均增长率达到 40 %；申请专利和授权专利数也稳中有升。

成果获奖有新突破——2003 年以来，共计获得国家级科技奖励 6 项、省部级奖励 60 项，在标志性成果积累与突破上取得了可喜成绩。

基地建设成效明显——新增了 1 个国防重点学科实验室、5 个教育部重点实验室、2 个省部级工程研究中心，使我校国家级重点实验室、教育部重点实验室的总数分别达到了 4 个、6 个；近年来 2 个国防科技重点实验室评估获得优良。

重大项目积极参与——参与到 16 个国家科技重大专项中的"核高基"、"极大规模集成电路制造"、"新一代宽带无线移动网"、"载人航天与探月工程"、"高分辨对地观测"、"二代导航"等任务中，在近年 863、973、国家自然科学基金等重大、重点项目申报中取得了新进展，为进一步增强科研实力奠定了良好基础。

**5．对外拓展**

按照"一条内线、增强实力；两条外线、国际国内"的拓展思路，近年来在五方共建、校所合作、横向拓展、国际化进程等方面积极推进，取得了一定成效。

实现了五方共建——经过长期锲而不舍、艰苦细致的工作，终于实现了五方共建，即教育部与陕西省、西安市、国防科工委、中电集团共建西电，为下一步发展拓宽了道路，为积极争取进入"985"行列提供了支持。

深化了校所合作——与中电集团所属的 11 个研究所及航天科技集团 504 所等 12 个研究所签署了战略合作协议，在科研合作、项目攻关、人才支持、人员培训等方面密切合作、共同发展。

加强了横向拓展——成立了"陕西电子工业研究院"，并与西安国家航空基地、航天基地、高新区、太原卫星中心、大唐电信、新疆自治区人民政府、扬州市、昆山市等建立了战略合作关系，拓展了发展空间。

加快了国际化进程——新增 2 个国家"111 学科创新引智基地"，开辟了引进一流学术大师工作的崭新平台；6 年来，共与 25 所国外知名大学签订了合作协议，邀请了 1335 批 3741 人次来访，派出了 607 批 1061 人次出访，举办了 23 次重要国际学术会议。2008 年成立了国际教育学院，2009 年获得了招收"中国政府奖学金来华留学生"资格，留学生教育迈上了新台阶。

### 6. 新校区建设

从西电百年战略发展的角度出发，切实解决学校生存与发展的瓶颈问题，大力推进了新校区建设。

本着"双赢共荣、共同发展"的原则，紧紧依靠广大教职工，一方面，支持西安市建设太白路立交桥，另一方面，使市政规划修改了建设方案，最大限度减小对北校区的影响；同时，将重点放在新校区建设上，先后完成了地址变更、整体规划、三期工程建设等工作，3000 亩校园的总体规划顺利完成、70 万平方米建筑全部建成并投入使用，使学校建筑面积翻了一番、占地面积翻了两番，为上百年发展奠定了坚实基础。

### 7. 管理服务

为加强管理与服务，提出了"管理就是服务"的理念，在日常管理、创新管理、后勤服务、文化建设等工作上紧抓不懈，强化经营意识、成本意识，倡导求真务实、真抓实干；积极落实并推进了"重心下移、两级分配"的工作；开展了办公用房、清产核资、督办反馈、干部聘任等一系列规范管理工作；进一步加强了后勤服务工作力度；关心群众、提高待遇、解决难题、化解矛盾，以科学发展观为指导，全力推进了管理服务工作向更高目标与水平的迈进。

### 8. 基本保障

近年来，完成了 7000 万元的教育部国债和修购基金项目支持的校园基础设施改造、2.7 万平方米的新科技楼、600 余套 12 万平方米的高层职工住宅楼工程建设，加强了数字化校园建设，在纪监审、稳定、安全保卫、医疗、待遇、住房以及工会、后勤、产业、附中、附小等综合保障工作中，取得了长足发展。

### (三) 存在的问题与不足

回顾六年来的工作，有成绩也有不足。纵向比，取得了长足进步，值得肯定；但横向比，仍有很多不足。主要表现在三方面：

### 1. 高端人才仍缺乏

西电历史上曾涌现了一大批学术大师、学科泰斗和著名的专家，是一代又一代的杰出教师支撑着学校的建设与发展。近年来，虽然在国家杰出青年基金获得者、长江学者特聘教授及讲座教授、全国教学名师、教育部创新团队以及国家 973 首席科学家、百千万优秀人才等高层次人才建设取得了新突破，教师博士比有显著提高，获"教育部优秀人才支持计划"的年轻一代正在健康成长；但与建设一流大学的目标相比，高端人才的数量依旧匮乏，拔尖人才和领军人物的瓶颈问题仍未得到根本解决，队伍整体层次与水平仍需提升，人才强校任务还十分艰巨。

### 2．科学管理需要加强

大学崇尚学术、追求卓越，卓越的追求不仅体现在学术探索、人才培养、科学研究上，也体现在日常管理与服务的细微工作中。我们目前的管理质量和水平与建设特色鲜明、研究型、开放式的高水平大学的奋斗目标还相距甚远，管理工作中仍存在着不少疏漏和不足，在理念、思想、行动、举措上需要大力加强。加强科学管理，要与学校的中长期规划目标相适应，按照"以人为本、依法治校"的原则，遵循人才成长的客观规律，不断理顺体制与机制，不断解决新问题、新矛盾，用发展的眼光化解矛盾，用创新的思路解决难题，牢固树立教书育人、管理育人、服务育人的思想，进一步深化内涵建设、提高管理水平，着力加强全体干部的思想和作风建设，不断改进和提高日常管理与后勤服务的质量，创造良好的育人环境。

### 3．文化氛围需浓郁

大学文化是大学健康成长与科学发展的肥沃土壤，没有浓郁文化的长期熏陶与浸染，就很难产生一流的成果与人才。目前，我们的大学理念、学术思想、文化氛围、包容环境等还不够浓郁和宽松，能够真正体现出大学的胸襟、胆识、情怀、气度的软实力建设需要着力加强，团结、和谐、竞争、发展的良性氛围还需继续共同营造。西电拥有光荣的传统、悠久的历史，长期建设与发展的积累，形成了独特的办学特色与风格。在新形势下，如何进一步发扬西电精神、浓郁大学文化，如何进一步增强软实力、凝聚向心力，还有很多细致复杂的工作要扎实去做。

## 二、关于形势与问题的分析

西电的发展，当前正处于进一步提升跨越的关键时期，适应形势变化、应对激烈竞争，需要认真分析问题、紧抓主要矛盾，切实推进学校的改革与创新，不断加快西电的建设与发展。

### (一) 发展形势

#### 1．经济与科技快速发展

国家实施科教兴国、人才强国战略，确立了建设创新型国家的奋斗目标，发展经济、振兴科技，已成为全面建设小康社会进程中的主要战略任务。2006年，《国家中长期科学和技术发展规划纲要》出台，对未来15年的科技发展做出了全面规划和具体部署，重点实施16个重大科技专项。2009年，国家应对金融危机，相继出台4万亿投资计划、十大产业振兴规划，加快批复多个区域

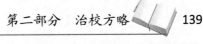

开发规划，西部大开发、振兴东北老工业基地、中部崛起、东部率先发展的格局稳步推进。2010 年两会期间，《政府工作报告》明确提出了在新的一年里，国家经济、科技、教育的系统部署，要大力培育新能源、新材料、节能环保、生物医药、信息网络、高端制造等战略性新兴产业，前瞻部署生物、纳米、量子调控、信息网络、气候变化、空间海洋与地球深部开发利用等基础研究和前沿技术研究。经济与科技发展，人才是根本。百年大计、教育为本，培养数以亿计的高素质劳动者、数以千万计的专门人才和一大批拔尖创新人才，是高等教育的神圣职责。西电新时期的战略发展，应紧紧围绕国家战略，在信息化、科技强军、行业振兴、区域发展中做出新贡献，积极融入到国家创新体系的建设中，迎头赶上、争创一流。

### 2．高等教育推进改革

21 世纪激烈的人才竞争趋势，使世界各国纷纷把高等教育的发展作为战略重点，抢占人才制高点、增强创新竞争力，建设世界一流大学和高水平大学，已成为普遍共识与共同行动。国务院已出台的《国家中长期教育改革和发展规划纲要》（征求意见稿），对未来 10 年的教育改革与发展做出了顶层设计、宏观规划，明确了指导思想、工作方针、战略目标和保障举措。国家高等教育即将掀起新的改革浪潮。

### 3．西电发展迎来新的机遇

现代大学数百年的实践证明，一所大学要保持长久的生命力和创造力，必须具有前瞻视野、忧患意识，具备卓越实力、一流水平，要在内涵、质量上着力发展，要具有自身的特色与优势。国家战略方针与科技教育事业规划纲要的颁布实施，为我国大学的发展指明了方向、带来了新机遇。科学布局、合理发展、注重内涵、提高质量，有特色高水平大学的建设目标与我校战略规划的方向不期而遇，这是国家自 1999 年高等教育扩招之后的新的重大战略调整。2009 年底由我校承办的第三届行业特色型大学发展论坛，使我们进一步开阔了视野、启发了思路、开拓了思维，如何紧抓新的机遇，奋发有为、奋力拼搏，为形成未来的竞争优势和特色打下良好基础，是西电顶层设计的战略重点。机遇重要，大学自身的建设更重要，内因是发展变化的关键，外因是发展变化的条件。因此，我们应抢抓机遇，深化内涵、增强实力、对外拓展，深入思考并积极推进具有西电特色的高水平研究型大学发展之路，加快改革创新，推动科学发展。

### （二）主要矛盾

唯物主义辩证法告诉我们，矛盾存在于一切事物的发展过程中，贯穿于始终，既有普遍性、也有特殊性，既有同一性、也有斗争性；没有矛盾就没有世界，一切事物中主要矛盾双方的相互依赖与相互斗争，决定着事物发展的方向，抓住主要矛盾才能从根本上解决长远发展的实际问题。

目前，制约学校建设与发展的内外部矛盾比较多，而主要的矛盾有三个，即：继承与创新之间的矛盾、数量与质量之间的矛盾、生存与发展之间的矛盾。

### 1. 继承与创新

继承传统很重要，创新发展更重要；继承与创新，始终是一对矛盾的统一体，需要正确面对、科学审视；过去的辉煌不能代表明天的业绩，长久的发展更在于今天的努力。要保持一所大学长久的生命力，就不能因循守旧、僵化教条，而必须解放思想、与时俱进，要在继承中有所创新，在改革中不断发展，始终保持大学自身的特色与优势。

西电具有光荣的历史，"西军电"曾闻名遐迩，开辟了我国电子信息学科先河，取得了众多一流成果，培养了大批英才，奠定了今天发展的坚实基础，鲜明的 IT 学科特色、突出的国防科研优势、过硬的人才培养质量是我校最鲜明的办学特征。"十五"以来，学校在思考两个问题、制定三个规划的基础上，着力推进了"两大步三小步"战略规划的实施，纵向上取得了长足发展。然而，横向比较，我们的差距还很大，在继承传统基础上的大胆创新还不足，解放思想、勇于实践，还有待于进一步加强，面向未来、跻身一流，还需要大力开拓。西电在经历了历史上 20 世纪 60 年代"西军电"辉煌、90 年代电子行业蓬勃发展的高峰、划转教育部之后扩大规模发展的高潮之后，依然面临信息化时代日新月异发展带来的竞争与挑战，新能源、新材料、生物医药、信息网络、空间海洋与地球深部开发利用等 5 个科技制高点的新领域需要抢先占领。而西电明天的支撑学科、后备的一流人才，更需要及早未雨绸缪、着手规划；保持鲜明的特色与优势，更需要深入思考、增强忧患；西电的科学发展、可持续发展，更应当不断创新、大胆突破！

### 2. 数量与质量

数量与质量之间的矛盾，是发展中的矛盾；数量变化是质量变化的前提，质量变化是数量变化的结果，实现从量变到质变的提升，恰好反映了现阶段我国高等教育改革发展的实际，也是学校战略发展的必然规律。

从我校实施"十五"奠基期、"十一五"提升期战略的实际状况看："十五"期间，"夯教学之基、扬科研之帆、举学科之旗"，"五项战略、四个工程"的全面推进，夯实了基础、增强了实力，各项规划指标基本实现；"十一五"伊始，明确了"战略重心转移、实现三大突破、强化三种创新、迈上三个台阶"的 24 字方针。迄今为止，规划中的"每 2 年一个小台阶、6 年迈上大台阶"的若干指标已经实现，学校办学规模、高端人才建设、国家重点学科、本科生质量工程、研究生创新工程、科研经费、论文、专利及获奖等数量指标不断递增，实现了稳步持续增长，新校区建设实现了历史性突破、国际国内拓展取得了实质性进展。然而，拔尖人才和领军人物的缺乏、学科尖峰还未真正形成、缺少具有重大影响的研究项目与高显示度的成果、科研力量相对比较分散、教育教学模式需要改革等现实问题，恰恰集中体现了我们在质的提升上存在的问题与矛盾。西电战略规划进程的实践说明，在初步解决数量递增的前提下，要着重解决质的提升，战略重心的转移要真正实现从规模到水平、从数量到质量、从外延到内涵的飞跃，真正解决从量变到质变的根本性问题，为下一步9年跨越期的发展奠定坚实基础、增强雄厚实力。

### 3．生存与发展

生存涉及当前利益，发展决定长远大局，这是相互制约而又相互发展的一对矛盾。生存与发展之间的矛盾，必然会出现一定的冲突，把握大局、权衡利弊，既应顾及当前，更要注重长远。

生存是现实问题。扩招以后，学校的发展首先要解决好规模扩大带来的问题，基础设施和新校区建设、筹措办学资金、吸引高端人才、提高教职工待遇、解决历史遗留问题，维护正常的运行与稳定，确保各项事业有序开展、持续发展，是谋求更大发展的基础与条件。只有首先解决了当前的迫切难题、棘手问题，才能腾出时间和精力思虑长远、未雨绸缪、着手规划、早做准备。这也正是我校近年来奠基期和提升期战略的工作重点。

发展是长远考虑。人无远虑必有近忧。生存重要，发展更重要，发展是为了更好地生存。在当前问题平稳解决的基础上，更需要谋划西电的长远发展，既不妄自菲薄、也不妄自尊大，结合实际、找准定位、确立目标、规划未来，迎难而上、抢占先机，扎实做好今天的工作，着力推动明天的发展。

生存与发展需要协调。生存与发展之间，不可避免地会出现一些暂时的矛盾。解决矛盾，需要有效协调、统筹规划，科学、合理地处置好各种关系。例如，当前与长远、全局与局部、个体与集体的关系，优势学科与基础学科、特色学科与新兴学科、支撑学科与辅助学科的关系，教学与科研协调的关系，民主与集中辩证的关系，管理与服务统一的关系。只有善于解决生存与发展之间的矛盾，才能有效推动西电长远的科学发展。

## 三、下一步战略思考

我校"两大步三小步"战略规划，已经顺利完成了第一小步3年奠基期(2003～2005)的任务，第二小步"十一五"暨6年提升期(2006～2011)也进入到最后2年，第三小步9年跨越期(2012～2020)战略需要提前深入思考。对此，有三个方面的初步考虑。

## (一) 高水平大学的内涵建设

《国家中长期教育改革和发展规划纲要》(征求意见稿)提出"到2020年,建成一批国际知名、有特色高水平高等学校",这为我校的中长期发展指明了努力方向,也与"两大步三小步"规划部署所确立的建设"特色鲜明、研究型、开放式、国内一流、国际知名高水平大学"的奋斗目标相互一致。今后很长一段时期内,探索高水平大学的内涵、建设具有西电特色的高水平研究型大学,将是我们的战略任务。为此,有以下三点认识:

### 1. 大学的根本任务是培养人才

人才培养是大学的三大基本功能之一。围绕这一主要任务,我们应当继续坚持"学科建设为龙头、教学科研为两翼、管理后勤做保障"的发展思路,以培养高素质的高级专门人才和拔尖创新人才为目标,加强学科建设,创建学术探索与科学研究的平台;改革教育教学模式,注重创造精神和实践能力的培养;强化实验实习、社会实践以及课外科技活动等环节,不断提高学生的动手能力和工程实践能力;进一步加强国际交流与合作,对外拓展、开阔视野,提升素质与修养,为人才的健康成长提供良好的环境与氛围。

### 2. 内涵建设的关键在于科学发展

大学的科学发展必须遵循高等教育的客观规律。结合学习实践科学发展观,我们在办学理念、目标举措、基本保障等方面还要不断改进、努力提升,要按照大学的发展规律办事,按照人才的成长规律办学,深化内涵、回归本位。

为此,应进一步深入思考三个主要问题:

一是如何适应国家战略和社会经济发展的需求。要把内部的学科建设、教学科研等主要工作与国家战略需求、行业振兴与区域发展的外部需要紧密结合在一起,实现开放办学、内外互动。

二是如何适应培养创新人才成长的实际需要。要及时改革与更新现有的培养模式、课程设置、教学大纲等,遵循人才成长的规律、遵循教育教学的规律,下大力气抓好创新人才的培养工作。

三是如何把西电建设成为特色鲜明的高水平研究型大学。适应科技进步、经济发展、人才竞争的需求,要积极探索我校特色鲜明高水平大学发展之路,准确定位、科学规划、找准路径、逐步推进,争取早日实现奋斗目标。

### 3. 办出特色才能真正脱颖而出

国家为特色型大学的发展指出了方向,即"中国特色、世界水平",就是要紧密联系我国大学的实际,建设具有中国特色的高水平特色型大学,这些大学应当具有与世界一流大学相竞争的实力与水平。我校的长远奋斗目标,应当是"西电特色、一流水平",要继续巩固并发展电子信息的学科特色、弘扬和开拓国防研究的科研优势、坚持与深化人才培养的严谨风格，凭借鲜明突出的办学特色、一丝不苟的治学精神、埋头苦干的实干作风，在激烈的竞争中脱颖而出、跻身一流。

### (二) 跨越期战略发展构想

#### 1. 指导思想

9 年跨越期是我校实现第一大步战略目标的关键时期，通过全校上下的不懈奋斗，实现历史性跨越，必须坚持"深化内涵、强化特色、提高质量、提升水平"的指导思想，全面推进、实现跨越。

深化内涵——要建立适合西电发展的现代大学制度，开阔视野、开放办学，理顺体制与机制，提倡"尊重人才、尊重学术、重视研究、重视服务"，实施改革举措、推进科学发展。

强化特色——要进一步强化并拓展我校的电子信息特色、国防研究特色与工程人才培养特色，在行业振兴、区域发展中大力拓展，有所作为。

提高质量——以提高质量为核心，坚持数量与质量并重，继续加强指标体系建设，着力提高人才培养质量、科学研究质量、师资队伍质量及社会服务质量。

提升水平——以提升水平为目标，着力提升学科建设的水平、开放办学的水平、科学管理的水平，使学校整体实力与水平得到质的提升与跨越。

#### 2. 总体目标

到 2020 年，我校应跨入研究型大学行列，办学实力与水平跻身国内一流、国际知名的大学阵营之中，实现第一大步的战略发展目标。

为此，应当进一步确立并发展西电面向未来的新优势。要在继续巩固电子信息特色与优势的基础上，努力开辟新领域，进一步在电子信息的集群研究与开发、拓展渗透与交融之中，确立引领技术发展、服务行业区域的全国领先地位；同时，跟踪国际前沿科技发展方向，在系统研究方面实现突破，努力产生具有西电品牌和国际影响力的"顶尖学科、一流人才、创新成果"。

#### 3. 主要标志与发展构想

到 2020 年，实现第一大步战略发展目标的主要标志为：重点学科处于国内领先地位，若干学科具有较大国际影响。即通过大约两个 5 年规划的努力奋斗，在 9 年时间内，构筑起跨越发展的新平台，把西电建设成为国内一流、国际知名的高水平大学，进一步使学校的竞争力和影响力得到显著提升。

例如，可以考虑构筑三大跨越发展新平台。

其一，基于 IT 综合技术的大系统研发平台。例如，以通信、信息安全、计算机技术、电子工程技术为主的集成大系统研发；以先进制造技术为重点的电子信息支撑系统研制；以微电子、光电子、电子信息功能材料等为交叉融合的新材料系统研制等。

其二，基于国家战略的应用技术交融平台。例如，电子信息学科与航空航天领域重大工程应用的结合；信息通信技术在新能源、低碳环保领域的应用；军用综合电子战系统在国防现代化领域的应用等。

其三，基础学科和应用基础学科的创新平台。例如，应用数学、应用物理在理工结合、与电子信息学科紧密融合过程中的创新与发展；生物电子与生命科学的发展，对未来生产生活方式的转变可能带来的新革命等等。

总之，应着手考虑跨越期发展的"大事"、"要事"，树立远大志向，确立长远目标，未雨绸缪、增强忧患，大胆探索、推进创新，努力实现西电的跨越发展。

### （三）"十二五"规划框架思路

制定规划是一项系统工程，需要经过充分准备和论证。这里，谈一些设想、思路及初步提出的不成熟的数据指标，供大家讨论。

#### 1. 规划准备

"十二五"是学校迈入跨越发展的关键时期，做好规划部署的顶层设计，对于西电的长远、科学及可持续发展具有十分重要的意义。为此，要有充分的思想准备、组织准备和工作准备。

思想准备——树立"规划为先导"的思想，以制定"十二五"规划为契机，解放思想、与时俱进、集思广益、形成共识，积极调动全校上下各方面的积极性，出谋划策、集中智慧，共同思考学校的长远发展，共同探索跨越的突破路径，使制定"十二五"规划成为全校上下的统一思想和行动。

组织准备——结合《国家中长期教育改革和发展规划纲要》的学习与贯彻，针对西电实际，成立战略咨询专家委员会和规划制定工作的专门工作组，扎实推进各项具体工作。对制定规划的原则、程序、分项目标、具体指标作仔细调研，对拟定实施的战略举措、推进方式、保障手段深入分析，加强学习调研，借鉴世界一流大学和高水平大学的成功经验，开展大讨论，进行深入分析研究，保障组织机构与机制的落实与推进。

工作准备——在近 1～2 年时间内，应基本完成"十二五"规划的制定工作，制定举措，列出具体时间进度表，系统部署、逐步落实。真正使"十二五"规划，符合西电百年发展的长远目标要求，符合特色鲜明的高水平研究型大学的发展规律，符合广大师生员工的共同意愿，成为指导和推进学校"十二五"期间各项工作的宏伟蓝图，成为进一步推动 9 年跨越期战略发展的有力支撑，成为西电向百年发展目标不断迈进的动力与源泉。

### 2. 建设目标

"十二五"期间的建设目标是：奠定跻身高水平研究型大学行列的坚实基础，在学科水平、人才队伍、指标体系、产出效益上取得整体进展，增强实力、提升水平，增加量变的积累，推进质变的飞跃。

学科水平——努力使 3~5 个学科的实力与水平保持在全国前 5 的一流行列，1~2 个学科的国际竞争力和知名度显著提升。

人才队伍——领军人物有新突破，高端人才形成梯次，中年骨干迅速崛起，青年群体快速成长，构建起科学合理的队伍结构。

指标体系——努力使主要指标体系的整体实力，稳定在全国研究教学型大学前列，居于工科类大学一流水平；若干指标居于全国领先水平，具有较大国际影响。

产出效益——显著提高产出投入比，全面促进人才培养、科学研究、社会服务功能的发挥，取得良好的办学效益和社会效益。

### 3. 建设体系

主要包括学科建设、师资队伍、教育教学、科学研究、拓展合作 5 个主要方面。初步思考如下(具体内容略)：(1)学科建设——巩固和发展优势、强化并拓展特色、加强基础、探索前沿、多学科协调发展；(2)师资队伍——提高师资质量、着力突破高端、优化队伍结构、重点加强整体；(3)教育教学——实施"本科生教育质量工程"和"研究生教育创新工程"，"质量工程"要稳定规模、提高质量；"创新工程"要打造品牌、开创一流；(4)科学研究——瞄准国家需求、抓好亮点工作、拓宽横向领域；(5)拓展合作——深化"一条内线、两条外线"。

### 4. 改革与保障

学校"十二五"各项事业的发展，需要有力的改革举措予以推动，需要坚强的基本保障予以支持。初步考虑有三方面工作：

(1) 调整结构。

在现有办学规模、学科格局、队伍实力的基础上，结合教学科研的实际，着力思考调整并优化内部结构，使存量发挥最佳效能、产生最大效益。例如，其一，对办学结构的调整思考，要妥善处理稳定数量与提高质量之间的关系，制定分层次的人才培养方案，构筑立体式的培养体系；其二，对学科结构的调整思考，即如何进一步优化学科结构、促进学科之间的交叉与融合，探索产生有未来发展潜力的支撑学科；其三，对队伍结构的调整思考，即根据教学科研实际，合理调配师资力量，确立多层次发展方向，促进学科群体与创新团队的成长，努力实现"人人成才、人人发展"的理想目标，构建起一流队伍科学合理的建设体系。

(2) 整合资源。

在现有办学资源、科研资源及人力资源的基础上，实施内部有机整合，为结构调整提供配套支持，保证学科建设、人才队伍、教学科研的持续推进和发展。例如，思考整合学科群体、集成研究力量，拓展内外部的办学资源、科研资源，在大项目、大团队上狠下功夫，努力创造能产生大项目、大成果的有利条件；思考整合人力资源和硬件基础，加强内部的横向交流与合作、激发队伍活力，进一步盘活场地设施、仪器设备等硬件资源，例如，可以考虑建立校内的电子信息系统集成测试平台，实现资源共享，发挥最大使用效益，合理分配、提供保障支持；此外，要认真搞好开源节流、节约能源工作，多方面筹集建设资金，为学校事业获得科学、长久及可持续发展提供坚强保障。

(3) 优化管理。

在调整结构、整合资源的基础上，要进一步加强管理、优化管理，向管理要效益、以管理促发展。主要有四点考虑：其一，进一步规范体制机制，遵循办学规律、遵守发展规则，探索建立适应现代大学发展的科学管理体系，切实推进人事聘任、科研管理、考核与激励等制度改革，调整优化、注重效能，发挥好政策的"指挥棒"作用，切实执行、监督反馈，保障各项事业取得不断进展，例如，可以从管理统筹的手段和方式上，考虑建立校内的公共信息平台，实现相关综合信息的集成与共享，建立校内先进的公共服务平台，进一步优化校园网建设与服务；其二，改革人才培养模式，确立分层次的人才培养目标，对专业设置、课程体系、教学环节、实习实践等进行更新、调整，清除积弊、清理积习，大胆探索、勇于实践，使教育教学模式更加符合人才成长的客观需求；其三，建立健全公平、合理的评价体系，针对学科发展、教学科研、队伍建设、成果产出等工作，制定系统协调的评价机制，分类分层、多样指导，使各项工作的考核与评价有据可依、有序推进，例如，针对近年来在学科建设上的投入情况，建立分析、计量与测试平台，在一个公平、公正的平台上，客观分析投入资金的使用效益和产出成果；其四，提升综合管理服务水平，积极探索校院两级管理的新模式，不断完善后勤服务管理的新机制，协调处理好"全校一盘棋"和调动基层积极性之间的关系，使民主与集中、全局与局部、当前与长远的各种权利和利益得到充分尊重和保障，集中智慧、集成力量、群策群力、推动发展。

# 学以明志　廉以修身　俭以养德

——在 2010 年学校纪检监察工作会议上的讲话
（2010 年 4 月 8 日）

学校召开 2010 年纪检监察工作会议，对全年的反腐倡廉工作进行具体部署。这不仅是一项一年一度的常规工作，更是一次筑牢思想防线、加强廉洁自律、做好警示防范的教育和动员，是为了建设一支勤政、廉洁的高素质干部队伍而必须常抓不懈的重要工作，是为了充分保障整个西电机体的健康发展而必须努力奋斗的重点目标，于国、于家、于校、于己，都十分重要而且必要。

借此机会，就反腐倡廉工作谈三点体会，与大家交流并共勉。这就是，"学以明志、廉以修身、俭以养德"。

第一，学以明志。

广大党员领导干部应加强学习，提高理论水平、思想境界，明确工作宗旨、工作目标，淡泊功名利禄、丰富知识涵养，通过学习进一步树立正确的人生观、价值观、义利观和服务观，在各自的管理工作岗位上切实为教学科研等工作做出积极努力，为西电的发展做出实质性的贡献。

大学是学术的殿堂，是创造知识、传授知识的场所。追求真理、崇尚学术、传播文明，是大学发展的根本宗旨。作为大学里的大学人，应当肩负起学以至上、学以明志的神圣职责。1917 年，蔡元培先生在就任北京大学校长发表就职演讲时说："大学是研究高深学问的地方，进入大学不应仍抱科举时代思想，以大学为取得官吏资格之机关。应当以研究学术为天责，不当以大学为升官发财之阶梯。"求学、治学，是大学师生的本分，学习、服务，是大学干部的天职。

大学最早的管理者，多由教授和学者兼任；随着规模的不断发展，专职管理队伍逐步形成，一些教师或大学毕业生直接从事了专门的管理工作。因此，管理主体仍是"大学人"，是知识分子的一部分；大学管理必须坚持为学术服务，高效务实、追求卓越，彰显浓郁的学术氛围和求学之风。著名的西南联大，在昆明度过的艰苦卓绝的 8 年时间里，实行校务委员会和教授会共同管理治校的体制，张伯苓、蒋梦麟、梅贻琦 3 位校长担任校务委员会主席，梅贻琦校长主持校务，职能部门领导人全是知名教授，机构精干灵活、管理效率高，为凝聚形成西南联大精神付出了心血、做出了历史贡献。

前辈树立了典范楷模，我辈更应当加倍努力。

作为学校的党员领导干部，管理的职责是为教学科研服务，是为广大师生服务，克己奉公、廉洁自律，首要的任务是抓好学习。"虽有至道，弗学不知其善也"、"人不学、不知义"，政治上的清醒来自于思想上的成熟，思想上的成熟来自于不断的学习提升。我们应时刻牢记自己"大学人"的身份，要加强学习、学以明志、淡泊宁静、摒弃浮躁；要学习理论知识，武装自己的头脑、提高自身的境界；学习实践经验，把握管理的精髓、加强统筹的沟通；学习专业技能，锤炼服务的能力，提高服务的水平。

第二，廉以修身。

立党为公、执政为民，作为党员领导干部，为官从政的基本要求是廉洁自律、洁身自好，工作之中的基本准则是一心为公、提升修养；大学的管理干部，更应当廉政、勤政，把握职业操守、坚守道德底线，无论是哪个级别、哪个岗位，在廉洁自律上都应当坚持同样原则、同样要求，不越过雷池半步、不触碰规矩红线，勤于培养浩然正气、善于涵养廉洁之风。

"千里之堤、毁于蚁穴。"腐败不仅是历史现象，更是现实问题，其产生自古有之。当今世界，伴随着经济发展，物质刺激、权利欲望，往往是产生腐败现象的温床。根据国际实践经验，一个国家的人均 GDP 达到 1000 至 3000 美元的阶段，正是发展的黄金期，也是矛盾的凸显期，更容易产生出腐败，反腐倡廉工作的任务更加艰巨，意义更加深远。

大学的反腐倡廉工作，近年来也面临较为严峻的形势，不仅因为"象牙塔"之地更易引起社会的关注，也在于确确实实地存在着贪腐行为。我们身边也出现了鲜明的具有强烈警示意义的个别人的违规违纪行为。不可辩驳的事实说明，大学的反腐倡廉是一项应当长期坚持的攻坚战，勤政廉政，是广大管理干部必须认认真真上好的一堂必修课。

因此，必须时刻强化"廉洁自律、洁身自好、身正品端、行正影直"的管理干部廉政工作标准，强调"一岗双责"，干部的廉政修养与工作能力并重，两手抓、两手都要硬，进一步加强纪检监察和审计工作。各个部门的各级领导干部，要管好自己，管好家人，管好下属和身边的人，要特别注意在基建、采购、招标、招生等工作方面和环节上的公开、公正、依规、依据，保证西电干部队伍的机体健康；要推崇廉洁之政、倡导廉洁之风，坚决杜绝和反对贪污腐败行为的发生，确保西电各项事业的健康、持续、科学、长久的发展。

第三，俭以养德。

勤俭是一种美德，生活中坚持勤俭的原则，戒除贪欲、克制私欲，不仅有助于节约之风的形成，也有助于内心品德的养成。海纳百川、有容乃大；壁立万仞、无欲则刚。在如今物质条件已经十分丰富的情况下，提倡节俭、节约、健康、向上的生活作风，对于进一步做好反腐倡廉工作具有积极意义和重要影响。

《左传·襄公二十四年》云："太上有立德，其次有立功，其次有立言，虽久不废，此之谓不朽。"意思是说，最高的是建立德行，其次是建立功业，再其次是建立言论，这就是古人常说的"三不朽"的事情。廉以修身、俭以养德，保持勤俭、节俭的作风，有助于形成良好的品德，提升人生的价值与境界。

孟子提倡"穷则独善其身、达则兼济天下。"范仲淹的"先天下之忧而忧，后天下之乐而乐。"被后人奉为立德为公的名言。孙中山先生"天下为公"的主张启蒙了民主与科学的先进思想。毛泽东主席"为人民服务"的号召，激励了几代人为国家和民族事业前赴后继、赴汤蹈火。公生明、廉生威，怀有一颗为公、为民的坦荡之心，保持一种勤俭、节俭的朴素生活，不仅有益自身的健康生活，也有助于良好思想品德和崇高精神境界的培养与形成。

"忧劳可以兴国、逸豫可以亡身。"西电事业的发展，当前正处于攻坚克难、爬坡提升的关键时期，建设有特色高水平研究型大学的重任，仍需要几代人的不懈奋斗。保持艰苦奋斗的作风，发扬埋头苦干的精神，追求精益求精的品格，达到跻身一流的水平，需要从点滴做起、从细节抓起，节约节俭、廉洁为公，以事业为重、以发展为要。

要坚决杜绝那些"拖后腿、分精力、扯闲神、费功夫"、阻碍学校建设与发展、造成不良影响和掣肘制约的违规违纪、贪污腐败现象的发生；要集中精力抓好学校的学科、人才、教学、科研等重点工作，不再为不良事件的干扰而影响到正常的主体工作，不再为负面情况的产生而产生出无端的额外应对，要全力保证学校各项事业的健康、平稳发展，防患于未然，抓好事前的预防，未雨绸缪、常怀忧患，把工作的隐患排除在预防阶段，把腐败的根源清除在发源发端，把事件的发生扼制在萌芽时期，确保学校队伍的健康、廉洁，确保西电事业发展的健康、长久！

希望大家以史为鉴、以事为鉴、以人为鉴，高度重视廉政自律，切实履行廉政职责，勤奋地学习、努力地工作、健康地生活，为了学校美好的明天，为了自己美好的明天努力奋斗！

# 正心　正身　正德

—— 在 2011 年学校纪检监察工作会议上的讲话
（2011 年 4 月 11 日）

清廉者心正，心正者身正，身正者德正，德正者事成。作为党的教育事业的实践者、大学教学科研工作的具体组织管理者，我们每一位管理人员、每一位党员，都肩负着党、国家、人民赋予的培养人才、科学研究、服务社会、文化传承与创新的神圣职责，自身的一言一行、一举一动，不仅对学生的教育产生着直接影响，也会引起社会的广泛关注，关系学校的整体形象与声誉。

党员干部的廉政建设是学校工作中的一件大事，反腐倡廉是日常工作之中必须时刻保持警觉的恒久主题。加强党风廉政建设，底线是不出事，关键是抓预防，核心是筑牢思想防线、强化源头治理，正心、正身、正德，从思想上、行为上、工作生活自律上切实绷紧这根弦、把好廉政关，努力做到时刻警醒、防患于未然。

第一，正心，就是在思想意识上端正态度、提高认识。我国儒家思想中提倡"正心、修身、齐家、治国、平天下"的人生理想与"穷则独善其身，达则兼济天下"的人生态度，《大学》中说"古之欲明明德于天下者，先治其国；欲治其国者，先齐其家；欲齐其家者，先修其身；欲修其身者，先正其心。"可见，思想是行为的源头，是行动的根本，态度的好坏决定和影响着人生与事业的健康发展。种瓜得瓜、种豆得豆，善有善报、恶有恶报，说的也是这个朴素的道理。保持思想意识的纯洁、高尚，行为作风的清正、廉洁，是一个人的事业取得顺利发展的根本保障，也是一个集体保持长久兴盛的重要前提。

1949 年 3 月 5 日，毛泽东主席在党的七届二中全会上指出："可能有这样一些共产党人，他们是不曾被拿枪的敌人征服过的，他们在这些敌人面前，不愧英雄的称号，但是他们经不起用糖衣裹着的炮弹的攻击，他们在糖弹面前要打败仗。这一点现在就必须向党内讲明白，务必使同志们继续保持谦虚、谨慎、不骄、不躁的作风，务必使同志们继续保持艰苦奋斗的作风。"即"两个务必"。创业难，守业更难，要保持党的事业长久发展，廉政建设意义重大、势在必行，提倡廉洁清正、艰苦奋斗的作风，就要首先在思想意识上清本正源、端正态度、提高认识、提升境界，用正确的思想指导正确的行动。

大学是追求真理、崇尚学术、培养人才的园地，是传播知识和创造知识的场所，是孕育文化、产出成果的摇篮。身为大学的教师、干部、管理者，应具备"师者"的高尚思想品格，德高为师、身正为范，做教书育人的楷模，做管理服务的典范，而不是贪图名利、计较功利，更不该贪婪腐败，损毁自身的前途、败坏学校的声誉。对此，应有高度的重视与警惕，在思想深处端正认识、筑牢防线，不贪一时之利、不误一世之名、不作悔恨之举、不越雷池半步！

第二，正身，就是要在行为行动上遵守规章、反腐拒变。俗话说："身正不怕影子歪。"做人做事走得直、行得正，就会做到心胸坦荡、襟怀坦白，能够涵养"海纳百川，有容乃大；壁立万仞，无欲则刚"的宽广气魄和胸怀，不惧怕任何中伤和猜忌，经得起大风大浪，经得起各种诱惑的考验，对得起良心、对得起工作、对得起家人和朋友，真正树立起自己做人的口碑、做事的信誉。

加强党员干部的党风廉政建设，关键在于制度建设和提前预防，要以有效的机制和严格的规章约束和监督党员干部的工作行为，教育和影响其养成健康向上的生活情趣，惩防并举、防控先于惩治，全方位地关心和爱护干部的成才与成长，注重预防、注重源头治理，把预防工作做到前面，把反腐倡廉落到实处。

党的十七大报告指出："在坚决惩治腐败的同时，要更加注重治本，更加注重预防，更加注重制度建设，努力拓展从源头上防治腐败的工作领域。"可以说，今天的廉政建设已经涉及到党员干部工作与生活的方方面面，各项规章制度也逐步健全，例如《党员领导干部廉洁从政若干准则》、《关于实行党风廉政建设责任制的规定》、《巡视工作条例》、《关于领导干部报告个人有关事项的规定》以及教育部《直属高校领导干部廉洁自律"十不准"》等等。制度规定是明确的，制度建设的核心在于落实，在于广大党员干部切实履行党风廉政建设职责，在努力推进各项工作的同时，不忘反腐倡廉，时刻警钟长鸣，端正自身的思想、约束自身的行为，按照党风廉政建设的规定，做正派的人、做干净的事，行端影直、身正垂范。

第三，正德，就是要端正品德、加强修养，培养高尚的人格和情操，从自身做起，做廉政勤政的表率。

清廉者常乐，乐趣来自于内心高尚的品德；清廉者自信，自信来源于自身时刻的警醒。广大党员干部要善于培养高尚的品德、健康的情趣，坚守廉政建设的底线，在政治上、法纪上、道德上保持高度自律，在工作上、学习上、生活上坚持清正廉洁，做到生活健康、身体健康、精神健康；要进一步提升个人修养，淡泊名利、志向高远，物质上低要求，精神上高标准，树立正确的人生观、价值观，坚持党性原则，倡导积极奉献，认真遵守廉洁从政的要求，积极追求"人过留名、雁过留声"的良好口碑和群众信誉，实现人生与事业的最高价值，无愧于共产党员的光荣称号，无愧于"人类灵魂工程师"的崇高称谓。

知易行难，要求别人容易要求自己难，口头评论容易自身行动难，明白道理容易实际践行难。有句话说："村看村，户看户，群众看党员，党员看干部。"实际工作中，党员干部发挥好带头作用往往是解决问题、带动群众、推进工作的出发点和关键。因此，党员干部尤其是各级领导干部，要从自身做起、从点滴做起，从端正品德与提升修养做起，切实发挥好模范带头作用。

孔子说："政者，正也；子帅以正，孰敢不正；其身正，不令而行；其身不正，虽令不从。"榜样的力量是无穷的，打铁先得自身硬，正人先要正己。党员干部要做一般群众的先锋、楷模，要求别人做到的，自己首先要做到，要求别人不做的，自己坚决不做，言行一致、表里如一，才能真正发挥模范带头作用。

在此，提出四点与大家共勉：

首先，加强学习。阅读使人充实，会谈使人敏捷，写作与笔记使人精确。要多读书，不仅学习业务知识、学习管理经验，掌握为人处事的基本原则，也要积极学习党风廉政建设的具体规定与要求，理解"一岗双责"的深刻含义，提高个人理论素养，提升思想认识境界，并通过廉政警示教育、廉洁自律宣传等，进一步强化自身的自觉意识和实践意识，从思想源头和认识层面上，加强防范、注重预防。

其次，遵章守纪。按照合格共产党员的标准严格要求自己，对照党风廉政的规章认真检查自己，借鉴反面教育的活生生的实例时刻提醒自己，做到遵章守纪、奉公守法。把"德、能、勤、绩、廉"的要求切实贯穿到工作的一点一滴中，坚守底线、"廉"字当头，不因私废公、不因小失大，正确处理好公与私、名和利、个体与集体、工作与生活之间的关系。

同时，爱岗敬业。广大党员干部要把主要的精力投入到学校建设与发展事业中，在其位谋其正、履其职尽其责、清其风廉其行，倡导奉献精神，爱岗敬业、投入工作，树立正气、抵制歪风，用积极向上的工作态度和勤奋忘我的工作作风，全面推进学校学科建设、教学、科研以及管理服务工作的不断进步与提升。

最后，健康生活。要在生活上培养正当、健康的情趣与爱好，建立团结、正气、和谐、达观的人际关系，不拉帮结派、不结党营私、不触碰底线，对自己负责、对亲人负责、对朋友负责，对社会负责，健康生活、愉快工作，为实现个人与单位事业的共同发展而努力！

# 价　值　境　界　操　守

—— 在 2012 年学校纪检监察工作会议上的讲话
（2012 年 3 月 19 日）

　　每年我们都要召开学校纪检监察工作会议，传达中央和教育部党风廉政建设有关精神，全面部署纪检监察新一年的工作。这是学校年度工作会议后召开的一次重要的警示预防会、教育启迪会，既是加强纪检监察工作、防腐倡廉的重要警示，也是加强党风廉政建设、拒腐防变的提前预防，对于促使大家清正做人、清白做人，营造风清气正的良好氛围，保证学校各项事业健康、可持续发展，保障广大党员干部、教职工的健康成长、顺利成才，具有重要的意义和作用。在此，我围绕"价值、境界和操守"谈三点思考与认识，与大家共勉。

## 一、对价值的认识

　　人生有价值、工作有意义、生活有真谛。人生的价值不以时间来计算，生命的价值也不以地位来衡量。生命的价值何在，生活的意义何在，不同的人有不同的认识、不同的追求，描画着不同的人生轨迹。

　　有的人创造了轰轰烈烈的人生价值，崇尚"人生自古谁无死，留取丹青照汗青"，把一生中活的价值与死的意义紧密关联，舍生取义。有的人追求"不因虚度年华而悔恨，不因碌碌无为而羞耻"，把个人的价值奉献给社会进步、人类共同事业的发展。有的人"把有限的生命投入到无限的为人民服务中"，无私奉献、助人为乐，形成了享誉世界的崇高精神。有的人热衷追名逐利、贪图享受，将"人不为己、天诛地灭"当做不二的人生信条，忙于计算得失、贪图索取、算计他人，却最终在党纪国法面前原形毕露，因为利欲熏心、违规违纪而受到了应有的惩罚，身陷囹圄、追悔莫迟。

　　古语说："莫以善小而不为，莫以恶小而为之。"我们在自己平凡的岗位上，同样要对自身的价值有清醒的认识、有正确的选择。大学教师的典型代表孟二冬教授，淡漠名利、甘于寂寞、安贫乐道、恪尽职守，坚守三尺讲台，为学问锲而不舍、为支教呕心沥血，用自己的行动树立了大学教师的楷模，虽然没有轰轰烈烈，却在平凡的岗位上做出了不平凡的事。

　　思想决定行动、认识决定行为。有怎样的价值观，就会产生怎样的目标取向、走出怎样的人生道路。提高对人生价值的认识，可以帮助我们明是非、识好恶、辨曲直，时刻提醒我们坚持党风廉政建设，反腐倡廉、拒腐防变，提醒我们认真履行一名大学的党员干部、人民教师的神圣职责，教书育人、清正为人，无愧于人类灵魂工程师的赞誉。

作为西电的一名普通大学教师、党员干部，也许终其一生，也不能创造出惊天动地的丰功伟绩，但在平凡的工作岗位和平实的工作过程中，一代代西电人传道、授业、育人、服务，推动着学校各项事业的健康、持续与跨越发展，共同为国家建设和社会发展做出了重要贡献。希望全体党员干部和广大教师，能正视自己存在的价值，追求人生的积极意义，遵守党纪国法，遵守道德规范，在平凡的岗位上兢兢业业、踏踏实实，实现自己积极、美好、清白、顺利的人生目标。

## 二、对境界的追求

境界是自身修养目标和内心世界追求的统一，境界的高低反映出一个人的思想认识和道德水平的高低。

《国语》中有句话："重莫如国、栋莫如德"，意思是说，没有什么比国家更重要，而要成为栋梁，没有什么比具有崇高的德行更重要。大哲学家康德也讲："世界上有两样东西最令人敬畏，一个是我们头顶灿烂的星空，另一个则是我们内心的道德准则。"

锤炼品德、提升境界，就要重视精神生活。人有物质生活，也有精神生活。物质生活的满足不能完全代替精神生活，而相反，精神生活的充实却能提升物质生活的境界。有的人拥有亿万家财，却精神贫瘠、空虚无聊；有的人安贫乐道，却"斯是陋室，惟吾德馨"。可见，精神生活虽建立在基本的物质生活基础上，却高于物质生活、深刻地影响着物质生活。

锤炼品德、提升境界，容不得私心杂念作祟。古人说"金有一分铜铁之杂，则不精；德有一毫人伪之杂，则不纯矣。"涵养道德、提升境界，应从心灵深处着手，心底无私、襟怀坦荡，踏踏实实做事，清清白白做人。

3月14日，温家宝总理在"两会"举行的中外记者见面会上说："最后一年将职守不废、处义而不回，永远和人民在一起"；谈到任内成绩时，他希望"人民忘记自己所做的有益的事情，并随日后长眠地下而湮没无闻"，他自责地说"许多工作没有做完、许多事情没有办好，知我罪我，其惟春秋"。他还强调指出"最危险在腐败，国之命在人心、公平正义比太阳还要有光辉"。短短一席话，彰显出温总理忧国忧民的情怀、淡泊名利的品德和恪尽职守的自律，崇高的思想境界、高尚的个人修养溢于言表、满含深情。

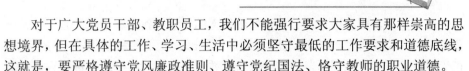

对于广大党员干部、教职员工，我们不能强行要求大家具有那样崇高的思想境界，但在具体的工作、学习、生活中必须坚守最低的工作要求和道德底线，这就是，要严格遵守党风廉政准则、遵守党纪国法、恪守教师的职业道德。

今天，通过坚持不懈、艰苦努力的工作，西电不断增强了办学的经济实力，大家的工作条件、待遇收入、居住条件得到了显著改善，物质生活水平得到了大幅提升。在这样的基础上，我们应有更高的精神追求和事业追求，善于提升自己的思想境界，提倡为学校的跨越发展做出实质贡献，通过勤奋工作、努力拼搏，早日把西电建设成为一流的高水平研究型大学。

## 三、对操守的坚持

做人要本分、做事有规矩、道德有底线。广大干部、教师，更应坚持操守，不踩底线、不越红线、不碰雷区。

坚持操守，首要的是建立健全相关规章制度并严格执行，不能无制度可依，更不能有制度不依。德国的马普学会是德国政府资助的全国性学术机构，享誉全球，它有一个很特别的规定，那就是：所有进入该会工作的青年科研人员，首先必须接受学术道德的特殊培训，识别在研究中哪些是错误的行为，如何规避这些行为。此外，还需在一些具有法律效应的文件上签字，履行承担责任的郑重承诺。通过这一制度，有效保障了学术的权威性和纯洁性，杜绝了学术腐败等现象。

他山之石，可以攻玉。我们应通过较为完备的协调机制、责任机制和落实机制，抓好制度建设，形成长效机制，切实保障反腐倡廉工作有成效、有实效。据统计，2011 年，全国县处级以上 4843 人受处分，其中工程领域涉及厅局级89 人；2003～2010 年，教育系统图书教材和设备采购领域违纪违法案件占27.3%，发案率居首位。因此，我们要特别加强重点领域和关键环节的监管，认真落实教育部党风廉政会议精神，结合学校实际，严把招生录取、基建项目、物资采购、财务管理、科研经费、校办企业、学术诚信"七个关键关口"，强化制度上的监督制约，做到预防在前、预防为主，用制度和机制加强科学管理、实行严密监督，底线是不出事。

坚持操守，要学会自律。事物变化是内因和外因共同起作用的结果，但外因只是提供了条件，而内因才是事物变化发展的根本。面对社会不良风气的影响和各种诱惑的吸引，广大党员干部、教职员工要加强自我约束，洁身自好，处理好权利与义务、履职与尽责的关系，"知所应为而有为，知所不为而拒为"，时时警醒自己，处处警钟长鸣，自觉培养高尚的道德情操，主动加强自身的党风廉政建设，不断提高慎权防诱、拒腐防变的能力。

坚持操守，要善用他律。要做好组织上的警示、教育和监督防范工作，防范于未然，未雨绸缪，防微杜渐，要对广大干部、教师从思想建设、作风建设、正当爱好、生活情操方面，切实加强自身教育和建设。同时，也希望大家以开放平和的心态乐于接受组织监督，切实保障整个管理干部队伍、教师队伍的健康，保证学校各项事业的顺利开展。

# 第三部分　大师之本

"大学乃大师之谓也"。一流大学要拥有一流的教师，著名教授是大学的灵魂。加强师资队伍建设，是建设世界一流大学和高水平大学的前提和基础，有了学术大师的引领，学科方向才能更加明确、凝练，有了学术骨干的攻坚，重大成果和拔尖人才方能实现新的突破。人才资源是第一资源，人才强校是首要战略，夯实师资队伍建设的坚实基础，就是要注重"大师之本"的培育和巩固，人才强则大学盛。

西电历史上，曾有孙俊人、毕德显、罗沛霖、陈太一等我国电子学、雷达工程、信息论方面的前辈大师，他们开辟了电子信息学科的先河。以后，又有保铮、胡征、蔡希尧、肖国镇、叶尚辉等老一辈学科带头人，成为支撑学校建设与发展的中坚，他们奉献、拼搏、扎实、朴实的作风，为今天的年轻教师树立了榜样。

随着高等教育激烈竞争形势的发展，引进人才、培养人才，成为各个高校大力加强教师队伍建设的重中之重，学校对一流人才的需要与渴求，从来没有今天这样强烈，相关政策支持力度也前所未有，不断加大。2007 年，学校召开了第一次人才强校工作会议，在高层次人才取得"零的突破"基础上，全面部署了人才工作的重点推进举措。2012 年，又召开了第二次人才强校工作会议，再次把师资队伍建设推上了新的高潮。

本部分收录的 12 篇讲话及报告，主要涵盖了两次人才强校工作会议的内容，并对涉及到教师队伍建设相关思考和举措的文章、讲话进行了辑录。

# 凝聚高水平学术队伍　锤炼创一流竞争团队

——在 2003 年学校关键岗位聘任仪式上的讲话
（2003 年 11 月 18 日）

学校开展校聘关键岗位聘任工作，是激活教师岗位职务聘任改革、凝聚高水平学术队伍、形成骨干核心竞争力的主要举措。2000 年学校进行了首批校聘关键岗位聘任，有总计 87 名专家、学者竞聘上岗。经过 3 年奋斗，首批受聘上岗人员在教学、科研第一线取得了突出成绩，为学校指标体系建设做出了巨大贡献。

本次受聘上岗的 110 名专家、学者，加上另外 1 名校内特聘教授、仍在聘期内的 8 名学术带头人共计近 120 人，则更为集中地代表了学校当前教师队伍的中坚力量。可以毫不夸张地说，进入本次校聘岗位的专家、学者，是继学校老一辈学术骨干队伍之后的又一批新生骨干力量。

教师是学校的主体，教授是大学的灵魂，一所大学是否具有一批一流学者，特别是引领学科与学术发展的带头人，是体现大学水平的主要标志，也是最具有可比较性、最具有说服力和影响力的指标。

高水平学术队伍是学校不断提高师资队伍建设质量、提升核心竞争力、向研究型大学目标阔步挺进的关键。在"四个兴校"中，人才兴校是根本，没有一流的人才，兴校的美好愿望就会落空；在三个规划中，学科建设与队伍建设紧密结合，缺乏队伍建设，学科的龙头地位就得不到加强和巩固；在长远发展战略实施中，只有紧紧抓住人才建设的根本，产生一流的顶尖人才和学术大师，才能使学校的学术声誉和社会影响达到国际知名水平，实现研究型大学的奋斗目标。

借此机会，对学校教师队伍建设、凝聚高水平学术队伍及锻造学科群体谈几点想法。

## 一、教师队伍建设的思考

我校现有教师队伍，无论从数量、结构、质量以及优势团队等几个方面都或多或少地存在一定的问题，需要进行深入思考，分析原因、找出差距，大力加强队伍规模、结构、质量和水平的建设。

可以说，教师队伍的数量正稳步增加，学历层次逐渐提高，年轻化建设也显现出良好的发展趋势，而最突出的问题是结构问题。现有基本格局呈"葫芦型"，即顶端的老教师和年轻的教师在数量上占据了较大比例，而处于中间层次的教师数量不足，结构不够合理，制约了队伍建设的质量和水平。

另外，教师队伍整体的创新能力还比较弱，大师级的带头人稀缺、拔尖人才比较匮乏，学校重要指标主要集中在少部分单位和个人身上，学科梯队和学术团队还没有形成较强的气候，一些学科存在不同程度、不同层次的断层，出现梯队老化、后继无人的现象，影响到学科群体和创新团队的形成，制约科技创新能力的提高。

站在队伍质量建设的角度上看，教育部实施人才发展战略，基本形成了三个层次的优秀人才培养和支持体系：第一层次是长江学者奖励计划，第二层次是高校青年教师奖和跨世纪优秀人才计划，第三层次包括优秀青年教师资助计划、高等学校骨干教师资助计划、留学回国人员科研启动基金以及其他有关人才计划。我校在以上高层次人才的群体和团队中的实力还有待加强。另外，国家自然科学基金委的国家杰出青年基金以及创新研究群体科学基金等国家级重大人才基金计划中，我们还留有空白，和兄弟院校有一定差距。

知不足然后思进取。教师队伍未来建设的艰巨任务在于突破优秀人才培养的卡口瓶颈，培育产生大批杰出的学科、学术带头人，促使进入国家各种人才计划的人数快速增加，大力加强中坚梯队的力量，凝聚高水平学术队伍，力求产生顶尖人才和领军人物，实现院士和学术大师级人物的新突破，建构起科学合理、呈"金字塔型"的队伍构成布局，为学校实现跨越发展、实现研究型大学建设目标提供强大的原动力和人才支持。

## 二、凝聚高水平学术队伍

综观美国研究型大学，不仅是美国科学成果乃至世界科学成果的重要发源地，也是其科学界甚至世界科学界"顶尖级"人物的发源地，正是由这些"顶尖级"人物所产生的"顶尖级"的成果极大地推动着国家的技术进步、经济发达和社会繁荣。

我国实施科教兴国战略的一个重要配套基础就是人才发展战略。十六大报告提出"尊重劳动、尊重知识、尊重人才、尊重创造"，"人才资源是第一资源"的观念正逐渐深入到改革、发展与创新的具体实践中。大学发展的根本在于凝聚高水平师资人才，产生大批杰出学术带头人和学术骨干，孕育一批创新团队和优秀群体，从而推出国际知名的学科带头人和学术大师，形成层次清晰、梯队紧密、相互促进的高水平学术队伍建设格局。

适应研究型大学建设目标的师资队伍必须是一支具有高水平的学术队伍，高水平学术队伍是建设研究型大学所必需的基础，凝聚高水平学术队伍是我校人才工程建设的主要任务。围绕学科建设搭建学术梯队，凝聚起高水平的学术队伍，既有利于形成学科特色、提高学术地位，又有利于争取外部资金，吸引优秀师资和生源，这正是我们从教学、科研两个中心并重的大学类型向研究型大学发展的有效途径。

### (一) 人才工程的建设原则与格局

人才工程建设要坚持"培养与引进并举、国内与国际结合"，建设开放式、与国际接轨的高水平学术队伍，使队伍的建设与学科的建设有机结合，使人才队伍的培养和学校的实力同步增强。

高水平学术队伍建设是人才工程建设的主攻方向。与学科分层次建设相匹配，学术队伍的建设也应当具有一定清晰的层次和合理的布局。

"九层之台、起于垒土"，金字塔型学术队伍建设的框架必须从最基础的平台建设抓起，而这个基础平台就是目前现有的以教学、科研两个中心并重的教师队伍建设，这是起步的重要保证，并应当不断加强；在此之上，要形成一定的学科群体和创新团队，即构筑人才培养高地，要形成培育优秀人才快速成长、脱颖而出的肥沃土壤，孕育并产生出具备潜质、势头看好的年轻学术苗子，加强培养、重点扶持；有了群体和团队的人才高地，就可以集中选拔种子选手，形成高峰，就能够着力强化"第一梯队"建设，全力促使产生出顶尖人才，逐渐培育成长起领军人物，带动学科的全面发展和建设、提高学科水平和知名度；这样，才具备了完成自主产生院士等学术大师人物的能力。

当然，同时应当本着"不求所有、但求所用"的高层次人才引进原则，积极吸纳国内、国际上的知名学术大师来校交流，主动引进国内外的杰出人才来校工作，发展壮大学术队伍，增强实力、提高水平。

### (二) 人才工程的主要内容

人才工程建设的内容大致可以概括为"两项工程、四个计划、多方统筹"。

两项工程就是高层次人才工程和"3512工程"，校聘关键岗位的主要内容就是"3512工程"。要通过"3512工程"的建设，切实把学校的高水平学术队伍推向一个新的阶段，扎扎实实地做好30名校内特聘教授、50名学科带头人、100名学术带头人及200名骨干教师的评聘工作，把好质量关、提升学校整体的指标体系，促使各个层次的教师在不同的岗位上不断提高自身的创新水平和创造能力。要加强高层次人才工程工作的建设力度，尽早有大批高端人才产生，实现高端人才的新突破。

四个计划分别是长江学者奖励计划、优秀留学人员回归计划、外聘教师计划和礼聘教授计划。要认真落实"长江学者奖励计划"特聘岗位的聘请工作，积极宣传、广泛联络，尽快使设岗 6 个学科的人员到位上岗；逐步建立起海外校友会，制定留学人员定期联络制度，积极吸引优秀海外留学人员来校工作；聘请国内外知名学者、专家和企业杰出人才担任兼职教师，实行开放式队伍建设；抓好"礼聘教授"计划的落实，使聘任的教授上岗授课，发挥良好的"传帮带"作用，促进青年教师尽快成才。

多方统筹指的是在人才工程建设中，要特别注意队伍数量与质量的统筹、拔尖人才与创新团队的统筹、吸引校外优秀人才与稳定培养现有队伍的统筹、注重学历层次与实践能力结合的统筹、注意基础学科与应用学科之间的统筹等多方面的关系，简单地说，就是要做好人才队伍建设的改革、发展与稳定，使学校教师队伍在稳步、持续发展的前提下，做到数量、质量、结构与水平的协调提高。

### (三) 凝聚高水平学术队伍的重点保障

凝聚高水平学术队伍的目标是建成一支学术造诣高、理论知识广博、协作能力突出、国际视野开阔的强有力的教师中坚，其建设是一项系统工程，与学科建设的层次和目标紧密结合，与教学、科研的中心工作息息相关，要求全校协调、共同努力，积极调动学校、学院和广大教师的积极性，学校大集体、学院小集体、学科紧密集体和个人能动性全面结合，"学校为主导、学科要主动、学院多配合、个人勤争取"，共同抓好高水平学术队伍的建设工作。

学校在高水平学术队伍建设方面的保障机制主要有：

资金投入保障——每年学校用于高层次人才建设的资金不少于1000万元，为加强人才队伍建设提供根本的资金保障；

成长机制保障——要建立学校、学院学科、队伍分层次建设的长效机制，制定鼓励优秀人才脱颖而出的有效政策和措施；

工作环境保障——办公场地、科研、教学研究场地、软硬件基础条件建设等，将随着学校数字化、花园式校园和新校区建设工作的逐步深入和加快，不断得到大的改善，为学术队伍建设提供更为优越和完备的基础设施条件；

生活服务保障——启动 600 套职工高层住宅楼建设工程，解决现有骨干教师工作、生活的后顾之忧，使他们安居乐业，预留引进高层次人才的高层住宅，随着学校办学实力的增加不断提高教职工特别是一线教师的普遍待遇。

## 三、锤炼创一流学科群体

21 世纪已经进入到一个崭新的大科学时代，科技领域大规模的国际合作层出不穷，陌生的新学科应运而生，单一的学科攻坚已经被分工细致、交叉融合的多学科综合研究所替代，任何重大的成果突破更加需要学科群体的共同攻坚。

个人的力量毕竟有限，集体的力量可以大到无穷。

科技史上群体攻坚的范例已经不胜枚举，而我国不久前"神州五号"载人航天飞行圆满成功的背后，则包含了载人飞船、运载火箭、航天员系统、应用系统、发射场系统、测控通信系统和着陆场系统7大系统的复杂科技研究，涉及110个研究院所、3000多个协作配套单位和数以万计的科研人员10年多的艰苦研究与探索。

当前，提升学校研究水平和学术声誉的关键环节就是学科群体的建设，锤炼创一流学科群体是建设研究型大学的必经之路。

学科群体的建设是一个以老带新、以新促老的渐变过程，创一流学科群体的锤炼更需要倾注以极大的热情和耐心，特别要有牺牲精神。邓小平同志在1978年召开的全国科学大会上曾说："世界上有的科学家，把发现和培养新的人才，看作是自己毕生科学工作中的最大成就。""尽管有些新人在科学成就上超过了老师，但他们老师的功绩还是不可磨灭的。"我国已故著名数学家苏步青曾经提倡"培养学生超过自己"，被称为"苏步青效应"，正是为学科群体建设甘为人梯的光辉写照。

我校通过"211工程"建设，已经进行了学科群体方面建设的有益实践，证明了学科群的建设在促进学科人才群体成长中的积极推动作用，有利于大面积团队攻坚、发挥群体优势、相互促进和发展，取得了显著的成效。目前，学校建设了4个跨学院的研究中心，就是要把学科群体的建设提高到应有的高度来认识，从学科建设的角度构建起人才建设的有效措施，保证队伍建设的群体化取得明显效果。

学科群体的建设涉及两个方面的主要内容：第一，是学科纵向的群体建设，在各个学科本身的群体建设中，没有良好的学科群体氛围，就不大可能产生创新成果，没有学科内部的经常性学术交流和讨论研究，就不会激发新的学术思维和创造精神，个体要在群体中生长、群体要靠个体的脱颖而出带动，建设好各个学科自身的群体队伍十分重要；第二，是学科横向的群体建设，也就是学科的交叉与融合，实践证明，学科交叉与融合有利于产生出新的学科增长点，孕育出新兴学科，有利于凸现重要的创新型成果，实现新突破。

因此，我们在锤炼创一流学科群体上要注意做好以下四点：

其一，各学科群体内部要构建年龄结构合理、充满生机与活力的梯队建设，保证各个层次人才的不断层、不断代，保证促进年轻人脱颖而出的激励机制和奖励措施，不排挤、不压制，在学科群体内部积极倡导学术民主、鼓励年轻人敢于质疑、勇于挑战的信心和勇气，善于给他们压担子、促其出成果，加快学术梯队的建设步伐。

其二，各学科群体内部应当团结协作，新老互敬、互重，按照学科发展的实际需要，科学、合理地指导、安排好不同人才的发展任务与奋斗目标，长远规划、未雨绸缪、集中突破，力争在各自学科的前沿领域取得先进水平或领先水平的研究成果，切实促进学科发展。

其三，各个不同的学科之间要加强联系与交流，尤其是基础学科与应用学科之间应经常加强信息互通，及时借鉴不同领域的最新研究成果，积极促进学科交叉与融合，推动新兴学科、交叉学科和边缘学科的探索与发现，实现学科群体的横向联盟，以建立跨学院的研究中心为基础，逐渐把跨学科的合作研究与人才培养有机地结合起来，刺激新思维、激发新火花、产生新成果。

其四，要有意识地逐步突破学科"近亲繁殖"的不利之处，积极与校内外、国内外的知名大学、研究所加强合作，建设开放式的学科群体，吸纳海内外优秀人才共同参与学科建设事业，与国际接轨，逐步走近世界前沿学科的研究领域和研究方向，不断缩小和国内一流大学、国际知名大学的差距，向着研究型大学的目标大步迈进。

# 大力加强教师队伍建设

—— 教育部直属高校第十四次工作咨询会交流材料
（2004 年 1 月）

一流的大学必须建设一流的学科，必须创造出高水平的研究成果和培养高素质的创新型人才。而这一切都应建立在具有一流的师资队伍的基础上，可以说师资队伍建设是学校一切工作中的重中之重，是学校核心竞争力的体现。我校是一所以电子信息科学为主，工、理、管、文、经多学科协调发展的国家"211工程"立项建设的重点大学，由于学校地处西部，学校专业设置符合社会要求，加之电子信息产业近年来的迅猛发展，巨大的社会需求导致了我校师资补充和稳定的极大困难，人才的大量流失严重影响和制约了学校的建设和发展。为此，我校坚持以人为本，把师资队伍建设做为学校百年大计来抓，与时俱进，开拓创新，近几年在教师队伍建设上不懈努力，积极探索，也取得了一定的成效。

## 一、树立教师是大学的核心竞争力的理念，强化人才兴校意识

"人才资源是第一资源"。人是生产力中最为活跃的因素，只有人才资源得到开发，把人的各种积极因素调动起来，才能使我们的国家充满生机和活力，才能提高国家的综合竞争力。正是基于这一认识，中央站在现代化建设的战略高度，提出了人才强国战略，人才蔚起国运兴，谁拥有更多更好的人才，谁就能在竞争中取得主动，赢得未来。走人才强国之路，这是我国迎接国际挑战的必然选择。

培养和造就大批高素质的人才是高等教育的使命，也是高等学校的神圣职责。建功必先兴校，兴校必先聚才。教育大计，教师为本。梅贻琦先生谈到："所谓大学者，非谓有大楼之谓也，有大师之谓也。"竺可桢在谈办学时也强调："大学实施教育，教授人选最为重要"，"有了博学的教授，不但是学校的佳誉，也是国家的光荣"。教授是大学的灵魂，教师是大学的主体。有了高水平的教师队伍，我们便可以从从容容地搭好台、唱好戏。

国与国竞争的关键是人才，校与校竞争的关键是教师。高等教育发展的水平，关系着一个国家的国际竞争力，教师队伍的数量和质量，决定着一所高校的核心竞争力。教师是人类文明的传播使者，是大学文化创新、技术创新和制

度创新的原始推动力，更是代表学校核心竞争力特性差异的核心价值、无形资产、长期竞争优势的根本因素。

古人云："山不在高，有仙则名；水不在深，有龙则灵"。对学校来讲，就是要在教师队伍中拥有一批代表性的大师级人才，诸如两院院士、教学名师、技术发明家、学科带头人等，他们站在学科的前沿领域把方向、带队伍、筑基础、开辟新境界，形成竞争的核心资源，经过长期的积累而保持在持续创新层面上，这是学校区别他校的独特的优势。诚如此，校以人为兴盛，脉以人而传承。

只有树立教师是大学核心竞争力的理念，才能真正把教师队伍建设作为学校的头等大事来抓，才能真正从学校的大局着眼，尊重教师、爱护教师、关心教师、依靠教师，从而真正确立教师在学校的"办学主体"地位。

## 二、坚持数量与质量相统一，努力提高教师队伍的质量

教师队伍的数量是质量的基础，而质量则是教师队伍的根本。我校教师队伍不仅数量不足，而且质量也不容乐观。针对这种情况，我们在增加教师队伍数量的同时，严把质量关，在教师引进方面针对学校发展战略及学科发展方向，本着建立一支规模相当，相对稳定、创新型的教师队伍的目标，我们在 IT 技术学科、电子科学技术学科、管理学科、应用基础学科和国家急需人才的学科等领域加快增长教师的数量，逐步形成我校独特的人力资源体系，构建区别其他高校的特色鲜明的人才队伍。

（1）举办基础学科师资班。充分利用每年本科、研究生招生的有利时机，吸引优秀学生作为师资进行本硕连读、硕博连读攻读学位，补充到基础学科的教师队伍中。

（2）吸引优秀研究生来校任教。抓住 IT 产业大调整时期，教师成为社会崇尚职业的人才流向趋势，把名校的研究生吸引到学校来，补充新生力量，增强教师队伍的交叉和融合。

（3）有计划吸纳新兴学科或新技术方向的人才群体。根据学校教师资源积累体系的需要，在管理学科、生物技术、经济类学科、新材料学科、环保技术、能源技术等与 IT 技术结合领域或者方向上吸纳学术团队，补充在这些学科方向上有特色的高校毕业生加盟。

（4）实行"礼聘教授"计划。聘请一定数量的老教授继续担任教学科研任务，给青年教师起到"传、帮、带"的作用。

（5）实行"双聘教师"计划。按照新机制、新模式办学实体和工程硕士培养的需要，聘请一定数量的在著名企业、研究所、公司中供职的高级工程技术

人员担任教师，主要开设工程实践课程或者培养硕士研究生。

## 三、坚持整体队伍的发展与拔尖人才的培养相统一，努力汇聚高水平的学术队伍

高水平的教师队伍建设的理想构成应是"金字塔型"的结构。由于历史原因，我国高校教师队伍呈现"葫芦型"或"哑铃型"的结构，队伍老化和人才断层是制约人才队伍建设的一个瓶颈，我校也不例外。要解决这一问题就要在促进青年教师大面积成长的基础上，尽快培养起可以担当教学和科研重任，创造突出指标体系新业绩的中青年骨干教师，培育产生大批杰出的学科、学术带头人，促使进入国家层面的各种人才计划的人数快速增加，汇聚高水平的学术队伍，力求产生顶尖人才和领军人物，构建起科学合理的人才梯队，为实现跨越发展提供更大的原动力和有力的人才支持。为此我校积极实施人才工程，把人才工程建设与学科建设相结合，与校、院、系三级学科体系相匹配，在学术队伍建设上也提出相应层次的人才建设计划和要求，在高水平学术队伍建设方面主要抓了"两项工程"、"四个计划"（即高层次人才工程、"3512 工程"和长江学者奖励计划、优秀留学人员回归计划、外聘教师计划、礼聘教授计划）。同时本着"不求所有，但求所用"的原则，大力引进高层次人才，积极吸纳国内、国际上的知名学术大师来校交流，主动引进国内外的杰出人才来校工作，发展壮大学术队伍，提高学术水平。

## 四、鼓励创新个体脱颖而出与建设创新群体相统一，努力提高教师队伍的创新能力

任何重大的科学成果更加需要群体共同攻坚方能获得成功，创新个体要在群体中培育成长，而创新群体也需要创新个体的脱颖而出来推动，二者相辅相成，互相影响，互相促进。因此在教师队伍建设中，我们既鼓励每个教师大胆创新、脱颖而出，又积极推进创新团队建设，发挥群体攻关的作用，将二者紧密结合起来。在创新个人的培养方面，我们将项目、基地和人才建设有机结合，建立稳定的研究基地，促使一批优秀的中青年教师在项目研究实践中脱颖而出，加强学术交流与合作，鼓励广大教师拓宽视野，走出去多参加国际学术交流，请进来多进行国际间的学术会议，在交流与合作中长知识、增才干。坚持教学科研并举的方针，在工作中提倡"两条腿"走路的原则，既要精心搞好教学，又要全力做好科研，把两者有机地结合起来，相互促进。鼓励教师坚持学习，不断学习现代社会最新的科技知识，掌握先进的研究方法，在此基础上不断提高自己的研究水平和创新能力，不断完善人才的竞争、监督、评价、激励

机制，积极推进各项人才工程，通过竞争的方式选拔优秀人才进入关键岗位，抓紧各项人才项目的监督落实，通过科学的评价和激励机制，实现优胜劣汰，调动教师的创新积极性，促进人才队伍走向良性发展轨道。

同时，积极加强学科创新群体建设，把学科群的建设与学科创新群体的建设紧密结合起来。学科群的建设能促进创新人才群体的形成与发展，创新人才群体的形成与发展反过来能推动学科群建设，二者相辅相成，互相促进，协调发展。

(1) 以学科群为基础的人才群体内部要形成合理的年龄结构和梯队层次，保证各个层次人才的不断层，不断代，建立促进年轻人脱颖而出的激励机制和奖励措施，不排挤，不压制，在人才群体内部积极倡导学术民主、学术自由，鼓励年轻人敢于质疑，勇于挑战的信心和勇气，善于给他们压担子，促使他们出成果。

(2) 各学科群体内部应当团结协作，新老同志之间互相尊重、互相支持，按照学科发展的需要，科学合理地安排好不同人才的发展任务与奋斗目标，做好人才发展的长远规划，凝聚力量，力争在各个学科的前沿领域取得先进水平或领先水平的研究成果，在促进学科发展的同时提升人才队伍的创新能力。

(3) 各学科群体之间要加强交流，尤其是基础学科与应用学科之间应经常加强信息沟通，及时借鉴和吸收不同领域的最新研究成果，积极促进学科交叉与融合，在跨学科的合作研究中培养人才。

(4) 要逐步改变学科群体"近亲繁殖"的问题，积极与校内外、国内外的知名大学、研究所的学者合作，建立开放式的学科人才群体，在对外合作和国际交流合作中培养队伍，提高创新能力。

## 五、注重学术能力的提高与师德教育相统一，努力提高教师队伍的道德学术品质和科学精神

高校教师以育人为职业，教师的工作不仅仅只是教会学生文化知识，更重要的是培养学生树立正确的思想道德。学高为师，身正为范。教师的职业岗位要求其为人师表，成为社会道德风尚的促进者。今天各行各业都大力倡导诚信精神，作为肩负社会教育职能的高校教师更应该以诚为本，以身作则，率先垂范。高校教师绝大多数都担当着科学研究的重任。科学研究来不得半点虚假，进行科学研究的人必须具有求真、求实的品质和埋头苦干、孜孜以求的探索精神。教师的师德不仅关系到高校根本任务的实现，也同时关系到高校的学术研究的健康发展。因此在努力提高教师的业务能力的同时，必须大力加强师德建设，努力提高教师队伍的道德学术品质和科学精神，从而全面提高教师队伍的

素质。我校在大力倡导教师在搞好技术创新的同时，养成良好的科学品质，注重四种精神的培养：

(1) 创新创造精神。要敢于冒天下之大不韪，善于创新，敢于创造。不因循守旧，循规蹈矩，要善于"扬弃"，在继承前人优秀成果的基础上开拓技术发展的新天地。

(2) 拼搏奉献精神。科学探索的道路上充满荆棘，必须有艰苦奋斗的思想准备，要耐得住"寂寞"，不奢华浮躁，摒弃名与利的干扰，求真务实，乐于奉献，就一定能达到科技创新的彼岸。

(3) 团结协作精神。要善于把自己融入到集体中，现代科技的发展更加强调继承、系统与融汇。把自己游离于"团队"之外，很难做出一番大事业。要学习老专家、老教授治学治教的优秀品德，要学习青年教师蓬勃向上的斗志，要学习同行们的学识之长，在和谐融洽的人际关系中发展自己、创新自己。

(4) 爱国爱校精神。一个要成就一番伟业的人只有把自己的命运与祖国的命运联系在一起，才能够实现自己的个人价值和社会价值。同样，一个愿意献身于教育事业的人只有在母校这个平台上做出不平凡的业绩来，才能够赢得社会的尊重。

学校要把师德作为对教师考核的一项重要内容，把师德考核结果作为教师职务聘任、评优晋级、出国深造、表彰奖励的重要依据之一，在师资管理上实行"师德一票否决制"，以此促使教师自觉加强师德建设。

## 六、坚持软件建设与硬件建设相统一，努力为教师队伍成长创造良好环境

要让人才脱颖而出，积极发挥自己的聪明才智，就必须培植人才成长的沃土，建立人才成长、发展和创新的良好环境。人才成长的环境既包括硬件方面的条件，也包括软件方面的条件，这两个方面的建设必须同时抓好，协调发展。

从软环境上讲，首先要在全校教职工中树立教师是高校核心竞争力和人才兴校的理念，营造"尊重知识、尊重人才、尊重劳动、尊重创造"的思想氛围，形成人才建设是学校百年发展根本大计的思想基础。其次大力倡导"学术民主、学术自由"的为学之道，积极开展各种学术交流和学术合作活动，建立学术交流和学术合作的制度，保证学术交流与合作的经常性和规范性，形成浓郁的学术研究氛围。第三，制定学校人才队伍建设的长远规划，建立一整套有关人才培养、引进、竞争、监督、评价和激励的科学制度，为优秀人才脱颖而出提供有力的政策支持和制度保障。

总之，教师队伍建设是一项较为复杂的系统工程，因此在人才工程建设中

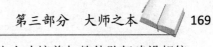

要统筹兼顾，坚持数量与质量相统一，拔尖人才培养与整体队伍建设相统一，创新个人的发展与创新群体的形成相统一，学术能力的提高与师德教育相统一，软件环境与硬件环境相统一等等。简而言之，就是要稳定、培养、发展兼顾，使学校的教师队伍在稳步、持续发展的前提下，做到数量、质量、结构与水平的协调发展和迅速提高，从而使学校拥有持久的竞争能力和发展能力。

## 锤炼高水平教师队伍　培育复合型创新人才

——在 2005 年庆祝教师节暨表彰大会上的讲话
（2005 年 9 月 9 日）

高校的发展必须紧密结合国家重大战略，必须紧跟知识经济时代的竞争需求。国家实施科教兴国战略和人才强国战略，根本目的就在于促进科学技术的快速发展，实现我国从人口大国向人力资源强国的转变，科技进步与创新人才已成为一切发展的根本和源泉。高校特别是高水平研究型大学，不仅是人才培养的主阵地，也是人才汇聚的战略高地，更是知识创新的重要基地。"教育以育人为本，以学生为主体；办学以人才为本，以教师为主体。"没有教师就没有学校，教师是学校的核心竞争力，加强教师队伍建设、培育创新人才，是学校可持续、跨越式发展的重要基础和根本保证。

严师出高徒、名师育桃李。教师队伍质量和学术水平的高低，不仅直接决定着人才培养的质量和效果，也对学校的科学研究、科技创新和学科建设发挥着非常重要的作用。我们要建设 IT 学科特色鲜明、研究型、开放式、国内一流、国际知名的高水平大学，首先要建立起一支学术造诣高、教学科研能力强、紧密跟踪 IT 学科发展前沿的高水平教师队伍，要产生在国际上有一定影响的领军人物和拔尖人才，形成在国内有竞争实力的创新团队，从根本上解决学校竞争与发展的瓶颈问题。借此机会，就教师队伍建设的有关问题谈一点想法。

### 一、紧跟国家 IT 发展战略

20 世纪 90 年代以来，IT 技术的快速发展带来了全球性的信息化浪潮。21 世纪的今天，信息化已经无处不在。IT 的发展既带动着科技进步，也创造了可观的市场，IT 技术发展已经成为信息化建设进程的风向标。

IT 技术日新月异，其发展更以指数的速度增长，人类文字通信用了 1800 年的时间，模拟通信也经历了 180 年的发展历程，而数字通信仅用了 18 年，就给世界带来了翻天覆地的变化，改变着人们的生产与生活方式：

——据中国互联网络信息中心(CNNIC)调查，截至 2004 年，我国上网用户总数已达 8700 万，是 1999 年 22 倍；目前总数已仅次于美国，跃居世界第二。预计 2006 年将超过美国而跃居第一，总数达到 1.46 亿。

——2004 年我国网络国际出口带宽总容量为 57 728M，比上年增加 30 512M，是 1997 年的 2272 倍，是 1999 年的 240 倍。

——2005 年 4 月底，全国通信业务收入完成 2035.7 亿元，较上年同期增长 9.5%。信息产业部 5 月 24 日最新统计，全国电话用户总数已超过 6.83 亿部，其中，固定电话普及率 24.9 部/百人，全国人口的手机普及率已达到 25.9%。

在信息化战略指导下，国家 IT 产业发展的需求正在从硬件转向软件及相关 IT 服务，市场空间相当广阔。例如在美国的 IT 市场结构中，软件及服务占到了 66%，而我国目前却仅占 16%。此外，金融、电信、汽车电子、钢铁、石化、装备制造业以及软件外包、家庭数码消费等领域投资规模依然巨大，信息产业的发展潜力十分强劲。此外，国防现代化建设方面，科技强军，要以信息化带动机械化、以机械化促进信息化，型号、装备和新型武器的研制任务需求进一步增加，IT 技术的国防应用研究和装备研究前景十分广阔。

作为以 IT 学科为主要特色，以工为主、工理管文多学科协调发展的西电，应当在紧密结合国家 IT 战略的发展进程中承担起应有的责任与使命，在创新与开拓中求生存，在服务与贡献中求发展。这不仅是学校建设与发展的战略需求，也是教师队伍建设的基本出发点。

## 二、适应 IT 人才培养需求

随着 IT 技术和产业的日益发展，IT 人才的需求缺口越来越大，需求的人才结构和层次也在发生着变化。

——前不久召开的信息产业“十一五”人才规划会议指出，我国 IT 产业 2010 年预期从业人员的目标将达到 860 万人，其中 25%为专业技术人员；新增人员中，研究生的需求占 15%，本科生的需求占 75%，专科及以下层次的人员需求占 10%。

——IT 产业硬件人才与软件人才需求之比，在 20 世纪 50 年代为 8/2，90 年代为 2/8，21 世纪头 10 年为 0.5/9.5，人才需求结构发生根本转移。

——据《国际软件和信息服务业市场增长规模》统计：我国 2002 年占全球软件市场比重为 2%，软件企业近 4700 家，增长相当快，而人才结构不合理，应用型人才匮乏，5 年内软件人才缺口至少为 30 万。而印度软件业已远远超过中国，印度 3 个最大的 IT 公司市场总值达到了 400 亿美金，超过中国前 100 个 IT 公司的总值，其英语科技人才数量居世界第二，10 亿人中有 35 万合格的软件人才，而且，正以每年 6 万人的速度增长。

总的看来，目前我国 IT 人才的主要问题是：缺口大，缺乏领军人物、高端人才和复合型人才，低端熟练技术工人也不够，人才的地区分布不平衡，关键人才的流失状况堪忧。"十一五"期间，国家信息产业要继续保持三倍于国民生产总值甚至更快的速度增长，根本问题就在于人才的培养和结构的优化。

2005 年中国首届信息技术人才培养高峰论坛提出，全面推广和实施"专业技术人才知识更新工程"，应把培养国际化、复合型 IT 人才作为目标。信息化席卷全球，知识经济方兴未艾，IT 技术人才的培养必然要走向国际化，学校的人才培养和队伍建设应当积极适应这一发展趋势，为国家战略提供强有力的人才支撑和技术贡献。

## 三、落实与推进人才强校战略

西电建校 70 多年，已培育出 8 万多名 IT 领域的高级专业技术人才，涌现出大批杰出校友，在历史上产生了多个新中国第一的研究成果，开创了 IT 学科领域的诸多先河，依靠的是老一辈教师敬业乐道、无私奉献的耕耘精神，依靠的是攻坚克难、敢打硬仗的顽强作风，最重要的在于教师队伍的整体实力和水平。

如今，我们要建设 IT 特色鲜明的研究型大学，落实与推进人才强校战略，锤炼高水平的教师队伍是提升学校核心竞争力的关键，培育国家建设急需的 IT 领域创新人才是实现科技创新的重要突破口。为此，应抓紧以下四点工作。

第一，锤炼高水平教师队伍，要从高起点着手，开阔国际视野，紧密跟踪国际前沿发展动向，学习和借鉴世界一流成果。IT 技术的发展瞬息万变、一日千里，不仅增长速度快，而且更新淘汰快，如果不能时时关注世界先进水平的发展，保持在前沿领域的优势，就有被淘汰的可能。我国在 IT 技术领域整体水平的相对落后状况，促使我们必须加强在这方面向欧美发达国家甚至向印度等国的学习。牛顿在被人问道"为什么你比别人看得远？"时的名言"因为我站在巨人的肩膀上。"同样适合于我校高水平教师队伍的国际化建设，要创造具有世界先进水平的成果，就必须掌握世界前沿学术的发展；只有加强国际学术交流，才能真正向国际先进水平迈进。

第二，要结合国家战略需要和市场的人才需求，注重理论与实践相结合，努力创造和培育自主创新的成果和人才。学习国际先进水平是第一步，但如果始终学习别人，不能超越、不能自主创新，也就永远不能达到国际先进水平，尤其是在发达国家进行技术封锁的情况下。目前，我国高新技术在装备制造中的贡献只占 8%，而发达国家为 40%。我国出口的高科技产品的 90% 是"三资"企业贡献的，几乎所有的光纤制造设备，85% 的集成电路制造设备、80% 的石油化工制造设备、70% 的数控机床、95% 的医疗设备均依赖进口。可见，自主创新何等重要！2005 年获得国家技术发明一等奖的两项成果都是自主创新的典型范例，只有加强自主创新，才能立于不败之地，只有敢于突破，才能创造具有世界先进水平的成果。

第三，要注意在科研、教学中引入先进的人才培养理念、培养模式和培养方法，着力培养具有厚实基础、能够攻坚创新的复合型 IT 技术高端人才。这就要求教师在教学过程中不断加强科研与教学的结合，加强教与学的结合，推广双语教学，使用原版教材，努力实现教学内容的国际化，着力培养技术、能力、素养、品德等各方面全面发展的合格人才。发达国家的一些学院通过聘请不同国籍的教师，让学生接触到来自不同文化背景教师的不同观点和思想，形成多种文化、多种观点、多种思维方式并存的国际化氛围，以培养学生对不同文化的理解力和从多种角度分析问题的能力。这些做法值得我们学习。

第四，注重与国外知名大学的合作，进一步加强国际学术交流。开展多种形式的留学访问、短期培训、考察咨询等活动，深化合作办学和开展科研项目跨国合作的力度，丰富师生的国际化学习与研究内容，把各项战略合作与学术交流合作进一步推向更实质性的发展阶段，为切实提升教师队伍的国际化水平和人才培养的国际化程度而不懈努力。

## 四、大力加强人才工程建设

人才工程建设的根本是教师队伍建设，培育人才、汇聚人才、形成团队，基础和核心是高水平的教师队伍建设。目前，我校的教师队伍建设取得了一定的进展，但与建设研究型大学的目标相比还有很大差距，教师队伍无论在质量上还是数量上都需要大力加强，人才工程建设的任务还十分艰巨。

首先，巩固和推进实施"两项工程、四个计划"（即高层次人才工程、"3512工程"和长江学者奖励计划、优秀留学人员回归计划、外聘教师计划、礼聘教授计划），切实把各项指标和任务落到实处。要下大力气在院士、长江学者、国家杰出青年基金、创新团队的建设上抓紧、抓好，继续做好"3512工程"和中青年骨干教师队伍的建设，加紧各学院学术委员会聘请海外知名专家、教授担任副主任的落实工作，与加强教师队伍的国际化建设紧密结合，不断提升学术水平，加快与国际接轨的步伐。

其次，强化人才队伍建设的力度和深度，大力推进教师队伍的博士化进程。目前，教师队伍中具有博士学位人员的比例较低，引进高层次人才和领军人物的工作还需要进一步加强，不仅为明年本科教学水平评估做准备，也要从学校长远发展角度出发，为加强研究型大学的建设储备人才，孕育和培养拔尖人才，使教师队伍为学校指标体系建设做出更大的贡献。

与此同时，学校也要逐步解决进一步完善激励机制、着力改善教师的工作与生活条件等一系列问题。要进一步完善主要指标完成的奖励制度，落实"多劳多得、优劳优酬"的分配原则，激励广大教师开展高水平科学研究、承担国家重大项目，提高教学质量，培育创新人才；要以办公用房的有偿使用改革为契机，盘活现有资源，提高资源利用率，逐渐改善和提高广大教师的工作条件；在职工住宅楼即将交付使用的同时，对家属区进行整体的规划与美化，为广大教职工创造更加舒适的工作与生活环境。

# 教师是核心竞争力

—— 在 2006 年庆祝教师节暨表彰大会上的讲话
（2006 年 9 月 8 日）

"大学非大楼之谓也，乃大师之谓也"。梅贻琦先生的这句话高度概括了大学的本质特征。百年大计，教育为本；教育大计，教师为本。教师是大学的核心，教授是大学的灵魂。"教育以育人为本，以学生为主体；办学以人才为本，以教师为主体。"教师的能力、水平、素质，直接决定着教学质量和人才培养的效果，影响到学校的办学声誉，教师队伍的实力则集中代表了学校的综合办学实力。借此机会，对教师队伍建设、本科评估以及管理谈几点想法。

原浙江大学校长竺可桢教授曾说："大学实施教育，教授人选最为重要"、"有了博学的教授，不但是学校的佳誉，也是国家的光荣"。人才资源是第一资源，人才强校是第一战略，一所大学的核心竞争力就在于教师队伍的实力与水平。

## 一、建设一流大学离不开一流教师

一流大学建设的支撑力量就是拥有一流的师资队伍。牛津、剑桥、哈佛、耶鲁等世界一流大学因为培养了众多杰出的科学家、诺贝尔奖获得者以及总统、领导者而闻名世界，没有一流的师资，就不会取得这样的辉煌成果。德国柏林大学因为洪堡、费希特、沃尔夫、萨维尼而出名，北大有蔡元培、陈独秀、胡适、李大钊、鲁迅、蒋梦麟等大师，清华聚集了梅贻琦、蒋南翔、华罗庚、闻一多、朱自清等大家，一流的教师是一流大学的脊梁，成就了一流大学的名誉和声望。要建设一流大学，关键在于建设一支规模适当、结构合理、素质过硬、勇于创新的教师队伍，构建起"大师+团队"的建设模式，形成金字塔型的人才优化结构，增强核心竞争力，不断提升办学质量和水平。

## 二、高水平师资是一流队伍的关键

师资队伍建设一定要高目标、高水平。高水平的师资是一流队伍建设的关键。

一所大学师资队伍的建设与学校文化、学校历史以及教师的本身素质息息相关，也与队伍建设的定位紧密联系。学校的发展历史、办学特色、学术文化直接影响着师资队伍建设的走向和价值取舍，高水平师资则体现出办学定位的深度思考与前瞻眼光，建什么样水平的大学就需要什么样水平的师资。西电要建设成为国内一流、国际知名的高水平大学，必须拥有一支高水平的师资队伍。我校历史上有孙俊人、罗沛霖、毕德显、陈太一等杰出大家，老一辈学科带头人保铮院士、胡征、樊昌信、蔡希尧、叶尚辉等教授以及像吴大正老师等杰出教师的代表，为我们树立了榜样，为西电的发展做出了突出贡献。当前，加强人才队伍建设，更要站在国际视野上思考发展，瞄准一流水平创新开拓，坚定不移地大力推进高层次人才队伍建设，尽快产生出具有重要影响的新人才和新成果。名师出高徒，师资队伍的建设水平提高了，教学质量才会提高，学科建设才会取得明显成就，办学实力和水平才会不断提升。

### 三、教师的能力与素质需要不断锤炼

实践锻炼人才。教师要在教学、科研的一线实践中，有意识地锤炼自身过硬的能力和素质，有计划地设计、塑造自我的不断发展，努力提升业务能力、学术水平和思想境界。

第一，力戒浮躁、沉潜学问。俄罗斯数学家佩雷尔曼在美国数学家汉弥尔顿研究的基础上，基本解决了庞加莱猜想，并经包括中国数学家朱熹平、曹怀东在内的多个研究小组给出描述、予以证明，有望获得百万美元的"千年数学大奖"，可是佩雷尔曼却不为所动，因为他在此前已经拒绝了接受数学界诺贝尔奖之称的菲尔茨奖。钻研科学的最大回报在于科学研究成果本身，浮躁、功利是潜心学问的大敌，沉心静气、潜心研究，才会出大成果。

第二，注重学习，不断充电。能力和素质的提高不是一天两天可以速成的，需要依靠点点滴滴的积累，依靠不断汲取新知识、新思想，学以致用、努力创新，从量的积累起步，积攒实力，逐渐发展为质的飞跃，提升到新的层次与水平。

第三，教书育人、培育师德。北京师范大学校训为"学为人师、行为世范"，高度概括了为师者应当做到的标准和规范。作为教师，不仅要传授给学生知识、训练技能、强化素质，也要在为人处事上做出表率，更要在学生的全面、健康成才上付出辛勤努力。要以"学"积极引导学生汲取知识、崇尚学问、服膺真理、终身学习；要以"行"立远大理想、养浩然正气，树立历史使命感、社会责任感，努力培养学生的创新精神和实践能力，造就国家建设和社会发展的一大批拔尖的杰出人才。

## 四、推进高层次人才队伍建设举措

学校高层次人才队伍建设一直是制约发展的瓶颈问题。"十五"期间，以"两个工程"、"四个计划"（即高层次人才工程、"3512 工程"和长江学者奖励计划、优秀留学人员回归计划、外聘教师计划、礼聘教授计划）为主，实施了人才建设工程，教师队伍的规模有一定发展，结构得以优化，后劲有所增强，但在高端人才的引进与培养上仍存在不足。因此，高层次人才建设将是学校常抓不懈的一项基础性工作。本学期，为进一步推进并落实高层次人才队伍建设，在继续加强"两个工程"、"四个计划"工作的基础上，将大力推行"六项举措"，即《高层次人才队伍引进实施意见》、《35 岁以下青年教师培养提升计划》、《高层次人才发展支持计划》、《青年骨干教师出国研修计划》、《中外名校定向培养博士生的相关规定》以及《人才工程基金管理实施细则》，确保在政策、资金、内外环境、拓展渠道等方面狠下功夫，下大力气把高层次人才建设搞上去，实现人才强校！

# 教师卓越与大学一流

——在 2007 年庆祝教师节暨表彰大会上的讲话
(2007 年 9 月 10 日)

人才是大学生存与发展的根本因素，没有一流的人才，一流大学的建设就会失去重心、缺乏支撑，就会丧失不断发展的源泉和动力。学术大师是大学的灵魂，教师是大学的核心竞争力；教师卓越，大学才能跻身一流，高水平的师资队伍已经成为学校战略发展的决定性因素，高端人才是提升学校实力的关键。

借此机会，就教师队伍建设谈三点想法与体会。

## 一、一流教师是一流大学的核心

古人云：山不在高，有仙则名；水不在深，有龙则灵。一流大学之所以出名，不在于其规模大小、大楼高低，也不在于门类多寡、设备优劣，关键在于是否拥有知名的学术大师、杰出的师资团队，在于整体教师队伍的质量与水平。"大学乃大师之谓也"，教师是大学的核心竞争力，是大学可持续发展的最宝贵资源。

英国著名的数学家、逻辑学家怀特海说："大学存在的理由是，拥有一批充满想象力的探索知识的学者，使学生在智力发展上受其影响，在成熟的智慧和追求生命的热情之间架起桥梁，否则大学就不必存在。"

德国柏林大学因为冯·洪堡和费希特扬名至今，牛津、剑桥则诞生了艾略特、斯蒂芬·霍金、牛顿、麦克斯韦尔、卢瑟福等一大批杰出的科学家、文学家、诺贝尔奖得主和国家元首、政界领袖，哈佛、耶鲁因多产总统、诺贝尔奖得主而举世闻名，普林斯顿则与爱因斯坦的名字紧密联系，麻省理工教师中有93 位美国工程院院士、90 位科学院院士、16 位国家科学勋章得主，师资力量世界一流。北大以蔡元培、李大钊、陈独秀、鲁迅、胡适为荣，清华因梅贻琦、王国维、华罗庚、茅以升、闻一多、朱自清等人而骄傲。

大学离不开一流大师，一流的教师是培养一流学生的基础，是建设一流大学的最主要力量。

2007 中国—耶鲁大学领导暑期研讨班期间，耶鲁大学的现任校长理查

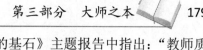

得·雷文在题为《教师与学生是优秀大学的基石》主题报告中指出："教师质量是取得世界一流地位的关键"、"如果想成为世界排名前 10 的大学，就必须在全世界范围内寻找各领域排名前 10 的学者。"

一流教师是一流大学的核心，没有一流的教师，就没有跻身一流的竞争力。

## 二、教师强则西电强

教师的学术地位与水平体现大学的综合实力与影响。

西电曾是我国最早创建通信、雷达等电子信息学科专业的高校之一，产生过全国第一部气象雷达、第一代流星余迹通信系统、第一台毫米波通信机等一流成果，是 1959 年全国确定的 20 所重点大学之一。这些辉煌的背后是孙俊人、罗沛霖、毕德显、陈太一等杰出大家与学术队伍的有力支撑。学校发展到今天的诸多成就，也是保铮院士、胡征、樊昌信、蔡希尧、叶尚辉、肖国镇、茅以宽、吴万春、王一平等老一辈学科带头人和以吴大正老师为代表的杰出教师长期积累与默默奉献的结果。没有知名学者，就没有西电曾经的辉煌；没有教师今天的卓越，就没有西电明天的灿烂！

教师队伍建设尤其是高层次骨干队伍建设，将决定西电未来的发展，教师强则西电强，教师卓越则西电一流。回过头来看我们教师队伍的建设实际，纵向有进展，但横向与国内外同类大学相比较，仍存在很大的差距，特别是在高层次人才队伍建设方面，还有一段非常艰难的路要走！

我校高水平教师队伍建设面临的形势依然严峻，主要有四个方面的问题。其一，高端人才数量不足。如上述分析，高层次人才建设仍然是今后应当大力加强的重点工作，要在突破的基础上继续加强与提升，把"金字塔"的更高层次建设人才尽快扶持并发展起来，做好梯队建设和后备人才储备，搭建高层次、高水平的创造性人才成长平台，为实现高端人才的更多突破和壮大做好铺垫。其二，队伍结构需要进一步优化。教师队伍的博士比、进入教育部人才计划的教师数、进入国内外各个学科领域学术核心圈的专家数等，要有明显的提升，要尽快促进青年教师成长、成才。其三，队伍建设的国际化有待于进一步提升。要有国际视野，打破短视眼光，破除"温饱即足"的思想，把高水平的教师队伍建设置于国际化背景下来发展，积极与国际接轨，提升学术研究与交流的国际水平。

## 三、紧抓教师队伍建设

人才强校、教师第一。教师是学校未来发展的希望，一流的教师才能不断提升西电的实力，广大教师特别是中青年教师，要志向远大、追求卓越、甘于寂寞、勇攀高峰，提高教学与科研的质量与水平，增强参与激烈竞争的素质和能力。

首先，要特别注重对教师学术生涯的规划与设计。

要从内部人才培养成长的"阶梯型"合理构架入手，选拔各层次的"种子选手"，形成合理梯队，促进优秀人才脱颖而出、尽快成才。为此，学校不久之后将召开人才强校工作会议，要正式出台有关师资队伍建设、高层次人才培养的一系列支持计划和推进举措，从政策、资金、机制、环境等多方面为高层次人才的建设搭建新平台，创造更加广阔的空间和氛围。

第二，积极探索"大师+团队"的骨干师资培养模式。

实践证明，单打独斗、孤军奋战，难以产生大批量的高层次人才，要以大项目为带动、以大师为主导、以团队为基础，选准方向、重点扶持，使重点建设的学科、团组、梯队入主流，进入到学术的核心圈，产出一流成果、带出一流人才，凝聚一流团队。只有这样，才能从根本上解决高端人才不足的实际问题，使高层次人才建设保持长久的动力和活力。

第三，高水平师资建设与学科、科研、团队紧密结合。

要大力提倡教学与科研紧密结合、科研走在教学前面，使广大教师从思想和行动上坚持"两条腿走路"，并确立稳定的研究方向，在工作实践中把科研、教学与学科建设、团队组织结合在一起，重视学术上的积累，实现水平上的超越。

第四，注重高层次人才队伍建设的传承与创新。

高层次人才队伍建设是一个发展创新的过程，更是一个新老传承的交替过程。要充分发挥老教授、资深专家和学术前辈的"传、帮、带"作用，让老一辈教师宝贵的教学经验、严谨的治学作风、高尚的师德品质有效地传承到年轻教师的群体当中去，发挥老教师资源的重要作用，创造条件、积极推进高层次人才队伍的年轻化建设。

第五，善于培养教师的国际视野和竞争意识。

积极通过国际化进程和"111计划"等有效手段，引导并支持广大教师立足实际、开拓视野，进一步加强与国内一流大学、国际知名大学的交流与合作，培养和提升自身的国际视野和竞争意识，跳出"井底之蛙"的浅见与满足，树立比拼一流的信念和气魄，从而持续不断地提升教学与研究的层次与水平，按照国内一流、国际知名高水平大学的建设目标，全力推进学校人才强校战略建设，使高层次队伍建设上台阶、上层次，实现更大的突破！

## 着力锻造一流师资队伍　全面推进高水平大学建设

——在 2007 年学校人才强校工作会议上的报告
（2007 年 12 月 8 日）

今天，我们聚集一堂，隆重召开全校人才强校工作会议，共同研究人才队伍建设大计，努力推进人才战略深化发展，这对于进一步加强教师队伍核心竞争力的建设、加快高水平师资的健康成长，具有十分重要的意义！

这次会议，是在党的十七大胜利闭幕后、全校上下认真学习贯彻十七大精神的大好形势下，在推进"两大步三小步"第二小步"提升期"的战略进程中，在高层次人才建设取得良好开端的时刻召开的一次人才工作的专题会议。这次会议，要总结回顾几年来人才工作的进展与经验，认真分析高水平师资队伍建设的困难与问题，深入思考提升师资实力水平的对策与办法，扎实推进并落实人才强校战略的政策与举措。会议的主题是：以人为本、人才强校，着力锻造一流的师资队伍，全面推进高水平大学建设，开创高水平人才队伍工作的崭新局面！

希望大家集思广益、群策群力，为队伍建设献计献策，为人才发展出谋出力，推进人才战略，实现人才强校！

## 一、人才竞争的现状和趋势

知识经济时代，科学技术迅猛发展、国际竞争日趋激烈，国家的发展更主要的取决于人才的发展，综合国力的竞争归根结底是人才的竞争，人才资源的重要作用日益凸显，人才竞争已成为全球竞争的焦点与核心。

### (一) 全球人才竞争日趋激烈

当今世界，人才比拼日趋激烈，竞争形势近乎白热化。发达国家纷纷把吸引、培养优秀人才作为抢夺发展先机的战略重点，实施人才战略、加大教育投入、招揽拔尖人才、加快创新发展。

美国政府 2006 年在《美国竞争力计划》中提出："为了确保美国的竞争力，必须首先确保在人才和创造力上领先世界"，今后 10 年，科研与教育的总投入将达到 1360 亿美元；德国实施"卓越计划"，2006～2010 年斥资 19 亿欧元建设 10 所精英大学，着力打造"日耳曼长春藤联盟"精英大学；法国、日本则把人才建设的重点放在关注高等教育立法和质量建设等方面。

具体举措上，美国长期实行人才引进战略，据统计，二战后到 20 世纪 80 年代，世界各国迁居美国的科学家、工程师多达 16 万人，而 90 年代以后，每年仍保持 6000 人以上的人才引进规模；英国出巨资吸引有创造力的人才或用重金购买研究成果；以色列推行多重国籍政策，其国内顶尖人才通常拥有 2～3 个国籍；德国实行"绿卡计划"，引进大批的拔尖技术人才。

总之，对一流人才资源的引进和占有，已成为许多发达国家共同的战略决策和实际行动。

### (二) 国家人才战略深化发展

我国实施科教兴国、人才强国战略，把教育放在优先发展的重要地位予以重点发展，努力实现从人口大国向人力资源强国的转变。党的十七大报告明确提出："优先发展教育，建设人力资源强国。"人才工作得到高度重视，人才战略得以深化发展。国家各部门已经和正在实施的人才战略举措主要有：人事部的"新世纪百千万人才工程"、"留学人员回归计划"，中科院百人计划，国家自然科学基金委"国家杰出青年基金"、创新研究群体，教育部"长江学者和创新团队发展计划"、新世纪优秀人才支持计划、青年骨干教师培养计划等等。

胡锦涛同志在 2007 年 8 月举行的全国优秀教师代表座谈会上指出："教师是人类文明的传承者。推动教育事业又好又快发展，培养高素质人才，教师是关键。没有高水平的教师队伍，就没有高质量的教育。"

我国目前科技人力资源总量为 3850 万人，居世界第一位，研发人员总数 109 万人，居世界第二位，大学在校生总量超过 2300 万人、研究生近 100 万人，高等教育逐渐普及，实施人才战略的基础十分深厚。但另一方面，高层次人才的缺乏仍是国家人才工作的主要制约，根据中国社会科学院出版的 2006 年人才蓝皮书《中国人才发展报告》的统计，我国目前人才队伍的竞争力，仅相当于美国的 48%、日本的 62%、德国的 75%，培养拔尖创新人才和领军人物成为人才工作的关键点和突破口，大学则担负着重要的历史责任和使命。

### (三) 大学人才工作举足轻重

我国大学经过发展，已经成为建设创新型国家的一支重要力量，是"基础研究的主力军、高新技术研究的重要方面军和科技成果转化的强大生力军，是国家创新体系的重要组成部分。"

目前，国家重点实验室、国家工程研究中心建在大学的比例分别为 63% 和 36%，正在进行试点的 10 个国家实验室，多数依托大学进行建设；"十五"期间，全国高校共获国家自然科学奖 75 项、技术发明奖 64 项、科技进步奖 433

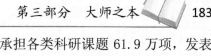

项，分别占全国总数的 55%、64% 和 53%，承担各类科研课题 61.9 万项，发表论文 146.3 万篇，其中国际三大检索论文 17.6 万篇，专利 3.5 万项；在原始创新、高技术前沿领域取得了许多标志性研究成果；培养出了数以亿计的高素质劳动者和大批专门人才。

大学是培养人才和汇聚人才的基地，大学的人才工作是一切工作的出发点和着力点，有着举足轻重的战略地位，以人为本、人才强校，是建设高水平大学的必经之路，学术卓越、人才一流，是大学创新发展的终极目标。如今，许多大学都以人才战略为核心，制定了师资队伍发展规划，把人才工作作为各项工作的重心，给予了强有力的政策支持和条件保障，在队伍建设上投入了很大的精力、财力和物力。

### (四) 西电人才建设关乎长远

一流大学需要一流人才，教师是大学的核心竞争力。

人才强校战略包括两个方面的含义：第一，培养一流的学生，为国家建设和社会发展提供强有力的人才支撑；第二，锻造一流的师资队伍，为学校的人才培养、教学科研、社会服务提供源源不断的动力。人才强校的根本是建设一流的师资，高水平的教师是培养拔尖、优秀人才的前提，没有大批优秀教师，就难以培养出创新人才，难以产生出一流成果，难以建设起顶尖学科。因此，高水平师资的建设是西电人才强校战略的核心。

业以人聚、脉由才兴。随着科技进步的日新月异，知识更新不断加快，学科建设不断拓展，新兴、交叉、边缘学科发展将孕育未来的新科技革命，今天的优势学科也必须面对明天的严峻挑战。要想始终保持强大的优势竞争力，就必须首先拥有一流的优势人力资源，西电未来 10 年、20 年、50 年发展与竞争的根本就在于人才队伍建设，人才战略是关乎学校百年大计的中心战略。

## 二、 我校人才建设的进展与不足

从"九五""211 工程"建设开始，学校就把"人才工程"作为一项涉及长远发展的重点战略予以大力推进。2002 年以来，在"思考两个问题、制定三个规划"的同时，把师资队伍的规划、发展与战略部署的推进、落实紧密结合，狠抓队伍建设、提升师资水平，取得了明显成效。

### (一) 近五年师资建设概况

五年来，我校围绕建设研究型大学的奋斗目标，着力加强了教师队伍一流竞争力的建设，工作上取得了一定成绩，概括起来就是"三点进展、三点体会"。

### 1．人才战略思考与部署

从 2002 年到 2006 年，结合发展规划、战略部署的制定与推进，学校关于人才战略的宏观思考不断深化，加强队伍建设的政策举措不断完善。

2002 年，在提出"两大步三小步"战略规划的同时，强化了先进的教师理念，指出"一流的大学要有一流的教师，教授是大学的灵魂"；2003 年，明确"一头两翼一保障"的战略发展格局，进行了"四个兴校"（观念兴校、学术兴校、人才兴校、管理兴校)的讨论；2004 年，召开四届一次教代会，制定了"十五"建设的"五项战略、四个工程"的战略举措（人才强校、学科带动、质量品牌、科研攻坚、互动发展等五项战略和新校区建设、数字化校园、管理服务、校园文化等四个工程)；2005 年，提出"教师是核心竞争力"的理念，着力加强人才队伍的全面建设；2006 年，重点规划"十一五"及第二小步提升期的战略发展，提出"战略重心转移、实现三大突破、强化三种创新、迈上三个台阶"的新思路，积极探索高水平大学的发展内涵，努力向特色鲜明、优势突出、研究型、开放式、国内一流、国际知名高水平大学的目标阔步迈进！

### 2．队伍建设的整体进展

队伍的整体进展主要有：队伍规模稳步增长、博士比例逐步提高、整体结构得以改善、发展后劲不断增强。另外，高层次人才梯队建设方面也有所改善。目前，已获得国家杰出青年基金资助、入选人事部百千万人才工程以及教育部优秀人才支持计划的 27 人中，35 岁以下的 8 人，36～40 岁的 8 人，41～50 岁的 11 人，梯队的合理结构正在形成。

### 3．高端人才的重点突破

经过近两年的努力，学校着力加强了高层次人才队伍建设，工作取得了明显成效和长足发展。

两年来，引进了国家杰出青年基金获得者 3 人，产生了国家杰出青年基金获得者 2 人、国家 973 首席科学家 2 人，1 个教育部创新团队、4 位长江学者特聘教授、讲座教授，摘掉了"三无"的帽子。同时，建立了 2 个教育部"111计划"学科创新引智基地，20 名国内外知名学者来校讲学、开展合作，并与300 余名国际范围内的高层次人才不同程度建立了联系，为进一步引进、培养高端人才打下了坚实基础。另外，确定了 7 个校级创新团队，"3512 工程"也取得了较大进展，目前特聘教授达到 23 人，学科带头人 49 人，学术带头人 60人，一大批骨干教师正在成长，为队伍整体的壮大发展增添了后劲。

### 4．主要体会

在五年的人才队伍建设过程中，经过不断探索和实践，有以下三点体会。第一，要高度重视人才队伍建设的总体规划，并扎扎实实地予以落实。人才的成长是一个长期的过程，"十年树木、百年树人"，培养人才要从根基抓起，锻造高水平师资，更要未雨绸缪、预先规划，要有深谋远虑，保证人才队伍可持续发展、不断提升，立足长远、重点突破，先易后难、步步推进。第二，高端人才的突破，必须具有超常规的热情，投入超常规的精力，采取超常规的措施，促进超常规的发展。要有专门的机构、人员，全心全力地投入到高层次人才的引进和培养工作中，把重点工作真正当作重点，敢于突破、善于突破，整合力量、集成优势，打好攻坚战，取得高层次人才建设的新进展。第三，要统筹兼顾队伍发展的数量与质量。学校在发展、规模在扩充，人才队伍建设既要考虑保证一定的数量，更重要的是保证教师队伍建设的质量和水平。近年来，人才的引进在确保数量、保证教学科研需要以及与研究型大学建设目标相适应的基础上，对各项面试、考核等环节严格把关、确保质量。

### (二) 当前面临的问题

纵向看，我校师资队伍建设近年来取得了明显成绩与进展，但横向比，与其他兄弟院校相比还有较大的差距，存在许多不足。

人才队伍建设当前面临的主要问题有四个方面：

#### 1. 高端人才数量不足

近年来，虽然扩充了队伍规模，实现了高端人才"零的突破"，取得了重要进展；但教师队伍的总数仍不足，与规划的发展目标还有一定差距；高端人才的绝对数更是偏少，占教师总数的比例偏低。从高端人才的整体构成看，院士、杰青、长江学者、创新团队、新世纪优秀人才、"3512工程"的梯队骨干人数，是一个典型的"尖塔型"结构，数量少、力量单、横向窄、支撑弱，未能形成真正强大的高层次队伍群体，是制约进一步发展的瓶颈。

#### 2. 队伍结构有待优化

科学合理的队伍结构，不仅要求学历层次、年龄梯次、职称比例、学缘结构达到最优化，适应研究型大学的建设需求，更要在学术大师、领军人物、拔尖人才、后备梯队上构建起一定的和谐比例，储备一定的高水平师资，满足高质量教学、科研以及服务创新型国家建设的需要。

我校目前的师资队伍整体情况，从年龄结构看，呈"阶梯状"，老(46岁以上)、中(36～45岁)、青(35岁以下)教师的大致比例为1∶1.8∶4，中青年教师的比例占到队伍总数的81.9%，为大多数，但杰出人才少，优秀人才也少；学历结构看，是"纺锤型"，博士、硕士与本科及以下的比例大致为2∶5∶3，博士比还需进一步提高，队伍的层次与实力还需大步提升，队伍的国际化建设也急需加强。

### 3. 年轻教师急需成长

年轻教师的快速成长是高水平师资建设的最大希望，没有强大的后备梯队支持，高端人才数量的突破、教师队伍结构的优化，只能变成无源之水、无本之木，丧失强劲的竞争力。目前，我校年轻教师在数量上已经成为教师队伍的主体，但杰出人才、拔尖人才还很缺乏，"优秀而不杰出、出色而不出众"的现象依然存在，创新发展、脱颖而出的动力还不强，大量的年轻教师还需要"充电、提升"，需要"加压力、压担子、鼓干劲"，需要快速成长，担当起建设研究型大学的历史使命和责任。

### 4. 创新平台还需加强

人才的成长需要舞台，需要内外部环境的共同孕育，而创新平台的建设则是高端人才成长的必备条件和肥沃土壤。构筑创新平台必须紧密结合重点学科发展、结合国际化进程建设；只有把人才的成长、高水平队伍建设融入到学科发展、置于国际化的背景下统筹考虑，才能切实加快人才工作的建设步伐。

近年来，我们在人才建设与学科结合、与国际化接轨上做出了积极努力。例如，引进、培养高层次人才重点考虑主干学科，高标准、严要求、高质量、严把关；加强了国际学术交流与合作，举办国际会议、研究生学术年会，"111引智计划"等取得重要进展，搭建了高层次的创新平台；建设跨学院研究中心，进一步拓展交叉学科等。但是，以人才建设为中心，结合学科、国际化及整合力量争取科研大项目等工作方面，还存在一定差距，能孕育拔尖人才的学科尖峰、交叉平台、创新机制还未能真正形成，"各自为战、单打独斗"的情况仍存在，学科建设、教学科研与人才工作的相互融合、紧密结合还不够，创新平台建设仍需加强。

### (三) 存在问题的原因

人才队伍建设是一个系统工程，存在问题的成因是多方面的，既有历史原因、也有现实原因，既有主观原因、也有客观原因，多种因素制约着创新人才的成长和教师队伍的建设。

总的看来，造成人才队伍发展迟缓的原因大致有三个方面：

### 1. 历史与地域的原因

人才队伍的历史积淀不深。由于受西部地区地域条件限制，在历史上失去了吸引优秀人才来补充教师队伍的最佳时机，造成教师队伍发展上一定程度的断层；受 IT 行业供求关系的影响，IT 行业外部就业环境与条件优越，造成留人困难、人才流失；历史上，学校内部工作条件、待遇及生活水平等吸引力小，制约了梯队建设，减弱了后备人才储备。

## 2. 体制与机制的原因

人才理念、管理思想、体制机制有所落后，跟不上创新人才成长的时代要求，是制约人才队伍建设的根本原因。其中：管理与服务未能准确到位，政策举措不够坚强有力，人事制度、分配制度、职称评审等仍有欠缺，体制与机制活力不足，影响着学术人才的健康成长。

从全局宏观管理看，粗放大于集约、疏散多于统筹、平庸导致乏力。大学的本来宗旨是学术为本，但受大环境影响、小环境制约，学校"泛行政化"的倾向存在，致使教师队伍的建设受到阻碍，影响了人才健康成长；其次，强有力的众多团队没有形成，教师中存在"游离电子"，力量整合不够，影响到团队建设；另外，教学、科研并重还有差距，全面发展的创新型教师数量不足。

从行政管理本身看，干部队伍动力不足、思想认识水平局限、能力素质有待提高、合作协调需要加强。管理干部队伍总体数量偏少，结构需要优化，对人才队伍尤其是教师队伍建设的重要性和战略意义认识还没有充分到位，工作素质和工作能力有待不断提高，需要从工作动力、成长环境等方面不断加强。

近年来，通过加强高层次人才队伍的重点建设，成立了高层次人才办公室，从改变体制、活化机制上入手，狠抓高端人才的重点突破，取得了明显效果。实践证明，体制与机制的改革、创新，对于人才队伍建设的推进，发挥着十分重要的作用；政策与导向的激励、扶持，决定着教师队伍的良性发展，需要不断加强。

## 3. 环境与氛围的原因

人才的成长需要肥沃的土壤，优秀大学文化是造就杰出人才的基础。大学不是纯粹的行政单位，不是党政机关，大学中，教师是主体，大学文化是区别于其他单位的显著特征。我校目前的整体创新氛围还有所欠缺，思想观念不够解放，大学文化不够浓郁，"以人为本、学术为本"的环境还需要不断加强。

优秀的大学文化应当是"大师、大楼、大气"的和谐统一，应当具有深厚的学术土壤和浓郁的学术氛围，应当建立有利于教师特别是年轻教师快速成长、健康发展的机制，为他们提供良好的工作与生活条件，积极鼓励其奋发努力、脱颖而出。

由于多种主客观原因，我校"尊师重教、崇尚学术"以及"追求卓越、拒绝平庸"的风气还不够浓郁，更没有真正落实，教师在学校的主人翁地位和作用还没有真正体现和完全发挥出来，大学文化的软环境还需要大力加强，创新文化、人文氛围有所欠缺。

## 三、建设高水平师资队伍

### (一) 高水平队伍建设的整体思考

#### 1. 人才强校是百年大计

人才资源是第一资源，教师是大学的核心竞争力，没有一流师资，建设国内一流、国际知名高水平研究型大学的目标就失去最有力的支撑和最根本的保障。

人才强校战略是学校科学发展、可持续发展的根本性战略，是百年大计。随着"两大步三小步"战略部署的深入推进，随着高水平大学内涵建设的不断发展，学校的人才建设已经逐渐成为各项工作中最为突出的重点。全校上下要从全局高度出发，充分认识人才工作的重要性，更新人才理念、投入队伍建设、加大工作力度、服务人才发展，真正把两支队伍建设好、特别是要把教师队伍的实力提升，当作头等大事紧抓不懈，重点推进。

#### 2. 高端人才是突破口

教师队伍的整体建设要注重规模、结构、数量与质量的统筹协调，而高端人才的重点突破则是以点带面、提升水平与实力的关键。建设高水平师资，不仅要取得整体进展，更要在学术大师、拔尖人才上实现重点突破。

2007 中国—耶鲁大学领导暑期研讨班期间，耶鲁大学的现任校长理查得·雷文在题为《教师与学生是优秀大学的基石》主题报告中指出："教师质量是取得世界一流地位的关键"、"如果想成为世界排名前 10 的大学，就必须在全世界范围内寻找各领域排名前 10 的学者。"

高端人才的选拔与培养，要努力实现与学科、科研、国际化的"三结合"，即：站在凝炼学科方向、形成学科尖峰的高度来孕育学术大师，立足"大项目、大成果、团队型"的科研角度来培养拔尖人才，把握"国际视野、跨国合作、学术交流"的广度来推进国际高水平的学术交流与合作。

学科是平台，项目是纽带，国际化是开阔视野、了解前沿、与世界一流水平对话的重要基础。高端人才建设需要广阔的高端创新平台，高层次人才的选拔与培养只有真正实现了"三结合"，才有可能从根本上实现质的飞跃，获得创新发展，从而大力推进高层次人才建设的整体步伐，实现高端人才的持续突破。

#### 3. 以人为本是创新源头

以人为本，就是要营造人才健康成长的良好环境，创造有利于人才脱颖而出的条件和机制，浓郁学术氛围，追求学术为本，从理顺管理、加强服务出发，达成共识、形成合力，调动学校、学院、研究团队、教师个人等多方面的积极性，加大政策支持力度、提供举措保障，建设创新平台，促进人才队伍的创新发展。

以人为本，体现在管理与服务工作的一点一滴上，要把"教师是核心竞争力"的理念贯穿、落实在各项管理工作的实际行动中，尊重教师、尊重人才、尊重知识、尊重创造，按照人才成长规律的要求，切实加强管理服务，开创"人尽其才、才尽其用、比拼赶超、踊跃成才"的人才工作新局面。

以人为本，最终的目的是要为人才提供适宜的条件和发展的空间，让每一位教师的潜力和资质得到最大限度的发展，从待遇、环境、工作、生活、事业、感情等各方面给予人才最大的关心、扶持和帮助，从而使"以人为本"成为一种习惯，使"人才强校"成为实际行动，为人才发展铺路、架桥，为队伍建设出计、出力。

### 4. 加强管理是根本保障

管理工作是软实力，但却是十分重要的硬工作，加强管理工作是人才队伍建设的根本保障。管理到位，事半功倍，就像"五个手指与一个拳头"的关系，分散的五指不能形成合力，出手无力，只有攥紧拳头、齐心协力，打出拳头才有力量。管理是牵引，管理是丝线，通过管理把学校工作中方方面面的粒粒"珍珠"串起来，才能做成美丽璀璨的项链。管理出效益，管理见水平，科学管理更需要付出极大的心血和汗水，做出更多的牺牲和奉献。

### （二）"十一五"目标与举措

"十一五"是我校第二小步"提升期"战略发展的关键时期，高水平师资建设的任务还十分艰巨。到 2011 年要基本达到把西电建设成为研究型大学的奋斗目标，就必须在师资队伍建设上提升一个大台阶，为学科发展、科研攻坚、人才培养、互动合作提供强有力的支撑。

目前，我校在教师队伍整体建设、高端人才突破发展、博士进程不断推进、青年教师大力提升方面做了许多积极的工作，人才管理模式的创新也得到一定程度的推进，教育部已批准了我校中长期发展的岗位设置方案，未来教职工的发展规模将达到 3400 人，其中，教师人数的比例将达到 70%，与学校师资队伍的预定发展规模基本相当，为队伍的实力壮大提供了有利的前提条件。

"十一五"及第二小步战略发展中，师资队伍的建设将坚持"人才为本"的理念，走科学的人才发展之路，努力构建人力资源建设的创新体系和崭新模式，重点加强高层次人才和团队建设及青年教师的培养提升，实施"两项工程"、"五个计划"新举措，即"高层次人才建设工程"和"千名博士工程"，以及"3512 支持计划"、"优秀创新团队发展计划"、青年教师培养提升计划、留学及境外研修计划、筑巢引智计划、博士后创新平台等。另外，也要积极加强管理干部队伍的建设。

为此，学校将在近年已经出台了 7 项相关政策举措的基础上，继续拟订了 7 项新的人才队伍建设文件。这些文件的出台与落实，将为大力推进高水平师资队伍建设提供必要的政策和举措支持，为切实提升教师队伍的实力与水平创造有利条件，为"十一五"乃至西电的长远发展奠定坚实基础。希望通过新举措的讨论、研究和实施，进一步掀起全校上下关心人才成长、支持人才进步、服务人才发展的新高潮，为进一步推动高水平师资队伍建设做出新贡献！

# 以学术为志业 在竞争中成长

——在 2008 年庆祝教师节暨表彰大会上的讲话
（2008 年 9 月 10 日）

教师不仅是一种职业，更是一项肩负光荣使命和神圣职责的伟大事业。教书育人、传道授业，教师责无旁贷；人才强国、科教兴国，教师任重道远。作为大学教师，承担着繁重的教学、科研任务，担负着培养人才、学术研究、服务社会的重大使命。

教师是大学的核心竞争力，教授是大学的灵魂。剑桥留下过牛顿的足迹，普林斯顿拥有过爱因斯坦的身影，柏林大学因洪堡而知名，霍普金斯有吉尔曼而卓越。没有一流的师资，就不可能建设一流的大学；没有知名的学术大师，更不可能凝聚顶尖的创新团队；队伍的实力就是大学的实力，教师的水平集中代表着一所大学的水平。

当前，西电"两大步三小步"的战略部署正处于提升攻坚的关键阶段，人才队伍建设愈发迫切，显示出极其重要的战略地位与作用，加强队伍建设、实现人才强校，是战略发展的核心、各项工作的重心，更是推进高水平大学建设的战略抓手。

借此机会，就人才队伍建设谈五点想法与体会。

第一，教师当"以学术为志业"。

1919 年，德国著名的社会学家马克斯·韦伯发表了题为《学术作为一种志业》(Science as a vocation)的文章，告诫从事学术研究的青年，把学术作为志业(vocation)而不仅仅是一种职业(profession)，提出"要有勇气面对不利的发展环境、跻身专业研究的圈子、付出极大的热情、享受研究学术的'陶醉'，激发灵感、忘我献身。"时隔近一个世纪，今天再提这样的要求，对于今天的我们来说仍然具有醍醐灌顶、振聋发聩的启示意义。

大学是崇尚学术的殿堂，是培养人才的场所，是传播知识、创造文化、推动发展、推进文明的策源地。大学教师，教书育人是天职、追求学问是本分，没有长期钻研学术的深厚积累，就不可能给予学生更多的传授指导和思想启迪，没有为师者学识、学养、学问的长久积聚，就不能给予学生创新的意识熏陶和文化浸染。教师可以平凡，但不能甘于平庸；可以无威，但不可以无志；

以学术为志业、全身心投入，才能在平凡的岗位上创造出不平凡的业绩。

第二，青年教师要脱颖而出。

前辈的足迹开辟了道路，未来的发展更需要创新。广大教师特别是青年教师，是西电的希望，是建设高水平大学的有力支撑。教师强则西电兴，青年教师能否脱颖而出、尽快成材，是关系我校师资队伍长远发展的制高点，是推进人才强校战略的关键。

纵观近几年我校教师队伍的建设，规模稳步增长、结构不断优化，高端人才取得突破、整体实力得以增强。纵向比，人才队伍建设成效显著，但横向看，与国内同类院校、本地区同等大学的差距还十分明显。根据粗略的指标统计，我校在全国 55 所设有研究生院的高校当中，教师规模适中，但高层次人才数量偏少，与同类高校相比处于下游，在本地区高校中处于中游水平。从内部结构分析，45 岁以下的中青年教师比例达到 80%，而 35 岁以下的比例是 56%，中青年教师特别是青年教师占到大多数。另一个值得思考的现象是，近 3 年学校科研经费、索引论文等量化指标大幅递增，一些指标完成率高的学院，均拥有高于全校平均水平的教师博士比。

显而易见，人才队伍的建设重心已经历史性地转移到中青年教师群体上，但领军人物少、拔尖人才缺、创新团队弱的问题仍然存在。优秀的中青年教师急需脱颖而出，产生重量级的拔尖人才、涌现大批的杰出骨干，进入学术领域的核心圈，把握参与竞争的话语权，承担国家战略发展和区域经济建设的重大项目，再创一流成果，孕育学术大师，担当起未来 5 年、10 年、20 年、50 年乃至更长远时期振兴西电的历史重任。

第三，大力推进人才强校战略。

"十年树木、百年树人"。人才培养是一项艰巨的任务，师资队伍建设更是一个长期的过程，人才强校战略当然是学校紧抓不懈的核心战略，需要全面协调、加快推进。

优秀教师的成长不仅关乎教师个人，也与团队建设、学科发展、教学科研乃至学院、学校的战略发展紧密相关，是机遇、环境、氛围、机制等综合因素加上教师个人不懈努力的共同结果。

当前，国家科技发展以实施 16 个重大专项为重点，着力推进电子信息、制造装备、深空探测、对地观测、新材料、新能源等领域的技术创新，投入了巨额研发资金。同时，加大科研基地的建设力度，加强人才基金的投入力度，基金委启动了青年基金、地区基金以及海外合作研究基金等项目，为科技人才的成长提供了广阔的舞台，为高校教师的成才创造了良好的外部环境。抢时机、抓机遇，应当成为广大教师特别是青年教师的紧急行动，要积极参与到国家重大科技战略、重大专项以及区域经济发展的重点科研攻关项目中去，在大项目的磨砺中快速成长。

学校自 2002 年制定"两大步三小步"发展规划以来，始终把人才建设作为重中之重，先后提出"一流大学要有一流的教师，教授是大学的灵魂"，确立了以"人才强校"为抓手的"五项战略"，不断强化"教师是核心竞争力"的理念，实施了"两项工程、四个计划"，着力突破高端人才的瓶颈，取得了显著成效。去年 12 月，召开了全校人才强校工作会议，全面总结回顾了队伍建设的成果、经验和不足，启动了 7 项新举措，大力推进人才强校战略。

总的看，目前师资队伍建设关键在于"一个高端、两个平台"，重点是领军人物和拔尖人才的高端人才建设，数量和质量都要上水平、上层次；另外，还要抓紧博士化、国际化的工作，也就是继续加快教师队伍的博士化进程，增强后劲、提高层次，继续加强国际学术交流与合作，启动"青年教师出国培训计划"，拓展国际视野、瞄准领先水平，奋发有为、努力成才。

第四，浓郁学术文化氛围。

先进的大学文化是造就一流人才的深厚土壤，浓郁的学术氛围才能孕育出大批的拔尖人才。浓郁学术氛围、构筑大学文化，为教师成才创造适宜的环境和氛围，是人才队伍建设的一项基本保障。

浓郁学术氛围，需要高度的敬业精神。广大教师要牢固树立"以学术为本"的观念，摒弃功利思想，坚定学术追求，淡泊名利、探索真理，坚持科研、教学并重，以事业追求为目标，以学术发展为动力，形成全体教师投身学术、钻研业务、敢于挑战、砺志成才的良好风气，推进学科、教学、科研工作的更快发展。

构筑学术文化，需要有力的整体协调。大学文化的形成，是长期积累的结果，是大学精神、办学风貌、人文特征的集中体现，对学术发展、人才成长发挥着潜移默化的作用。要整体协调、全面关注创新文化的形成，从各级领导、管理干部到全体教职工，一方面，既要继承西电"艰苦奋斗、自强不息、坚韧顽强、埋头苦干"的传统，另一方面，也要形成"崇尚学术、追求卓越、敢创一流、奋勇争先"的新风，为拔尖人才的成长鼓劲、加油！

人才脱颖而出，需要不懈的个体努力。古希腊著名的哲学家亚里士多德曾说"工作之快乐催生完美之工作"，只有全身心地投入事业、钻研学问，才有可能取得丰硕的成果。人才的成长，外因是辅助，内因是关键。广大教师特别是中青年教师，要在激烈竞争中奋力拼搏、脱颖而出，立志成才、善于成才，激发探索学问的兴趣、唤醒挑战难题的斗志、鼓足攻克难关的勇气、实现取得成功的梦想！

第五，加强管理与服务，为广大师生创造良好的学习、工作、生活环境。

办学以人才为本，以教师为主体；教育以育人为本，以学生为主体。要让广大教师感受到管理服务带来的温馨与惬意，着重解决好青年教工的困难，创造一个干净、安静、安全、舒适的校园环境，让广大教师安心、放心，全身心地投入到教学科研的中心工作中去。要进一步强化机关的服务意识，提高管理与服务的工作水平，尽职尽责、奉公敬业。要加强质量工程建设，创造一流的教育，促进教学向精细化方向不断迈进。后勤服务要抓好餐饮、公寓服务等具体工作，后勤管理的甲乙方关系要进一步理顺。全体管理干部要从"关注民生、心系民生、牢记民生"的角度出发，增强责任感、服务意识，全面提升管理与服务水平。

同志们，人才资源是第一资源，是学校长远发展的根本保障；队伍建设任务艰巨、任重道远，振兴人才队伍，然后才能真正地振兴西电！

# "人才强校"需要"精兵强将"

—— 在第四届校聘关键学术岗位聘任暨高层次人才
建设表彰会上的讲话
(2009 年 5 月 21 日)

今天，在这里隆重召开我校第四届校聘关键学术岗位聘任暨高层次人才建设表彰会，这不仅是本年度师资队伍建设的一项常规工作会议，也是一次重要的总结会、鼓劲会和启迪会，为努力实现"人才强校"鼓劲加油，为大力提升教师队伍的核心竞争力不懈奋斗！

下面，我就关键岗位工作及师资队伍建设谈三点想法：

## 一、关键岗位人员是师资队伍的中坚力量

一流大学要拥有一流的师资、培育一流的人才、做出一流的贡献。"大学乃大师之谓也"，师资的实力与水平代表着大学的实力与水平，建设高水平研究型大学，必须拥有一支高水平的师资队伍，其中，学术骨干是师资队伍的中坚力量。

为了加强高水平师资队伍建设，自 2000 年以来，学校已经开展了三届"校聘关键学术岗位"聘任与考核工作，历经 10 年，受聘的总人次达 455 人次，他们为教学、科研指标的建设和学科发展做出了重大贡献，取得了显著成效。实践证明，关键岗位人员已经成为学校当前师资队伍的中坚力量，是学校建设与发展的中流砥柱。

### 1. 前三届工作回顾

10 年来，关键学术岗位评聘工作的开展，为稳定我校学术骨干队伍、带动年轻教师成长、提升整体师资实力、增强教师队伍的核心竞争力，起到了积极而重要的推动作用。此项工作实施以来，按照学科发展与队伍建设紧密结合的原则，把学科建设、教学科研、实验室、基地建设有机结合在一起，紧紧抓住指标体系建设和稳定的研究方向与紧密的学术团队两个重要环节，努力推进人才强校，有力促进了学术骨干梯队的持续性建设与发展，前三届评聘与考核工作成绩斐然。

第一届关键岗位的设置与评聘，开辟了我校"十五"学科与队伍建设的新

局面。在"九五""211 工程"建设的基础上，全校上下齐心协力、团结一致、呕心沥血、艰难拼搏，形成了以"现代通信网络工程"、"先进军事电子信息系统"、"电子机械先进制造技术"、"微电子学与光电子学技术"4 个重点学科群为代表、涵盖了校、院、系三级学科体系建设在内的学科布局。"十五"伊始，开展了首届关键学术岗位聘任，与学科建设紧密结合，以队伍建设支撑学科发展，以学科发展提升队伍实力，为高水平师资建设奠定了坚实基础。

第二届、第三届关键岗位聘任，在 2003 年至 2008 年的 6 年时间里，每届聘任人数占教师队伍总人数的比例不到 20%，却在科研经费、论文、获奖等主要指标的建设上为学校做出了平均逾 80% 的贡献，以无可辩驳的事实诠释了"二八律"现象。"十五"以来，我校获得的 8 项国家科技奖励项目全部为校聘关键学术岗位人员牵头负责或重点参与的科研项目，在高显示度的成果方面为广大年轻教师和后备学术梯队人员做出了良好的表率。

### 2．第四届岗位聘任

今年年初，学校对第四届关键岗位进行了申报评审，按照"公平、客观、公正"的原则，严格遵循 2/3 票通过的标准，同时提出了"新申报人员必须具有稳定的研究方向，申报材料必须与近 3 年主要研究方向保持一致"的要求，对不同学科、不同层次的要求与标准进行了细化，对标志性成果、获奖、争取到国家自然科学基金以及获得教育部优秀人才计划支持、团队人数、团队成员不得交叉等方面的指标和要求进行了严格把关，促使关键岗位聘任工作不断迈上新层次、提至新水平。经过仔细、客观、认真、严格的申报评审，申报通过率达到 73%。

### 3．存在问题

第一，岗位设置数增加，上岗率略降。从第一届到第四届，关键岗位设置数平均增长率为 19%，而上岗率却有所降低，在一定程度上反映出高水平师资队伍建设的实际窘况。

第二，高端人才后继乏人、后劲不足。从第一届到第四届关键岗位人员 40 岁以下人员所占比例有下降趋势，年轻的学术骨干还没有真正成长起来，关键岗位聘任和高水平师资队伍建设迫切需要增强后劲、培养梯队。

第三，关键岗位人员研究方向的稳定性和学术团队的整体性还需要下大功夫提升。一些关键岗位人员距离国家层面的高标准还有一定距离，需要狠下功夫、开阔视野、锤炼能力、不断提升。

## 二、实现"人才强校"需要"精兵强将"

大学因大师而出名，大师是大学的灵魂，教师是大学的核心竞争力。要想实现"人才强校"，就必须拥有一支精干的高水平师资队伍，要培养一批"精兵强将"，拥有拔尖人才和领军人物。

近年来，我校教师队伍在数量上基本保持了稳步增长，博士比不断提高，高端人才也取得了重要的连续突破，年轻教师的数量显著增加，原先"葫芦型"的人才队伍结构逐步转变为"梯形"结构，后备人才的数量增大、基础增强。但是，从师资的质量与水平、高端人才的数量与实力来看，"兵"还不够"精"、"将"还不够"强"，"梯形"结构之上的"金字塔"塔尖人才还十分缺少，真正能够崭露头角、展现潜质的年轻学术骨干还没有比较多地涌现，关键岗位人员队伍的后备梯队也因此缺乏。

"人才强校"战略是学校发展的核心战略，更是持久性战略。实现高水平研究型大学的奋斗目标，必须拥有"精兵强将"，不仅要有一大批敢拼敢闯、能打硬仗的青年梯队，更要产生领军学科、跻身一流的拔尖人才，"精锐兵团"与"领军将帅"缺一不可；不仅要下大功夫巩固人才队伍"金字塔"的底部、夯实基础，也要攒起"金字塔"的塔尖，培育高端，使关键岗位人员的数量、质量、层次、水平不断得到提升，为"人才强校"提供强大的人力资源保障。

当前，西电的战略发展正处于承前启后、攻坚克难的关键时期，急需一批"精兵强将"鼎力支撑起学科、教学与科研，急需培养未来 5 年、10 年、20 年的骨干梯队，为加快建设提升加速度，为科学发展增强新动力。

### 三、"精兵强将"需要精心培养

人才的成长是一个长期过程，既需要个人努力、团队带动，更需要全体人力资源工作干部倾尽心血、投入精力，予以悉心关怀、孕育熏陶和引导扶助，帮助和支持广大教师特别是青年教师快速成长。

2007 年底召开全校人才强校工作会议以来，出台了 8 项加强高层次人才队伍建设、推进教师队伍博士化与国际化的"一项高端、两个平台"的政策举措，以高端人才建设为战略抓手，着力推进教师队伍的博士化、年轻化、国际化的战略进程，启动了"优秀人才支持与发展计划"、"青年教师出国培训计划"等工作，全力以赴建设"精兵强将"的人才队伍。

然而，面对日益激烈的人才竞争形势，仅仅限于按部就班式的人才工作还远远不够。必须站在西电生存与发展的高度思考问题，必须立足关系成败、生死攸关的战略高度狠下功夫、真抓实干，紧扣"人才强校"的战略主题，围绕质量水平的内涵发展，把人才队伍特别是高层次人才队伍建设作为重中之重、作为生存之本、作为发展关键，全力落实并大力推进。

第一，着力培养和引进"将才"。俗话说："千军易得、一将难求"。高端人才建设的难点就在于拔尖人才和领军人物的培养和引进，在当前金融危机持续影响的情况下，要善于在"危"中寻机，瞄准国际一流人才市场，适时从欧美、亚太等经济和科技发达的国家和地区引进一流人才与领军人物。同时，也要在现有骨干队伍中善于发现有潜力的苗子，重点扶助、定点培养，创造有利的环境氛围、赋予更多的责任与使命，变压力为动力，促使他们早日成才、脱颖而出，尽快解决高端顶尖人才不足、梯队后继乏人的突出问题。

第二，全面锤炼和打造"精兵"。学术团队的形成与发展，需要一定的肥沃土壤，更要有稳定的学科方向、浓厚的研究兴趣，精良的协作团队、良好的合作精神，在大项目与攻坚战的实践中锤炼队伍、锻造"精兵"。针对 45 岁以下的中青年教师队伍的培养，既要在面上下功夫，也要在点上想办法，既要在指标建设上加任务，也要在文化建设上做文章。要为广大青年教师成长成才创造有力的条件与环境，做好服务，解除他们的后顾之忧；也要积极扶持，加任务、压担子，常指导、多帮助，促进青年教师的大面积成长，推进师资队伍的整体建设。

第三，多思忧患之事。人无远虑、必有近忧。没有人才的坚实储备，就会在激烈的人才竞争中捉襟见肘，没有强烈的忧患意识，就会坐失捕捉发展机遇的大好时机。要勇于面对队伍建设的实际情况，深入分析制约发展的主要矛盾，把忧患意识、绸缪思想真正转化为主动出击的动力、奋起直追的精神，咬紧牙关、挺过难关、卧薪尝胆、发奋图强，通过关键岗位聘任与高层次人才队伍建设，切实提升教师队伍的综合实力。

第四，常怀包容之心。浓郁的大学文化是孕育拔尖创新人才的深厚基础，兼容并包的宽广胸怀是扶助人才成长的必备条件。在人才成长的过程中，不可避免地要遇到很多棘手的问题，需要解决多方面的矛盾，甚至会出现一时的低落、短暂的失利，这些都是正常现象，需要不断解决、不断总结，吸取经验、积极奋起。要善于营造包容的氛围，常怀包容之心，同时也要适当加压、适时解困，为年轻教师的成长积极创造条件。从队伍建设的长远角度看，如果没有人才队伍的接力式传递、没有后浪推前浪的往复式更迭，就不可能取得"大浪淘沙始见金"的效果。年轻学者的成长，必然经历挫折与打击，需要有所包容、积极鼓励。年轻人自己也要不服输、不动摇、不放弃，坚定不移地瞄准目标，坚定不移地实现理想。

# 人才强则西电盛

## ——在 2009 年庆祝教师节暨表彰大会上的讲话
## （2009 年 9 月 9 日）

教师，是一份光荣的职业，也是一份沉重的责任。"师者，传道、授业、解惑也。"教书育人、身正垂范、诲人不倦、孜孜以求，教师的责任光荣而重大，"春蚕到死丝方尽，蜡炬成灰泪始干"，不仅是为师者无私奉献的光辉写照，更应当成为广大教师终生追求的崇高奋斗目标。"学为人师、行为世范"，"学高为师、身正为范"，做教师不仅要德高、学高、素质高，更要心正、身正、行为正。

21 世纪人才竞争日趋激烈，创新人才成长的根本在于教育。科教兴国、人才强国、建设创新型国家，大学肩负着重要的历史使命，任重而道远。建设一流大学和高水平大学，核心在于建设具有一流水平的师资队伍。学术大师是大学的灵魂，教师的实力是大学最主要的核心竞争力。综观世界一流大学，因为拥有了一流的师资，所以孕育了一流的人才、产生了一流的成果。大学离不开声名璀璨的学术大师，因为他们是学校的精神支柱；大学离不开一批学有专长的知名教授，因为他们是学校的中流砥柱；大学离不开一支整体实力强劲的教师队伍，因为他们是学校赖以发展的生命源泉。西电的历史，由前辈大师奠基；西电的现在，有学术中坚支撑；西电的未来，靠年轻一代开拓；人才强则西电盛。

近年来，经过广大教职员工的共同努力，我校人才强校战略成效显著：高端人才建设取得了长足发展，人才梯队的合理结构正在形成，青年教师的规模迅速壮大，队伍的整体实力稳步提升。然而，在肯定成绩的同时，也应正视差距与不足，主要有：其一，高端人才数量不足，缺乏"帅才、将才"；其二，横向差距较大，主要人才指标处于中下游水平，在国家层面的学科专业组中具有话语权的专家数较少；其三，青年教师亟待进一步成长。

目前，我校正处于"两大步三小步"战略提升期迈上第二个台阶的关键时刻，人才建设的任务十分艰巨。教师兴则西电兴，人才强则西电强，西电的实力归根到底来自于教师的实力，人才强校是重振西电雄风的第一战略。因此，进一步实施和完善各项人才强校举措，加快教师队伍特别是青年教师队伍的建设，是增强学校核心竞争力的关键，是各项工作的当务之急。

借此机会，对教师队伍建设，谈四点个人的想法与体会：

第一，以人为本、爱校如家，牢固树立主人翁思想。

"教育以育人为本，以学生为主体；办学以人才为本，以教师为主体。"大学离不开学生，更离不开教师，教师和学生是大学的主人，以人为本、崇尚学术、追求真理、创新创造，是大学的最高宗旨和根本使命。教师"闻道在先"，作为长者和学者，为人师表、率先垂范，在平凡的岗位上做出不平凡的事迹，不仅是职业的要求，也是事业的责任；爱校如爱家、全身心投入，不仅是对学校建设与发展的有力支持，也是促使个人成长与长才的坚强保证。有这样一个小故事，美国著名的艾森豪威尔将军退役后受聘担任哥伦比亚大学校长时，在欢迎会上致辞说："有机会见到在场的哥伦比亚大学的雇员，感到万分荣幸"，物理学教授、后来的诺贝尔奖获得者拉比教授站起来打断说："先生，教授们不是哥伦比亚大学的雇员，教授就是哥伦比亚大学。"拉比教授的话，言辞不多却振聋发聩，强烈的主人翁意识和独立的学者风范令人钦佩、让人景仰，"教授就是大学"的论断更是掷地有声、内涵深远。

今天的西电，处在攻坚提升的关键时期，"人人代表西电、西电在人人心中"，校兴我荣、校衰我耻，树立强烈的主人翁意识，营造以人为本的良好氛围，不仅是学校当前建设的需要，更是西电长远发展的需要。

第二，虚心学习、努力提高，认真完成育人使命。

高尔基曾说："经常不断地学习，你就什么都知道；你知道得越多，你就越有力量。"教师要虚心学习、不断提高，严谨治学、精益求精，才能更好地完成教育教学的神圣使命。

虚心学习包括三个方面：其一，青年教师要虚心向老教师学习。年轻老师初上岗，必然存在各种疑问，迫切需要老教师的扶持、关心和指导。通过资深教师"传帮带"作用的充分发挥，才能有效促进青年教师的迅速成长，使我校的教师队伍不仅在数量上得到增加，而且在质量和水平上不断提升。因此，青年教师要虚心求教，认真学习老教师甘于奉献、默默耕耘的师德风范，严格严谨、勇于创新的治学精神，行之有效、有的放矢的教育技能，信念坚定、善于团结的为人态度，要虚心向学术大师、教师名师、老教授、老前辈们求取经验、领悟方法、感受真情、体验真心。其二，教师之间要相互虚心学习。孔子说："三人行，必有我师焉。"互相学习才能共同提高，取长补短才能促进成长。我国历史上，曾流传有孔子向老子问礼、请教有关礼乐知识、二人之间"亦师亦友"的佳话；近代大学中，也有鲁迅、胡适、梁实秋、林语堂等之间发生学术争鸣但又相互探讨、启迪思想的"亦敌亦友"的故事。学术无疆界、交流有提高。教师之间应该虚怀若谷、而不是"文人相轻",虚心使人进步、骄傲使人落后,广大教师,要虚心学习他人的优点,取长补短、共同提高。其三,教师也要虚心向学生学习。教学相长,实践出真知。教和学的两方面是互相影响、互相促进的,学生的问题与质疑,往往是教师不断改进、提高水平的动力,学生的成长和成才,有时也会超出教师的预期估计。因此,要重视学生提出的问题,用发展的眼光看待学生的发展,在教学互动中加强探索、增进交流、关心学生、了解学生,促进他们更好更快地成才。

第三,刻苦钻研、教研并重,不断提升学术水平。"教给学生一杯水、教师要有一桶水"。一名合格的大学教师,应当教学与科研并重,以科研提升教学、以教学促进科研,坚持"两条腿走路",更好地完成教书育人的根本任务。

教学与科研作为大学的两项基本工作,二者之间相互依托、相辅相成、缺一不可。一方面,教学是教师的天职,没有教学实践,教师的知识与经验就会成为无本之木、无源之水,失去活力、缺乏感染力,对于进一步开展科学研究、探索学术也有不利影响。另一方面,大学以知识的传播与创造为宗旨,科研是教师的又一项重要职责;开展研究,不仅有利于启发思维、激发创新,也有利于联系实际、深度思考,承担课题可以开拓视野、了解前沿、针对实践、解决问题,撰写论文可以梳理思路、激发灵感、系统思维、升华理念,通过理论的研究、实践的探索,能够切实地提高教师的科研能力和学术水平。因此,教学、科研必须并重。

在大学里,学科是学校发展的龙头,教学科研是重要的两翼,后勤服务作保障。所有这些,都应当围绕一流师资队伍建设这个根本载体,围绕大学"以人为本、依法治校"的理念,切实在增强西电教学科研实力上下功夫、做文章,切实增强教师队伍的核心竞争力,尊重教师、尊重学生、尊重知识、尊重创造,提高办学质量,提升学术水平,实现人才强校的重大战略。

第四,淡泊明志、宁静致远,勤于涵养师德师风。"医德如何,十日之间分生死;官德如何,十年之间见治乱;师德如何,百年之间判盛衰。"师德就是教师的职业道德,师风就是教师的行为作风。著名教育家叶圣陶说:"率先垂范是教师言传身教的无声号令,喊破嗓子,不如做个样子。"广大教师和教育工作者应当善于涵养师德、培育师风,学而不厌、诲人不倦。

要完善言行、提升素养。教师的行为是学生行为的风向标,对学生的身心发展形成潜移默化的影响。教师应当不断加强自我修养,着力塑造高尚的道德、精湛的学术、良好的心理、得体的品行,以强大的人格魅力影响学生、感染学生。

要以人为本、尊重学生。教师要尊重学生的个性,有教无类、因材施教、循循善诱、善于启发；要真心爱护学生，以爱心感动学生，以耐心引导学生，以细心呵护学生，建立互敬互爱、友好信任的和谐师生关系；广大教育工作者，包括我们的机关工作人员、学生工作干部、辅导员等，要真正从"以人为本"的角度出发，尊重教师、爱护学生，以实际行动实践"教书育人、管理育人、服务育人"的神圣职责。

要恪尽职守、志向高远。教师的工作，不仅仅为了完成教学科研的任务，而是承担着培养创新人才的历史使命。北宋理学家张载曾说"为天地立心，为生民立命，为往圣继绝学，为万世开太平"。一位有责任感、有使命感的现代大学的教师，也应当具有这样高远的志向，忠于职责、恪尽职守，甘于寂寞、乐于奉献，尽到教师的本分，无愧人民教师的光荣称号！

# 壮心犹不已　夕阳无限红

——在 2009 年重阳节暨祝寿会上的讲话

(2009 年 10 月 26 日)

今天，是农历九月九日重阳节，也是国家法定的敬老节，适逢 60 周年国庆之后不久，登高祝寿、把酒赏菊，学校隆重召开庆祝老年节暨祝寿会，敬献给广大老同志最温馨、最诚挚的祝福！

西电的历史，凝聚着老一辈的心血；西电的发展，寄托着老同志的期望。

近几年里，学校建设与发展的历程中有六件大事：

第一，制定了"两大步三小步"发展规划，进行了"三个理念、四个兴校"的战略思考，确立了"学科建设为龙头、教学科研为两翼、管理后勤作保障"的"一头两翼一保障"发展格局，对内增强实力、对外积极拓展。

第二，以支持西安市建设太白路立交桥为契机，顺利完成了新校区从规划选址、定点变更到一、二、三期工程建设，用 4 年的时间建成了占地面积 3000亩、建筑面积 70 万平方米的南校区，使学校占地面积翻了两番、建筑面积翻了一番，入住了两万余名本科生，校机关整体南迁，奠定了战略基础，为长远发展创造了条件。

第三，经过多方努力、不懈工作，实现了教育部、陕西省、西安市、中电集团、国防科工委的五方共建，为拓展外部发展空间、争取更多办学资源、推进学校的可持续发展付出了辛勤努力。

第四，在近 3 年的时间里，大力加强高层次人才建设，实施人才强校，实现了"长江学者、国家杰青、创新团队""三无"的历史性突破，教师队伍博士比增长了 3 倍，师资实力明显增强。

第五，提出了学科带动、质量品牌、科研攻坚战略，以国家重点学科为代表的学科优势得以增强、本科评估获得"优秀"，百优博士论文屡有递增，科研经费、三大索引论文年均增长率分别达到 27%、31%，"十五"以来获得国家科技奖励 8 项。

第六，关心教职工生活、提高教职工待遇，完成了 600 套 12 万平方米的高层住宅建设，并即将启动南校区 2500 余套 45 万平方米的住宅建设，为广大教职工安居乐业提供条件；在资金困难的情况下，先后落实了离退休人员住房补贴、提高待遇以及调整在职人员津贴标准等利民、惠民的实事、好事，并积极解决好离退休同志的医疗、养老等具体问题，努力让广大老同志生活舒心、健康长寿。

未来要开拓、重任犹在肩。

在纵向发展上，学校取得了长足的进步，但横向比还存在一些差距，西电未来10年、20年、50年长远发展的任务仍很艰巨。

我们要积极发展新的学科方向、拓展学科面，在成立生命科学技术学院、空天研究院等的基础上，进一步发现新的增长点、为西电建设增添新动力；同时，要继续巩固优势学科，确立其在国内的领先地位、进一步扩大国际知名度和影响力；为此，还要大力加强与优势学科相互匹配的支撑学科的发展，使多学科相互协调、相互促进、支撑发展。

我们要继续坚持人才强校，以高层次人才队伍建设为战略抓手，紧抓教学科研、狠抓指标体系，为真正提高质量、深化内涵、增强实力、提升水平而忘我工作。

我们要不断向着特色鲜明、国内一流、国际知名的高水平研究型大学的目标大步迈进，开拓西电的新发展，让每一位西电人为学校的发展而自豪，让广大老同志为西电的进步而骄傲！

莫道桑榆晚，为霞尚满天。

广大离退休的老领导、老教师、老同志，拥有丰富的教学、科研和管理经验，具有崇高的威望和丰富的人脉，对学校建设与发展发挥着重要的"传帮带"作用。

希望大家在安度美好晚年生活的同时，指导学校工作、传授经验心得，关心和帮助广大青年教师尽快成才，感召和凝聚年轻一代为事业奉献、为西电发展的精神和动力，向80年校庆献礼，向未来百年的发展目标迈进，为把西电早日建成国内一流、国际知名的高水平研究型大学而共同奋斗！

# 大学教师的使命

—— 在 2010 年庆祝教师节暨表彰大会上的讲话
（2010 年 9 月 9 日）

第 26 个教师节的到来，比往年具有非同寻常的意义。这是在"十一五"与"十二五"衔接之时，全国教育工作会议、人才工作会议召开之后，《国家中长期教育改革和发展规划纲要》、《国家中长期人才规划纲要》正式出台实施之际，广大教师迎来的又一个崭新节日。科教兴国、人才强国，大学责无旁贷、任务艰巨；教书育人、为人师表，培养拔尖创新人才，教师职责光荣、使命神圣！教师节不仅是一个值得庆祝的节日，也是一个励志奋进的起点！

作为大学教师，启迪思想、培育英才、传播文化、塑造心灵，是职业之本，"传道、授业、解惑"，是育人之道，大学教师肩负着探索知识、钻研学术、培养人才、服务社会的重大使命。

大学之大，在于大师。学术大师是大学的灵魂，一流的人才队伍是大学发展的中流砥柱。纵观西电的发展，只有当人才队伍建设取得显著成效时，学校的各项指标才能取得重要进展。

近年来，在深入实施人才强校战略基础上，我校的研发经费、索引论文、科技获奖等指标获得了大幅度递增，国家级科研成果获奖"十五"以来总数达到 9 项；参与到国家 16 个重大专项的 6 项任务中，申请国家自然科学基金项目取得了重大突破。此外，第十一批学科点申报、本科生质量工程、研究生创新工程也取得积极进展，国际交流、国内拓展、新校区建设、管理服务等也得到持续推进与加强，"十一五"各项工作目标基本得以实现。

人才强则西电兴。在此进程中，广大教师和教育工作者，为学校的建设与发展做出了不可磨灭的贡献，付出了艰辛的劳动，两只队伍建设得到锤炼和加强，人才强校战略正逐步走向深入。

教师队伍中，从年龄结构看，35 岁以下的青年教师比例占 50%，45 岁以下中青年教师则占到 77%，中青年教师成为教师队伍的主体，以前"哑铃型"的结构得以改善，后备力量得到加强；从学历结构看，教师队伍中的博士比近 3 年年均提高 4～5 个百分点，补充了新鲜血液；从职称结构看，虽然在高端人才如长江学者、国家杰青、创新团队等方面持续取得了突破，但高层次人才的数量仍然偏少，"二八律"的现象依然存在，队伍数量与质量之间的矛盾依旧突出，整体结构、学缘结构仍需进一步优化。

在肯定成绩与进步的同时，也要看到差距与不足，主要有三个方面：一是高端人才数量仍显不足，缺乏领军人物和拔尖人才，纵向比有进展，但横向比有差距，在国家层面与国际领域具有话语权的专家少；二是教师队伍博士比仍然不高；三是青年教师亟待快速成长。

人才重在培养，教师肩负使命。西电历史上，不乏学科泰斗、学术大师，老一辈学科带头人，树立了西电学人的典范。我们建设一流的人才队伍，要以他们为榜样，迎难而上、勇挑重担，肩负起使命、承担起责任，为西电的建设增砖添瓦、增强实力。

在此，提出三点希望，与大家共勉：

第一，增强责任感，为学术振兴谋划方略。德国哲学家、柏林大学第一任校长费希特在其《论学者的使命》一书中提出，学者肩负着发现知识、服务社会以及提升道德风尚三重使命，提倡从事学术研究、推进学科发展是学者的基本职责。大学教师投身学术研究，是职业生涯的第一要务，没有深厚的知识基础、丰硕的研究成果，要培养出一流的拔尖创新人才，只能是纸上谈兵。广大教师应增强责任感，以发展学术为己任，科研、教学并重，把教育教学工作与科学研究工作有机结合，参与研究团队、融入学科主流，积极努力地探索学术发展。目前，学校结合制订"十二五"规划、9年跨越期战略工作，同时拟订"学术振兴计划"，以筹谋未来学科发展，建设大平台、争取大项目、产出大成果，从而进一步浓郁学术氛围、推进学术振兴。希望广大教师和教育工作者积极参与、提出宝贵意见和建议。

第二，增强危机感，为队伍建设出计出力。人才建设是学校总体战略的根本希望，教师队伍是西电长远发展的有力支撑。人才队伍建设，是学校建设与发展进程中所有矛盾中最主要的矛盾。古语说，"生于忧患、死于安乐"，面对队伍建设当前存在的问题与困难，增强忧患意识、增强危机感，需要从上到下、从下到上引起高度的重视和警觉，需要广大教师和教育工作者站在西电战略发展的角度，进行深入思考、进行大胆实践，需要老教师"传帮带"，传授经验、提携后学，需要中青年骨干"勇争先"，比拼赶超、脱颖而出，需要年轻教师"快成长"，虚心学习、早日成才，共同为人才队伍建设出计出力。

第三，增强使命感，为人才强校做出贡献。人才强校战略是第一战略，人才资源是第一资源。人才的发展、队伍的建设，事关生存、事关全局、事关发展。全体教职员工，都应当切实增强使命感和主人翁意识，努力营造"人人争先、努力成才"的良好氛围，积极创造宽松、包容、奋进、和谐的有利条件，为人才成长铺路、架桥，为队伍建设鼓劲、加油，要在全校上下形成尊师重教、尊重人才、爱才、惜才、护才、用才的风气，团结一致、扎实工作、携手共进、奋力拼搏！

# 以高端人才为引领　深入推进人才强校

## —— 在第二次人才强校工作会议上的讲话
### （2012 年 1 月 14 日）

今天，学校隆重召开第二次人才强校工作会议。这次会议的主要任务是：以科学发展观为指导，学习贯彻全国人才工作会议精神，落实《国家中长期人才发展规划纲要》，全面总结第一次人才强校会召开 4 年以来的新进展，认真研判所面临的新机遇与新挑战，系统梳理中长期人才战略的基本思路与目标，缜密研究"十二五"人才工作改革发展的重点。这次会议，恰逢 80 周年校庆成功举办之后、西电"十二五"暨九年跨越期发展规划制定完成、2011 年各项工作取得了显著进展的背景下隆重召开，是一次重要的"诸葛会"、"神仙会"，对推动下一步人才队伍的建设具有重要意义！

下面，我结合学校人才工作，主要谈三个方面的问题。

## 一、人才队伍建设进展

2006～2007 年，我校在"长江学者"、"国家杰青"、"创新团队"等高端人才队伍建设上实现了零的突破，摘掉了"三无"的帽子，掀起了人才强校的第一轮建设高潮，旨在实施人才强校战略，下大力气狠抓师资队伍数量与质量、结构与层次、内涵与实力的建设，以人才队伍的振兴推动学校事业的跨越发展。

4 年来，在高端人才、博士化进程、规模与结构、中青年教师培养、管理队伍建设等方面取得了显著进展，队伍的整体实力得到不断增强。（具体内容略）

## 二、机遇、优势与挑战、问题

### (一) 战略机遇

国家战略——2010 年，全国人才工作会议召开，《国家中长期人才发展规划纲要》正式颁布，提出了"服务发展、人才优先、以用为本、创新机制、高端引领、整体开发"的方针，确立了人才建设的目标和任务，出台了 12 项重大人才计划与工程，为人才工作的长远发展规划了蓝图，人才强国战略逐步予以落实，高校迎来新的发展机遇。

金融危机——全球范围金融危机的发生和蔓延，对经济发展带来了负面作用，产生了不利影响，但却为国际性人才的广泛流动提供了可能，从而使引进一流国际性人才成为现实，这为引智创造了条件，提供了机遇。

地方政策——2011年12月初，陕西省出台《关于加强高层次创新创业人才队伍建设的意见》，深入实施人才强省战略，加大高层次创新创业人才的培养和引进工作力度，鼓励高层次人才潜心科研和创新，支持高层次人才创业，强化保障和激励，拓宽发展平台，为大学人才建设提供了有力的政策保障。

社会支持——纵观人才建设形势，从行业振兴到区域发展，从个人成才到团队建设，产学研紧密结合的需求越来越迫切，尊重知识、尊重人才、尊重劳动、尊重创造的社会风气蔚然成风，对发展人才形成了普遍共识，得到社会的广泛认可，人才工作的条件不断改善、环境不断优化、氛围更加浓郁。

## (二) 内在优势

我校在人才发展的战略机遇期面前，有三大优势。

首先，是高端人才实现突破的前期优势。通过4年的努力工作，高端人才建设取得了重大突破，积累了经验、探索了路径、增强了信心，为高端人才的持续突破和教师队伍的整体发展奠定了基础，值得总结和提升。

其次，是西电特色办学的前沿优势。我校以工为主、理工结合、多学科协调发展，IT学科特色鲜明，在信息化带动工业化的进程中发挥着重要的引领作用，国家重点学科建设成效显著，2个一级学科全国排名居于前列，学科实力占据着发展制高点，为人才成长创造了有力条件。近年来，加大推进对外拓展力度，实现了教育部、陕西省、西安市、中电集团、国防科工委五方共建，参与组建并正式成立了11所高水平行业大学战略联盟——"北京高科"，深化了校所合作、基地合作、政府合作，为吸引和培养人才、开放办学拓展了新的外部空间。

此外，是学校软硬件基础与综合条件的保障优势。通过坚持不懈、艰苦努力的工作，完成了3000亩新校区的建设，公用教室、图书馆、实验室等建筑面积显著增加，仪器设备配备到位，增强了办学的实力，工作条件、待遇收入、居住条件得到了显著改善，为吸引人才、稳定队伍创造了良好的整体条件。

## (三) 严峻挑战

挑战主要来自三个方面。一是国际学术发展、国家战略需求对人才工作的重大挑战。国际学术发展对一流人才成长提出的高水平要求、国家重大战略需求对高端人才建设提出的紧迫性要求，构成了人才工作的重大挑战。要产生大成果，必须站在国际前沿领域，具备全球视野，在学术上追求卓越、敢为人先；要服务国家战略，必须脚踏实地、埋头苦干，产生出推动科技进步、带动经济发展的丰硕成果。这些，都对一流人才的成长与成才提出了严峻挑战。二是高校、科研院所激烈竞争对人才工作的横向挑战。近年来，高校、科研院所之间比拼最激烈的就在于人才的竞争，人才是第一资源，人才的实力代表着竞争的实力，做好人才建设工作，必须面对来自高校、科研院所之间的竞争挑战。三是学校自身发展的内部挑战。学校要发展必然面临增强办学实力、提高办学质量、提升办学水平的客观要求，人才是关键，没有一流人才的支撑，就不可能实现规划目标，只有实现了人才的发展突破，才能实现学校各项事业的发展突破。

### (四) 问题

当前，制约人才队伍建设的主要矛盾，就是现有队伍的实力水平与高水平研究型大学建设目标之间存在的差距，主要表现在 4 个方面：高端人才数量不足、国家三大奖缺乏；主要指标增长缓慢、学科内涵急需增强；教师数量还要增加、队伍结构仍需优化；国际化视野不够开阔、文化氛围有所欠缺。

## 三、思考与对策

人才建设是一项长期性工作，是学校发展的永恒主题，需要预先筹划、酝酿组织、积累积淀，不仅要未雨绸缪、确立长远的规划与目标，更需雷厉风行、执著推进，前期播种施肥，最终才能开花结果。

### (一) 战略思考

本次会议，就是要紧抓难得的发展战略机遇，在战略上审时度势、运筹帷幄，分析解决制约人才发展的主要矛盾，在战术上深入研究、广泛探讨，制定推进人才强校的政策举措，在落实上形成共识、抓紧推进，共同营造人才强校的良好氛围。为此，在"十二五"发展关键时期，我们必须破解"五个迫在眉睫"的问题，正确处理好"四个关系"，以实现我校人才队伍建设在质量上的跨越式发展。

#### 1. "五个迫在眉睫"

第一，解放思想、更新观念迫在眉睫。

首先应当树立"学术为本、大师为先"的理念，尊重学术、尊重人才，让西电的大牌教授真正成为校园里最受尊重的人，从办公生活条件的充分保障到学术地位的广泛尊崇，从待遇收入的不断提高到创新环境的不断改善，让他们舒心、安心、专心、放心，确立他们的重要地位，体现他们的非凡价值。从而有效减少有学术潜力的人才争当管理中层的现象，避免学术人才发展方向走偏，引导广大中青年教师向大师学习，以其为榜样，确立稳定的学术方向和人生目标，奋发有为、努力成才。

其次，作为学院一级的管理者，要深入思考"筑巢引凤"的重点工作，把培养和引进大师作为第一要务来抓，管理为学术服务，管理为教授服务，在继承中创新，吸纳、融入外部的新鲜思维、新鲜人才、新鲜举措，善于打破旧习惯，避免"武大郎开店"，以宽广的心胸、超常规的热情、超常规的举措吸引优秀人才、促进视野发展。

另外，还应转变进人、用人"一刀切"的观念，认真分析人才发展"二元结构"的深层矛盾，善于识才、用才、重才，既要有"伯乐"、也要有"千里马"，发展新兴学科、交叉学科，搭建平台，为人才成长创造条件。

第二，高端人才持续引领迫在眉睫。

高端人才是学科的领头人，是学术的探路者，对学校的建设与发展引领作用十分重大。目前，要着力解决三个问题。

一是高端人才数量的增加。大师缺乏、国家奖等重大成果缺少，是制约高端人才建设的瓶颈之一。要在这些重要指标建设上出主意、想办法，团结一致、凝聚力量，把具有参与高端竞争实力与潜力的人才扶上马、送一程，促进新的高端人才源源不断地产生。

二是引领作用的充分发挥。"大师+团队"模式，对高端人才的产生具有良好的实际效果。大师与团队，是相互依存、相互支持的辩证统一体。没有大师，团队缺乏领头羊；没有团队，大师缺乏依托；大师带动着团队的发展，团队推动着大师的产生；要在"大师+团队"的模式中催生、孕育高端人才。

三是高端梯队的着力培养。没有梯队，就没有连续性、缺乏后劲，制约高端人才的系统建设。因此，必须未雨绸缪、及早着手。

第三，大胆创新、改革机制迫在眉睫。

改革机制，需要切实加强人才引进、培养、考核、淘汰各个环节的闭环建设。引进——要坚持质量第一，严把进人门槛和标准，不以增加数量而牺牲质量，注重改善学缘结构、调节有关比例，包括机关人员和教师队伍；培养：要用好"指挥棒"，以职称晋升、导师遴选、分配调节为杠杆，切实帮助青年教师融入主流、进入团队、加快发展，尽早确立自己的学术目标与职业规划；考核：要建立严格完善的系统机制，科学合理、动态更新、赏罚分明；淘汰：应有转岗分流、末位淘汰的机制，为不同类型人才的发展，开辟退出分流通道，实现有序交流、合理成长。

大胆创新，需要站在学科引领的角度"出奇制胜"，抢占发展的先机和制高点，强化预见性，提高前瞻性。例如，要增强理科的基础实力与后劲，为工科发展提供强大支撑，要强化工科的工程实践，避免"欺软怕硬"，要把握文科与社会科学的适当发展，引进多学科相互协调的柔性化因素，建立科学的学科生态系统，为未来发展布好局、打好可持续良性发展的基础。

总之，机制改革、大胆创新的最终目的，就是要进一步推动队伍的合理流动，按需设岗，引人、用人、留人，激发年轻人创业、创造的积极性、责任感和自豪感，主动加担子、挑大梁，增强想干事、能干事、干成事的能力与魄力，激发创新创业活力。

第四，科学管理、高效协同迫在眉睫。

管理就是服务，管理重在协同。国家正在启动实施的"2011创新能力提升计划"的核心就是加强协同创新。

人才工作，牵一发而动全身，是一项需要管理协同的系统工程。人才的成长成才，与学科建设密切相关，与教学科研紧密联系。为此，主要的管理部门应牢固树立服务理念，增强服务意识、提高服务能力，顾大局、识大体，避免从部门观念、局部利益出发考虑问题，积极为教师的发展与成才创造条件；同时，要加强管理的执行力，科学管理、高效协同，为广大教师集中精力投入事业解除后顾之忧、提供坚强保障；另外，管理工作要在具体执行过程中动态跟踪、考核、监督、反馈，完善有机链条，加强体系建设。

第五，营造氛围、浓郁文化迫在眉睫。

文化是软实力，人才成长成才的良好氛围需要进一步浓郁。一所一流的高水平研究型大学，必须具备兼容并包、海纳百川的胸怀，要有浓郁的激发创新思想、创造思维产生的文化氛围与宽松环境，从而使每一位置身其中的成员，无论是学生、教师还是管理者，都能获得思想的启迪、精神的熏陶、性情的陶冶、价值的体现。

我们的学术氛围还需要进一步浓郁，人文气息需要继续增强，鼓励创新、支持发展、相互欣赏、良性竞争的气氛需要积极营造，要从思想观念、交流沟通、换位思考、相互理解等多方面加强软实力建设，树正气、有大气、能包容、善沟通，在建设和谐校园的基础上，需下大力气营造"人人成才、竞争成长、争创一流、共同发展"的良好环境与氛围。

### 2．"处理好四个关系"

第一，处理好个人与团队之间的关系。要善于把个人成长成才与团队建设有机结合，让个人在团队中得到锤炼、得到帮助、得到提高，让团队因每一个人的努力而凝聚力量、形成合力，并形成老中青传帮带的良好格局。既促进个人的发展，也带动团队的建设。

第二，处理好引进与培养之间的关系。要重视引进高层次人才，而不只是停留在应届生层面，对于不同层次人才的引进要进行分类管理，能引得来并留得住，为其健康发展提供便利条件。同时，也要做好自主培养的工作，坚持"引进培养两条腿走路"，不拘一格、选拔人才。

第三，处理好重点与整体之间的关系。既要关注高层次人才的建设，紧抓高端人才不放松，突出重点、以点带面，也要重视整体建设，包括各个层次学术梯队的遴选、组织、培养，老、中、青教师之间的人才更迭与团队传承，始终保持人才队伍建设的长久活力与动力。

第四，处理好长期目标与阶段任务之间的关系。人才建设是一项长期工程，规划长远目标十分重要，但也要有阶段性任务，要从当前能够着手的工作起步，扎扎实实予以推进，进行阶段性考核，不断开展复盘式思考，反思不足、谋划改进，切实把人才队伍的长期建设落实在点点滴滴的日常工作中。

### (二) 奋斗目标

此次会议提供大家研讨的"十二五"师资队伍建设规划，大体从总体规模、高层次人才、整体结构以及各学院和学科人才等4个方面，提出了奋斗目标和具体指标，这是在总结"十一五"建设成绩、结合学校实际基础上提出的初步方案。

中长期人才建设目标，是面向2020年第一大步战略规划及9年跨越期规划发展，所提出的宏观指标。

此外，作为两支队伍建设中的另外一支重要力量，管理干部队伍建设同样需要高度重视。为此，专门草拟了管理干部队伍的建设规划，对管理队伍的目标、要求、举措提出了初步想法。

### (三) 具体举措

在政策举措上，提出了"杰出人才造就计划"、"团队建设计划"、"青年教师梯次式培养提升计划"、"骨干教师出国研修计划"、"科研队伍发展计划"、"工程实践师资队伍建设计划"、"学术人才特区"建设计划、"人才储备计划"、"师资博士后计划"、"外籍教师引进计划"等10项计划。值得指出的是，人才工作不是一蹴而就的事情，召开本次会议后，还应在日常工作中抓紧落实，及时跟踪，每学期、每学年都应有总结、有跟进、有调整，加强人才工作的常态化建设，使人才强校真正落到实处。

经过 4 年的执着追求、不懈努力，我校的人才队伍建设取得了长足进步，人才强校战略不断深入人心，人才竞争意识不断得到强化，人尽其才、才尽其用的良好环境氛围正在积极营造，追求卓越、勇创一流的改革开拓精神正在不断深化。第二次人才强校会议的召开，必将为人才工作的新发展增添动力、激发活力，掀起人才队伍建设的第二轮高潮！

# 第四部分 育才之根

　　人才培养是大学的根本任务。现代大学具有人才培养、科学研究、社会服务、文化传承与创新四大基本功能，贯穿其中的主线就是人才培养，这也是大学区别与科研院所、政府机构、企业单位的最主要的本质特征。

　　大学是知识的殿堂，以研究高深学问为宗旨，以服务于科技进步和经济社会发展为目标，传授知识、培养技能、传播文化、培育英才是其必有之义。人才培养的主要形式是教育教学，而教育教学涉及到学校工作的方方面面，学科前沿的最新动向、科学研究的重大进展、成果转化的市场应用、产业发展的人才需求，均可以反映并渗透到教育教学的全过程之中，与学校的学科建设、科学研究、成果转化等发生千丝万缕的紧密联系，与学校的日常管理、文化活动、后勤服务产生良性互动的明显效果。

　　人才培养的过程是一个潜移默化、细致入微的嬗变过程，大学的软硬件综合环境对人才成长具有深刻的影响作用，一所大学的特质往往在其校友身上有十分鲜明的体现。

　　西电建校 80 余载，培养出了 15 万名电子信息高级人才，形成了"团结、勤奋、求实、创新"的校风，凝练了"厚德、求真、砺学、笃行"的校训，校友中产生了 14 位院士、120 多位解放军将军、一大批知名企业家和技术高管等杰出人才。人才培养的硕果来源于长期扎实务实的教育教学工作，得益于言传身教、埋头苦干的朴素作风，对广大学子成长、成才受益匪浅。

　　本部分收录的 35 篇讲话、寄语，基本上是在开学典礼、毕业典礼上的讲话，记录了 10 年期间对历届学子的殷切期望与美好祝福。

# 紧抓机遇　与时俱进

# 造就电子信息优秀人才

——在 2001～2002 学年学生工作总评表彰大会上的讲话
(2002 年 11 月 12 日)

党的十六大报告明确指出："世界多极化和经济全球化的趋势在曲折中发展，科技进步日新月异，综合国力竞争日趋激烈。形势逼人，不进则退。……综观全局，二十世纪头二十年，对我国来说，是一个必须紧紧抓住并且可以大有作为的重要战略机遇期。"当前，信息化蓬勃兴起、高等教育飞速发展、西部大开发方兴未艾，我校占有天时、地利，面临着重要的战略发展机遇。我们必须牢牢把握这一大好时机。

面对这一发展机遇与挑战，学校确定了今后较长一段时间内的发展目标：以学科建设为龙头，以人才建设为根本，坚持教学、科研两个中心，向着建设特色鲜明、研究型、开放式、国内外知名大学的目标阔步前进！

"九五"期间，学校以"211 工程"建设为主线，想方设法多渠道自筹经费，自加压力、抓紧建设，在教学、科研、社会服务以及整体办学实力上取得长足进步，教育部验收专家组对学校"九五"整体建设项目评价为"高质量地完成了建设任务"。10 月底，学校"十五""211 工程"建设项目可行性研究报告顺利通过了教育部专家组的初步论证。

下半年以来，校园基础设施建设力度加大。暑期，顺利完成了总投资为 6500万元的教育部修购基金、国债基金改造项目，从根本上改变了学校几十年来教学区水、电、暖气和通讯等基础设施陈旧落后的面貌。目前，投资 800 万元的"西部大学校园计算机网络建设工程"项目也正在实施，完成后的校园网将在网络规模、覆盖范围和技术水平方面有一个大的飞跃，为造就优秀的电子信息人才创造有利条件。

在学校建设中，全体师生员工与时俱进、开拓创新，继承和发扬了我校光荣的革命传统，形成了富有特色的西电精神。作为在西电就读的在校生，应该从西电精神中吸取丰富的营养，树远志、勤思考、多学习、重实践，把个人的成才目标融入到国家建设与发展的大潮中去，立足现在、面向未来，扎扎实实地学好专业文化知识，掌握现代科学技术。

回首 20 世纪科技发展，具有"一个技术、两个理论、三个工程、四个模型"的特点：

一个技术——即计算机技术的兴起。21 世纪，计算机技术还将继续产生重要影响。正如"MOOR 定理"：芯片性能每 18 个月翻一番，10 年达 100 倍。又如基德尔定理：光纤宽带每 6 个月翻一番，3 年达 100 倍。计算机技术将使人类科技的发展一日千里。

两个理论——相对论、量子论。其结果是原子能的发现与应用和半导体技术的产生，实现了理论指导下人类探索未知的梦想。

三个工程——原子能工程、阿波罗登月工程、基因工程。

四个模型——夸克模型、大爆炸模型、DNA 双螺旋模型、板块模型。

21 世纪，有人总结科技发展大趋势是：

一个兴起——纳米技术的兴起，预言"纳米技术革命"将孕育许多新的历史性新生事物。

两个问题——即资源问题和环境与生态问题，是关系可持续发展的重要问题，关乎子孙后代生存发展的根本。

三个关心——关心地球、关心空间、关心海洋，总的来讲，是关心人类与环境的协调发展。

四个支持——支持信息学科、新材料学科、先进制造技术及生命学科。

当前科技发展，呈现出"微、综、网、智、绿"的特点，微——精密加工，综——自动化、机电光磁信息一体化，网——网上高速公路、网卡，智——非逻辑运算、智能材料，绿——环境保护、文化品位。

综观未来发展，电子信息技术将是关系国家兴盛与否的一枚重要棋子。作为国内知名且以电子信息为特色的全国重点大学，学校与各位西电人，都任重而道远。青年时代是一生中成才的大好时期，世界上许多杰出人士出成果都在青年时期：爱因斯坦 25 岁提出狭义相对论、玻尔 27 岁提出量子论、费米 25 岁提出量子统计学、杨振宁 29 岁提出宇称不守恒定律……

我们赶上了世界科技发展的大潮，赶上了祖国伟大复兴事业的机遇，作为有着光荣革命传统的西电和西电人，要立志有所作为。今天，就要从自身做起，注重培养"长、宽、高"的优秀素质，"长"即学好专业知识、学有所长，"宽"即不断拓宽知识面、广泛涉猎、综合发展，适应科学综合、交叉发展的趋势，"高"即培养高尚的道德情操。

那么，如何塑造"长、宽、高"的优秀素养？首先，要有良好的学习风气和浓厚的学习氛围，学风建设尤其重要，要把学习作为自己的第一要务，只有首先搞好学习才能顾及其他；第二，要有端正的学习态度，态度决定高度，要坚决杜绝投机取巧、不劳而获的思想；第三，加强团结，增强集体荣誉感，进一步完善人格；第四，弘扬文明之风，要显现大学生的精神风貌，展现西电人的风采。

昨天虽然已经过去，但要认真地加以总结；

今天就在我们脚下，应该准确地把握；

明天就在我们眼前，应该清醒地去规划。

大学生是当代青年的佼佼者，祖国建设大业的力量源泉、民族兴旺的栋梁。希望大家努力学习、刻苦钻研、百尺竿头、更进一步，掌握更多的过硬本领，为建设繁荣昌盛的现代化祖国而努力奋斗！

## 终身求知　立志创业　谨慎处事　踏实做人

——在 2003 届学生毕业典礼上的讲话
（2003 年 7 月 1 日）

2003 年上半年是一个不寻常的时期。从 4 月起，全国上下经历了一场抗击"非典"疫病的特殊战役，我校全体师生员工齐心协力、团结一致，取得了拒"非典"于校门之外、抓好正常教学科研工作的双胜利！

在这场特殊战役的历练中，2003 届毕业生交上了两份令人满意的答卷——毕业论文答卷和防治"非典"的人生答卷。作为国家实行高校扩招后的第一届毕业生，你们不仅凭借自己的勤学苦读取得了合格的毕业、学位证书，也通过防控疫病的实践增添了新的人生阅历——在困难与挫折面前表现出的努力拼搏、积极进取、自强不息的决心与意志；在个人利益、集体利益与社会要求发生冲突的情况下，形成取"大我"而舍弃"小我"的良好品德。这无疑将成为你们成长与进步的宝贵经验和财富。

一手抓防"非典"坚持不懈、一手抓改革发展毫不动摇，这也正是学校各项工作的基本出发点。学校确立了"两大步三小步"的战略目标实施部署——到 2020 年建成特色鲜明、研究型、开放式、国内一流、国外知名的高水平大学，到 2040 年建成具有国际先进水平的一流大学；其中 2020 年建设目标分为"十五"末、建校八十周年（2011 年）和 2020 年末三小步实施。本学期，全校上下克服困难、努力工作，各方面工作取得了明显的进步。

在此，诚挚地欢迎同学们对学校的建设与发展多提宝贵意见和建议，在将来合适的时候多回母校看看，为母校的不断进步和发展出一份力、尽一份情！

同学们，个人的成长和学校的发展具有相似的道理："玉不琢，不成器"，自古以来，成大事者必先经过"苦其心志、劳其筋骨、饿其体肤、空乏其身、行拂乱其所为"的磨练与砥砺，才能开阔见识、增益才干、奋发有为、成就不凡绩业。

当前，正是我国实施全面建设小康社会宏伟目标的重要起步期，科学技术尤其是以 IT、生物医药为代表的高新技术迅猛发展、一日千里，社会为有志学子提供了广阔的创造与发展天地，时代赋予了青年一代大有作为的历史责任，你们正赶上了施展才华和抱负的最佳时期。

在你们毕业离校之际，我寄语大家十六个字：终身求知、立志创业、谨慎处事、踏实做人。

——"人贵有志，学贵有恒"，要坚持不断学习、不断提高，广泛涉猎一切有用的综合知识，潜心钻研专业技术知识，把求知当作终生的大事，勤勉不辍、不断进步，有知识才有实力；

——要胸襟广阔、立志创业，在实践中不断增长才干、提高工作能力、积累社会经验，抓住机遇、发挥专长、谋求发展，在创业的艰辛体验中实现自我价值；

——要学会处事，逐渐成熟并成长起来，增强社会责任感，提高职业道德水平和文明素质，学会妥善处理不断出现的各种工作、学习和生活中的矛盾，把个人成长和集体发展、社会进步有机地统一起来，做一个对社会有用的栋梁之才；

——要信守"诚信"、踏实做人，不急功近利、不骄奢浮躁，能够正确面对各种诱惑，敢于坚持原则，行要正，品要端，为自己的人生勾画出有意义的轨迹。

希望你们走出校门、鸿图大展、创造辉煌——今日学业有成长缨在手，明朝再接再厉敢缚苍龙，为母校赢得更多的喝彩！

最后，祝同学们身体健康、一帆风顺、前程似锦！

祝各位老师工作顺利、生活幸福！

# 宣传学校和校友的窗口

—— 寄语《西电科大报》"天南地北西电人"栏目
（2003 年 10 月 22 日）

七十二载薪火相传，八万学子竞技风流。

我们凝望瑞金小布祠堂，聚首延安宝塔山下，摇响华北获鹿老树铁铃，走近塞北张家口重镇，鸟瞰古都校园新姿，从这些充满希望的土地上，走出了心系共和国命运的八万名西安电子科技大学优秀学子。纵使相隔千山万水，跨越世纪岁月年轮，校园里依旧吟唱着你们放飞理想的乐章，辉煌的史册上永远镌刻着你们的名字，母校时刻都在惦记着你们、关注着你们、祝福着你们！

你们用自己的聪明才智和辛勤耕耘为母校赢得了荣誉，在你们当中，成长起了数位两院院士、一百多位解放军将领、上千名中国 IT 技术领域的优秀专家、上万名活跃在高新技术领域的骨干人才，你们是国防现代化建设和国民经济信息化建设的中流砥柱。当你们驰骋于信息宇空时，母校是你坚强的后盾；当你们攻坚技术难关时，母校是你精神的支柱；当你们遨游知识的海洋时，母校是你激荡的热土。这种情结、这种根脉、这种锻造，将随着记忆在你们和母校间更弥牢固，更趋源远，更加坚韧。

积蕴七秩办学精髓，开拓未来美好前程。如今的西安电子科技大学，是我国"211 工程"重点建设的高校，也是我国建有研究生院的 56 所知名高校之一。学校在建设、发展和创新上满怀信心，要铸就新的丰碑，正在向着特色鲜明、研究型、开放式、国内一流国际知名的高水平大学的目标阔步前进！

广大校友们曾经在母校的建设和发展中发挥了重要的作用，给予了许多的关心和支持，倾注了自己的绵绵深情，在你们创造事业中传衍了母校的精神，在你们升腾理想中塑造了母校的形象，在你们享受成功喜悦中报答了母校的情怀，这些都将成为母校前进的不竭的力量源泉。昂首进入建设小康社会的新世纪，母校更加需要广大校友们的支持，为我国现代化建设提供更多的人才资源和技术支撑，发挥出更加重要的作用。

我们搭建了《天南地北西电人》这个平台，作为与校友们联络和交流的窗口，以展现校友们的精神风采，倾听校友们的真情流露，借鉴校友们的成功经验，鼓舞西电人奋发图强，共同为母校的繁荣和进步谱写新的篇章！

# 压力与动力

——在 2003 年学生总评表彰大会上的讲话

（2003 年 10 月 30 日）

同学们，大学是每个人一生中最为重要的人生奋斗历程之一。如何使自己早日成为国家的栋梁之才，将来为人类发展和社会进步做出更大的贡献，是大家应该认真思考的大问题。因此，我想借此机会，对人生成长中的一个方面谈点想法，供大家参考。

这个问题就是我讲话的题目，叫做"压力与动力"，想法起因于我国"神州五号"载人飞船首位航天员杨利伟。

10 月 15 日、16 日，我国首次载人航天飞行取得圆满成功，实现了中华民族探索和遨游太空的千年梦想，标志着国家高技术发展的又一个新的里程碑，为世界所瞩目。一夜之间，中国首位航天员杨利伟的名字家喻户晓，航天勇士的成长历程也为广大群众所关注。据有关资料报道，航天员的选拔非常严格，其受训过程也超过常人的想象，大家可能还记得杨利伟在受训过程中承受 8 个 G（相当于自身体重的 8 倍）压力的常规训练、脸部严重变形的画面，可以感受到其压力之大，可以反映出其训练之艰苦，普通人是难以承受的。然而，当这已经成为航天飞行必要的训练课时，异常沉重的压力就变成为一种实现飞天梦想的非凡动力，支撑着航天员的意志与信念。正如杨利伟本人所说："作为一个航天员，意志比技术更重要，恶劣的环境正好磨练意志。"

压力是促进变革与发展的前提，是个人成长的必要因素。正是因为受制于地球重力的束缚，人类才有了探索太空的梦想，正是经受了长期的贫穷与落后、备受压制和屈辱，华夏儿女才有振兴中华的不息自强。没有压力，就缺乏奋进的前提，安于轻松、享受的生活，就会产生消极、懒惰。古人说"生于忧患、死于安乐"，必要的压力是成功的开始。

我国古代，有周文王受监禁拘束而演绎出《周易》、屈原被放逐而作出《离骚》、司马迁受宫刑大辱而写成《史记》，不仅文学的创作需要压力，事业的成功更需要压力。没有压力，就缺少挑战；没有挑战，就难于创新；没有创新，就疏于大成。从这个意义上看，压力恰恰是发展和前进的动力。

对在座的诸位同学而言，高中时高考是最大的压力；入学后，拿到毕业证和学位证是直接的压力；毕业时，就业是根本的压力。第一种压力，大家已经把它转化为动力，经过高考的严格测试顺利过关；第二种压力现在依然存在，只不过对不同的同学大小不同而已；第三种压力是你们在不久的将来要直接面对的压力，当然也是学校的一种压力，但更多的是每一位同学自身发展与成长的切实压力。大家知道，从今年起，就业形势将越来越严峻，1999年高校扩招的首届毕业生就业第一次遭遇到寒流，虽然我校2003年研究生一次性就业率达到100%，本科生达到98.6%，但以后的就业压力将会越来越大，同学们的学习与竞争也会越来越激烈。

有压力是件好事，因为它可以督促、刺激你，使你时刻有所为；但具体到每个人，能不能把压力有效地转化为动力，就要看自己的人生目标和意志品质了。杨利伟能够通过从1500多名飞行员到800人初选者、到60人的参选者的重重严格选拔，不是带有运气的成分，最主要的是他本人合格的身体素质、勤奋、勇敢、简朴的性格品质和优秀的训练成绩决定的，他的脱颖而出在一定意义上讲也是必然的。当然，我们不能要求每一位同学都是优秀者，但是，作为每一位同学自身的成长，必须结合自己的实际确立一定的奋斗目标，给自己施加一定的压力，善于磨练自己的意志品质，在应对困难的过程中增强自己的才干和学识、丰富知识、增长经验，增进自我发展的动力，为迎接将来的激烈竞争提前做好充分准备。

学校的建设与发展也面临着许多新问题，承担着压力，诸如学科的拓展、教学科研指标的提升、新校区的建设、规模、质量、结构、效益的协调发展、与兄弟院校之间的竞争等诸多问题，广大教职员工和科研人员都积极承担着繁重的建设任务，分担着学校发展道路上的许多压力，也在积极地把压力转变为求真务实、加快建设、改革创新的实际行动。

同学们，个人的成长和学校的发展具有相似的道理，要有压力，积极参与竞争，转化压力，增强动力。我校知名校友柳传志先生讲过一句话："困难无其数，从来没动摇。"这句话集中概况了西电学子不畏艰难、奋发有为的胆识和气魄，体现了西电学子顶住压力、不断前进的精神和意志。今天，21世纪的挑战已经来临，学校与个人都同样面对着如何变压力为动力、努力实现理想与目标的严峻课题，顶住压力、增强动力，是我们都必须经受的考验。

希望你们拥有理想、树立目标、增强动力、敢于竞争；
希望你们再接再厉、努力学习、刻苦钻研、锻炼才干；
希望你们继往开来、迎接挑战、奋发有为、取得成功！

# 珍惜生命中最美好的时光

—— 在 2004 届研究生毕业典礼上的讲话
（2004 年 3 月 25 日）

同学们，你们在这里度过了人生中最美好的青春时光，领略了日新月异的信息时代的无限风光，把握住了充满挑战的生命历程中的辉煌年轮，谱写了富有全新思维的当代研究生的青春乐章。在你们即将骄傲地走出校园，步入社会大殿堂的时刻，我送给大家四句话：储备知识，勤学奋进，求真创新，成就事业。

## 一、关于储备知识

大家曾经从祖国的四面八方云集西电这所在国内外具有相当影响的电子与信息高等学府。你们亲眼目睹了学校近几年的变化和发展，可以说，学校的办学理念和办学精神已经深深地印记在西电人的身上，在西电独特的办学历史背景下、严谨的治学环境下和具有丰富教学经验的老师们的教诲下，你们已经完成了人生最为重要的知识储备阶段，构筑了比较坚实的知识平台，为今后的发展奠定了很好的基础。今天我们一起重新温故，将给大家赋予新的内涵。

### 1. 学校的办学理念与办学精神

（1）办学理念。

走进西电门，大家就是西电人。学校要建设成为国内一流、国际知名的高水平大学，不断培养和造就一批又一批高层次的工程技术人才，必须有先进的办学理念引领创新。为此，我们确定的办学理念是：

第一，以人为本，教师是大学的核心竞争力。大师级人才是学校追求理想的磐石，延揽一流人才，使他们心情欢愉；营造积极向上的人才成长环境。

第二，通才与专才相结合的教育。以社会牵引和创新素质教育来构架课程体系，实行厚基础、宽口径、重实践、创新性的通专相结合的教育模式。

第三，民主、高效和灵活的大学管理机制。旨在保证树立科学的发展观和质量观，形成学校独特的风格与品牌。

不断地探究和归纳办学理念，就是要使西电学子在更高的境界中学习、完善和创新自己，你们将在社会的不同领域里承载起树立学校品牌的重任！

(2) 办学精神。

一所大学之所以能够繁衍壮大，在社会上享有较高的声誉，与其在国家重大研究领域取得的重大突破、推动社会与区域经济发展和人才培养取得的成就息息相关，这些成就是这所学校办学精神的长期体现和作用的结果。西电的办学精神已经在 73 年的办学历程中逐步地凝结而成，即：

艰苦奋斗，自强不息的乐观主义精神；

放眼世界，胸怀祖国的爱国主义精神；

追求真理，攀登不止的科学主义精神。

这种办学精神鼓舞和激励了一代又一代西电人去开辟高科技新的技术领域，在各个历史时期能够扎扎实实地推动着社会的进步和发展，锻造了一大批在信息与电子技术领域的骨干群体。毛泽东同志曾两次题词已经使西电精神升华到了新的高度，今天的学子们仍然要牢记嘱托，不辱使命，把它作为学习与工作中不竭的动力源泉。

### 2．自觉、自发、自悟意识的形成

在研究生学习期间，你们已经完成了储备知识两个重要转变：一个是由基础知识认知向专业知识认知的转变，另一个是由传统授受方式向创新思维方式的转变。自觉、自发、自悟进行挑战工程与科学领域的意识已经形成，借助环境、社会和机遇的外力成就事业的知识与技能已经掌握。我们应当使大家认识到，在西电这片沃土中汲取到了：

一是代表当今发展诸多高科技领域所必须的信息技术知识。因为西电是国内少数信息与电子技术领域学科完备的重点高校之一。正如美国著名学者迈克尔·波特关于竞争优势理论中集群效应的理解，即集群成为新的竞争力。

二是理论与实践的具体结合。在座的大多数博士、硕士研究生在学习理论的同时，不同广度、不同深度地参与了多种层面上项目的研究与开发，积累了一定的工程实践经验。这是我们走向社会，向其他科学领域进军的优势所在，这些在实践中储备的知识与技能将会终身受益。

### 3．学校是广大校友创业的强大后盾

面对竞争日趋激烈的高等教育，面对飞速发展的信息化潮流，面对加入 WTO 对教育国际化的需要，学校上下从 2002 年下半年开始了"思考两个问题、制定三个规划"的大讨论，即：建设什么样的西电，怎样建设这样的西电，制定了学校中长期发展规划、学科建设与师资队伍建设规划、校园建设规划，提出了"两大步与三小步"的战略部署，根本目标就是要把西电建设成为特色鲜明，研究型、开放式、国内一流、国际知名的高水平大学。

为了实现这一目标，学校已经开始采取更加有力的措施加快建设步伐，确

立了"一头两翼一保障"的发展格局：学科建设是龙头，教学科研为两翼，管理与后勤作保障；提出了"四个兴校"的发展思路：观念兴校是先导，学术兴校是关键，人才兴校是根本，管理兴校是保障；明确了实施"五项战略"、"四项工程"的工作部署：人才强校、学科带动、质量品牌、科研攻关、互动发展等"五项战略"；新校区建设、数字化校园、强化管理与服务意识、形象工程等"四项工程"。

经过两年来的实践，学校在学科建设、教学、科研、拓展外部空间、国际合作与交流等方面取得了长足的进步。

正是学校不断发展的新态势，我们在国家重大科技攻关项目的争取（如：863、973）、重点科研基地的建设以及新兴学科、交叉学科、边缘学科的发展中不断取得了新突破。希望大家在新的岗位上更要多多关注母校的建设与发展，希望你们中间多多涌现出像王中林、李默芳那样活跃在国际舞台上的中青年知名学者，母校在你们前进中永远会给予更多的智力支持和精神动力。

## 二、关于勤学奋进

学习是一个人走向成功的永恒主题，探索未知领域的大门永远向勤学奋进者敞开着，只有不断地学习、学习、再学习，才能不断校准自己的人生航标。

### 1. 学习国内外先进的科技知识

当今时代，是知识爆炸和多学科交融发展的时代，科技已经广泛渗透到社会、经济的各个方面，有人做过推算，人类在 2020 年拥有的知识，近 90%尚未被创造出来。今天的大学生在毕业三年后，其所学知识将有 60%左右将过时。因此，能否尽快掌握最新的科技知识，已成为适应社会发展的关键。

（1）紧跟信息领域的最新成果。特别是要关注成为信息领域主导产业和学科门类的关键技术领域，如微电子芯片技术、网络技术、安全技术、软件技术等。

（2）关注先进制造技术领域的最新成果。在未来的国际竞争中，谁掌握了先进制造技术，谁就在国际竞争中处于主动地位，这点国内外已形成共识，我国正在实施的振兴东北老工业基地战略能充分说明这一点。

（3）注重现代生物信息技术领域的最新成果。以 DNA 为代表的生物技术成为 21 世纪主要突破和发展的技术领域，它的发展将深刻影响着科技发展的多个领域。

学习和掌握现代科技知识，可以使大家永远站在科技大潮的前沿，自强方能自主，正所谓乱云飞渡亦从容。

### 2. 学习人类先进的文化遗产

中国有着古老的文化，历史上曾经成就了许多能工巧匠、数学巨人和文学大家，古往今来是多少仁人志士向往憧憬的文化殿堂。我们熟知的杨振宁、朱光亚等科学家都无不从先哲们中领悟过文化的真谛，才一步步成为大家风范。

人类先进文化遗产的学习与领略，可以陶冶大家的文化情操，站在人类文化的历史长河中慎思审势厚德。

### 3. 学习大师们先进的治学之道

我们在工作学习和交流中，随时都能够遇到当代优秀科学家和国际知名学者讲学、治学的场景。正所谓处处留心皆学问。大家一定要学习这些大师们严谨的治学态度、科学的治学方法、务实的治学作风和宽阔的治学视野。

学习大师们先进的治学精神，可以使大家立志明志，树立远大的奋斗目标，激励大家不断探索、不断奋进、不断跃上新台阶。

## 三、关于求真创新

今天在座的大多数研究生在新的岗位上都要从事科学与技术领域的工作，科学活动就是人们认识客观事物及其运动与变化规律的活动，从事科学活动的根本在于创新创造，即就是探索人类对于客观事物的最新发现和认识。因此，科学的活动就是求真过程，求真，就是要追求真理，研究事物运动与发展的根蒂。

### 1. 竞技的时代呼唤科学创新

几千年来，中华民族为了傲立于世界民族之林，上下求索，孜孜追求，创造了许多的辉煌。但是，文艺复兴以后，对于自然科学和技术科学领域的认知创造的全面落后，我们从强国转入弱国。为了实现中华民族的伟大复兴，我国已经确立了全面建设小康社会的战略目标，历史上从未有哪个时代像今天这样更加凸现出科学技术对社会进步、经济发展的巨大推动作用。

（1）科技创新是国际竞争的决定性因素。美国在高新技术领域的综合竞争力使得其在推行政治、经济、军事的国际战略中，起着非常关键的作用，强烈影响着国与国之间的经济、文化、国防的安全，因此，科技创新事关我国国际竞争、维护民族利益的根本任务。值得重视的是，在近代、现代工业革命中失去了几次发展机遇以后，面对飞速而来的信息时代，国家抓住这次发展的机遇，推动科技的全面创新，实现社会与经济的可持续发展。

（2）创新人才是科技创新的关键。人是科技的创造者，人才资源是第一资源的思想已经在社会上得到认可，创新型人才具有不可替代的特点，决定着人才在科技创新中的关键作用。我们知道，一流人才可以成就一流事业，一流的事业需要学术大师与创新团队去建构。如何使越来越多的博士、硕士研究生进入各个领域的创新团队，进而成长为一流人才，这是学校密切关注的问题，我想人才的天资与勤奋、创新的机制、竞争的环境是其成长的重要因素。

时代的发展呼唤科学创新，科学创新离不开创新的人才。希望大家积极投身于科学创新的洪流中去，去锻造、去成长、去成就一番事业！

### 2. 科学的创新需要弘扬科学精神

顾毓琇先生在解释什么是科学精神时认为：科学精神就是求真求实的精神。追求真理是一个艰苦卓绝的过程，古往今来有多少科学卫士为真理付出了太多的代价，而终究流芳百世，今天人们在探究宇宙活动、社会生存活动、未知技术领域中充满着许多的机遇和挑战，要捍卫科学精神，追求科学的成果。

（1）科学的态度。就是要求真务实、实事求是、不虚夸浮华，不追求功利，一步一个脚印，靠自己的顽强拼搏，到达成功的彼岸。

（2）科学的灵感。投身于科学的事业，需要对未知技术领域奥妙的渴望与追求，有了兴趣才能激发创造的灵感。我们已认知的技术领域的伟大发现都出现于"偶然"间，常人轻而易举地想象到的很少。我们国家为了推动技术创新步伐，也已经在诸多领域支持"奇思妙想"项目的研究和探索，我们学校也有几项得到了肯定。科学的灵感对于科学创造是十分重要的。

（3）科学的方法。就是要不断地深耕数学、物理的方法，进行哲学的理性思维，运用系统的观点，最后得到科学的实在证据，这也是我们不断倡导"通才"教育的目的之所在。

（4）科学的结果。仅有科学的灵感来驱动创造是远远不够的，因为科学的创造给人类社会带来重要的影响，应该在能够给人类带来积极影响的技术领域，不断追求技术的成果，给予充分的应用，达到人与自然的和谐发展。

（5）科学的交融。科学的创造离不开人文精神的活力。哲学、艺术、文学、历史都在不断完善和丰富科学精神的内涵。著名诺贝尔奖获得者李政道教授在多年科学研究的基础上感悟到："科学、技术与人文、艺术是不可分离的，他们所追求的目标都是真理的普遍性，其共同的基础是人类的创造力，或者说是人的创造力的本能。"因此，大学的素质教育将会在技术创新中越来越得到体制性的构建。

科学精神的内涵非常丰富，在大家竞技社会中的作用将是十分明显的。

### 3. 科学创新需要提升人力价值观

当今国际企业竞争十分注重人力资源战略，美国经济学家西奥多·舒尔茨指出，人力是社会进步的决定性因素，掌握了知识和技能的人力资源才是一切生产资源中最重要的资源。为什么要提出借用企业的人力价值观，是因为科学创新归根结底在于技术的社会应用，如何发挥自己的价值，不同领域使用人才的战略渐渐趋向于同一化的战略思考。

（1）中国加入 WTO，人才的国际挑战。现代社会在使用人才上都考虑高学历层次，人力成本加大，利用率怎么样？还取决于社会某一个领域的战略取向和人才自身的价值，大家要学会处理好自己的知识存量和社会人力资本利用率的关系，提高自身的价值。

（2）开放的市场选择。在选择技术领域的突破中，不仅要有吃苦耐劳的精神，而且更要有良好的诚信准则和团队精神。随着中国高等教育"大众化"时代的到来，面对愈来愈庞大的人才市场，要不断地丰富自己的市场观念、竞争观念和创新观念。

（3）重视特殊技能的塑造，进入关键技术领域的"人才圈"。比尔·盖茨认为，谁要是挖走了微软最重要的几十名员工，微软将不复存在。我希望在座的都能不断完善自己的基本技能，尽早进入各个技术领域核心的"人才圈"，也就是国际上盛行的"80/20 法则"中的 20%人群中去。

## 四、关于成就事业

要成就事业，仅有科学精神是不够的，必须要注重人文精神的培育，人文精神和科学精神正如顾毓琇先生所说"如鸟之两翼，车之两轮，相辅相成的。……二者兼顾，方可以完成人生的两个方面。"人文精神是科学创造的动力源泉，其关键在于如何正确对待国家、民族、社会和自己，并作出价值性判断。当今社会倡导人的全面发展观，尊重人的价值、人的尊严和人的发展，为科技创新提供良好的人才氛围，进而推动社会与经济的发展和繁荣。这就要求我们树立国家利益至上与科技创新相一致的价值观，将人生价值实现与民族复兴伟业、攀登科技高峰的目标相互统一起来。

### 1．具有强烈的爱国心

要把自己投身到祖国科技发展最重要的地方去，在充满竞争的社会氛围中为国争光，为学校添彩，为自己争辉，到成功的时候，你们会自豪的说：我用生命中最美好的时光成就了自己的辉煌人生！

### 2．具有国际视野

科技是开放的全球性创新活动，要从国家利益、民族利益和科学事业出发，积极吸纳国内外一切先进的文化成果，不断地追逐科学前沿的发展动态，多交流、重实效、善创新、敢质疑，在国内外合作交流中不断提高自己。

### 3．具有社会责任感

要大力弘扬科学精神和人文精神，坚决抵制违反科学道德的各种行为，刻

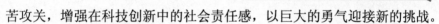

苦攻关，增强在科技创新中的社会责任感，以巨大的勇气迎接新的挑战。

**4．具有活跃的思维**

青年人才思敏捷，精力充沛，活力四射，要永远保持不断创新、不断奋进的思维模式，健康向上，追求至高，珍惜时光，刻苦登攀，立大志、谋大事，成大业。

希望同学们能够插起科学精神与人文精神的"双翼"，在全面建设小康社会的宏伟蓝图中成就一番事业。

# 立志　成才　做人

—— 在 2004 届本科生毕业典礼上的讲话
（2004 年 7 月 1 日）

今天，是"七一"党的生日，在这个具有光荣纪念意义的日子里，我们隆重举行 2004 届本科生毕业典礼，可谓喜上加喜、意义重大！

当前，国家大力实施人才强国战略和科教兴国战略，教育部今年初新颁布的《2003～2007 年教育振兴行动计划》，明确提出了"一个宗旨、三项任务"，简单地说就是以"办好让人民满意的教育"为宗旨，努力完成十六大提出的"构建现代化教育体系、培养数以亿计的高素质劳动者、数以千万计的专门人才和一大批拔尖创新人才、加强教育同科技、经济、文化与社会结合"的历史重任。新的行动计划把推进农村教育发展与改革、推进高水平大学和重点学科建设作为两大战略重点，明确提出了高等教育"巩固、深化、提高、发展"的新八字指导方针，为高等教育的发展勾画了蓝图。

根据形势，我校制定了三个规划，确立了奋斗目标和"一头两翼一保障"的发展思路，进行了"两大步三小步"的战略部署。今年上半年，经过认真研究，决定实施"五项战略、四个工程"——即人才强校战略、学科带动战略、质量品牌战略、科研攻坚战略、互动发展战略以及新校区建设工程、数字化校园工程、规范管理服务工程、校园文化形象工程，全面、持续、稳定地推进各项改革与创新。

一年多来，学校各方面的工作取得了可喜的进步：学科建设取得了积极进展、人才培养和教学工作成果显著、科学研究不断进步、师资队伍不断加强、新校区建设取得突破性进展、拓展外部空间得到加强、基本建设步伐加快、花园式校园建设基本完成，数字化校园积极推进。

可以说，学校的成绩是全体师生员工共同努力的结果，学校明天的地位和学术声誉也将由一流的教师和杰出的人才来创造。

长江后浪推前浪，一代新人换旧人。人才，始终是学校建设与发展的第一要素，是兴校、强校的根本。今天的学生可能成为明天的老师，今天的学子很可能就是明天的栋梁之才。国家大力实施人才强国战略，为人才的脱颖而出创造了更加宽松的条件和氛围，有志学子拥有了施展才华的大好机会，毋庸置疑，

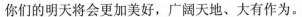

你们的明天将会更加美好，广阔天地、大有作为。

同学们，在你们毕业离校之际，我衷心希望大家能够以本科毕业作为人生道路新的起点，积极向上、参与竞争、迎接挑战，设计好、实践好自己的人生发展之路。

在这里，送给大家三句话：

第一，立大志。古人都提倡"修身、齐家、治国、平天下"的大丈夫胸怀，作为21世纪的年轻一代，你们更要有远大的志向和崇高的理想，要放眼未来、开拓视野，胸襟广阔、立志创业，要把自身的发展成熟与国家小康建设大业紧密结合起来，在国家强盛和经济社会发展的实践中实现自身的人生价值。

第二，全面成才。要在实践中不断加强学习、不断增长才干，提高工作能力、锻炼全面素质，积累工作经验、学会为人处事，成为对国家、对社会有用的人才，成为IT领域的时代弄潮儿。

第三，诚信做人。为人是一辈子的事情，诚信是做人的根本，做人要踏踏实实，不急功近利、不奢华浮躁，能够坦然面对困难与诱惑，摆正义与利的关系，坚持原则，光明磊落。

最后，以下面几句话作为与2004届毕业生的饯别：

曾经，你们精心地呵护所有的梦想；
曾经，你们执著地书写青春的飞扬；
曾经，你们坦然地接受喜乐与哀愁；
曾经，你们尽情地释放心底的歌唱；

如今，你们拥有潜移默化的品质与风度；
如今，你们拥有年过弱冠的经历与成熟；
如今，你们拥有求学四载的知识与智慧；
如今，你们拥有热血青年的激情与抱负；

但愿，你们如马驰原野，在祖国的土地建不凡功业，
但愿，你们如鹰击长空，在人生的蓝天度无悔岁月！

# 努力成为科技创新的主力军

——在 2004 级研究生开学典礼上的讲话
（2004 年 8 月 25 日）

今年暑假，在参加教育部组织的第二届中外大学校长论坛期间，有幸聆听了美国耶鲁、斯坦福大学，英国牛津、剑桥大学等世界一流大学校长、教授们的精彩演讲，与国内外众多大学校长们共同探讨了我国大学在战略规划、科研开发与科技成果转化等方面如何发展的问题，与会的最大感受之一就是我国大学与世界一流大学相比较，在教学、科研及管理创新方面，特别是在促进国家经济发展和社会进步方面的差距还很大。

纵观世界一流大学发展史，大学的兴旺无不与国家发展、社会进步紧密地联系在一起。现代大学经历了人才培养、科学研究、社会服务三大功能逐渐发展完善的历史过程，而每一次转变都是以创新为突破，与所在国家的迅速发展相伴随。

17 世纪，现代大学首先在欧洲诞生，培养人才是早期大学的主要职能。13、14 世纪，牛津、剑桥在英国诞生，人才培养促进了工业发展，第一次工业革命蓬勃兴起。1809 年，洪堡在德国创立了柏林大学，提出了著名的"以大学为研究中心"的重要思想，强调研究生训练和学术自由，设立了系和研究所，研究生教育由此起源，洪堡思想影响下的研究型大学应运而生，德国不仅成为当时高等教育的领先之地，也很快成为二战前重工业实力最强的国家。二战以后，美国融英国传统式、德国注重科研和学术自由以及美国自身实用主义的教育模式为一体，增强了大学服务社会、服务国家建设的新功能，美国哈佛、耶鲁、麻省理工、斯坦福大学等一流大学的崛起，有力地推动了 20 世纪国家经济的迅猛发展，使之一跃成为当今世界国力最强的超级大国。

历史证明，高层次人才培养和高水平的科学研究有着密不可分的内在联系，科学研究是大学的本来职能之所在，创新是大学生存与发展的动力和灵魂。

当前，在我国全面建设小康社会的历史进程中，高校的战略地位和作用也越来越重要，大学要引领国家的创新与发展，中华民族的伟大复兴和国家强盛迫切需要高等教育的大发展，需要高水平大学强有力的人才支撑和知识贡献。高校担负着更多国家繁荣、民族昌盛的历史责任和义务，而高校也只有真正投入到国家建设和社会发展的历史洪流之中，才能获得源源不断的发展生机与动力。

今天的高校正在成为国家基础研究的主力军、应用研究的生力军和成果转化的一个重要方面军，在高等教育从"共建、调整、合作、合并"走向"巩固、深化、提高、发展"的重要转型时期，高校人才培养、科学研究以及社会服务三位一体的基本功能更加突出。建设高水平大学，就是为了显著提升高校的科学研究水平和成果转化能力，不断增强科技创新实力。我国研究生教育发展20余年，在现代化建设进程中发挥了重要的历史作用，担负着高层次人才培养和高水平科学研究的双重任务，研究生教育的成败，将直接影响国家整体的科技创新体系建设。当前，世界正朝着政治多元化、经济全球化的方向发展。国与国之间的竞争归根到底是人才的竞争。唯有以人才强国、科教兴国、科技强军不断增强综合国力，才能有效地确保中国特色社会主义建设事业的顺利前行。每一位志存高远的青年学子，更应该把个人的成长与祖国的命运联系在一起，学有所专、研有所长、努力创新，充分发挥聪明才智，使自己成为国家建设急需的高层次人才，成为科技创新的主力军。

西安电子科技大学是我党我军亲手创建的第一所工程技术学校，有着光荣的历史和优良的传统，建校70余年来，培养出8万多名高级电子信息科学与技术人才，成长起了100多位中国人民解放军高级将领，涌现出数位两院院士、数十位科研院所的所长和大学校长，为促进国家信息化建设和国防现代化建设做出了卓越贡献。

学校以信息和电子学科为主，工、理、管、文多学科协调发展，是国家立项建设的"211工程"重点大学，是全国建有示范性软件学院的35所大学之一，全国建有集成电路人才培养基地的9所大学之一，是全国建有研究生院的56所大学之一。今年5月，我校研究生院试办期满，顺利通过了教育部组织的转正评估，各项指标在参加评估的22所研究生院之中名列前茅，被教育部批准正式建立研究生院，研究生教育跨上了新台阶。

同学们，进了西电门、就是西电人。在你们进入西电、即将开始紧张而又充实的学习和研究工作之际，给大家提出以下几点希望：

第一，要首先学会做人。做人，做事，做学问。诚信为本，操守为重。讲信用，讲礼貌，讲文明，讲道德。

第二，要有强烈的创新意识和历史使命感。研究生阶段不单纯是接受知识式的学习，更重要的是科学研究能力和科技创新能力的增强。学习和研究的最终目的是促进科技的发展、为国家建设做出贡献，直接服务于社会，服务于全面建设小康社会的宏伟目标。

第三，要有求真务实的科学精神。科学讲求真，来不得半点虚假，做学问、搞研究与做人有着十分相似的道理，一分付出、一分收获，没有持之以恒的耐力和刨根问底的执著，任何创新的火花都不会自动结出硕果，任何美好的理想都不可能自己变成现实。高尔基说："天才就是劳动。人的天赋就象火花，它可以熄灭，也可以燃烧起来，而逼它燃烧成熊熊大火的方法只有一个，就是劳动、再劳动。"要踏踏实实做学问、兢兢业业搞研究，按照科学的规律去发现、去探索、去创新。

第四，要有吃苦耐劳的作风和敢于拼搏的精神。求知探索，往往是一个十分艰难的过程，需要付出非同一般的心血和精力，必须具备吃苦耐劳的作风，也要具有攻克难关、敢于拼搏的精神。爱迪生说过："成功等于1%的灵感加上99%的汗水。"做学问、搞研究，要耐得住寂寞。

第五，要炼就强健的体魄、培养过硬的素质。强健的身体是搞好学习和研究的基础，过硬的综合素质是全面成才的根本保证，现代社会激烈的市场竞争不仅对身体素质有较高的要求，对心理承受力、人文素养、综合素质也有全面的要求。为了参与明天的激烈竞争，从今天起，就要十分注意在这些方面积极锻炼、充分积累，打好基础、迎接挑战！

同学们，竞争激发努力，发展呼唤创新。科学的道路从来都不是一帆风顺的。只有长缨在手，才能缚住苍龙，只有经过艰苦卓绝的不懈努力，才能到达辉煌的顶峰！

希望你们勤奋学习、刻苦钻研、锐意创新、开拓进取！

# 驾驭人生重大的转变

——在 2004 级本科新生开学典礼暨军训动员大会上的讲话
(2004 年 10 月 7 日)

　　金秋十月，丹桂飘香，在面貌一新的新校区，隆重举行新生开学典礼暨军训动员大会，大家由衷地感到高兴和自豪。同学们选择了西电，选择了在电子信息科学的道路上求知探索，西电就要为你们成功实现自己的人生理想插上腾飞的翅膀！十年树木，百年树人，为国家发展和社会进步培养人才，不仅是学校最基本的职能，更是为师者最神圣的责任！

　　今天的西电，已经发展成为一所以信息和电子学科为主，工、理、管、文多学科协调发展、IT 特色鲜明的全国重点大学。

　　跨入大学校门，是你们人生道路上的一个重大转变。著名作家柳青曾说："人生的道路虽然漫长，但紧要处常常只有几步，特别是当人年轻的时候。"大学生活是人生的重要起步阶段，如何把握自己、驾驭人生，顺利完成 4 年的本科学习与生活，是大家当前面临的最重要课题。在此，我以校长和学长的身份给同学们提出以下三点希望：

　　第一，尽快完成两个转变。这两个转变，一个是从未成年人到成年人的转变，一个是从中学学习到大学学习的转变。

　　大学生活对大家来说，是一种全新的生活，生活环境、方式、目的以及所接触的人群、涉及的知识面、通过实践了解社会等方面均在发生比较大的变化，身体与心理都在经历从少年向青年、从未成年人向成年人的逐步转变过渡，懵懂少年要历练为有志学子，十七八岁的花季要升华为火红的朝阳，这种变化不单是量的积累，更是质的飞跃。

　　英国著名哲学家怀特海说过："在中学阶段，学生伏案学习，在大学里，他需要站起来，四面观望。"大学不是高中四年级、五年级，正如研究生不是大学五年级、六年级一样，大学生活是一个崭新的起点，更是一个全新的挑战！大学学习最主要的特点是主动参与、乐于研究、勤于动手；最基本的要求就是能够整合已有知识，培养自主探究能力，提高发现问题、分析问题和解决问题的创新才能，建立合理的知识结构体系。

　　经过高考千军万马激烈竞争严格筛选出的大一新同学，从一开始就要意识到自己将要面对的重大转变，不能抱残守缺不思进取，更不能抱着"船到码头车到站"、"进了大学就是进了保险箱"的错误思想混日子，而要勇于面对新挑战，及时调整好心理和身体状态，善于调节自己的学习习惯和方法，努力适应新变化，积极完成好两个转变。

第二，确立志向，大胆创新。

理想是人生的航标，远大的志向指引人生的成功之路。青年人要坚定地确立远大的人生目标，树立建功立业的坚强信念，有敢于创业、勇于进取和创新开拓的胆量和气魄。紧紧抓住青年时期这一人生的黄金时段，学习知识、锤炼能力、提升素养，为从容应对明天的艰巨挑战做好今天的充足准备。

在学习的过程中，你们也将不断面临新的问题与困难，要做好长期吃苦的准备，在思想和行动上做好迎接艰苦而充实的大学生活的各项准备，不能开始决心大、过程之中恒心少，目标远大而能力低下，起跑劲头足而坚持毅力弱，既然有目标，就要持之以恒地坚持走下去，把青春的活力和风采展现在奋斗和拼搏的进程之中！

第三，诚信做人，全面发展。

大学生活也是你们开始学习从家庭走向社会的实习阶段，同学们在一起学习、生活，与师长、学友共处四年，朝夕与共，要逐步学会如何为人处事，要为自己将来独立走向社会打好一定的基础。因此，诚信为人、踏实做事、提高素养、全面发展也是大学生活的一门必修课。要善于培养自己适应校园集体生活的自理能力，学会提高自己为人处事的交往能力，努力培养一定的文化素养和道德涵养，丰富自己的业余文化生活，做全面发展的合格大学生！

最后，送给同学们四句话作为此次讲话的结束。

愿你们：

手握生花妙笔，谱写华美的诗篇；
眼阅大千世界，洞悉科学的内涵；
脚踏稳健步伐，走出无悔的长路；
胸怀四方之志，描绘祖国的明天！

# 艰苦磨砺  不断成长

—— 在 2005 届研究生毕业典礼上的讲话
(2005 年 3 月 25 日)

今年是"十五计划"的最后一年，也是我校实施"两大步三小步"战略部署第一小步奠基期建设的关键之年，继续大力推进"五项战略、四个工程"、全面完成"十五"建设并认真规划"十一五"奋斗目标，是今年学校工作的重点。纵向看，学校在不断进步；横向比，我们还有不足和差距。高等教育的发展在不断深化，人才竞争的比拼也更加激烈，形势逼人、不进则退，学校的进一步发展面临新的挑战。

著名的巴黎—达喀尔汽车拉力赛发起人萨宾曾有一句名言："出发之前，永远只是梦想，上路了，才是挑战。"学校的发展和个人的成长一样，要把梦想要变为现实，就要勇敢上路、面对挑战，为实现理想而奋斗，就要在挫折与困难的历练和磨难中，不断总结经验、增长才干！

西电的校友中，涌现出了一大批国家的栋梁之才，他们的成长经历告诉我们这样一条朴素的道理：艰难困苦、玉汝于成，不经过一番磨砺，就不足以成就非凡的事业。

——我校校友、中国工程院院士、现任总装备部科技委主任郭桂蓉中将，在 40 多年长期的教学、科研和管理工作中，从助教、讲师、副教授、教授到博士生导师、院士，从教研室副主任、研究所主任、研究生院院长到国防科技大学副校长、校长，从一名军校学生成长为肩扛金星的中国人民解放军中将、成为军内著名的通信与电子系统专家，为我军现代化装备做出了突出贡献。他的成长之路一步一个脚印，扎扎实实；他的成功之处就在于不断挑战、勇于追求。

——我校校友、联想集团创始人柳传志，从 20 万元资本、11 个人起家，经过 20 多年的打拼，使联想成为中国最大的计算机公司，创造了 IT 业的奇迹，在回顾公司发展的艰难挫折时他曾说："经过的路是艰苦的、坎坷不平的，可是，无论如何，那是一条美好的道路。在那条路上，一步一个血迹，也是值得的。"

——我校校友、中国科学院、中国工程院两院院士王越教授，长期致力于军用电子通信和电子学与通信系统领域的科学研究，创立了该领域重要的基本理论体系，并成功应用到多项国家重大项目和大工程中，获得"兵器工业功勋奖"。埋头苦干、精心钻研是他的一贯风格。

——我校校友、军中最年轻的军事通信研究员和学科带头人于全，在研制中国第一台军用软件无线电网关电台这一具有国际先进水平的成果时，和他的战友跋山涉水，收集的资料装满了4麻袋，研制的程序打印出来总长达几公里。汗水换来硕果，毅力造就成功。

——我校校友、"神舟5号"飞船副总设计师杨宏，奉献于航天事业十几年如一日，参与了我国载人飞船11年的全部方案设计工作，他回顾自己毕业以后的工作时说，进入空间技术研究院，发现所从事的工作并不是所想象的那样神秘莫测，而是大量的、非常具体、艰苦的实际工作，要想有所作为，必须脚踏实地，既然选择了航天事业，就要全力以赴、不避艰苦。

——校友中，还有信息产业部副部长、中国电子科技集团总经理、副总经理、诸多科研院所的所长、业务骨干以及大学校长等一大批杰出人才，在他们的成长经历中，无一不是从最基础的实际工作做起，勇于迎接挑战、勇于超越自我……

杰出校友的经历给了我们一个十分重要的启示：在挫折中磨砺，在实践中成长，是成功者的必经之路。同学们，今天，你们研究生毕业，将是人生的一次新开始。在此，寄予大家以下几点期望与祝愿：

第一，把握时机、抢抓机遇。

当前，同学们面临着三大机遇：21世纪科学技术飞速发展，科技创新引领着世界的最新潮流；新时期的军事变革推动着国防建设，国家实施科技强军计划，以信息化带动机械化、以机械化促进信息化，国防现代化建设领域大有作为；以信息化带动工业化、以工业化促进信息化，走跨越发展之路。信息产业已成为产业结构中的主导产业，发展前景十分广阔，IT人才日益抢手。

机遇难得，关键在把握。未来的市场竞争和国家之间的实力较量，归根结底是人才的竞争。你们要想在信息化建设进程中大有作为，应对挑战，就必须勤于观察思考、敏于捕捉信息、善于把握机遇，快速主动出击。机遇对每个人来讲是公平的、等概率的，关键在于你是否能够及时抓住，正如富兰克林所说："推动你的事业，不要让你的事业推动你。"

第二，胸怀大志、脚踏实地。

"不想当将军的士兵不是好士兵。"年轻人就应当胸怀大志、放远眼光，顶天立地；目标要远、工作要实，实现理想更要从最细小处着手，从一点一滴的实际工作做起。

生活中有一种"飞轮"效应，要让静止的飞轮转动，一开始必须使很大的力，一圈圈地推，每一圈都很费劲，但是每一圈的努力都不会白费，飞轮会越转越快，当转动达到某一临界点后，飞轮的惯性就会成为推动力的一部分，这样，你无须再费更大的劲，就能使飞轮不停地快速转动。人生的转动犹如"飞轮"，没有实实在在、一步一个脚印的勤奋努力，就不会有成功的鲜花和掌声。"不积跬步，无以至千里；不积小流，无以成江海。"脚踏实地的辛勤付出必将获得丰厚的回报！

第三，吃苦耐劳、百折不回。

吃苦耐劳是强者的必备素质，百折不回是成功的必需品质。

历史上有大作为者，不仅具有吃苦耐劳的素质，更具有居于逆境不颓废、直面人生不妥协的大气魄和大无畏精神。司马迁曾写道："文王拘而演周易，仲尼厄而作春秋，屈原放逐，乃赋《离骚》；左丘失明，厥有《国语》；孙子膑脚，兵法修列"。不论著书立说、佳作传世还是成就功业，必须要吃苦耐劳，从而磨练过人本领，积聚内在实力，厚积薄发、方有作为。

今天的你们，将来要成为著名的学者、专家，成为出色的管理者、CEO，成为 IT 领域重大项目的总工、技术骨干，就应提前做好迎接各种困难和挫折的思想准备，"天将降大任于斯人也，必先苦其心志，劳其筋骨，饿其体肤，空乏其身，行拂乱其所为，所以动心忍性，增益其所不能。"

第四，诚实守信、踏实做人。

在现代科学研究和各项工作中，一个人的孤军奋战往往很难有大的成就，只有依靠团队的力量，团结协作，才有可能取得重大突破。做人犹如做学问，诚信为本、踏实做人，应当是你们走出校门后首先注重的问题。没有良好的道德品质、缺乏为人守信的基本素养，做任何事都不会取得最后的成功。

杰出校友已经给你们树立了很好的榜样，希望大家牢固树立诚信为本、操守为重的观念，培养自己扎实勤奋的学风和求真务实的作风，甘心做无名英雄，从助教、助工、见习技术员等基础工作做起，一步一个脚印，踏踏实实地走出自己的人生轨迹，扎扎实实地提高自己的能力和水平，为自己的事业谱写一曲慷慨激昂的奋进之歌！

同学们，永远不要说你们将独自面对陌生，无论何时何地，你们身后都有母校默默的守望和热切的期待。

致微探远，步入知识的重重殿堂，
沉心静气，体味生活的优雅淡定，
奋发有为，走出人生的永不言悔，
壮志凌云，挥洒爱国的一腔热情。

# 西 电 的 变 化

—— 在 2005 届本科生毕业典礼上的讲话
（2005 年 7 月 2 日）

年年岁岁花相似，岁岁年年人不同。每年出席毕业典礼，看到一届又一届的毕业生学业有成、跨出校门、走向社会，便由衷地产生许多感慨：光阴似箭、岁月如梭，铁打的营盘流水的兵。同时，也油然而生许多欣喜：一代又一代的莘莘学子茁壮成长、毕业成才。它标志着学校培育英才的大树根深叶茂、更加葱郁。

前几天，一位已经保送上研究生的 05 届毕业生给我发了一封电子邮件，说："西电从我们入校时的一丝失望变成了现在逢人必说的一种坚定的自豪。从我们大一的暑假开始，西电的面貌在快速地变化着，变得新了，变得更人性化了。从茵茵的操场到设施齐全的运动场，从舒适温馨的图书馆到先进的实验楼、科技楼，每一个都是我们向别人推荐我校的广告。我真的觉得我们的底气更足了。"他还对学校管理工作提出了两条很好的建议。

唯物辩证法告诉我们，运动是绝对的，静止是相对的，任何事物都处于运动发展变化中。西电是在发生着变化，记得我就任校长时说过"一年一个样、三年大变样"，也可以说是立下的军令状。三年过去了，在全校师生员工的团结奋斗和共同努力下，学校的面貌确实发生了较大的变化，概括起来主要有三个方面：

第一个变化是外貌的根本改观。老校区花园式校园工程顺利完成，2.8 万平方米的科技实验楼建成并投入使用，12 万平方米的高层住宅楼拔地而起，使教学、科研以及生活条件大大改观，校园环境面貌焕然一新。

新校区建设取得里程碑意义的重大进展。2004 年 2 月至 9 月，230 天完成了 15 万平方米的单体建筑，5000 余名新生按时入住，为学校的长远发展奠定了坚实基础。目前，二期工程正加紧建设，以确保 2005 级新生按时入住和明年本科评优工作顺利完成。

第二个变化是内涵的积聚、外部发展空间的拓展。具体表现在：学科建设不断加强、科研实力稳步提高、教育教学成果显著、拓展空间效果明显（详见第二部分《西电的战略转移与突破创新》一文）。

第三个变化是凝聚力的增强。学校胜利召开了第十次党代会、第四届教代会，制定了发展规划、确定了"两大步三小步"的战略部署、实施了"五项战略、四个工程"，通过全校上下几年来的共同努力，整体实力不断增强、社会影响不断扩大，建设特色鲜明、研究型、开放式、国内一流、国际知名高水平大学的奋斗目标已深入人心。实力指标、人才强校、加强管理已成为全校共识，广大师生关注学校发展、关心学校建设、投身实际工作的热情空前高涨，信心更加坚定、步伐更加一致，凝聚力更加增强！

俗话说"人心齐、泰山移。"学校要发展、要建设，离不开广大师生的关心与支持，离不开一代又一代西电人艰苦卓绝的努力与奋斗。我们要从研究教学型的大学跻身研究型大学行列，要在激烈竞争中重振"西军电"的雄风，使之巍然屹立于国内外高水平大学之林，必须抢抓机遇、乘势而上，必须紧紧依靠广大师生，加强指标体系建设，一步一个脚印地向着长远目标努力奋斗。

常言道，穷则思变、困则思变，求变、求新是前进与创新的原动力。大至一个国家、一个单位，小到一个部门、每个个人，安于现状、抱残守缺、不思进取，结果只能是衰退落伍、被历史所淘汰。不甘落后、胸怀远大、奋发图强，成功始终青睐有志之士、有心之人。只有积累点点滴滴的微小量变，才能最终实现跨越、腾飞的质变！

同学们，四年前你们跨入西电大门，你们的学习生活发生了改变，今天你们毕业，将要开始新的人生，有的同学将继续深造，有的同学要走向社会，但你们同样面临新的机遇与挑战，也必然发生更多的改变。在此，寄予大家以下几点期望与祝愿：

第一，胸怀博大、志存高远。

苦心人天不负，有志者事竟成。年轻人要成就一番事业，首先要确立远大志向，要有广阔博大的胸怀和干大事业的人生追求。《礼记·大学》提到"格物、致知、诚意、正心"，提出人生之路要从躬行实践、学习知识、下定决心、树立品德等方面做起，儒家则经典地概括了"修身、齐家、治国、平天下"的人生奋斗目标。古人尚且如此，我辈更要努力，21世纪的莘莘学子要积极地把个体的发展和国家、社会的建设紧密结合，存大志、树雄心，放宽视野、襟怀广阔、勤学上进、努力奋斗！

2005年荣获国家技术发明一等奖的中南大学校长黄伯云院士，带领课题组开展"炭/炭高性能航空刹车副"的研究工作20年，终于获得成功，他的人生信念是："Everything is possible, we do impossible things. If you can dream it, you can do it."

第二，脚踏实地、持之以恒。

网络上流行这样一句话：不论你在什么时候开始，重要的是开始之后就不要停下来；不论你在什么时候结束，重要的是结束之后就不要后悔。做任何事成功的要诀就是脚踏实地、持之以恒。

这里，要特别向继续读研深造的同学们讲一则关于居里夫人的小事。在居里夫人家的会厅里，只有一张简单的餐桌和两把椅子，居里的父亲曾经要送他们一套豪华的家具，但居里夫妇坚持不要，他们认为打扫家具耗费时间、会见客人扰乱思绪，没有多余的椅子，更可以远离访客的侵扰，便于集中心思搞研究，生活中追求宁静、简单，研究中崇尚专心投入、持之以恒，终于在科学研究上取得了令人瞩目的成就。

做学问要耐得住寂寞，要不得心浮气躁、肤浅毛糙，科学研究往往需要付出超出常人想象的艰苦努力，经历千锤百炼的砥砺，才能有所成就。人贵有志、学贵有恒；三天打鱼、两天晒网，成不了大器；聚沙成塔、集腋成裘，持之以恒，才能换来辉煌的成果。

第三，抢抓机遇、主动适应。

走向工作岗位的同学们，将面临更加复杂的环境和考验，成功的影响因子必然增多，把握机遇、主动适应显得尤为重要。

作家安·克里滕登说："人生不是期终考试，而是天天不断的突击测验。"本科阶段的学习，为你们下一步的学习、工作打下了基础，但学习并没有结束，学习是终生的事情，大家应当随时准备接受来自于工作和学习的新挑战，主动去适应环境的变化。

我校校友柳传志先生在谈论《什么是企业家》的话题时说，在不同时期要做不同的事情，要不断调整、变革、创新。而能够实现调整变革的能力，就是学习能力，只有学习能力强的人才能成功。

机遇对于每个人来讲，基本上是公平的，但又不是绝对的公平，只有不断学习、积极调整、早有准备的人，才会获得机遇更多的光顾，才能主动把握发展自己的有利时机。

第四，诚实守信、踏实做人。

在学习、工作、生活的过程中，做人是一个重要课题，最低成本的做人就是老老实实地做人，不投机取巧、不急功近利，诚实守信、踏踏实实。

司马光在《资治通鉴》中把人分成四种：第一种是圣人，品德、才能都达到很高层次；第二种是君子，品德好且有才能，而德大于才；第三种是愚人，无德又无才；第四种是小人，有较高才能但品德很差，才大于德。司马光认为，圣人很少，君子可用，愚人、小人皆不可用，而非常时期，宁用愚人，不用小人。

　　光明磊落、诚信为本、德才兼备，不仅是衡量现代社会人才的重要标准，也应当成为当代大学生追求的人生目标。

　　祝同学们身体健康、前程美好、一帆风顺！

# 献身科学　追求卓越　苦学深钻　团结奉献

—— 在 2005 年研究生开学典礼上的讲话
（2005 年 9 月 2 日）

金秋时节，天高气爽，我们聚集一堂，隆重举行研究生开学典礼！我代表学校领导和 3 万余名师生员工向新入学的 276 名博士生、2126 名硕士生表示衷心的祝贺和热烈的欢迎！

本科生教育是立校之本，研究生教育是强校之路，西电正在朝着建设国内一流、国际知名高水平研究型大学的奋斗目标阔步迈进！

这里，给大家提出几点建议：

第一，立志创新，做科技创新的弄潮儿。

如今，经济全球化、国际竞争白热化的趋势日益激烈，我国地大物博、人口众多，如何把人口优势转化为人力资源优势，提升国际竞争力，是一个新的机遇和挑战。当前，最需要提升国家整体的自主创新能力，自主创新已经成为国家重大的战略选择。综合国力竞争的关键是科技实力的竞争，科技竞争的关键是自主创新能力的竞争，两种竞争的基础是教育的竞争，根本在于人才。

大学是国家科技创新体系中一支重要的方面军，担负着培养高素质创新型人才的历史责任与义务，承担着基础研究和应用研究的大量任务，是实施科教兴国战略的主力之一。研究生是大学科研的重要后备军，更是国家科技创新的未来与希望，献身科学、追求卓越、苦学深钻、团结奉献，把个人成长和价值的自我实现与国家民族的创新发展紧密结合，增强使命感和责任感，求真唯实、勇于创新，应当成为广大研究生一开始就要树立的价值取向。

研究生阶段的学习是一种高层次的学习。华中科技大学杨叔子院士认为："初等教育主要是陶冶与培养感情，中等教育主要是扩大与打好知识基础，本科教育主要是启迪与开发智慧，而研究生教育则主要是在力攀高峰、险峰之中，突显与施展特色，通过方法见诸实践。"可以说，衡量研究生学习的成绩已不再仅仅是分数，而在于是否能够发现问题、分析问题、创造性地解决问题；研究生的学习则更要耐得住寂寞，经得起挫折，在科学的海洋里扬帆搏浪，在研究的山路上攀登探险！

第二，献身科学、追求卓越。

从事科学研究工作,最基本的要求就是要有献身精神,要有"减震器精神",即团结与奉献的精神,要充分发挥出卓越的减震效果。科学研究往往是长期艰苦、枯燥的探究与实验,是焦虑、寂寞的煎熬与思考,是在一定的压力下与时间的竞争、赛跑,没有非凡的意志和毅力,就不可能坚持到最后,没有执著的追求和团结无私的献身精神,就不可能取得辉煌的成功。这正像减震器,单个的减震器不能完全保证作用的发挥,必须成组、协同团结,时刻承受着压力,工作在最底层,经受着最恶劣环境的考验与磨练,以保证着车辆和设备的平稳和安全。减震器的精神就是无私奉献、团结协作的代名词,大力提倡并弘扬"减震器精神",献身科学、追求卓越,是科研工作和研究、学习的必然要求,也是研究生成长、成才的先决条件。

第三,求真务实、坚毅有恒。

在攀登科学的道路上从来没有坦途、也没有捷径,而总是布满荆棘、蜿蜒曲折的,只有披荆斩棘、勇往直前,才有可能到达光辉的顶峰。求真务实、坚毅有恒,往往是科技工作者必备的素质和品质;不唯上、不唯书,不受名利诱惑、不惧艰难困苦,重视在实践中探索和发现真理,坚持实事求是,往往是杰出科学家秉承一贯的作风。布鲁诺捍卫"日心说"笑对死刑;伽利略坚持"地动论"甘受囚禁;居里夫人为提炼0.1克的镭元素,连续4年亲自动手处理了数十吨的沥青铀矿、经过了几万次的提炼,终获成功;爱因斯坦痴迷于科学的超前思考和发现,理论成果当时不能被物理学界所认同,又遭到纳粹的迫害和威胁,但却始终没有停止过追求真理的步伐。

只有艰辛的付出,才有丰厚的回报。在发达国家,助理教授每天的工作时间在 15~16 个小时,在日本和韩国,没有节假日,加班成为习惯。在研究生阶段的学习过程中,求真务实、埋头苦干、持之以恒、不畏艰难,是取得优异成绩的关键,建立完善合理的知识结构、掌握独立研究的方法和技能、在讨论交流中不断提高思维水平、在科学实验中不断增强动手能力,是创新突破的核心。

第四,理工渗透、文理交融。

基础理论的学习研究和应用发明的创新创造往往有着紧密的联系,正如爱因斯坦相对论至今仍对科学研究的前沿领域具有十分重要的指导意义一样。因此,要在科研工作中取得成就,从研究生学习初期,就要非常重视理工渗透,把学习理科基础知识和从事专业领域的技术研究相互结合起来,加强学科之间的交叉与融合,加强理论知识与实验实践的结合与互动。

同时,还应当着重培养自身科学精神和人文精神兼备的素质和品质。科学文化和人文文化相互融合是创新的前提和趋势,科学为人文奠基、人文为科学导向，人文确立为人之本，科学奠定立世之基，两者是不可分割的整体。许多著名科学家热爱艺术是广为人知的，爱因斯坦说过："这个世界可以由音乐的音符组成，也可由数学公式组成。"他本人常常和量子论的创始人普郎克一起演奏贝多芬的作品；钱学森会吹圆号、弹钢琴，他也曾说："科学家不是工匠，科学家的知识结构中应该有艺术，因为科学里面有美学。"高尚人性的造就主要靠人文教育，非凡灵性的培育，则既靠科学教育也靠人文教育；加强培养求真务实的科学精神、着力熏陶和谐灵动的人文精神，是研究生学习中的必修课。

第五，诚实守信、踏实做人。

孔子曰："人而无信，不知其可"。做学问要矢志不移、勤奋严谨，做人要诚实守信、踏实勤恳。做人是根本，做学问如同做人，科学上来不得半点虚假。欺诈和伪善行为只能自毁声誉，不能长久、得不到信赖和帮助。诚实，在国外社会的可信度表现为言必信，例如找工作，也有对不诚信的惩罚(如康耐尔大学)。如文明行为的例子，在发达国家，要学会三件事：EXCUSE ME、排队(去银行、乘 BUS)、不大声喧哗。

同学们要牢固树立诚信为本、操守为重的观念，讲文明、讲道德、重信誉、有操守，要从维护校园环境、养成文明礼貌的点滴小事做起，从维护改造后宿舍楼的基础生活环境做起，着重培养起扎实勤奋的学习作风、求真务实的钻研作风、不畏艰苦的探索精神和诚实守信的优秀品格，成为德才兼备、全面发展的高层次创新型人才，为快速成长为国家科技创新的主力军而不懈努力，为不断增强中华民族的核心竞争力奉献青春！

最后，祝同学们学习顺利、事业有成、身体健康、生活快乐！

# 学会做人　立志成才　走向成功

—— 在2005级本科新生开学典礼暨军训动员大会上的讲话
（2005年9月28日）

同学们，步入西电校门，不仅标志着你们学习生活的重大转变，也标志着人生历程的一个崭新起点。大学是人生发展中最为关键的一段时期，人生观、世界观、价值观将在这一时期逐渐形成，知识、能力和经验将不断积累，思想、思维与意识将逐步成熟，你们要度过从如何做人、怎样成才到为将来的成功打基础的重要时期，成人、成才与成功，是大家面临的三个重大人生课题！

这里，我以一位学长和校长的身份寄予大家三句话：第一，学会做人；第二，立志成才；第三，走向成功。

成人——就是要学会做人，懂得做人道理，学会处世方法，尽快完成从中学生活向大学生活的转变，适应从家庭生活到集体生活的过渡。树立起正确的人生观、世界观和价值观。

人的一生有许多重要时段。孔子说："吾十有五而志于学，三十而立，四十不惑，五十知天命，六十而耳顺，七十从心所欲而不逾矩。"古人把二十岁称之为弱冠之年，标志着从未成年人向成年人的重大转变，视之为人生发展、而立之前的重要转折期。大家将在大学期间度过自己的弱冠年华，从懵懂少年转变为莘莘学子，从豆蔻才俊成长为展翅雏鹰，这一时期，做人是重要的第一关。明确奋斗目标、确立人生信念，万事开头难，而良好的开端是成功的一半。观念决定意识，思想指导行动，树立什么样的人生观、世界观和价值观，就会有什么样的人生发展。

爱因斯坦说过："一个人的价值，应当看到他贡献什么，而不应当看他取得什么"。个人的价值应当在奉献中实现、在奋斗中闪光，大学生是国家未来的栋梁，要有报效祖国的远大志向，要有奉献社会的老黄牛精神，"苟利国家生死以，岂因福祸避趋之。"立大志才能成大事，成大事必先学做人，必须首先确立正确的人生观、世界观和价值观。

成才——就是要成为有用之才，成为对国家和社会有贡献的栋梁之才，成为科学素质与人文素质兼备的杰出人才。

当前，知识经济方兴未艾，科学技术的发展更是一日千里、瞬息万变。人类从发明电能到应用电能，时隔 282 年；20 世纪集成电路从发明到应用仅用了 7 年；激光从发现到应用仅用了 1 年多，光纤技术带宽每年平均增加 70%；Intel 公司创建人之一戈登·摩尔曾预言：微处理器的处理能力每 18 个月就会翻一番，这就是著名的摩尔定律。人类近 30 年来取得的科技成果比过去两千年的总和还要多，科学技术已经成为社会发展和人类进步的最直接推动力。

21 世纪是信息科学、生命科学、材料科学、地球与环境科学、数学与系统科学等多学科不断交融渗透、深化发展的时代，也将是通信技术、网络技术、微纳米技术、光机电一体化技术、生物技术、转基因技术等前沿领域突飞猛进的时代，科技发展将在很大程度上改变人类的生产与生活，引领社会的发展潮流。科技发展的广阔空间为青年学子的成才、成功提供了无限的机遇与广阔的天地。

我国实施科教兴国战略和人才强国战略，把如何增强自主创新能力放在国家战略发展的高度予以高度重视，正大力推进以信息化带动工业化的整体建设。但必须看到，我国的自主创新能力还比较弱，与发达国家相比，还有很大的差距。例如，我国高新技术产业附加值占制造业的比重仅为 8%，远低于发达国家的 40%；高科技产品出口中的 90% 是由三资企业创造的；几乎全部的光纤制造设备、85% 的集成电路制造设备、80% 的石油化工制造设备、70% 的数控机床、95% 的医疗装备均依赖于进口。自主创新，时不我待！

成才的起步是立志。年轻学子，要有志于报效国家、服务人民，为中华之崛起而读书，为民族之强盛而奋斗。许多伟大的科学家，在青年时期就取得了重大成就，如爱因斯坦 25 岁发表狭义相对论，费米 25 岁提出量子统计学，玻尔 27 岁发明量子论，杨振宁 29 岁提出"宇称不守恒"定律，陈景润 33 岁就给出了"陈氏定理"的引理。有志不在年高，有为恰逢年少，大学生应从一开始就志存高远、勇攀高峰。

成才的过程是积累。古人说："合抱之木，生于毫末；九层之台，起于垒土；千里之行，始于足下。"知识、能力、意志品质、创造精神，是大学生迅速成才的必备要素。见识、素质、科学涵养和人文精神，是大学生全面发展的根本要求，要成为杰出人才，做出显著的成果，就要付出比别人更多的辛苦与汗水。"冰冻三尺，非一日之寒"，"绳锯木断，水滴石穿"，是长期积累和不懈努力的结果。要积极构建合理的知识结构体系，锻炼才干、砥砺意志，注意从一点一滴做起，长期积累、厚积薄发。

成才的关键在执著。墨子云："志不坚者智不达。"没有坚强的毅力，再好的智力也不能完全发挥其极致，而人才成长的关键则更在于一以贯之的执著追求。埋头苦干、勤学深钻，是科技工作者成长的基本素质要求。要坚忍不拔、百折不挠，锤炼自己优秀的意志品质和执著的奋斗精神。

成才的根本在合作。科学研究与科技创新中，不仅需要对自身的知识、能力有清醒的认识，还要对合作者的特长、个性有足够的了解；不仅要有过硬的专业基础知识，更要有敏捷的思维和灵活的反应；不仅要有个人的忘我工作，还要有团队的团结协作，个人只有在集体的环境中才能更快地成长、成才。科学知识与人文知识相互启迪，合作钻研与学术讨论启发灵感，智力因素与非智力因素共同作用，决定着成才的最终结果。大学生不仅要智商、情商并重，科学与人文素质兼备，更要有献身科学、追求卓越的精神和气魄。

成功是每一位大学生的梦想，成功要从今天起就做好准备！

同学们：

振翅高飞，要有雄鹰的眼光，深远而敏锐；
扬帆起航，要有水手的执著，坚毅而刚强；
逐鹿原野，要有猎豹的矫健，灵活而迅猛；
处事为人，要有大海的胸怀，深厚而宽广！
愿你们，携少年豪气，探索科学殿堂，
愿你们，执生花妙笔，谱写华美篇章！

预祝 2005 级新生军训圆满成功！

# 科技创新的日新月异与人才成长的厚积薄发

——在 2005 年学生总评表彰会上的讲话
(2005 年 12 月 2 日)

当今时代，科学技术迅猛发展，科技创新日新月异。纵观世界发达国家发展史，自 18 世纪以来，世界的科学中心和工业重心经历了从英国到德国再到美国的三次大的转移，从纺织机、蒸汽机到钢铁工业、化学工业，再到内燃机、电力工业、信息产业，每一次科技创新和产业革命都带动着世界经济的整体发展，哪一个国家在科技创新上抢占了先机，就会在经济和社会发展中取得突破，引领世界的最新潮流。无独有偶，现代大学的功能演变也遵循这一类似规律，从英国传统的教会大学到德国重视科研、崇尚学术的洪堡思想，再到美国人才培养、科学研究与社会服务融为一体的熔炉式大学教育，人才成长的中心始终围绕着科技发展与科技创新的主线，科技与教育密切相关，已成为支撑国家建设的两大重要支柱。

党的十六届五中全会通过的《中共中央关于制定国民经济和社会发展第十一个五年规划的建议》明确提出：要深入实施科教兴国战略和人才强国战略，把增强自主创新能力作为科学技术发展的战略基点和调整产业结构、转变增长方式的中心环节，大力提高原始创新能力、集成创新能力以及引进消化吸收基础上的再创新能力。

原始性创新是指努力获得新的科学发现、理论、方法和技术发明；集成创新是使各种相关技术有机融合，形成具有市场竞争力的产品或产业；引进先进技术的消化、吸收基础上的再创新，是在学习借鉴国际先进科技水平基础上的提升。这三种创新对提升国家科技竞争力具有十分重要的作用。

我国目前整体创新能力和水平还落后于世界平均水平，许多高新技术的核心知识仍依赖于引进，源头知识创新严重滞后于经济社会发展的迫切要求。

——根据瑞士洛桑国际管理开发研究院发布的《2003 国际竞争力年度报告》，中国科技竞争力在被评价的 51 个国家和地区中，位列第 32 名。

——我国论文被引用数总体仅排在世界第 20 位，每篇论文平均被引用次数远低于世界平均水平。

——2003 年我国授权发明专利 2.1 万件，而授予外国人达 1.5 万件，所占

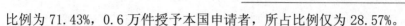

比例为 71.43%，0.6 万件授予本国申请者，所占比例仅为 28.57%。

——我国高技术产业增加值占制造业比重仅为 8%，远低于发达国家 40%的水平，高技术产品出口中有 90%是"三资"企业实现的，核心知识和技术掌握在外企手中。

加强自主创新，迎头赶上，是形势发展和参与竞争的必然要求；发挥后发优势，重点突破，是增强实力和实现跨越的有效途径。从国家技术发明一等奖空缺 6 年后的重新凸现，到"神五"载人航天的历史性突破，再到"神六"多人多天航天飞行的重大进展，国家科技创新的步伐正在加快，增强自主创新的要求也更加突出，科技发展和科技创新孕育着新的高潮，前景十分广阔。

高校是国家科技创新体系中一支重要的方面军，担负着培养高素质人才的历史重任，承担着基础研究和应用基础研究的大量任务，是实施科教兴国和人才强国战略的主力之一。

目前，我校正向着建设特色鲜明、研究型、开放式、国内一流、国际知名高水平大学的目标阔步前进，在学科建设、科学研究以及科技成果转化等方面积极努力，在创新人才培养、教育教学质量和现代化校园建设等方面加快提升，出高水平研究成果，培养高质量创新人才，为国家科技创新建设贡献力量。

教育以育人为本，以学生为主体；办学以人才为本，以教师为主体。从某种意义上看，大学的产品是学生，学生的培养质量代表着大学的品牌，质量工程已经成为学校发展进程中必须重视的一项重要工作。抓好教学质量，不仅是本科评估的要求，是研究生创新工程的需要，更是人才培养长远发展的必然；抓好教学质量，不仅是学校发展的需要，也是学生成长的需要；抓好教学质量，需要教师、辅导员与管理人员以及学生自身三方面的积极努力与有效配合。

审视学校当前教育教学的实际情况，虽然取得了较好成绩，但也存在一定的不足，主要表现在：

第一，学习风气和学习的主动性不足；

第二，基础课如高等数学、物理等考试及格率不尽如人意；

第三，对数理基础课的重视程度不够，有畏难情绪，专业基础课的学习也比较差；

第四，整体的外语氛围和口语交流能力欠缺，距离开放式办学的奋斗目标还有较大差距。

教育教学是双向的互动活动，涉及到教、学、管三个方面。下一步，以迎接本科评估为契机、以加强研究生教育创新工程为重点，要着力加强本科质量工程建设，并把它作为学校的一项重要工作常抓不懈，确保"一头两翼一保障"中心之一的教育教学工作的质量和水平。

首先，要高度重视并营造起浓厚的学习风气，倡导积极主动地学习；

其次，要进一步加强教育管理力度，坚持公正、公开、透明、合理的原则，落实好各项奖学金的评比制度，加大文化课学习的比重，树立学习标兵，烘托浓郁的学习氛围和积极向上的成才环境；

另外，要加强教学管理与监督。教师要充分备好课，做到对学生负责、对学校负责、对家长负责、对社会负责；在课程设置上，要充分考虑并增加数学、物理、外语等基础课程的学时数，确保学生打好牢固的数理基础，掌握扎实的专业基础，拥有过硬的外语交流能力，为以后的成长、成才打下坚实的基础。

同学们，一个人的成长取决于外因和内因的双重作用，外因施加影响，内因才是根本。学校要发展，必须一步一个脚印，扎扎实实做好各项具体工作，不断增强发展实力，实现大步跨越；个人要成才，也必须踏踏实实刻苦学习、积累才干、厚积而薄发，厚积是量的积累，薄发是质的飞跃。

科学的重大发现是一个艰苦的漫长过程，人才的顺利成长也是一个厚积薄发的积累历程。爱因斯坦提出相对论，经历了 10 多年时间。怀尔斯证明费尔马大定理用了 7 年多的时间。丁肇中通过新的实验，推翻前人具有权威性的结论，确定电子半径小到不能测量，前后共花了近 20 年时间。"一年之计在于春、一日之计在于晨。"作为在校大学生，大家正处在学习积累、打好基础的黄金时期，策划自己的人生未来、打牢自己的大学基础，对于个人的发展成才具有决定性的作用。据研究，从人脑的智力水平看，35 岁之前是记忆力最强、思维最为活跃的时期，进入 35 岁之后，记忆力缓慢退步，但理解力和综合分析能力却呈现上升趋势，科学家、作家最容易出成果的阶段大都在四、五十岁，但年轻时期的知识积累却发挥着十分重要的作用。

借此机会，也对在座的广大学生并通过你们向全校学生提出以下四点希望：

第一，沉心静气、打牢基础。

科学研究需要有"随风潜入夜，润物细无声"的细致钻研、潜心探索，也要有"细听蝉翼寂，遥感雁来声"的敏感灵动，更要有"板凳须坐十年冷"、"咬定青山不放松"的执著精神。任何杰出成果的产生都不是无中生有和空穴来风，也不是急功近利的产物，聚沙成塔，集腋成裘，科技创新需要踏踏实实的积累和耐得住寂寞的默默工作，只有具备足够定力的人才有可能最终登上科学的顶峰。所以，大学阶段的学习要沉心静气，能够静下心来扎扎实实地打牢自己的数理基础，锤炼自己清晰的物理概念、深入的数学分析能力，形成科学的思维方法和良好的思考习惯，培养科学精神，为以后工作实践和更高层次的学习奠定基础。

第二，虚心笃学、力戒浮漂。

实干兴业，浮漂败事。科学研究来不得半点虚假。学习知识、增长才干，是个人成才的实际需要，端正态度、虚心努力，是学到真本领的必然要求。"少年不知勤学早、老来方悔读书迟"，学习是为自己学，那些敷衍混日、沉溺网吧、只求及格、不思进取，到头来只能是自己害了自己；心绪浮躁、娱乐人生、盲目攀比、失去目标，大学的生活就失去了真正的意义。要确立目标、力戒浮漂、扎实苦学、惜时如金，要时时刻刻提醒自己作为一名在校大学生和研究生的本分与责任。

第三，刻苦自励、注重实践。

学习是一件有意义的事情，同时也是一件需要付出极大努力的事。求学的三个条件是：多观察、多吃苦、多研究。刻苦自励，是每一位青年学子应当把握的基本原则。爱因斯坦说："成功＝艰苦劳动＋正确方法＋少说空话"，要想取得优异的学习成绩、成就非凡的绩业，没有吃苦的精神是不行的，缺乏实践的磨练也是不够的。未来科技发展所需要的是既具备扎实的知识基础、又具有丰富的实践经验的青年才俊，科技创新的重大突破也在于把知识理论与工程实践的有机结合。因此，大学阶段的知识学习、实践锻炼、研究实验就显得非常重要。

第四，志存高远、追求卓越。

"志不立，如无舵之舟，无衔之马。"一个人明确的奋斗目标是其成长、成才的根本保证。没有远大的志向，没有卓越的追求，人生的奋斗就缺少足够的动力。学习为了志向服务，工作随着志向走，成功随着工作来，这有一定的规律和内在联系。立志是开启事业的大门，学习是启迪智慧的钥匙。志向的大小往往影响着成功的结果，要成就一项大事业，就必须从小事做起，在一点一滴的学习积累中逐步完成从量变到质变的跨越。

同学们，希望你们继续保持刻苦求知、勤奋努力的良好学风，继续发扬不断探索、积极向上的进取精神，向着自己的目标阔步迈进，在不久的将来，向学校、家长和社会交上一份满意的答卷，在国家科技创新的历史进程中显露身手、大展才华，贡献自己的美好青春！

最后，祝愿大家学习进步、身体健康、生活愉快！

# 立大志　勇创新　成事业

—— 在 2006 届研究生毕业典礼上的讲话
(2006 年 3 月 26 日)

　　2006 年至 2011 年的六年，是学校第二小步提升期的重要发展阶段。这一阶段学校规划的总体战略目标是：深化"五项战略、四个工程"，实现战略重心转移；有所为有所不为，"不为"为了"有为"，重点突破软肋与不足，进一步强化优势与特色；有重点、分步骤地打好攻坚战，大幅度提升整体实力。学校的发展正处于一个承前启后的关键时期，任重而道远，需要紧紧把握机遇、敢于迎接挑战，扎扎实实地推进各项改革与建设事业；你们自身的成长、成才，也处于一个崭新的起点，研究生毕业之后的道路需要一步一个脚印、踏踏实实地走好每一步，走出人生的灿烂与精彩！

　　当前，世界新科技革命浪潮日新月异，我国建设创新型国家的事业方兴未艾。今年 1 月 9 日召开的新世纪第一次全国科学技术大会掀起了新一轮科技创新的热潮，国务院发布的《中长期科技发展规划纲要》，清晰勾勒出未来 15 年国家科技发展的战略蓝图，为广大科技工作者提供了更加广阔的有为天地。据统计，我国科技人力资源 3850 万，居世界第一，研发人员 109 万，居世界第二，具备加强自主创新、跻身世界创新型国家行列的巨大潜力，而我国科技创新仅排名 28 位，发展与创新任务还十分艰巨。

　　作为以电子信息为主要研究领域的西电硕士、博士毕业生，更应在国家自主创新的历史进程中担负起神圣的责任和使命。

　　综观国家《中长期科技发展规划纲要》，总体目标是到 2020 年，使我国整体进入创新型国家行列，即科技进步贡献率达 70% 以上，研发投入占 GDP 比重提高到 2.5% 以上，对外技术依存度在 30% 以下，发明专利年度授权量和国际科学论文被引用数进入世界前 5 位。《纲要》主要内容概括起来是"8 个目标、5 个重点、6 大平台、16 个重大专项"：

　　8 个目标是：① 掌握一批装备制造业和信息产业核心技术；② 农业科技整体实力进入世界前列；③ 能源开发、节能技术和清洁能源技术取得突破；④ 建立循环经济的技术发展模式；⑤ 重大疾病防治水平显著提高；⑥ 武器装备自主研制和信息化；⑦ 产生世界水平的科学家、研究团队；⑧ 建设世界一流的科研院所、研究型大学。

5个重点是：① 能源与水资源；② 装备制造业和信息产业；③ 生物技术；④ 航空航天海洋；⑤ 基础研究与前沿研究。

6大平台是：① 研究实验基地和大型科学仪器设备共享平台；② 自然科技资源共享平台；③ 科学数据共享平台；④ 科技文献共享平台；⑤ 网络科技环境平台；⑥ 科技成果转化公共服务平台。

16个重大专项是：① 核心电子器件、高端通用芯片与技术软件产品；② 新一代宽带无线移动通信网；③ 中国第二代卫星导航系统；④ 高分辨率对地观测系统；⑤ 极大规模集成电路制造装备(极端制造)；⑥ 高档数控机床与基础制造设备；⑦ 军民两用；⑧ 国防尖端；……

科技发展空间广阔，自主创新重任在肩！同学们，在你们即将毕业走向新的工作与学习岗位之际，我以一位校长兼学长的身份，也以一位科研工作者的身份寄予大家三句话：立宏伟大志、做创新人才、成非凡事业。

第一，要胸怀大志。立志是成才的第一关，目标的确立对于一个人的成长、成才非常重要，确立什么样的奋斗目标，就会有什么样的人生事业。因此，要确立人生正确而坚定的目标，并为之而不懈努力奋斗。年轻人应当志向远大，要有"长风破浪会有时、云帆直挂济沧海"的远景期望，也要有"三千越甲可吞吴、百二秦关终属楚"的胆略与气魄，更要有"咬定青山不放松"、"任尔东西南北风"的坚韧意志和执著精神，立大志扬人生起航之帆，凭实力打拼成长、成才之路。

第二，做创新人才。青年一代要在国家自主创新的历史机遇和进程中增长能力、磨砺成长，培养创造意识和创新精神，有所作为。建设创新型国家的重大战略决策，为广大科技工作者提供了发展的舞台，明确了科技自主创新的重点，对创新人才的能力提出了更高要求。"没有金刚钻、揽不了瓷器活"，创新能力培养是创新人才成长的必备条件，实践技能积累是巩固知识、增长见识的必由之路。

年轻人既要树立远大志向、高瞻远瞩，也要脚踏实地，培养和积累过硬的基础能力和基本技能。不能志大才疏、眼高手低，更不能轻视基础实践和工程实践，要扎扎实实从点滴做起，从细微之处着力培养扎实、认真、执著的创新意识和科学精神，敢于创新、勇于开拓。

第三，成就非凡事业。居里夫人说过："科学的探讨研究，其本身就含有至美，其本身给人的愉快就是报酬。"要成就非凡的大事业，就要付出非同一般的辛勤和努力，耐得住寂寞和挫折，具有超常的坚韧性和意志力，更需要有科学精神和人文艺术兼备的过硬素质。

　　法国著名作家福楼拜说过："科学与艺术，在山脚下分手，在山顶上会合。"古今中外，凡是有所成就的科学和艺术大师，无不在科学与人文艺术方面都有着较深厚的修养，具备良好的综合素质。达·芬奇不仅是一位伟大的画家，也是一位很有成就的解剖学、建筑学、机械学家。歌德是一位伟大的诗人，同时也是一位地质学家、植物学家。爱因斯坦是举世闻名的科学大师，同时也是一位出色的小提琴手。李政道先生也有一句名言："科学与艺术是一枚硬币的两面，连结它们的是创造性。"

　　年轻人正处于思维活跃、创造力十分丰富的成长阶段，积极汲取不同学科的有益营养，着力培养自身的科学精神和人文素质，对于个人的成长、对于未来在一些研究领域启迪灵感、迸发智慧火花，无疑具有巨大的潜在帮助和推进作用，有助于成就非凡事业，为自己的全面成长打好基础。

　　同学们，临别之际，以一首小诗作为此次讲话的结尾：

　　放飞思想——思想有多远，你的路就能走多远；
　　站稳脚跟——脚印有多深，你的基础就有多深；
　　坚定信念——意志有多强，你的事业就有多强；
　　敞开胸怀——心胸有多大，你的舞台就有多大！

　　祝同学们身体健康、事业有成、一路顺风！

# 把好人生的航标

—— 在 2006 届本科生毕业典礼上的讲话
（2006 年 7 月 2 日）

四年前，你们经过高考，出类拔萃、金榜题名，进入到全国电子信息学科的知名高校——西电学习，实现了人生的第一次重大转变。四年后，你们经过大学生活的熏陶，汲取知识、钻研专业、掌握技能、提升素质，即将开始新一次踌躇满志、大展才华的征程。四年的时间，在人生的整个历程中，只是短暂的一瞬，但四年的大学生活对每一个有志青年的成才、成长，却是一次重要的奠基。

学校本届领导班子也是 2002 年上任，可以说与大家的四年学习生活同期同步，也是历史的巧合。回顾四年前，新生开学典礼在大操场举行，那时的大操场尘土飞扬、设施陈旧；四年后的今天，大操场的面貌已经发生了根本性的转变，校园基础设施和综合环境也得到了显著的改善。学校四年期间发生变化的还远不止这些，经过四年的努力，学科建设得到进一步巩固、教育教学取得了显著成果、科学研究实力增强、新校区建设实现了历史性突破、花园式及数字化校园建设成效明显、对外拓展积极进行，办学条件不断改善，办学实力不断增强，战略规划第一小步"十五""奠基期"的任务已基本完成，"一年一个样、三年大变样"的承诺已基本实现！四年来的变化，是全体师生员工团结一致、艰苦奋斗的结果，四年之变，更标志着西电从研究教学型大学向国内一流、国际知名的高水平研究型大学目标挺进的不断努力与不懈追求！

唯物辩证法告诉我们，静止是相对的，运动是绝对的。四年之变，使你们完成了从高中毕业生到大学毕业生的转变，走出了人生的第一步，那么，第二个四年、第三个四年，在你们人生旅程中还会发生什么样的变化呢？答案就在你们从今天起对于自己未来的规划与设计中，在脚踏实地、一步一个脚印的奋斗历程中！

在此，寄予大家四点期望：

第一，正确选择、志存高远。

人生的道路曲折漫长，最关键是要走好重要的几步。上大学，实现了你们的第一步人生理想，但不表示从此就一切无忧。步入社会，激烈的市场竞争、真正的实践锻炼才刚刚开始。完成大学四年的学业，意味着你们将面临新的挑战和选择。同学们之中，有的考上了研究生，有的走向工作岗位，我校今年应届生毕业考取研究生的比例达到了 36.8%，其中上本校的研究生比例达到 29.2%。

人生的正确选择十分关键。达尔文从小就对植物、动物具有浓厚的兴趣，长大后喜欢打猎、野外考察，他先后在爱丁堡大学、剑桥大学学习了医学与神学，但最终与剑桥大学著名的博物学家亨斯罗结为忘年之交，把精力投向自己一直钟情的自然地质考察工作之中，成就了《物种起源》的辉煌成就。

大家正处在风华正茂的青年时期，思维活跃、精力充沛，在开始自己人生旅程的初始阶段，选择正确的方向、树立远大的志向，对今后的成功具有十分重要的启迪意义！

第二，积攒实力、抢抓机遇。

俗话说 "是金子总会发光"，而机遇也总是青睐那些有准备的人。只有具备真正的实力，才能在机遇到来时参与激烈的竞争，创造出不凡的绩业。

著名的北大方正汉字激光照排的发明人王选院士，上大学选择的是计算数学专业，毕业后投入到计算机硬件的研究中，24 岁又投身软件研究、程序设计和自动化领域，并把强化自己的英语听力作为新目标不断努力，扎实的数学基础、丰富的软硬件知识以及过硬的英语快速阅读能力，使他能够带领自己的团队，在开展汉字激光照排系统的研发中后来居上，走在了业界前头，当时的技术领先了美国 8 年，推向市场提早了 1 年，创造了巨大的经济效益和社会效益。

大学四年的学习，使大家具备了初步的知识基础，但要达到创造、创业的更高要求，还需要不断充实、不断提高，要积累更多的实践经验、汲取更为广博的知识源泉，进一步增强自身的学识、技能，在机遇到来时主动出击，赢得成功。

第三，务实敬业、执著秉恒。

古人云："业精于勤荒于嬉，行成于思毁于随。"任何事业的成功，都离不开执著的敬业精神，没有脚踏实地的沉静与投入，再美好的理想也只能是水中花、镜中月；理想要成为现实，则需要始终如一的坚持与奋斗。

爱因斯坦曾说："科学是永无止境的，它是一个永恒之谜。"探索未知、钻研科学，需要付出常人所不能想象和不能承受的煎熬和磨砺。达尔文酝酿 "进化论" 历时 22 年，居里夫人研究和提炼镭元素花费了 12 年，史蒂芬·霍金则在 16 年的轮椅生涯中提出了著名的 "黑洞理论"。前不久证明了著名的 "庞加莱猜想" 的朱熹平、曹怀东教授，则是近 20 年如一日潜心研究，携手合作，在前人 100 多年来探索的基础之上，才终于完成了 "封顶" 之作。

　　科学上来不得半点虚假，务实敬业、执著如一，是保证科学探索取得成功的唯一捷径，坚持不懈、坚毅有恒，是事业成功的唯一法宝。

　　第四，胸怀坦荡，诚信为人。

　　踏实做事、诚信为人。做人应当胸怀宽广、心胸坦荡，光明磊落、德才兼备。

　　孔子曰："人而无信，不知其可"。诚信为人是一个人立足社会的根本，是最宝贵的无形资产。没有诚信，没有良好的口碑，一个人的发展必然处处碰壁；拥有诚信，德才兼备，自己的长处和优点才能在更大程度上得以发挥，为竞争创造更好的机遇和条件。做学问讲求学术道德，做市场讲求市场规范，做技术讲求团队合作，成功的根本诀窍就在于踏踏实实为人、认认真真干事，一个人的才能只有在集体的团结努力之中，才能放射出更大的光芒！

　　最后，有几句话与大家分享：

　　风起的时分，把好舵，昂首望远，
　　新的航程就要扬帆！
　　浪涌的关头，站稳脚，挺立潮头，
　　前行搏击何惧艰难！
　　曾经的成功代表过去，
　　曾经的挫折锻造坚强！
　　明朝还需勇开拓！
　　未来再谱新篇章！

　　祝同学们身体健康、事业有成、前程似锦！

# 科学精神与创新能力

—— 在 2006 年秋季研究生开学典礼上的讲话
（2006 年 8 月 24 日）

进入西电开始研究生阶段的学习，是你们人生中的一个重要新起点，大家面临着前所未有的机遇和挑战。当前，世界科技突飞猛进，高新技术正日益成为经济社会发展的决定性力量，加强自主创新能力、建设创新型国家、实施科教兴国和人才强国战略，是我国的一项重要历史任务。

研究生要努力成为科学精神和创新能力兼备的拔尖人才，每一位研究生新同学从一开始就要设计、规划好自己的未来。

什么是科学精神？简单地说就是实事求是，是积极开展理性探索、实验求证，是敢于提出大胆质疑、创新进取，是一直坚守执著奉献、追求真理，是"不唯上、不唯书、不盲从、只唯真"的批判和深思，是认识和反映客观世界的真实态度和工作作风。培养科学精神，要学习布鲁诺捍卫"日心说"的大义凛然，要有居里夫人从成吨矿石中提炼"镭"元素的秉恒执著，要有伽利略质疑成见、做"两个铁球同时落地"著名实验的胆略气魄，也要有哥伦布远航探险的无畏无惧，更要以"两弹一星"前辈科学家为榜样，克服困难、创造条件，为科技进步、国家振兴而奋斗！

什么是创新能力？广义的创新能力暂且不提，而研究生的创新能力则应当主要包括创新的思维能力、创新的学习能力、创新的实践能力三个方面。

创新思维能力，主要指善于思考、能够发现问题、分析问题的能力。思维指导行动，有什么样的思想就会引导出什么样的行为，正如研究生的论文开题，思考不深入、见识不广博、思维不积极，就很难产生出好的研究题目，思维能力是否能够不断创新，是拔尖人才成长的首要前提。

学习能力也要创新。会学习的人，能够不断地汲取知识、整合知识、创造知识，创新学习不是死记硬背、生搬硬套的机械重复，而是学以求精、学以致用的借鉴和启发，是站在学术巨人肩膀上的二次攀登。

创新的关键在于实践。重视实践能力的培养，应当成为研究生顺利成才的一个重要环节。实践出真知，特别是在创新体系建设中，理论联系实际、实践支持理论，显得尤为重要，原始创新的源泉就在于一点一滴的具体实践。1690

年，法国物理学家帕潘在巴黎科学院交流会上关于蒸汽动力做功的实验结果，启迪英国研制出世界上最早的蒸汽机，引发了波及全球的产业革命，科技实践推动了生产方式的深刻变革。

在这里，给大家提出几点期望：

第一，立志宏远，潜心钻研。

"志不立者智不达"。立大志是增强学习和研究动力的基础，没有远大目标、没有明确方向，研究生的学习就会昏昏碌碌、无所适从。要成就事业，首先要确立理想、找准方向，沉心静气、潜心钻研，要有"板凳须坐十年冷"的思想准备，要有耐得住科学研究寂寞、孤独、困扰、煎熬的坚强意志力，成功始终青睐那些有充分准备的人。

第二，淡泊名利、专心学问。

欧美科学界流行一句话："一心想得诺贝尔奖的，得不到诺贝尔奖。"已故科学家、著名的计算机汉字照排技术创始人王选院士，在生前工作中常勉励年轻人的一句话是："不要急于满口袋，先要满脑袋，满脑袋的人最终也会满口袋。"研究要出成果，功利思想要不得，要能吃苦，"淡泊以明志、宁静以致远"，专心学问、追求学术，以科学探索的付出和奉献为乐趣，才是真正的价值取向。

第三，严谨求实、行胜于言。

科学来不得半点虚假，严谨求实、追求真理，应当成为大家始终追求的人生目标。求实的科学态度，体现在实践中，表现在行动上，行动代表开始，"临渊羡渔，不如退而结网"，行胜于言。演讲大师齐格勒提醒我们，行动的力量是伟大的，做一件事只要开始行动，就意味着获得了一半的成功；他举了一个例子：世界上牵引力最大的火车停在铁轨上，为了防止滑动，只需在8个驱动轮前塞8个一寸见方的小木块就可以，但是当火车以时速100英里运动时，它可以轻易地穿越一堵5英尺厚的钢筋混凝土墙。行动，朝着你的目标，就从现在开始！

第四，文理交融、诚信为人。

诺贝尔化学奖获得者艾伦·麦克迪尔米德说过："科学研究在于人，人是第一位的。"要成长为拔尖人才，不仅应当具有科学精神，也要善于培养自身的人文素质，不仅要有创新能力，也要加强道德修养，诚信为人、学会做人，自尊、自律、自知、自省，从点滴做起，加强理工渗透、文理交融，拓展知识面、启发新思维，激活创造性、迸发新灵感，努力成为全面发展的拔尖科技人才。

最后，祝同学们学习顺利、事业有成、身体健康、生活愉快！

# 创新是灵魂　质量是生命

## —— 在 2006 级本科生开学典礼上的讲话
### （2006 年 8 月 31 日）

当今世界，综合国力竞争的焦点是科技，科技竞争的核心是创新，创新的根本在人才。功在人为、业由才兴，国家实施科教兴国、人才强国战略，大力推进创新型国家建设，科技创新人才将成为新知识的创造者、新技术的发明者、新学科的创建者。

以质量为核心、以创新为生命，将成为创新人才培养的根本出发点与落脚点，也是大学本科人才培养的宗旨。本科教育的重点在于创新精神和实践能力的培养，一方面，大学教育应当提供足够的知识传承、储备与创造以及相应的技能训练、实践磨砺，为学生的成才铺就宽广道路，正如我校下半年将要集中开展的本科教学工作水平评估，就是对教学质量和人才培养水平的一次检阅；另一方面，个人的目标定位、价值取向、意志力等因素也将直接影响你的人生。大学四年是人生的黄金时期，在很大程度上孕育着你们的未来发展，而本科阶段的学习必须为创新打下坚实基础。

IBM 公司首席执行官塞缪尔·帕米萨诺说："创新存在于发明创造和洞察力的交汇点，它是关于发明的应用——各种新发展的融会贯通和解决问题的新途径。"创新是一个国家长久发展的不竭动力，积极培育自己的创新精神和实践能力，对广大本科生提出了富于挑战的新课题。

创新的本质在于扬弃。摒除旧事物、旧思想，建立新事物、新思想，是创造与革新以及运用已有知识孕育和产生新知识、新思想的创造过程。培育创新精神，要敢为天下先，培养为追求科学真理而勇于献身的精神，有布鲁诺捍卫"日心说"的视死如归、哥伦布远航探险的无惧无畏、居里夫人提炼镭的坚定执著、陈景润沉迷数学的如痴如醉；要敢于质疑、勇于批判、勤于思考、善于探索，不唯上、不唯书、只唯实，汲取前人长期积累的丰富知识，遨游广博而深邃的思想殿堂，激发灵感、碰撞火花，创新创造！

创新的关键在于实践。实践是检验真理的唯一标准。知识固然重要，能力亦不可缺少，实践能力更是创新人才成长不可替代的必备技能，本科生应当注重培养并不断提高自己的实践能力。增强实践能力，要在发现问题的启示下，

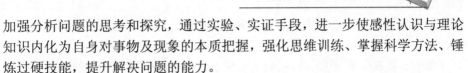

加强分析问题的思考和探究，通过实验、实证手段，进一步使感性认识与理论知识内化为自身对事物及现象的本质把握，强化思维训练、掌握科学方法、锤炼过硬技能，提升解决问题的能力。

大家都知道这样几个流传的故事，一个苹果砸在牛顿头上引发了万有引力定律，阿基米德洗澡时发现了浮力定律，看起来好象是一些偶然事件引发了重大发现与发明，而实质上是科学家勤于思考、善于用心并经过大量的推理、实验、论证之后，才产生出的优秀成果。缺乏实践能力，再好的点子也只能束之高阁，没有实践的支撑，思想的车轮就无法及时启动。重视实践，增强实践能力，是创新人才不断成长的一个重要环节。

跨入大学校门，是你们人生道路上的一个重大转变。著名作家柳青曾经说过："人生的道路虽然漫长，但紧要处常常只有几步，特别是当人年轻的时候。"大学生活是人生的重要起步阶段，如何把握自己、驾驭人生，顺利完成 4 年的本科学习与生活，是大家当前面临的最重要课题。在此，我以校长和学长的身份给同学们提出以下三点建议和希望：

第一，树立远大志向，敢为天下之先。理想犹如人生的航标，没有理想的人生就没有意义。有志不在年高，年轻是人生的宝贵财富。青年人要志存高远，"长风破浪会有时，云帆直挂济沧海"，要树立远大理想，有敢于冒险、勇于进取的胆量和气魄。

科学史上，年轻时期就做出重大成果的例子比比皆是，玻尔 27 岁发明量子论，Gell-Mann 35 岁发表夸克理论，J. Watson 27 岁发现 DNA 结构……青年时期是人一生之中精力最为旺盛、思维最为活跃、创造能力最为丰富的黄金时段，是最可能出成果的时候，光阴似箭、转瞬即逝，抓住机遇、勤学多练、沉思静想，不让青春在无为中虚度，要让青春在奋斗中闪光，是每一个有志学子的历史使命。

第二，呼唤从容，克服浮躁。科学的道路上来不得半点虚假，做学问更需要耐得住寂寞，坐住、坐稳"冷板凳"，要有从容的心态、克服急功近利的浮躁心理，能够抵御各种功利诱惑，脚踏实地地认真抓好学习、成就学业。业精于勤荒于嬉，行成于思毁于随。人常说：少小而学，及壮有为；壮年而学，及老不衰；老年而学，及死不朽。学习是终生的事情。

在求学的过程中，坎坷、挫折在所难免，任何成功都不是轻而易举能够得到的，经过十二年寒窗苦读的你们更能体会到其中的道理。要有坚定的信念、刻苦的精神，更要有开阔的视野、宽广的胸怀，磨练愚公移山般的大器，培养精卫填海式的执著，追求夸父逐日的轰轰烈烈，造就嫦娥奔月的升华飘逸，做一生只走一条路的大游客徐霞客，做一生只写一部书的史作家司马迁，做一生只知种草、采草、写草的平民名医李时珍，多思、多学、多问、多练，刻苦学习、努力发展！

第三，提高综合素质，诚信做人。一名合格大学生要有全面的素质，不光要掌握一定的专业知识和技能，还要广泛汲取一切有益于成长、成才的营养和经验。有人说得好，掌握技术是获取了手段，掌握了科学就获得了研究方法，而通晓人文社科就找到了指南针。科学与艺术、自然与人文，从来都是相互交叉、相互渗透的。科学精神与人文艺术，是创新人才必备的素质，一些有名的科学家，同时在艺术、人文等方面也有较深的造诣。爱因斯坦的小提琴水平很高，李四光的钢琴弹得很好，华罗庚的诗写得不错，事实证明，不同学科领域之间可以相互交叉、相互启发，有可能激发出创造灵感和创作火花，产生新成果。

做一名合格的大学生，应当注重科学精神和人文素质的培育和养成，注意学习自然科学知识与人文艺术知识的交叉与融合，注重健全体魄和健康心理的锻炼与调整，同时也要十分重视德行与操守，诚实守信、踏实做人。我国古人有"立德、立言、立功"之说，把修成高尚的品德放在著书立传、建立功勋之上，足见对品德、为人的高度重视。你们要牢固树立诚信为本、操守为重的观念，讲文明、讲道德、重信誉、有素养，培养自己扎实勤奋的学风、求真务实的作风和诚实守信的人格，成为德才兼备、全面发展的合格大学生！

# 让自己更加优秀

## ——在 2006 年本科生总评表彰大会上的讲话
### (2006 年 12 月 22 日)

　　三年前，在刚刚建成的新校区举办 2004 级新生开学典礼，我以校长和学长的身份致辞，向新同学提出了"驾驭人生的重大转变"的期望，希望新同学能够尽快完成从未成年人向成年人的转变，完成从中学学习到大学学习的转变。三年后，新校区已经入住三届本科生 15000 余人，高楼林立、窗明几净、书声朗朗、绿树新枝，到处呈现出一派欣欣向荣的蓬勃发展景象！

　　一个月前，在这个礼堂，教育部本科教学工作水平评估专家组进校考察，我向专家组做了校长报告，汇报我校本科教学工作的理念、思路、举措和成效，专家组随后开展了为期一周的实地参观、考察、听课、测试等，给予了许多肯定和褒奖，也提出了许多建议和意见。一个月后的今天，仍在这里，学校举行学年总评表彰大会，奖励优秀学子、总结管理经验，为提升教育教学水平、促进莘莘学子健康成长、早日成才而不断努力！

　　时光如流水、逝者如斯夫。我们在一片广袤的土地上，建起了一个初具规模的崭新校园，为西电百年的长远发展开辟了新天地，我们在"十五"建设中取得了显著成绩，教学、科研、学科建设等获得了长足进步，本科教学工作水平评估顺利通过了教育部专家组的进校考察，获得了较高评价，长江学者、创新团队等高层次人才队伍建设有望取得新突破等等，学校正在向着战略提升期的目标稳步迈进，向研究型大学的行列不断挺进！

　　"十年树木、百年树人"，培养创新型人才是大学最根本的任务。办学以人才为本，以教师为主体；教育以育人为本，以学生为主体。人的因素始终是一切发展关系中的决定因素，没有一流的教师，就不可能建成一流的大学；没有一流的学生，就体现不出一流的办学水平和质量。通过本科教学工作水平评估，学校进一步梳理了办学理念、廓清了办学思路、凝炼了办学特色、总结了创新成果，并正在根据教育部专家组提出的意见和建议进行整改，以不断提升人才培养的质量与水平。

　　学习是一个双向的互动过程，内因起决定作用，外因起辅助作用；个人的成长、成才需要在一定的环境中培育、发展，但真正的成功者无一不是依靠自身的努力和实力来实现人生价值的。大学四年光阴转瞬即逝，如何让自己的大学学习更加充实，使自身的创新精神和实践能力得到显著提升，为以后的人生道路夯实基础，是每一位同学应当深入思考并为之奋斗的目标。

学习是学生的本分，年轻时期的学习将奠定一个人成长与成才的重要基础。

大学四年的学习，是一个积累知识、掌握方法、开拓思维、历练技能的成才初始阶段，是人生起航的重要开局。学习要有方向、学习要有热情、学习要有毅力、学习更要有恒心，要在四年的短暂时间里，汲取知识、开阔眼界、锻炼才干、增长见识，着力培养创新精神和实践能力，让自己更加优秀，为明天打好基础。

在这里，主要和大家谈谈大学本科阶段的学习，谈四点想法，供大家参考。

第一，学习要有方向。

托尔斯泰说过："理想是指路明星。没有理想，就没有坚定的方向；而没有方向，就没有生活。"印度流传着这样一句谚语："方向不明，白天也会走错路。"大学学习也是一样，必须具有明确的方向和目标，即首先要设计、规划好自己的大学学习生活，思考和制定自己的学习计划和理想、目标，及早着眼于将来的创新与发展。学习的方向要与国家的战略需求相结合，今天的学习要为明天的应对挑战做足知识和能力的储备。

当前，我国正在大力推进创新型国家的建设，即到 2020 年全面建成小康社会之时，大体进入世界创新型国家的行列。为此，《国家中长期科学和技术发展规划纲要》提出了 8 个目标、5 个重点、6 大平台、16 个重大专项的具体实施举措，信息产业、装备制造业以及核心电子器件、新一代宽带无线移动网等、高档数控机床、极大规模集成电路制造等尖端技术均列入其中。可以说，信息化已经成为引领国家经济战略和国防建设的排头兵，在创新型国家的建设过程中占有重要地位。

西电是培养电子信息工程师的摇篮，75 年的办学过程积累了丰富的经验、形成了扎实严谨的学风、铸就了"学在西电"的美誉。同学们在学校本科四年的学习中，要打牢数理基础、强化工程训练、增强外语能力、注重实践创新，按照市场需求和科技发展需要来着力建构起"长、宽、高"的知识结构体系；要积极开展研究性学习，充分利用参与课外科技活动、参加部分科研课题、学习了解重点实验室方向及进展、认真准备毕业设计等环节以及听取学术讲座、学术报告的机会，开阔眼界、增长见识、开拓视野、增强能力。

我校同学们中的一些佼佼者，已经在本科就读期间发表学术论文，已经在国内、国际数模竞赛、全国大学生电子设计竞赛、全国大学生"挑战杯"竞赛、微软全球嵌入式系统等大赛中屡获大奖，为学校赢得了荣誉，为自己增添了信心，已经在走向成功的道路上迈出了坚定的步伐。他们，确立了自己的学习方向并为之奋斗；他们，是大家学习的榜样！

第二，学习要有热情。

爱因斯坦说："只有把科学当作自己的热爱，把科学的真善美当作自己的追求，把科学内化成我们精神的一部分的时候，我们才有产生伟大科学思想的热情与灵感。"曾经两次获得诺贝尔奖的英国科学家桑格说："要真正在科学领域有所成就，就必须对科学有兴趣，必须做好进行艰苦工作和遇到一切挫折时都不会泄气的思想准备。"

学习是一个艰苦的过程，没有付出就不可能得到，保持学习动力的根源在于你付出了多少热情，具有多大的兴趣。"知之者不如好之者，好之者不如乐之者。"只有当你真正对某件事感兴趣，才能投入其中；当你真正以学习和研究为乐，才能获得意想不到的收获。达尔文小时候并没有突出的天赋，只是对大自然有一种由衷的亲近感、喜欢观察，这种热情和兴趣一直保持，激励他主动参与了"加拉贝哥之旅"，完成了《物种起源》的研究与撰写。《论语》记载"子在齐闻韶，三月不知肉味。"孔子研究、欣赏韶乐，达到了忘我的境界，可见全身心投入之热情与执著。

俗话说"三更灯火五更鸡，正是男儿立志时。黑发不知勤学早，白发方悔读书迟。"作为学生，就要保持学习的热情，坚守学生的本分。

青年时期是人一生之中记忆力、思维力、想象力、创造力最为丰富和活跃的时期，是学习的黄金时期，打好本科的学习基础，可以使你受益终生；而如果把精力放在泡网吧、打游戏、比吃穿、忙消费上面，最终只能碌碌无为，虚度光阴。

第三，学习要有毅力。

有人曾经对众多诺贝尔奖获得者年轻时代的智商做过研究，结果发现，他们中间的大多数人都不是高智商，而是中等或中上等；他们取得巨大成就的原因并非是依赖其高智商因素，非智力因素在这些创造型人才的成功道路上起了非常重要的作用。

高尔基说过："在自然剥夺了人类用四肢走路的本领时，它就给予他一根拐杖，那就是理想和毅力。"创立了"宇宙之始是无限密度的一点"著名理论的英国物理学家斯蒂芬·威廉·霍金，为这句话做了最完美的诠释。

霍金年轻时就患上"肌萎缩性脊髓侧索硬化症"，丧失了语言和自由行动的能力，他表达思想的唯一工具是一台电脑语音合成器，用仅能活动的 3 个手指操纵一个特制的鼠标器在电脑上造句，然后播放出声音；通常造一个句子需要五六分钟，10 天才能完成 1 个小时的录音演讲，有着常人难以想象的艰难；而正是在这样的情况下，他却完成了《时间简史：从大爆炸到黑洞》等惊世之作，取得了常人难以企及的成就。

在攀登科学高峰的道路上没有捷径可走，毅力是到达成功顶点的有力支撑。作为四肢健全、身体健康的当代大学生，更应当在学习过程中增强信心、克服困难，保持坚强的毅力，争取优异的成绩。

第四，学习要有恒心。

人贵有信、学贵有恒。毛泽东同志年轻时写过这样一副对联："贵有恒，何须三更起五更眠；最无益，只怕一日曝十日寒。"学习要持之以恒，不能三天打鱼、两天晒网，心血来潮式的突击学习是见不到长效的；只有踏踏实实地学习才能获得丰富的知识，只有勤恳严谨地实践才能养成探索科学的习惯，使自己终生受益。

大学学习是养成良好学习习惯的最佳时期，也是许多成功校友终生受益的重要开始。

——中国工程院院士、总装备部科技委常务副主任郭桂蓉中将，至今还保存着上大学时的听课笔记；扎实的本科学习基础，使他从一名普通军校学生起步，成长为军内著名的通信与电子系统专家。

——联想控股总裁柳传志先生，带领联想成为中国最大的计算机公司，创造了 IT 业的奇迹。他对母校印象最为深刻的是良好的校风，是一往无前、不达目的决不罢休的奋斗精神。

——"神舟 5 号、6 号"飞船发射系统副总设计师杨宏，把青春年华奉献给祖国的航天事业，十几年如一日，默默无闻地做着大量艰苦而具体的实际工作。他谈起自己本科阶段的学习时说"我在西电的课程以及一些实习、实验项目，到现在一直都记忆犹新，学的课程在工作当中都或多或少地用到了，而且平时用得还比较多，比如《模拟电子线路》、《数字电子线路》、《高频电子线路》、《电路分析基础》、《信号与系统》、《通信原理》、《数学》等基础课程，对日常工作产生了很大的影响。"

同学们，四年的学习虽然短暂，却可以养成一种习惯；四年的习惯一经养成，也可能铸就辉煌人生。在你们学习的过程中，必然要遇到各种挫折和困难，必然要面对各种诱惑和曲折；然而，"学不可以已"，求学的步伐一旦启动，就不能够停止。"学如逆水行舟，不进则退"，只有不断努力、勤奋刻苦，才能学有所成，只有让自己更加优秀，才能从容应对明天的困难和挑战！

# 改变命运　塑造人生

—— 在 2007 届本科生毕业典礼上的讲话
(2007 年 7 月 1 日)

今天，是"七一"党的生日，是一个特别的日子。

86 年前，浙江嘉兴南湖的一艘游船上，中国无产阶级革命的先驱者完成了中共一大会议，诞生了中国共产党，从此领导着中国人民改变了国家和民族的命运。

76 年前，江西瑞金，中央红军的革命根据地，诞生了我党我军第一所工程技术学校——中央军委无线电学校，之后发展成为闻名遐迩的"西军电"，有了今天的西安电子科技大学。

4 年前，在座的同学经过寒窗苦读、高考磨砺、严格选拔、脱颖而出，进入到西电校园学习、生活，实现了人生的第一次重大转变。4 年后，你们完成了从中学学习到大学学习的转变，实现了从未成年人到成年人的转变，今天即将学成毕业，走向更加广阔的人生舞台！

星星之火，可以燎原，时移势易，重在改变。国家和民族命运的改变需要党的英明指引，大学的发展需要师生员工的共同努力，个人的成功、成才需要知识、技能、素质、品德的综合支撑。

纵观西电的变化，在近几年，特别是刚刚过去的 2006 年，取得了令人振奋的成绩，学校的整体实力和办学水平得到了显著提升：学科建设进一步巩固；教育教学成绩突出；科学研究实力递增；新校区大楼拔地而起、规模初具；花园式和数字化校园建设成效明显；合作共建、对外拓展不断推进。

整体看，西电"两大步三小步"战略规划，在圆满完成第一小步"十五""奠基期"任务的基础上，正在实施"战略重心转移、实现三大突破、强化三种创新、迈上三个台阶"的新举措，以内涵发展、人才强校、质量立校为重点，向着建设研究型、开放式、国内一流、国际知名、高水平大学的目标大步迈进！

学校的改变是为了更好地培养人才、开展科研、服务于国家建设与社会发展，个人的改变是为了更快地积聚实力、早日成才、实现人生的理想价值与奋斗目标。

知识改变命运，从你们踏入大学校门的那一刻起，就已经标志着接受高等教育熏陶、汲取知识营养的开始。上大学虽然不能代表改变人生命运的全部，但却是一个重要的开始。考入大学，并非"车到码头船到岸"，而需要更加勤奋的努力，这一点大家已经有所体会；本科毕业，也不是"从此万事皆具备"，真正的成功还需要付出相当大的心血和汗水。

在此，寄予大家几点期望：

第一，选择方向、确立目标。

人生经常要面临许多次选择，选对方向则是一个人走向成功的第一步。现年31岁的美国华裔数学家陶哲轩，从小就表现出对数字的特殊兴趣，5岁时就在数学和科学学习上表现出不同一般的天赋，连跳了几个年级；他的父母根据其学习兴趣和特长，确立了陶哲轩学习、钻研数学问题的人生目标，在9岁时就开始给他安排上大学数学课程，14岁正式进入全日制大学学习，20岁时在普林斯顿大学获得了博士学位；今天的陶哲轩在素数研究和图像压缩方面的研究达到领先水平，2006年获得了菲尔茨奖，成为世界顶尖的数学家，被誉为数学界的莫扎特。

成功固然有天赋的因素，但与发展方向的选择也密切相关。选择方向、确立目标，实质上就是一个立志的过程。立志就是要明确方向、规划人生目标并为之奋斗。卡内基有一句名言："朝着一定目标走去是'志'，一鼓作气中途绝不停止是'气'，两者合起来就是'志气'。一切事业的成败都取决于此。"

同学们风华正茂、书生意气、挥斥方遒，选择正确方向、确立长远目标，对于以后的人生道路意义重大！

第二，坚持学习、把握机遇。

荀子在《劝学》一文的开篇就提出："学不可以已。"古人早就提倡坚持学习，重视知识储备对于人才成长发挥的关键作用，"登高而招，臂非加长也，而见者远；顺风而呼，声非加疾也，而闻者彰。"人类通过教育传播知识、创造知识、推动文明，而文化知识是先贤们经过实践积累的宝贵财富，是凝聚智慧的结晶。学习获取知识、知识改变命运，坚持学习、把握机遇，是年轻人不断充实自己、走向成功必须遵守的一条主要原则。

当今时代，科学技术飞速发展，知识更新速度加快。据统计，当今世界90%的知识是近30年产生的，知识的半衰期只有5至7年，要适应变化、参与竞争、应对挑战，知识体系就必须不断更新。正如庄子所说："吾生也有涯而知也无涯。"学习不坚持，终究无作为；知识贵更新，奋进无止境；要活到老学到老。鲁迅先生临去世前一个小时还执笔著文章！华人首富李嘉诚每天晚上坚持看书学习，几十年如一日。要想不断进步，就要不断学习！

大学四年的学习，使大家具备了初步的知识基础，正像刚刚升起不久的太阳，朝气蓬勃、活力四射，恰恰是创新、创造、创业的最佳时期，而机遇也总是常常青睐那些有准备的人，坚持学习、把握机遇，大学毕业将是一个新征程的开始！

第三，坚定执著、磨炼意志。

"古之立大事者，不惟有超世之才，亦必有坚忍不拔之志。"人的一生难免遇到各种坎坷，只有意志坚强的人才坚持走到最后的成功，智力因素是奠定成功的必备基础，非智力因素特别是坚强的意志力，在个人的成才中也发挥着非常重要的作用。

马克思分析社会发展规律时提到："人类学会走路，也得学会摔跤，而且只有经过摔跤他才能学会走路。"探索科学、追求真理，需要付出艰辛的代价，忍受常人不能想象的煎熬与磨砺；经受挫折、锤炼意志，往往是成功者必经的一个阶段。达尔文酝酿"进化论"历时22年，居里夫人研究提炼镭花费12年，坚定执著、目标如一，是成功者的必备品质，百折不挠、坚毅有恒，是成才者的有效法宝。

第四，掌握命运、塑造人生。

的确，命运有时候会给我们制造一些困难，而如何面对，则是对你人生的最大考验。生活在轮椅中的史蒂芬·霍金，是当代科学家挑战命运的典型范例，疾病使他半身瘫痪，而他却以惊人的毅力几十年如一日地坚持学习和研究，完成了《时间简史》的写作，被称为物理学历史上继爱因斯坦之后最伟大、最杰出的理论学家，以自己的超人意志和实际行动回应了命运的挑战。

掌握命运，靠自己的双手；塑造人生，从现在开始！

这里，以一首小诗赠与07届全体毕业生：


十年寒窗苦，四载读书勤。
滴水可穿石，铁杵磨成针！
鲲鹏志高远，乘风振翅去。
翱翔九万里，扶摇上青天。

# 研究生的能力与精神

## ——在 2007 年研究生开学典礼上的讲话
### （2007 年 8 月 26 日）

同学们，你们的研究生学习即将开始，"万事开头难"，而从一开始就规划、设计好未来的求学深造、研究探索之路，这不仅是顺利完成学业的必需，更对以后的成长、成才具有重要意义。

作为校长、学长和研究生导师，我在这里谈一谈对研究生学习的体会、看法与建议，简单概括起来就是"两个转变、五种能力、四种精神、一种素质"，供大家参考和借鉴。

研究生不同于本科生，研究生的学习是"学习+研究"，是从被动接受知识向主动创造知识的转变，是从"知其然"向"知其所以然"的转变，这两个方面的转变代表着独立思考、敢于质疑、探索发现、创新创造的真正开始。研究生经历了本科阶段学习之后，已经具备一定的知识基础，也正处在思想最为活跃、创造力最为丰富的阶段，带着问题学习、带着质疑思考，参与课题、潜心研究，能够在很大程度上激发自身的智慧与创造力，培养研究能力、提高创新水平。

可以说，研究能力的培养，是研究生学习阶段的重点和关键，是开展高水平学术研究、创造一流科研成果的重要基础。我认为，研究生的研究能力应当主要包括五种，即：学习运用知识的能力、发现提出问题的能力、规划设计课题的能力、组织操作实验的能力、撰写发表论文的能力。

第一，学习运用知识的能力。本科阶段的学习是构建研究生知识体系的初步，研究生的知识学习应当上层次、上台阶，要"博览群书、学以致用"，不仅注重知识体系"长、宽、高"的积累与完善，更要注重对所学知识的灵活掌握与运用。有人做过形象比喻说：研究生不能像蚂蚁一样只是简单的收集知识，也不能像蜘蛛一样只会构筑资料网、占有文献资源，而要像蜜蜂那样，不仅对知识、资料进行不同角度的分析与研究，吸取合理营养，更要通过汇总、归纳，善于运用知识、寻找规律、发现问题。

第二，发现提出问题的能力。问题无处不在，善于思考者更善于发现。一颗苹果打在牛顿头上，引起了他对"苹果为什么会落地"问题的思考，提出了

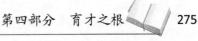

万有引力理论；弗莱明观察到"霉菌菌落周围不长细菌"现象，提出问题并进行研究，发现了青霉素。不能发现问题就谈不上深入研究，发现需要质疑、需要对一般人熟视无睹的现象深入思考、举一反三，找出存在的问题、揭示问题的实质，提出思考与判断。这方面，要注重从"阅读文献→撰写读书报告→发现主要矛盾→寻找主攻点"各个环节的仔细思考和扎实工作，从而透过现象看本质，抓住问题的核心开展研究，取得成果。

第三，规划设计课题的能力。在研究生阶段学习中，能否独立地规划与设计研究课题，是衡量研究生研究能力的一个重要因素。要具备敏锐的学术洞察力，善于规划、设计有价值的研究课题，提出命题、理清概念，设计研究过程、选择研究方法。要科学、恰当地对课题进行分解，严密、细致地对论点加以证明，展开"知识联想"，建立实验模型，解决研究课题提出的矛盾与问题。

第四，组织操作实验的能力。实验是演示命题、验证结论的最有效方式之一，在研究生学习过程中发挥着不可替代的重要作用，实验能力是研究生研究能力的一个主要组成内容。在发达国家的大学里，博士生往往要自己负责实验的全部事项，包括购置实验材料、组织实验人员等，对自身的综合能力培养具有重要的实际意义。培养研究生的实验能力，既要重视"软实验"，也要重视"硬实验"，即计算机仿真模拟实验与硬件实验、应用实验要紧密结合，"软硬兼施"，获得一手的实验数据、掌握实际的实验结果，通过组织操作实验进一步提高自身的感知力和判断力，磨砺思维的品质，锤炼认知的意志。

第五，撰写发表论文的能力。研究论文是研究生学习与研究的结晶，是对探索知识、发现真理、突破技术、实现创新的总结和提升，真正体现出学术研究的水平与能力。从研究生学习的一开始，就要十分重视撰写与发表论文能力的培养：要对实验结果进行分析，某种意义上，分析的过程比得出结果更加重要；还要与其他论文、物理概念等进行比较，确认结果、形成结论。撰写论文要注重逻辑性，训练思维的严密性与科学性，也要重视对文章重点的把握、注意文笔的锤炼。总之，要勤写论文、多做总结，随时把思想的火花记录在案，经常性地选择小题目予以练习和积累，对小问题加以琢磨研究，养成良好的学术素养，为真正产生高质量、高水平的学术成果打好基础。

除了注重五种研究能力的培养之外，还应当注重四种精神的培育，要着重塑造并形成科学精神、奉献精神、执著精神和创业精神，为实现创新创造奠定基础。

科学精神的实质是追求真理、实事求是，研究生需要培养起牢固的科学精神。英国有一句著名的谚语："A single fact is worth a ship load of ornament."即"一个事实抵得上整船的装饰品。"科学面前来不得半点虚假，真金不怕火炼。探索真理是一个去伪存真、去粗取精的过程，而真理是经得起时间检验的。一些自然科学领域的问题，经过研究、通过数学公式表达而形成定理、定律，完全可以重复验证。研究生要树立追求真理、追求卓越的理想，更要具有实事求是、求真务实的学风与研究作风；浮躁、虚夸、急功近利、投机取巧，始终是学习与研究的大敌；只有踏踏实实、兢兢业业、勤奋刻苦，才能在学术研究上有所成就。

科学需要奉献，甘于寂寞的奉献精神是研究生成长与成功的必需品质。马克思说："在科学的道路上没有平坦的大道可走，只有不畏艰险沿着崎岖陡峭的山路攀登的人，才有希望到达光辉的顶点。"要有大成就，必须甘于寂寞，能够坐稳"冷板凳"。世界著名的数学家欧拉，为数学界、物理学界做出了重要贡献，欧拉定理、欧拉公式、欧拉方程、欧拉函数……几乎出现在每一个数学领域，他一共写下了886种书籍论文，一生几乎都奉献给了数学研究，是数学史上最多产的数学家，即使在30岁右眼失明、60岁双眼失明的情况下，仍然坚持研究并口述完成了400多篇论文写作。事实说明，没有付出就没有回报，没有奉献也难有成就。

科学需要执著，执著精神是学术研究取得成功的最大秘诀。爱迪生一生有1000多项发明，而每一项发明都经历了十分艰苦的过程，他发明电灯用了近2年的时间，每天工作20个小时，试验了1600多种材料，最终制造出了世界上第一个电灯泡。著名的气象学家竺可桢教授，从青年时代起坚持一起床就开展观测气象数据的工作，从未间断，直到逝世，这种一丝不苟的作风和执著精神成就了他在气象事业上的卓越贡献。这样的例子举不胜举。十年磨一剑，铁杵能成针，研究生在追求学术、追求卓越的成长道路上必须具备坚定不移的执著精神。

创业精神是时代赋予当今青年学子的先天禀赋。历史在前进，创新时时有，知识经济时代对广大青年学子的要求不再仅仅是学习、研究和学业，更要在创新创造上有所准备、有所作为。世界著名的HP公司是1938年由两位年轻人威廉•休利特(William Hewlett)和大卫•帕克德(David Packard)在自家车库创立的，今天HP的年营业额已经超过800亿美元；Google、Yahoo等也是这样起步，都是几个大学生、研究生开始创业，他们敢为人先的创业精神非常值得大家学习。

为学、治学是一方面，为人也是很重要的一方面，研究生要具备为人的基本素质，即文明、诚信。做人、做事、做学问，诚信第一；不能投机取巧、妄想不劳而获，而要老老实实、扎实做事、诚信为人，与人和谐相处。有这样两句话，"别人能阻止你成功，但却无法阻止你成长；改变不了别人，就不如改

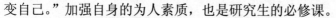

变自己。"加强自身的为人素质，也是研究生的必修课。

同学们，我国实施科教兴国、人才强国战略，建设创新型国家，已经把培养拔尖创新人才放在重要的战略高度予以高度关注，教育部"研究生教育创新计划"的实施，为快速推进研究生教育注入了强劲动力，研究生的培养已进入到新的发展时期！

希望大家再接再厉、努力学习、刻苦钻研、奋发有为，把个人的成才与国家建设的需要紧密结合起来，在波澜壮阔的信息化时代大潮中磨砺、成长，在人生之旅的进程中赢得成功！

# 从"仰望星空"到"俯视大地"

## ——在 2007 级本科生开学典礼上的讲话
### (2007 年 9 月 19 日)

同学们，迈进大学校门、进入西电学习，是人生中的一次重大转变。寒窗苦读十余载，金榜题名一朝成。你们是同龄人中的佼佼者，经历了高考考验脱颖而出，实现了上重点大学的梦想。然而，大学时光究竟要怎样度过，同学们是否仔细想过这样三个问题：第一，为什么上大学？第二，在西电学什么？第三，现在起如何做？

为什么上大学？这是一个看似简单却又复杂的问题，相信每一个同学都会有自己心中的答案。

诚然，上大学是一个人能够获得文凭、步入社会中心的重要途径，是改变个人命运的重要经历，而若仅仅为了这些，则远远不够。我觉得：作为青年学子，上大学就要立大志，志存高远、放眼未来，要有宏伟的志向，胸怀远大的抱负，不只是关心自身的成长与发展、仅看到眼前的利益，而要关心国家和民族的命运，置身于时代的洪流之中去磨练砥砺、不断成长，成为国家的栋梁之才！

9 月 4 日，温家宝总理在《人民日报》文艺副刊发表了《仰望星空》一诗，诗的题记中写道："一个民族有一些关注天空的人，他们才有希望；一个民族只是关心脚下的事情，那是没有未来的。我们的民族是大有希望的民族！我希望同学们经常地仰望天空，学会做人，学会思考，学会知识和技能，做一个关心世界和国家命运的人。"

温总理在开学之际题诗寄语、意味深长，不仅表达了仰望星空、追求真理的期望，抒发了维护正义、胸怀天下的思想，更对莘莘学子寄予厚望，希望年轻人勇挑重担、发愤图强！

历史上，大学强则大国兴，德国、英国、美国，随着大学的兴盛与发展，国家的实力不断增强，成为世界潮流的引领者。同时，知识改变命运，上大学是一个人一生中最重要的经历，对于人生成长具有十分重要的意义。

马克思曾说："一个时代的精神，是青年代表的精神；一个时代的性格，是青春代表的性格。"大学生是青年一代的精英、是祖国未来的希望，要无愧于父母，无愧于社会，承担起责任，建设好国家。我坚信，在座的同学们对此问题会有更深入的思考，上大学的目标会更加明确！

在西电学什么？简单地说，就是学知识、学技能、学做事、学做人。

大学学习是打基础的阶段，知识储备非常重要。同学们从一开始就要加强知识的学习，构建起"长、宽、高"的合理知识架构。要充分利用好知识资源，特别是图书馆资源，我校图书馆藏书270万册，其中电子文献97万册，电子信息的馆藏特色十分鲜明，借阅量和网络访问量居陕西高校前茅；建有"国际联机检索终端"，是教育部科技查新工作站、中国学术期刊网一级咨询站。这些资源将为大家补充课内教材、汲取知识营养、开阔学术视野提供巨大的帮助。

本科生要注重培养自己的创新精神和实践能力。知识固然重要、能力则更为重要。西电是以过硬的能力训练、卓越的素质培养著称的，"学风正、基础厚、能力强、上手快"，这是许多用人单位对西电毕业生的由衷评价。学校的国家重点学科、国家重点实验室、国家教学基地和实验教学示范中心，为人才培养提供了重要平台，研究性学习蓬勃开展，创新性实验层出不穷；国家教学名师、知名专家学者为本科生授课、辅导、讲座，科技竞赛、社会实践，为能力锻炼提供了广阔舞台，历届学长也在国内外各种学科竞赛中取得了优异成绩。近年来，共计获得各种国际竞赛奖18项，全国竞赛奖170多项，其中：2004年全国大学生电子设计竞赛获Intel、Altera杯，2005年总成绩全国排名第四；2005年全国"挑战杯"全国排名第七；2006年"第三届微软全球嵌入式系统大赛"全球第三、中国第一。希望同学们充分利用浓郁的学术氛围，不断学习、努力提升，在你们当中产生更多的国际科技大赛获奖者，成长为基础扎实、能力过硬、素质一流的拔尖创新人才。

除了知识与技能，做事做人也是大学生的必修课。

为人处事，在于诚信为本；成就事业，需要埋头苦干。这在杰出校友的身上有集中的体现。如，中国工程院院士、总装备部科技委郭桂蓉中将，联想集团柳传志，"神五"、"神六"飞船副总设计师杨宏，默默无闻、埋头苦干，把青春和年华全部奉献给祖国的建设事业。他们是西电的骄傲，是大家学习的榜样！

现在起如何做？长远讲，就是按照校训"厚德、求真、砺学、笃行"的要求塑造自己；当前看，就是要尽快适应大学生活，顺利完成两个转变——从未成年向成年人的转变，从中学学习向大学学习的转变。

大学不只是传输知识、培养能力、提升素养的场所，更是产生思想、启迪智慧、孕育创新的殿堂，大学文化对一个人终生的发展会产生长远而深刻的影响。"厚德载物、自强不息"，在大学要接受精神熏陶、文化洗礼，修身立德、

提高品位；"求真务实、格物致知"，在大学要追求真理、学习知识，接受学术影响、培养科学精神；"崇尚学术、砥砺学问"，大学是学术的殿堂，致微探幽、钻研学问，需要恒心与毅力，学如逆水行舟、不进则退，学问需要砥砺、需要长期不断的积累；"博学之、审问之、慎思之、明辨之、笃行之"，行动是一切理想变成现实的关键，求学更需要把口号变成行动、把目标变成步骤，踏实实践、认真执行，按照确立的方向不断迈进！

同时，希望同学们在生活中学会三件事：

第一，学会说"对不起"。与同学相处、与师长相处、与陌生人相处，难免碰到不愉快的事，当因为一件小事发生争执时，一句"对不起"则可缓解矛盾，一句"对不起"则使大家相处融洽；

第二，学会排队。到银行、邮局、上公共汽车、去食堂用餐，均应学会排队，并使其成为自觉的行动；

第三，学会感恩。西方有感恩节，中国也有自己的感恩节，如重阳节、教师节等，感恩你们的父母给了生命并将你们养大成人、送进大学，感恩师长，感恩所有帮助过自己的人。

同学们，仰望星空、胸怀宽广，让人油然而生高远而坚定的志向，对未来充满无限的憧憬与向往；俯视大地、意气昂扬，但必须脚踏实地，经历艰辛的攀登，达到巍峨的顶峰才能实现！

希望你们在新的时代，创造新的业绩，去迎接更加辉煌灿烂的明天！

# 调整　调节　适应　突破

—— 在 2007 年本科生总评表彰大会上的讲话
(2007 年 11 月 18 日)

不久前，党的十七大胜利闭幕，解决了在我国改革开放关键时期"举什么旗、走什么路、以什么样的精神姿态、朝着什么样的发展目标继续前进"的重大问题，提出并进一步明确了"高举中国特色社会主义伟大旗帜、以邓小平理论和'三个代表'重要思想为指导，解放思想、坚持改革开放、推动科学发展、促进社会和谐、全面建设小康社会"的鲜明主题，是一次"团结的大会、胜利的大会、奋进的大会"，具有划时代的伟大意义！党的建设、国家和社会发展，需要根据形势和实际情况不断总结、以统一思想、筹划举措、务实推进；个人的学习、成长，也要根据大学生活的规划目标、实际要求及时调整、调节，以应对挑战、适应竞争，敢于突破、勇于创新！所以，我讲话的题目就是"调整、调节、适应、突破"。

当前，全国上下掀起了学习贯彻十七大精神的热潮。对于广大的青年学子来说，学习十七大精神，就是要把个人的成长与国家和民族的命运紧密结合起来，按照科学发展观的要求，打牢知识基础、锤炼素质技能，努力使自己向着创新人才的奋斗目标不断前进！

大学四年是一个人生阶段，也是一个成长过程，学习、生活、理想、信念、习惯、行为，都会在这个过程的发展中不断发生变化。有的 BBS 留言上流行着这样一句对大学四年学习生活的大致概括："大一是理想主义，大二是浪漫主义，大三是现实主义，大四是批判现实主义。"且不说其初衷是什么，却道出了一个基本事实：大学的学习生活是一个不断发展变化的过程。

大学本科四年，是一个人成长过程中的重要阶段，青年时期的求学经历，往往为成就未来的事业打下坚实的基础，是走向成功的起点。"艰难困苦、玉汝于成"，成功是要付出代价的，成功的过程更充满着艰辛与挫折，一帆风顺毕竟是少数人的幸运，而经过磨砺、经历锤炼的前行者才能真正经得起风雨的考验！

因此，大学生活，不仅要确立理想、树立远大而坚定的目标，更要在奋斗的过程中不断调整、及时调节、积极适应、重点突破，重视求学过程的应对策略，强化大学生涯的科学发展，一步一个脚印，一步一个台阶，扎扎实实、循序渐进，使学业不断进步，使自己健康成长！

在这里，就本科的学习与生活谈四点想法，供大家参考。

第一，调整计划、修正坐标。进入大学，实现从中学学习到大学学习、从未成年人到成年人的转变，确立大学的奋斗目标，是每一位大学生必须面对的首要问题。然而，确立了理想与志向，不等于万事大吉，"守株待兔、坐享其成"，只能是"到头一场空"。立志以后最重要的事情莫过于实践，而在向目标进军的过程中，及时调整计划、修正坐标位置、实施有效策略、注重实际效果，是实现既定目标的关键所在。

我国正在实施的"嫦娥一号探月工程"，整个计划的成功实现需要经历 10 个重要的关节点，从发射、入轨、变轨、奔月，到修正、制动、绕月、探测、传输、研究，每一个环节的成败都与整个工程的成功与否息息相关。其中，多次变轨、准确进入预定轨道，对卫星的运行动态及时跟踪、修正，是保证"嫦娥一号"卫星取得探月成功的最重要环节；卫星在地月转移轨道近地点存在 1 米／秒的速度误差或 1 千米的高度误差，飞到月球附近时将产生数百万米的位置误差。而在人类探月活动的历史上，曾多次发生探测器未实现月球捕获而丢失在太空中的事故，其中大多都是由于飞行过程中卫星姿态和速度控制不精确所造成，真是"失之毫厘、差之千里"。

人生犹如"奔月"，有了"飞升明月"的目标，需要"展翅腾空"的技能，实现"登临广寒"的计划，还需"步步跟踪"的调整。大学学习生活，是青年学子实现人生"奔月"的重要起点，在这个过程中，调整学习计划，修正自身坐标，是促使学业取得更大进步的必要举措，是促进自身不断成长的有效法宝。在校大学生要深入开展研究性学习，注重培养自己的国际视野，关注科技前沿发展动态，打牢专业知识基础，锤炼过硬实践技能，塑造创新开拓精神，努力使自身向"全优生"(学习成绩优异、数理基础扎实、外语、计算机技能突出、专业基础深厚等)的目标不断发展。

第二，调节身心、把握心态。健康的身心是事业成功的基本保障，积极的心态是克服困难的独特秘诀。"月有阴晴圆缺、人有悲欢离合"，人生如此，大学的学习生活也不例外，而应对变化、决定成败的关键在于正确的心态，健康身心、积极心态是制胜的有力武器。

成功学大师拿破仑·希尔说："积极的心态是心灵的健康和营养，能吸引财富、成功、快乐和健康；消极的心态却是心灵的疾病和垃圾，不仅排斥财富、成功、快乐和健康，甚至会夺走生活中的一切。"现代心理学的研究表明，人的大脑皮层有个"快乐中枢"，幽默、风趣的人更容易保持健康的心理状态，原因就在于当"快乐中枢"接受幽默、风趣等情绪的刺激后，会呈现出兴奋状态，使肌体内产生一场"生物化学暴风雨"，能缓解紧张的精神状态和心理负荷，洗刷生理疲劳和精神倦怠，改善体内循环，增强内脏功能，提高免疫能力，进而达到平衡心理状态、改善健康状况的目的。

大学学习生活期间，要学会微笑着面对困难，学会做事，学会做人，自立、自强、自信、自尊，建立起良好、和谐的人际关系，营造稳定、健康的心理状态，积极参与集体活动，多方面培养学习兴趣，全身心投入到学业之中。

第三，适应竞争、应对挑战。竞争产生动力，社会也因竞争而不断进步，"物竞天择、适者生存"的规律在学习、创业的竞争中也同样适用，适应和坚持是获得成功的基本要求。

卡耐基说过："一个对自己的内心有完全支配能力的人，对他自己有权获得的任何其他东西也会有支配能力。"阿里巴巴网站的创立者马云，在确立了闯荡互联网世界的目标初期曾一无所有，创业艰难；2000年时，他还经受了互联网发展史上的低潮考验，当时许多网络公司倒闭关门，而马云却仍然用自己的激情和自信鼓励员工，他说："坚持住今天，挺住明天，后天会更美好。"经历了事业的低谷，马云坚持了下来，在竞争中脱颖而出，取得了以后的成功。

现代社会的竞争越来越激烈，对人才的要求越来越高；要成就未来的辉煌，就要从今天的学习生活开始，适应发展、应对挑战、参与竞争、坚持到底。同时，还要积极关注市场对人才的实际要求，沉心静气、增强能力，积极面对就业竞争，依靠实力、积攒实力，为顺利就业打好坚实基础。校友中，柳传志、李默芳、王中林、杨宏等大批杰出人才已经为你们树立了参与竞争、迎接挑战的榜样；而学校表彰的"十佳大学生"中也不乏学业精良、成绩优异的佼佼者，自强自立、挑战命运的奋争者，积极竞赛、永不满足的实践者，也包括在座许多受到表彰的优秀学子。无疑，适应竞争、迎接挑战，将是你们立于不败、走向成功的永恒主题！

第四，敢于突破、勇于创新。大学学习不仅是一个适应的过程，更是一个不断突破、不断创新的过程。不破不立，追求真理需要具有突破的勇气、敢为天下先的胆识；成长为创新型人才，要从敢于突破、勇于创新开始，注重培养自身的创新精神和实践能力；固步自封、沾沾自喜，只会成为你们前进道路上的绊脚石。

《易经》云："穷则变，变则通，通则久。"新与旧、优和劣、破与立、成和败，在辩证法看来，都是互为条件、互为因果的。要想取得永久的成功，就必须不断努力、不断创新，付出超常的努力，体验奋斗的艰辛，享受成功的喜悦，获得永远的幸福。

我校校友、联想集团的缔造者柳传志，在谈到人的幸福指数时说，人活着有目标就会累，冲着目标奔跑就会更累，但对他来说，已经对累的感觉无所谓了，因为他每次把一个目标定下来，会分成若干段去追求，第一段达到了很高兴，但不会满足，第二段还会继续努力追求、不断创新。就这样，使事业走向更大的辉煌，使人生走向更高的顶峰，他的幸福指数就是"我总在追求成功。"

同学们，前几天，我在大学本科西电 4-772 班纪念恢复高考 30 年暨同学聚会的文稿征集中，写了一篇题为《赶考路上》的回忆短文，追述了自己 30 年来求学、工作过程中的点点滴滴，总结了 30 年的亲身感受，这就是：人生犹如赶考，本科是一个开始，从本科学习、硕士、博士到博士后研究，始终像是在赶考……抚今追昔，这种感受恰恰是大学阶段最为宝贵的经历和财富，是支撑人生旅程不断奋斗、不断进取的源泉和动力。

今天，以一首小诗《在路上》作为讲话的结尾，与大家共勉：

在路上，
没有鲜花和掌声，
只有汗水和希望；

在路上，
没有踯躅和彷徨，
只有青春和梦想。

在路上，
双脚是最长的尺子，
丈量人生的轨迹；
信念是最远的灯塔，
指引航行的方向。

在路上，
只有崭新的开始，
没有永远的结束；
毅力成就非凡，
执著创造辉煌！

# 一流大学　卓越人才　历史责任

—— 在 2008 届研究生毕业典礼上的讲话
（2008 年 3 月 29 日）

借今天这个毕业典礼的机会，我想以"一流大学、卓越人才、历史责任"为题，和大家说一说一流大学建设，卓越人才发展及大学、人才所共同担负的社会与历史责任。

我们经常说一流大学，但却往往忽略了深入思考究竟什么是一流大学。何为一流大学？这里包括两层含义，其一，大学本身应当是一流的，要有一流的学科、一流的师资、过硬的质量、浓郁的氛围；其二，大学所培养的人才必须是一流的，要有著名校友，为国家建设、社会发展做出突出贡献，承担起知识创新、科技进步、推进文明的历史责任。

首先，说说一流大学的自身建设，主要包括一流学科、学术大师和培养质量。

## 1. 一流学科

一流学科是一流大学的标志。世界一流水平的大学无不拥有各自的一流学科，虽然并非所有学科都是一流，但总在某一领域独领风骚。例如，牛津的古典文学、数学举世闻名；剑桥的物理学历史悠久；哈佛的商学、政治学世界顶尖；斯坦福的心理学、电子工程实力雄厚；麻省理工的机电工程、计算机工程水平一流。

建设一流大学，必须把一流学科建设放在龙头地位，以学科为平台，汇聚队伍、吸引人才，增强实力、提升水平。我校确立了"特色鲜明、研究型、开放式、国内一流、国际知名高水平大学"的奋斗目标和"两大步三小步"的发展战略规划，学科建设成为"一头两翼"战略部署的核心。经过长期努力，学科优势得到了进一步巩固。2007 年，我校 2 个一级、1 个二级学科入围国家重点学科，"信息与通信工程"、"电子科学与技术"全国排名分别为第 2、第 6，与 2002 年相比，不仅保持了"信息与通信工程"学科的传统优势(2002 年第 2)，还在"电子科学与技术"学科上有明显进步(2002 年第 9)。

与此同时，对外拓展不断推进、基地建设获得提升。教育部、国防科工委、陕西省三方共建，教育部、西安市部市共建，分别签署了正式协议；陕西电子工业研究院依托西电正式成立；新增了1个国防重点学科实验室；新增了1个国家"111基地"，使总数达到2个，为一流学科建设搭建了更高的平台。

### 2. 学术大师

学术大师、著名教授是一流大学的灵魂，"大学乃大师之谓也"，没有一流的师资就不可能建设一流的大学。

剑桥有牛顿这样的大科学家，学术的积淀厚重而悠久；柏林大学因洪堡而闻名世界，研究型大学的发展思想至今不衰；普林斯顿有爱因斯坦晚年驻足而声名卓著，吸引了大批杰出人才，在全美大学排名中多年保持第一；西南联大存在仅8年，有吴大猷、周培源、梁思成、华罗庚、钱钟书等学术大师，名震全国，彪榜史册，在抗战的战火硝烟中独树一帜。

一流师资是一流大学的资本，人才强校的关键在于师资队伍建设。近年来，学校加强了高水平师资队伍建设，在高端人才建设上实现了重大突破，师资队伍建设正在一步一步迈上新台阶。

### 3. 培养质量

培养质量是大学生存与发展的生命线。综观世界一流大学，无论规模大小，在人才培养质量上均拔尖过硬，口碑甚佳。例如美国的莱斯大学，特色是"小而精"，规模很小，属全美"第二小"的大学，在校生5000人，却拥有一流的商学院、建筑学院、工程学院、音乐学院，小班教学是其突出特色，人才培养质量一流。又如，法国巴黎高师，坚持"精英教育"，每年从数万名考生中只招收200多名新生，规模很小，但人才培养质量却很高，培养出亚雷斯、柏格森、萨特、罗曼·罗兰等一批思想、文化巨擘，获得了崇高声誉。

我校以本科生质量工程、研究生创新工程为中心，不断加强教学科研工作，主要指标连年递增。至今，已有全国教学名师3人、国家级精品课程7门、国家人才培养模式创新实验区1个、国家二类特色专业6个、国家教学团队2个；全国百优博士论文4篇、提名4篇，教育部"研究生教育创新工程"立项2项等，培养质量高，社会声誉好。近几年，学校的整体排名连续提升，向一流大学的奋斗目标不断迈进。

其次，谈谈一流大学培养的一流人才。

大学的名气由社会认可，学术声誉、社会影响、大学知名度，在很大程度上都来自于一流大师和著名校友。在某种意义上讲，毕业生就是大学的"产品、成果"，集中体现了一所大学的培养质量与办学水平，著名校友、卓越人才，就是一流大学的"名片"和"代表作"。

牛津、剑桥培养了30多位英国首相、100余位诺贝尔奖获得者，产生了达尔文、牛顿、凯恩思、罗素、李约瑟、麦克斯韦尔、汤姆生等历史上光芒闪耀的杰出人物；哈佛、耶鲁盛产美国总统，例如，有七位美国总统毕业于哈佛，如华盛顿、富兰克林、罗斯福、约翰．肯尼迪；而最近的几位总统福特、老布什、克林顿、小布什则毕业于耶鲁。

我国西南联大在 8 年艰苦办学过程中培养出大批优秀人才，以后产生了 171 位两院院士、2 位诺贝尔奖获得者、8 位新中国两弹一星功勋获奖者、2 位国家最高科学技术获奖者。

大学因大师而闻名，大学因校友而知名。西电建校 77 年，培养了 10 万余名电子信息领域的高级专门人才，产生了 10 余位两院院士、100 余位解放军将军、数十位研究所所长、大学校长等。

在我校校友中，既有副部长、副省长、正副市长等党政领导，也有研究所所长、高工等技术骨干；既有像联想集团柳传志一样出名的 IT 企业家，如华为、中兴、IBM、微软、中电集团等公司的正副总裁、总经理，也有像国际 GSM 奖获得者李默芳、欧洲科学院院士王中林及"神五"、"神六"飞船副总设计师杨宏等杰出专家；既有国内的高端拔尖人才，也有海外著名大学的一流教授。

据不完全统计，我校校友中成长为国家 973 首席科学家、863 专家、长江学者、国家杰出青年基金获得者的人数已超过 30 余人，成长为科研院所负责人、总工以及高技术企业董事长、总裁、总经理等方面的知名人士已经超过 200 余人，而在中国电子科技集团下属的 47 家电子科研院所中，担任正、副所长、书记领导职务以及总工、项目负责人等技术骨干的西电校友占到大多数，而其员工中西电毕业生的比例更是高达 50%以上。

大学培养人才，成长需要机遇。经过研究生阶段学习与研究的青年人，在走出校门、走向工作岗位之际，更应及时了解高新技术发展的前沿趋势与动向。下面，给同学们简要介绍几个领域的研究热点，供大家参考。

虚拟仿真技术——近年兴起的最新先进设计技术，包含数字样机技术、虚拟现实技术、人机工程学、计算机仿真技术、网络技术等多技术的综合发展与应用；在国外，该技术已经广泛应用于各类军工产品的设计、分析、测试等，典型的实例有，美国新研制的第四代战斗机 F-35，在波音 787 飞机的研制中也得到应用，解决了研制进程中的隐患；同时，还可在半沉浸式的虚拟装配系统中对人造卫星进行虚拟装配。

多学科优化技术——解决"学科孤岛"的问题，涉及多门学科的复杂优化协同关系，应用于航空航天领域和导弹研制上。主要的研究内容包括三大方面：第一，面向设计的各学科的分析方法与软件的集成；第二，多学科的优化设计算法，实现并行设计，获得整体最优解；第三，多学科设计优化的分布式网络环境。

并行设计技术——源于并行工程，受到美国、日本及欧洲等发达国家的高度重视，实施了一系列计划，如美国 DICE 计划、欧洲 ESPRIT 计划、日本 IMS 计划等，多学科小组相互交叉、协同工作，大大减少了设计和工艺中的错误。

异地协同设计技术——主要解决制造业大批量定制的生产方式，组成一个动态联盟，形成无缝联接、紧密配合的全球"虚拟企业"，如应用在波音 787 飞机的研制中，就涵盖了全球 16 个国家的数十家企业，减少了装配时间和成本，提高了产品质量。

数字化协同——应用于现代航空制造业、大飞机项目，包括装备的数字化、手段的数字化、方法的数字化、能力的数字化、协同的数字化等。

全生命周期设计——涉及到设计产品的规划、制造、营销、运行、使用、维修、保养、回收处置等全过程，在美国第一艘全数字化设计的航空母舰 CVN21 以及最新一代驱逐舰 DD(X) 的研发中有广泛应用。

最后，寄予大家四点希望：

第一，目标远大、脚踏实地。目标远大，是"顶天"，脚踏实地，是"立地"。成就事业，不仅需要远大目标的规划牵引，更要有脚踏实地的实干精神。在一定角度上看，树立远大的目标对自己也是一种挑战。年轻人要有朝气、有锐气、有能力、有魄力，发挥"初生牛犊不怕虎"的闯劲，弘扬"俯首甘为孺子牛"的干劲，把目标和实干紧密结合起来，高处着眼、实处着手，扎实工作、稳步提升。

志向高远，但实现目标却必须脚踏实地。好高骛远、夸夸其谈、满口大话、纸上谈兵，只作空中楼阁的梦想，不干求真务实的实事，到头来只能是"竹篮打水一场空"、"高堂明镜悲白发"。同时，有了远大志向，就要努力去实现，能吃苦耐劳、一步一个脚印地走下去。篮球明星姚明，在撰文《无惧失败》中谈到自己的成长感受时说："如果你知道目标在何方，但还很遥远时，就不要老是回头张望。只要看着脚下，走你的路。然后终于有一天你抬起头，伸出手，发现目标已近在咫尺。"

第二，开拓视野、立足本职。眼界决定境界，思路决定出路。站得高，才能看得远。青年时期的经历与阅历，是一个人成长的重要基础，视野愈开阔，思维愈活跃。孙中山先生青年时期游历欧美，萌发了民主革命的思想，以后成为中国近代民主革命的先行者；周恩来、邓小平青年时期留学法国，开阔了国际视野，为新中国的建设与发展贡献了毕生精力；容闳、詹天佑留学耶鲁，开启了留学求知、西学东渐的交流与拓展。青年学子，要大胆"走出去"、学成"走回来"，出国留学访问、开展研究，学习先进的技术、知识、经验，开阔视野、增长见识。同时，要干好本职，在一点一滴的本职工作中积累实践经验、磨练意志品质，从实际出发、从细节着眼，循序渐进、坚持不懈，注重自身创造思维与创新能力的培养，坚持做到"3 个 I"和"3 个 C"。"3 个 I"就是"Inspire(启迪)、Innovate(创新)、Invent(发明)"，而"3 个 C"就是"Competence(竞争)、Comparing(比较)、Creativity(创造)"，要启迪思想、敢于创新、探索发现。要参与竞争、善于比较、勇于创造。

第三，调整自己、适应竞争。

竞争无处不在，智者善于调整。在激烈竞争中，只有靠实力、凭借自身对机遇的把握、对环境的适应、对自身的调整才能最终达到目标。

2006 年 12 月，美国空军提出未来空中加油机计划，准备在今后的 15 年里购买 179 架新型空中加油机，人们原以为实力强大、美国空军加油机的长期供货商波音公司的 KC-767 肯定中标，但结果却出乎意料，欧洲空中客车公司的 KC-45 却夺得胜利，原因就在于空客公司占有突出优势的产品质量和使用价值。又如，1996 年，美国五角大楼把设计 21 世纪战斗机的合同交给了当时从未独立研制过战斗机的波音公司，而不是具有强大战斗机设计能力的麦道公司，看中的也波音公司的竞争实力。

竞争的最核心规则就是"强者胜出、适者生存"，不善于调整、不善于革新，最终只能被无情地淘汰。同学们从中学到大学，从本科到研究生，经历了未成年人向青年的转变，完成了从本科学习向研究生学习的转变。这两种转变对于你们的成长来说，只是事业的起步开端，从研究生毕业走向社会，仍然需要实现新的转变，调整自己、适应竞争，才能始终立于不败之地。

第四，寻找机遇、善于等待。

人生不总是一帆风顺，总会遇到挫折，总会经历低谷。而当逆境到来时，也许正是人生转折的关键时期，要看你是否能够忍受、能够等待，是否能耐得住寂寞、能一直坚持，就像参加体育比赛，不仅有初赛、复赛，也有决赛。初赛、复赛的暂时失利不代表决赛的最后失败，笑到最后的人才笑得最好。有心人，总会耐心地寻找机遇、善于等待，等到属于自己人生辉煌的那一刻。

因此，要对未来的成长之路有充分的思想和心理准备，善于对待挫折、善于等待，卧薪尝胆、十年磨剑，虚心静气、厚积薄发，为最终实现自己事业的目标而努力奋斗！

# 生命　生存　生活

—— 在 2008 届本科生毕业典礼上的讲话
（2008 年 6 月 29 日）

2008 年上半年，发生了一系列重大突发事件，从年初冰雪灾害到"藏独"滋扰、从"5·12"汶川地震到当前防汛抗洪，国家和民族迎来了前所少有的重大挑战；在北京奥运会即将举行之际，命运再次考验着中国人的智慧、力量、毅力和勇气。多难兴邦、百折不挠，迎难而上、共克时艰，不仅是国家和民族的艰巨使命，更是广大青年学子必然要肩负起的神圣职责。

作为从新校区走出的第一届毕业生，2008 届同学们经历了高等教育从规模向质量的发展转型、参与了本科评估、见证了新校区建设，体验了奥运的激情、感受到地震波的冲击、体会到救灾过程中自然流露的真情与抗震救灾精神的伟大。所有这些，都将成为你们宝贵的人生阅历与财富，有助于你们走向成熟、不断成长。借此机会，我想以"生命、生存、生活"为主题，和大家谈一谈有关人生"原点"问题的三点思考与体会。

第一，生命的意义源于创造。

人类社会的诞生与发展，本身就是一个不断创造、持续进化的历史过程。生命存在的意义，源于创造产生的需求。在经历了地震灾难之后，相信很多人已经在重新思考生命的意义。西方《圣经》里有上帝造人的故事，我国神话中"女娲造人"传说，对人类起源的认识，经历了曲折的发展过程。马克思主义自然辩证法通过对大量历史实践的思考，在深入研究基础上，提出"劳动创造了人"的正确命题，从一定意义上看，劳动本身就是一种创造活动，正因为劳动，实现了从猿到人这一质的转变；人的诞生，从一开始就被赋予了深刻的"创造"内涵。

生命因创造而诞生，创造因生命而存在。世界上著名的科学家不仅关注科技本身，也关注生命、人类与社会。尊重生命存在、探询生命价值具有重要意义。

——爱因斯坦不仅在近现代科学的发展上做出了巨大贡献，而且以极大的热情关注社会和民众，"反战"、"反核"，呼吁世界和平。

——著名"薛定谔方程"的提出者、奥地利物理学家薛定谔，26 岁写出大气中镭含量的实验论文，40岁提出波动理论，46岁获得诺贝尔奖，57岁出版了题为《生命是什么》的哲学专著，61岁开辟《自然与希腊》的人文讲座，积极呼吁"不仅要看到科学的使用功能，更要看到其承载的不可估量的价值"，强调以人为本、重视生命价值、张扬人的理性。

关注生命的意义、激发创造的豪情，青年人应当迎难而上、勇于超越，理解生命、敢于创造、献身科技、实现价值。

第二，生存的价值系于挑战。

人的生存内容概括起来，大体包括三个方面：身心健康的基本要求、社会价值的充分体现和精神世界的充实提升。

按照美国著名社会心理学家马斯洛的需求层次理论，人生存的需求包含5个由低到高、依次提升的不同境界，分别是：生理需求、安全需求、社会需求、尊重需求和自我实现需求。人生价值的最高体现应是自我价值在社会发展中的充分实现，这种实现之所以能够达到人需求的最高层次，恰恰在于它应对了艰巨挑战、超越了心理极限，正如梁漱溟先生的一句话："我生有涯愿无尽，心期填海力移山"，挑战人生是生存的最大价值。比尔·盖茨在谈论人生的挑战时说："每天早晨醒来，一想到所从事的工作和所开发的技术将会给人类生活带来的巨大影响和变化，我就会无比兴奋和激动。"

挑战人生，实现价值，生存的意义得以彰显。从古至今，人类探索、发现的步伐就从未停止过。正是因为直面生存的挑战，跨越了生产力的局限，社会得以进步、生活不断改善。抚今追昔，"万户飞天"、"嫦娥奔月"的梦想已经实现，"绕月飞行"、"火星探测"正迈出更大的脚步；"刀耕火种"、"结绳记事"被尘封进历史博物馆；"木牛流马"、"飞鸽传信"对比现代化的交通运输、信息网络更不可同日而语；人类探索的前沿已经深入到探寻新生命、行星起源、冲出太阳系、走向外太空！生命有限，生存就要有价值。思考生存的价值、迎接人生的挑战，是年轻人成长、成才的重要起步。

第三，生活的真谛在于奉献。

生存的挑战令人振奋，生活的美好使人愉悦。一个人生活中最大的快乐莫过于助人为乐、为他人奉献、为社会服务，奉献所实现的个体内心满足感正是自我价值的社会实现。

抗震救灾中涌现出了许许多多层出不穷、可歌可泣的动人事迹，舍小家、顾大家，勇赴危难、抢救生命，先人后己、舍生取义，挑战灾害、创造奇迹，在重大灾难面前，无私、忘我、热心、奉献，成为人人争先的自觉实践，在默默奉献之中我们可以切身感受到生活的真谛。古人尚有"先天下之忧而忧，后天下之乐而乐"的情怀，知道"穷则独善其身、达则兼济天下"；爱因斯坦说：

"人生的价值，应当看他奉献什么，而不应看他索取什么。"伦琴发现了 X 射线，但却放弃了 X 射线产品的所有专利，他说："我认为任何科学工作者的发明和发现都属于全人类，绝不应受专利、特许权和合同的约束。"日前，比尔·盖茨在接受英国 BBC 采访时表示，近期退休后将把 580 亿美元的财产全部捐献给以他和夫人名字命名的慈善基金会、为社会做出奉献。可见，能够为他人和社会做出贡献、无私奉献，才使生命来得更加精彩、闪耀出如金子般的光辉，这才是生活的真正意义之所在。

同学们，大学四年，转瞬即过，你们在收获知识、锤炼能力的同时，也在完成着转变、收获着人生。我希望，通过对生命、生存与生活的点滴感悟，能够启迪思想、启发思维，鼓舞青春的斗志、激扬青春的热情，在壮心升华的时刻，为自己的崭新的人生加油、喝彩！

临别之际，提出四点希望：

第一，居安思危、增强忧患意识。生于忧患，死于安乐。忧患意识，是一种清醒的预见与防范意识，是危机感、紧迫感、责任感、使命感的凝聚；一个人常思危机，可以警醒敏锐，一个国家常怀忧患，可以振奋自强。日本是一个忧患意识极强的国家，由于日本列岛空间狭小、资源匮乏、人口众多，而地震、火山、台风、海啸等灾害频发，民族的危机意识非常强烈。著名的科幻小说《日本沉没》中写道："从某种意义来说，每经历一次地震和战争的灾难，特别是大灾大难，日本的面目就为之焕然一新，从而大踏步地前进一步。"

温家宝总理也多次提到忧患意识，"居安思危、思则有备、有备无患"、"安不忘危、治不忘乱，要有忧患意识"。经历了汶川大地震之后，居安思危、常思忧患、振兴中华、自强不息，已成为我们国家、民族乃至广大民众深深思考的一个重要问题。

作为即将走出校门的大学毕业生，增强忧患意识，不仅要善于规划自己的人生轨迹、未雨绸缪，也要承担起服务社会的责任、奉献青春，扎扎实实地做好本份的学习、研究与具体工作。

第二，敢于挑战、培育创造精神。年轻就是资本，青年要有朝气。本科毕业的你们，要敢于挑战、勇于创造，才能铸就非凡的业绩。

我校著名校友柳传志先生在回顾联想创业的艰难历程时，他说"经过的路是艰苦的、坎坷不平的。可无论如何，那是一条美好的道路。"而他经常提到的一句铿锵有力的话就是："困难无其数、从来没动摇！"

校友、号称"我军最年轻的军事通信研究员"于全，为完成自主科研攻关的成果，与战友们跋山涉水，成功完成了"某仿真系统"和"某网组网系统"，填补了国内空白，年仅 43 岁就取得了 2 项国家奖励。他这样描述自己的工作状态："做得越多越有成就感，越有成就感，想做的也就越多。"

众多知名校友成长经历的第一步，是敢于挑战、勇于创造，没有超凡的志向和魄力，不可能逾越成功的颠峰！从他们身上，给大家提供很好的学习和借鉴。

第三，献身科技、锤炼创新技能。选择什么样的事业，就要做好什么样的准备。4年前，迈进大学大门，你们做出了学业的选择，4年后，走出西电校园，你们中的大多数将要做好献身科技事业的准备。

历史上，为追求真理、捍卫科学，伽利略、哥白尼、布鲁诺、居里夫人，不顾权势阻挠、不怕个人牺牲，甚至为捍卫真理付出了生命的代价，献身精神是促成事业成功的重要条件。

在我校的教师队伍中，无论是前辈学术大师如孙俊人院士、毕德显院士、罗沛霖院士、陈太一院士等，为我国电子科技事业的奠基与发展做出了卓越贡献，还是老一辈学科带头人保铮院士等，把毕生的精力都奉献给了 IT 学科的发展与人才培养，为我们树立了光辉的榜样。还有大批杰出校友，如郭桂蓉院士、王越院士、张锡祥院士、包为民院士、张尧学院士，知名的技术专家、企业家等等，无不在其从事的领域积极投入、忘我工作、刻苦钻研、终有成就。献身科技事业，要全身心投入，没有执著的精神就没有突出的成就，要在实践中锤炼自己的创新技能，探索、发现、积累、提升，一步一个脚印地走下去，实现自己的人生目标。

第四，自立自强、塑造美好人生。

自立、自强、自尊、诚信，是做人的基本原则。在你们中间，已经涌现出了挑战先天疾病、自强自立的优秀大学生，克服贫困影响、学业有成的优秀大学生，勤奋努力上进、全面发展的优秀大学生，还有上大学三年级就无私捐献造血干细胞的优秀大学生。所有这些表明，西电学子已经在自立、自强、自信、奉献的人生道路上走出了可喜的第一步，我相信，你们的步子会越迈越坚强，未来的道路会越走越宽广！母校期待着你们成功的好消息！

# 与 IT 相伴　与科技同行

—— 在 2008 年研究生开学典礼上的讲话
（2008 年 8 月 20 日）

我校研究生教育始于上个世纪 60 年代初期，经过一代代西电人的奋斗和积淀，逐渐形成了比较全面的学科设置，建立了比较完整的教育体系，营造了积极向上的培养氛围。长期的办学历程中，我们坚持"本科生教育是立校之本、研究生教育是强校之路"，着力加强研究生教育，为建设一流的研究生院而不懈努力。

在这里，曾经产生过许许多多辉煌的成就，比如我国的第一部气象雷达、第一套流星余迹通讯系统、第一台三坐标相控阵雷达；也曾涌现出许许多多在各行各业奠基开拓的人物，比如老一辈的学术大师毕德显院士、罗沛霖院士、保铮院士，新一代的东风导弹控制专家包为民院士、计算机专家张尧学院士、以及联想集团的柳传志，"神五、神六"飞船副总设计师杨宏。这些，都是我们学习的楷模，激励着我们不断进取。

在这里，不仅有我国通信、电子等最早的电子信息类专业，也有着科研实力雄厚的计算机、电子机械等理工科专业，还有着适应新时代发展的人文、管理等专业。这些使得我校呈现出一种优势学科、支撑学科、外围学科以及新兴学科百花齐放、协调发展的喜人景象，为我校研究生教育的全面发展提供了广阔的平台。

在这里，不仅有着雄厚的科研力量，丰富的学术资源，还有着国际化的教育课堂，开放的交流平台，更有着宽松自由的学术环境，以及创新活跃的学习氛围。这些都为研究生的学习和创新提供了良好的环境。

在这里，有着先生之风、山高水长的导师，有着一起指点江山、激扬文字的同窗，也有着课外活动的良好设施，和对学生生活的用心关怀，这些都使得西电不仅仅是学习研究的热土，更可以被冠以"家"的称谓。

西电的历史是辉煌的，有我们值得骄傲的成绩；西电的当下是进取的，是这个时代前进的缩影；而西电的未来，更值得我们这一代人期望，你们这一代人开创。为了种种宏伟的目标，我们必须走好脚下的路，做好眼前的事。

在此，寄予大家四点希望：

第一，开阔视野、增强学术素养。

研究生阶段要阅读大量文献，开阔学术视野，充分了解、掌握前人的研究成果和研究方法，不断增强自身的学术素养。正如牛顿所说："站在巨人的肩膀上，我们能够看得更远。"阅读文献的过程，是发现与提出问题的过程；阅读经典文献，可以掌握开展研究的理论与方法，阅读最新文献，能够了解前沿的焦点与难题，从而有助于增强学术的敏感性、洞察力，提升学术素养。

第二，拓展思维、训练科研能力。

思想决定行动，眼界决定未来。从事科研工作，要善于拓展思维、开阔思路，在纷繁复杂的事物表象背后，寻找问题的本质与核心，经过细致缜密的思考、严格严谨的实验，达到"由此及彼、由表及里、去粗取精、去伪存真"的最终目的，既注重结果，更注重过程，并通过对问题的分析、设计、验证、判断等一系列环节，加强科研能力的训练，提高研究水平。

第三，刻苦攻关、孕育一流成果。

任何有价值科研成果的取得，必定是辛勤汗水付出的结果，是大量心血的凝聚与结晶，科研攻关往往是"板凳一坐十年冷"的代名词，是"耐得寂寞一朝成"的坚韧与执著的丰厚回报。因此，只有艰苦付出，才会取得成果；只有刻苦攻关，才能有所收获。

第四，概括凝炼，形成出色论文。

研究生论文是研究生学习与科研工作的总结，也是衡量学术水平与能力的重要体现。要做好论文，必须从选题、开题、收集资料、实验论证、过程分析、得出结论等各个环节严格抓起，概括凝炼实验结果，总结提升理论层次，严谨推理、缜密论证、准确表达、反复修改，完成一个完整的科研训练过程，为以后在更高层次、更深领域的研究工作奠定基础。

同学们，你们的研究生学习即将揭开新的一页，这是人生一个新里程碑的开始，我祝愿每一位同学不仅有一个良好的开端，而且获得一个美好的结果！

## 站稳脚跟　夯实基础　勤奋有为　砥砺成才

——在 2008 级本科生开学典礼暨军训动员大会上的讲话
（2008 年 8 月 26 日）

在 2008 年秋色宜人的收获季节里，我们高兴地迎来了 5000 余名本科生新同学！你们，经历过冰雪灾害、地震影响，经受了高考考验、酷暑磨练，见证了盛大的北京奥运会，是具有特别意义的一届新生。你们的到来，为校园增添了生机、带来了活力！你们即将开始在西电大学 4 年本科阶段的学习，这是一个重要的人生新起点，是构筑自身知识体系、掌握一定专业技能、打牢未来发展基础、实现人生奋斗目标的开局和起步。

俗话说"良好的开端是成功的一半"，只有站稳脚跟、夯实基础，才能稳扎稳打、不断前进。大学本科的学习，是一个人储备知识、锤炼技能、增加阅历、磨练才干的重要基础，是支撑事业成功的基本保障；没有深厚学识素养的积淀、过硬素质技能的锤炼、丰富实践活动的磨砺，一个人的成长、成才，就只能成为"空中楼阁"、"水中月影"，缺乏真正有效的基础支撑。九层之台，起于垒土；千里之行，始于足下。坚实的基础，是取得事业成功的前提；扎实的根基，才能保证你立于不败之地。

在此，寄予大家四点希望和要求：

第一，夯实基础，开展研究性学习。

大学本科学习是重要的打基础阶段，也是培养创新意识和实践能力的黄金时期，夯实基础、储备知识、加强实践、提高能力，积极开展研究性学习，是本科阶段的重要任务。

作为理工科大学生，从一开始就要注重构建基础知识体系，建立起"长、宽、高"的合理知识架构，"长"指数理基础和专业特长，"宽"指相关学科的广博知识面，"高"指学术修养、学术品德。数理基础是理工科学习最重要的知识基础，是训练逻辑思维、认知事物本质、学习客观规律的基本训练，对于形成严密的思维品质、严谨的推理论证、务实的探索作风大有益处；培根说过："数学是进入各个科学门户的钥匙，如果没有数学知识，就不可能知晓这个世界的一切。"因此，要注重打牢数理基础，加强《高等数学》、《大学物理》的课程学习，同时，也要在专业基础课程如《线性代数》、《数字电路》、《概率论》

等方面不断加强，掌握专业知识、强化专业技能。广博的知识面是个人发展与事业成功的必要条件；现代科学的发展，已经进入到大科学时代，学科交叉与融合已成必然趋势，要在所从事的专业领域取得拓展，不仅需要精通本专业的知识技术，还要掌握其他学科专业的基本常识，做到触类旁通、相互启发，具备足够的知识宽度，能应对和解决复杂的科技难题。学术修养与学术品德是对科技工作者的基本职业要求，也是一名合格大学生的必备素质；要实事求是、求真务实，培养一丝不苟、兢兢业业的作风，遵守学术道德，提高学术修养。

此外，要特别注重研究性学习的开展。研究性学习不同于传统的知识传授，是一种更强调自主学习、以研究和探索为牵引的学习方式，与科研工作有着紧密联系，是培养创新意识和实践能力的重要途径。西电丰富的教学科研资源、先进的图书情报资料以及蓬勃开展的课外科技活动、本科生科研训练计划等，为大家提供了充分的条件和良好的氛围，希望同学们从一开始就抓住研究性学习的有利条件，夯实基础、勇于创新。

第二，开拓视野，培养国际化意识。

站得高，才能看得远；视野越广阔，见识越丰富。

我国改革开放30年，正因为勇敢地"走出去"，看到了世界经济、科技与社会发展的主流趋势，结合中国实际，大胆实施改革开放，从而有力地推动了国家的建设与发展，各项事业发生了翻天覆地的变化。

国家发展需要国际视野，个人成才更要开拓眼界、增长见识，培养国际化意识，这在拔尖人才的成长过程中尤为重要。我国的两院院士中，大多数具有海外留学经历，81%的中国科学院院士、54%的中国工程院院士都是海归人员，教育部直属高校中，近2/3的博士生导师为留学回国人员。

要成为明天的拔尖人才，就要从今天做准备；目标要远大，胸怀要宽广。在大学本科学习的开始阶段，就要注重培养自己的国际视野，增强国际意识。要关注学术前沿，通过期刊、杂志、网络、报纸等传媒了解学科前沿动态，捕捉世界科技发展的最新信息；要积极参加学术活动，聆听大师的见解、感知世界的潮流，开拓自己的眼界；要加强运用外语能力的培训，不只局限于课堂学习、考级考试，更重要的是真正掌握一种语言工具，为自己打开一扇开放的窗口，阅读原著、双语学习，从经典和文献中感悟学术真谛、领会科学要义；要放远眼光、敢想敢为，打好基础、稳步积累，为以后读研、读博、出国留学深造、参与国际竞争作铺垫、做准备。

第三，加强学养，培育顽强的作风。

要善于规划好自己的本科学习生涯，尽快完成从高中学习向大学学习、从懵懂少年向有志青年的两个重要转变，养成良好的学习与生活习惯，着力培育自己勇于迎接挑战、独立克服困难的勇气和毅力，形成顽强作风。

"凡事预则立，不预则废。"大学的学习也需要认真规划。四年时间的学习，丰富充实就会觉得短，空虚无聊就会觉得长。今天，大多数同学基本处于同一起跑线上，但毕业时就会明显拉开距离；学习就像一场马拉松，经过起跑、中途、收尾、冲刺的不同阶段，总会有先有后，只有那些目标远大、训练有素、坚韧执著、意志坚定的人，才能遥遥领先。因此，要重视学习生涯的规划，了解自己、了解专业，确立长远目标，制定具体规划，不断适应、及时调整，养成良好的学习习惯、形成顽强的拼搏作风，加强学养训练，发扬奥运精神，在大学学习的马拉松比赛中跑出好成绩！

第四，感悟文化，成为创新型人才。

大学是传授知识、培养人才的场所，也是创造文化、传播文明的殿堂，大学文化不仅熏陶着个人，也会对地区、社会、国家乃至世界的发展产生巨大的影响。大学期间的学习，不仅包括有形的知识传授、技能训练，也包括无形的精神影响、文化浸染，不仅要学习专业、掌握技能，也要传承精神、感受文化。

哈佛大学倡导"与真理为友"，耶鲁大学提出"我们将创造生活"，斯坦福大学奉行"愿学术自由之风劲吹"，麻省理工学院要求"既学会动脑，也学会动手"，清华秉承"厚德载物、自强不息"，北大坚持"学术自由、兼容并包"，多元的大学文化造就了独立、批判的大学精神，孕育出众多的思想、人才和成果，推动着历史和文明的进步。崇尚真理、追求卓越，广大学子可以感悟大学、体验文化；启迪思想、点燃智慧，有志青年能够奋发成才、刻苦有为。

在西电，也同样有着自己独特的精神与文化：长征路上办学，凝聚了长征精神；战火硝烟洗礼，培育了战斗作风；开辟学科先河，强化了自主意识；信息时代挺进，孕育了科学精神。在西电人身上，集中表现出艰苦奋斗、自强不息、顽强不屈、坚韧不拔的精神气质，永不服输、不言放弃的风骨，朴实、扎实、踏实、务实的风貌，形成了"团结、勤奋、求实、创新"的校风，凝聚了"厚德、求真、砺学、笃行"的校训。

"君子以自强不息、君子以厚德载物"，德是为人之本，"厚德"是成人、成才的前提条件；追求真理、献身科学，"求真"是科技人才的职业宗旨和必尽之责；"金就砺则利"，追求学术贵坚持、学业精湛须磨砺，"砺学"是莘莘学子的主要任务；"行胜于言"、"笃行"才能实现你的梦想、成就你的成功！

希望同学们修身立德、厚德敬业，追求真理、加强学习，砥砺学问、增长技能，刻苦实践、知行合一，在大学文化的熏陶下，在师长、学长的教导中全面发展，成为拔尖的创新型人才！

# 以积极的心态迎接人生的重要转型

—— 在 2009 届研究生毕业典礼上的讲话
(2009 年 3 月 31 日)

辛勤耕耘结硕果，桃李满园竞芬芳。三年前，同学们怀着崇高的理想和远大的抱负，在西电开始了研究生学习生活。在这个宁静、朴实而又充满现代气息的校园里，你们积极投身于学校高水平研究型大学的创建之中，你们既是学生，又是研究人员，是科技攻关不可缺少的生力军、突击队，为学校的建设和发展贡献了自己的力量，在学术研究和社会活动等方面都有很大的收获。

过去的三年，是学校各项事业快速发展的三年，也是学校"两大步、三小步"战略发展"提升期"的第一阶段，在办学规模、师资队伍、学科建设、教学科研、对外拓展、新校区建设等方面均取得了巨大成就。

学校发展令人鼓舞，与此同时，同学们也在不断取得新的进步。完成研究生阶段的学习，不仅仅是获取了一个学位证书，更是思维和思想发生深刻变化的过程。哈佛大学第 27 任校长劳伦斯·H·萨默兹说，毕业"是一个巅峰时刻，也是一个开始的时刻，一个发生重要转折的时刻"，将伴随着人生的三个重大转变，即"从吸收到给予"、"从思考到选择"和"从依赖到独立"。请大家仔细思考这三个转变，勇敢面对挑战，及时调整自己，努力适应新变化，以积极的心态迎接人生的这一重要转型。

同学们，你们正处在人生的重要关头，也是一个崭新的开始的时刻。作为西电学子，三年来，甚至更长一段时间以来，你们耳濡目染了西电朴实无华、脚踏实地的纯朴校风；切身领略了师长们严谨求实、锐意进取的工作态度；养成了刻苦钻研、勇于探索的良好品质。今天，你们即将走出校门，但却还有一样弥足珍贵的财富值得你们永远珍藏，那就是前辈校友为我们做出的榜样。

西电建校近 80 年来，已经为国家培养了约 12 万名各类高级人才，他们遍布在祖国电子信息、航空航天、各军兵种以及国民经济建设的各个领域，为国防现代化和经济社会发展作出了重要贡献。在我校校友中，已经产生了 10 位两院院士、100 余位解放军将军、数十位大学校长、研究所所长等。他们中，既有德高望重、学问精深的老一辈科学家，如保铮院士、郭桂蓉院士、王越院士等，也有任职于国内外著名大学、研究机构的学术新星；既有一批担任省部级领导职务的政界要员，也有研究所所长、总工程师等技术骨干；既有像 66 届校友柳传志一样出名的企业家，也有国际 GSM 奖获得者李默芳、欧洲科学院院士王中林及"神五"、"神六"飞船副总设计师杨宏等科技英才；还有更多在微软、中电集团、华为等跨国公司、大型企业担任总裁、总经理的管理人才等等，他们是你们成长成才的榜样。

同学们，离开大学校园，你们将面临无数选择，也将开始创造属于自己的辉煌。回顾前辈校友们的成功，虽然有着特殊的时代背景，但更离不开他们个人的不懈奋斗。毕业后成功的秘诀到底是什么？"苹果"电脑的创始人之一史蒂夫·乔布斯说，秘诀是"求知若饥，虚心若愚"。惠普前董事会主席兼首席执行官卡莉·菲奥莉娜告诉我们，秘诀是"凝练你的生活，得到其本质"。而可口可乐前总裁唐纳德·基奥在美国艾默里大学 148 期毕业典礼上，则告诉毕业生，面对未来，一定要有梦想的勇气。

毕业 10 年看苗头，20 年出格局，30 年有收获。同学们，希望你们一步一个脚印、脚踏实地地工作，在前进的道路上，以巨大的勇气和魄力，大胆创新。相信用不了 30 年，你们也会像前辈校友一样，用自己的努力和成就，为西电增添新的荣誉和光彩。

回想 25 年前的 1984 年，我与你们一样拿到了沉甸甸的硕士学位证书，激动与兴奋之情，实难言表。今天，当我有机会与你们一起，重新感受研究生毕业的喜悦与自豪时，我想以校长兼学长的身份，向同学们提出几点希望。

第一，希望你们立大志、成大业，心系祖国，服务社会。

立志，在我国古代教育中占有重要地位。大教育家孔子说，"吾十五而有志于学"，反映了一个人应该及早立下远大的志向，树立做大事的信心。作为西电毕业的研究生，你们的人生起点更高，肩负的担子更重，你们是国家电子信息领域的栋梁之才。在去年 12 月我校迁址西安 50 周年庆祝大会上，毕业于我校的雷达专家张锡祥院士，在接受采访时这样告诫："作为年轻人，要学会跟着时代的脚步走，要从思想上把对国家、民族的责任心放在首位，然后才去选择我们的兴趣、爱好，才有可能做出大的成就。"

今年 2 月份，国务院总理温家宝主持召开了国务院常务会议，审议并原则通过了《电子信息产业调整振兴规划》。这份规划的内容，涉及到了集成电路产业技术水平和产能提升、平板产业升级和彩电工业转型、新一代移动通信(TD-SCDMA)产业完善、数字电视推广应用和产业链建设、计算机和下一代互联网应用、软件及信息服务培育等领域。西电是一所以信息与电子学科为主的学校，你们毕业后，大部分都将从事与电子信息相关的工作。因此，这份《规划》涵盖的领域，正是同学们施展才能、大有作为的广阔天地，这既是国家当前经济发展的迫切需要，也是时代赋予你们的难得机遇。当然，作为一所多学科协调发展的全国重点大学，其他学习经济、管理、外语、人文等学科的同学，他们将从事相应领域的工作。无论是在哪个领域，我都希望你们胸怀大志，充满信心，心系祖国，服务社会。

第二，希望你们谋一事、成一事，坚持不懈，锲而不舍。

只有认认真真地对待每一件事，才能做一事、成一事，才会积小胜为大胜。"谋一事、成一事"，就是要在工作和生活中，杜绝忽左忽右、翻来覆去、改来改去的做法，当计划一旦确定，就要意志坚定、果敢坚毅、一干到底，不能有丝毫的犹豫和迟疑。一百多年前，美国钢铁大王安德鲁·卡耐基就告诉我们："获得成功的首要条件和最大秘诀，就是把精力和资历完全集中于所干的事。"这是一种精诚所至、金石为开的工作作风，更是一种坚持不懈、锲而不舍的人生态度。

第三，希望你们知不足、求进取，探求新知，不断学习。

被许多人誉为"卫星通讯之父"的约翰·皮尔斯曾经说过："知识使人明目，技术使人高效，而意识到无知才使我们充满活力。"他谈到的这种"无知"，是对已经拥有的旧知识的极不满足，是对那些正在产生的新知识的强烈渴求。战国时期的思想家庄子说，"吾生也有涯，而知也无涯"，知识的海洋是无边无际的。

同学们，科技发展一日千里，特别是在我们所从事的 IT 行业，今天学到的兴许明天就会被"刷新"，再优秀的人才如果不懂得充实自己，也必然会折旧，甚至被淘汰。这种情况下，谁善于学习，并且学习速度快，谁就是真正的人才。知不足、求进取是我们制胜的秘诀；探求新知、不断学习是我们获取成功的必要条件。学无止境，希望同学们树立终身学习的理念，掌握新技能，研究新规律，开拓新领域，不断提高自我发展的能力。

同学们，三年前你们缘聚西电，今天，你们即将离开母校，但请记住，西电永远是你们的家！无论何年何月，西电都将永远祝福和期盼你们的成功，都将是你们坚强的后盾！西电是一所优秀的大学，也是一所正在蓬勃发展的大学，你的学习生涯已经深深地打下了西电的烙印：坚实的理论基础，较强的动手能力，严谨的工作作风……这些都是你们身上难得的优秀品质。

同学们，你们是时代的精英，将担负起历史的重任。人生的道路上，面对各种挑战，母校期盼你们敢挑重担，勇于担当。最后，衷心祝愿同学们在人生新的旅途中鹏程万里、大展宏图！

# 学业 职业 事业

—— 在 2009 届本科生毕业典礼上的讲话
(2009 年 6 月 29 日)

今天，是一个值得铭记的日子，2009 届 4900 余名同学毕业！学校举行隆重的毕业典礼，庆祝你们大学四年的圆满收获，祝福你们朝气蓬勃的火热青春，期盼你们大展宏图的美好前景！

本科毕业标志着大学四年学业的结束，却是又一段崭新生活的开始。在这样一个人生的转折点上，有的同学选择读研、充电深造，继续在知识的海洋里遨游、在学术的天地里徜徉；有的同学选择就业、走向社会，在岗位的磨砺中成熟、在实践的锤炼中成长；有的同学走出国门、放眼世界，满怀着留学成才的豪情、激荡着学成归国的抱负；有的同学独立自强、大胆创业，将要品鉴打拼事业的艰辛、渴望获得成功的喜悦。无论哪种选择，都是青春无悔的选择，是迎接挑战的开始。

这里，我想就"学业、职业与事业"谈三点思考。

第一点思考，学业是人生起步的重要基础，完成本科学业才刚刚迈出了崭新的第一步。

经过四年的学习，很多同学完成了从中学生向大学生的转变、从少年向青年的过渡，顺利地通过了各种考试和考验，锤炼了技能、增长了才干、开阔了视野、增长了见识。在你们当中，获得国家奖学金的有 230 人、国家励志奖学金 410 人，数十位同学在国际数模竞赛、全国电子设计竞赛、ACM 程序设计赛、"挑战杯"创业竞赛中喜获殊荣，有无私捐献骨髓干细胞的助人典范，有传递奥运火炬的接力选手，新校区留下了大家追寻理想的扎实足迹，终南山见证了你们求知若渴的忙碌身影。

知识就是力量，知识改变命运。读书求学，不仅仅是获得一张简单的文凭，更重要的是获取有益的知识。学历的取得，只完成了表象，学识的丰富，才是真正的内涵。我国古代荀子《劝学》中说："青，取之于蓝而青于蓝；冰，水为之而寒于水。"、"木受绳则直，金就砺则利。君子博学而日参省乎己，则知明而行无过矣。"讲的就是求知对于个人成长的重要作用。"生有涯而知无涯"，古人已经深悉不断学习的重要性，在当今知识社会、信息化时代，年轻人更要持之以恒地坚持学习、热爱读书，养成终身学习的良好习惯。

第二点思考，职业是生存发展的广阔平台，选择就业意味着选择在实践中不断学习。

大学的最基本职能是培养人，造就能适应各行各业工作需要的高级人才，大学的学科、教学、科研都是围绕这一功能而展开的。在大学里，学科代表知识体系，专业体现社会需求，而高水平大学的奋斗目标则是"顶天立地"，即不仅要追求真理、崇尚学术、创造知识、传播知识，也要服务国家、服务社会、提供智力、产出人才，要为拔尖创新人才的成长打基础、作铺垫。

西电的学科具有传统优势，IT 专业受到社会欢迎。10 余年来，我们的研究生、本科生一次就业率始终位于全国高校前列，就业质量、分布地区、薪酬收入居于一流行列。12 万历届校友，大部分奋战在国家信息化、国防现代化、区域经济发展、IT 行业创新的第一线，他们中产生了一大批学术大师、百余名将军将领、千余计 IT 骨干、数万名高级专才，西电的毕业生在社会上树立了良好的口碑、获得了很高的赞誉。大学教育打下了他们坚实的知识基础，职业训练使他们获得丰富的实践锤炼，在岗位的摸爬滚打中成长、成才。

从你们走向工作岗位的这一刻起，就应当做好充分的准备，在实践中学习，在生活中长大。爱因斯坦在《培养独立思考的教育》中提出："用专业知识教育人是不够的。通过专业教育，他可以成为一种有用的机器，但是不能成为一个和谐发展的人。"

大学的知识教育、专业教育奠定了从事一定职业的知识基础，而真正的职业技能、综合素质，还需要在岗位的磨练中不断学习、不断积累，有的时候，甚至需要完成比较大的转型。

世界体操王子李宁，成功地实现了从运动员向企业经营者的转型，"专业成就梦想、一切皆有可能"不仅是李宁品牌的宣传口号，也代表着执著坚定、敬业负责的职业精神。

世界女子乒乓球冠军邓亚萍，运动员生涯结束后刻苦攻读，获得了剑桥博士，成为国际奥委会委员，现就任共青团北京市委副书记，一次次成功转型、转型成功的背后，是大量不为人知的心血与辛苦。

选择就业，对大学毕业生来说，不仅是安身立命的开始，也是一次新的转型，能不能及时适应、能不能迅速调整，能否筑牢职业生涯的稳固根基，能否打造生存发展的广阔平台，才是一场真正的实践赶考、一个真实的竞争挑战。

第三点思考，事业是实现理想的攀登阶梯，献身事业体现出人生的最高价值与意义。

人的一生很短暂，人生在世的价值与意义集中体现在对事业的追求和奉献上。正如小说《钢铁是怎样炼成的》其中的名句："人最宝贵的是生命。生命属于人只有一次而已。一个人的生命应该这样度过——当他回首往事的时候，没有因虚度年华而悔恨，也没有因碌碌无为而羞耻。"

学业是基础，职业是平台，只有事业才是追求价值与意义的最高目标。事业的成功需要艰辛的努力，一步一个台阶，才能到达光辉的顶峰。比尔·盖茨说："生活不分学期，没有暑假可以休息。"干事业必须全身心投入，倾注大量的心血和汗水，拥有超乎寻常的坚韧和意志。

今年受金融危机影响，联想集团面临新挑战。我校校友柳传志先生于 2 月 5 日宣布，重新出任联想集团董事局主席，并明确表示："我是联想的创始人，联想是我的命。需要我的时候我出来，是我义不容辞的事情。"敢于担当的西电校友气度与情怀，昭示着实现人生价值与理想的崇高追求。

事业成就梦想，年轻更需努力。

同学们，在临别之际，我向大家再提出四点希望：

第一，常怀忧患、未雨绸缪。

人无远虑、必有近忧。祸患常积于乎微、细节决定着成败。常怀忧患，可以使人头脑清醒、自警自励；常怀忧患，可以使人奋发有为，永不懈怠；常怀忧患，可以使人高瞻远瞩，未雨绸缪。

要树立强烈的忧患意识、危机意识，着眼发展、放眼未来，提前设计并规划自己的人生之路，确立明确的奋斗目标，制定有步骤的实现计划，为自己的事业描绘蓝图、规划发展，做到心中有数、脑中有谱、切实可行、稳步推进，一步一个脚印，步步落地有声，扎扎实实地走下去。

第二，敢于挑战、创新创造。

作家二月河说："人生处于最底层有一个好处，就是无论从哪里努力，都是向上的。"的确，年轻就是资本，青春有无限可能。青年人处于事业的起点，虽然从最底层起步，却具有积极向上的蓬勃朝气，要敢于挑战、勇于创新、突破常规、大胆创造，输得起、赢得好，未来掌握在你们手中。

爱因斯坦 26 岁创立了狭义相对论，海森堡 24 岁建立矩阵力学，图灵 24 岁提出图灵机概念，沃森 25 岁时与 37 岁的克里克提出 DNA 双螺旋结构模型，世界著名科学家在青年时代已经做出了杰出成就，创新创造的意识和突破常规的胆识是促成他们不断取得成功的秘诀。

第三，做人做事、诚信务实。

古人说，立事以"信"、为人以"诚"。无论做人还是做事，诚信是重要的基础。只有做一个可信可敬、大度本分的人，才能赢得做事、成事的良好声誉；只有出实招、想实事、干实事、求实效，才能被人尊敬、受人景仰。诚信为人、诚实做事，是年轻人安身立命的基本原则。在高尔夫球比赛中，与其他项目不同，这项运动特别讲究绅士风度，大多没有裁判监督，主要依靠每个参与者的自律与自觉，诚实和信用是其精髓。不论对抗多么激烈，所有球员都要自觉约束自身行为，主动为其他球员着想，遵守规则；一场球下来，我在你的成绩单上签字，你在我的成绩单上签字，既是一种监督，更是一种信任。人生如赛场，既有竞争，也有友谊，比拼实力赢得胜利，诚信公平获得赞誉。

第四，开拓事业、自立自强。

千里之行，始于足下。年轻人要勇于开拓属于自己的事业，奋力打拼大展才华的天空。在当今互联网时代，腾讯的马化腾、网易的丁磊、阿里巴巴的马云、盛大的陈天桥等青年才俊，在市场激烈的打拼中独具慧眼、在IT的相关产业发展中独辟蹊径，开创了自己的崭新事业，赢得了社会与公众的充分认可，实现了自己的人生价值。

年轻人要从自己做起，从小事做起。这里，我想起一段名言与大家共勉。在英国的西斯敏大教堂，长眠着亨利三世、乔治二世等20多位国王和牛顿、达尔文等世界名人，在教堂角落的一块墓碑上，刻着一段非常著名的话：

当我年轻的时候，我梦想改变整个世界，
当我成熟以后，我发现我不能改变整个世界，
于是，我将目光缩短了些，决定只改变我的国家。
当我进入暮年后，我发现国家我也改变不了，
我的最后愿望是改变一下我的家庭，
但是这也不可能。
当我现在躺在床上、行将就木时，我突然意识到，
如果一开始，我仅仅去改变我自己，然后作为一个榜样，
我可能改变我的家庭，在家人的帮助和鼓励下，
我可能为国家做一些事情，然后谁知道呢？
我甚至可能改变这个世界。

长江后浪推前浪，大浪淘沙始见金。希望同学们树立自己的理想、确立自身的目标，开拓进取、自立自强，献身事业、奋发有为，为母校争光、为西电添彩！

# 学 术 责 任 人 生

——在 2009 年研究生开学典礼上的讲话
（2009 年 8 月 21 日）

进入西电就读研究生，意味着你们学术生涯的新开始。在此，我想围绕"学术、责任、人生"谈三点想法。

第一，追求学术是研究者的崇高使命。学术研究的本质是追求真理、创造知识、服务社会、造福人类。以学术为志业，把学术作为毕生追求、作为生存方式，是真正的研究者的气质和风骨。物质刺激是有限的，而学术追求却是无穷的、充实的。

7 月份刚刚去世的国学大师季羡林、国家图书馆名誉馆长任继愈两位学界泰斗，用一生实践着自己的学术追求。季老曾说："在人类社会发展的长河中，我们每一代人都有自己的任务，而且是绝非可有可无的。如果说人生有意义与价值的话，其意义与价值就在这里。"任老也曾告诫年轻学子："年轻人要有一点理想，甚至有一点幻想，不要太现实，一个青年太现实了，就没有出息。只顾眼前，缺乏理想，就没有发展前途。"

第二，承担责任是奋斗者的必备素质。承担责任、敢于担当，体现出的不仅是坚强的自信，更是博大的情怀，是任何一位奋斗者的必备素质，是从事科技工作的基本要求。当前，面对世界金融危机，科技创新的任务更加艰巨，而几乎在每次世界经济危机之后往往伴随着科学技术的新突破，孕育着新一轮的经济发展。因此，青年学子更应当立足现在、放眼未来、增强忧患、勇于担当，把自身的学习研究和国家的科技创新、经济发展紧密结合，立大志、做实事、敢担当、甘奉献。微软中国研发集团主席、我校名誉教授张亚勤曾说："有些人比你更杰出，不是因为他们得天独厚，而是面对同样一件事情，他们比你更加自信、更有勇气。"

第三，学会做人是青年人的成才关键。做学问必须先学会做人，做人准则影响着做学问的态度，决定着你人生的成就。谷歌大中华区总裁李开复指出："人生不在于拥有什么，而在于别人能从自己身上获得什么。"

古往今来，真正的学问家，无一例外地都是做人的楷模，从古希腊的苏格拉底到春秋时期的孔子，从美国的杜威到我国的陶行知，这些中外著名的学者、教育家，无不把教育学生学会做人作为首要目标，作为衡量和评价人生价值的主要标准。在个性张扬、竞争激烈的今天，青年人更应注重首先学会做人、学会处事，学会排队、学会包容，加强沟通、加强协作，培养团队精神、强化奉献意识，为自己的课题研究、事业发展奠定良好的人生基础。

在大家即将开始紧张、充实的学习生活之际，再提出几点希望：

第一，要胸怀大志、开拓视野。站得高，才能看得远；志向远大，才有拼搏动力、奋进潜力。志向是事业的引领，是勤奋学习与刻苦钻研的航标，没有大志、难成大事，运筹帷幄，才能决胜千里。作为新入学的研究生，你们的眼光不能只拘泥于眼前的考试、实验、论文，而要面向未来的创新、创造、成果；不仅要深入学习本专业的知识，也要博览群书、关注科技、产业，了解经济、市场；不仅为撰写出高质量的论文而努力，也要为锤炼实践能力而付出，参与科研课题、聆听大师讲座、启迪创新思维、致力学术研究。

第二，要潜心学问、始终坚持。科学研究是一件相对枯燥、周期较长的工作，"板凳甘坐十年冷，文章不写半句空"，没有一定的毅力和执著、没有足够的投入和付出、想轻易取得杰出成果只能是"异想天开"。王选院士曾说"一个有成就的科学家，他最初的动力决不是想要拿什么奖，或得到什么名和利。他们之所以狂热地追求，是因为热爱和一心对未知领域进行探索的缘故"。

钻研学问，要耐得住寂寞、顶得起诱惑，沉心静气、淡泊名利，真正把研究工作作为一种兴趣、全身心投入，在经历"山重水复疑无路"的痛苦折磨与枯燥煎熬之后，才能获得"柳暗花明又一村"的豁然开朗和亮丽前景。

第三，要注重实践、敢于创新。年轻人正处在风华正茂、思维敏捷的时期，这也是许多科学家产生重要发现和发明的重要阶段，要在实践中学习、总结、探索、发现，更要抓住机遇、大胆创新。牛顿和莱布尼茨发明微积分时分别是22岁、28岁，贝尔29岁发明电话，创新精神和实践能力是他们获得成功的共同秘诀。研究生阶段要产生出创新成果，必须在理论与实践的结合中取得突破，在知识的学习和积累中迸发火花，突破常规、发现问题、敢于质疑、深入研究。

第四，要强健身心、全面发展。身体是工作的本钱，良好的身心是促进研究工作的有力保障。同学们在紧抓自己学业和研究工作的同时，还要注意锻炼身体、调节心理，保持好积极乐观、充满活力的身心状态，培养正当有益的个人兴趣爱好、参加健康向上的业余文化活动，加强学术道德、培育为人涵养，做全面发展的合格研究生。

# 志存高远　脚踏实地　求知若渴　虚心若愚

## ——在 2009 级本科生开学典礼暨军训动员大会上的讲话
### (2009 年 8 月 27 日)

从踏进西电校门的那一刻起，你们已经成为西电这个大家庭的一分子。在经过了数年苦读、长期准备、高考冲刺、大学录取的各个关口之后，每一位新同学如愿以偿地进入大学，即将在这里掀开自己人生的崭新一页！在你们紧张的大学生活即将开始之际，作为校长、学长，我提出以下四点希望：

第一，志存高远、脚踏实地。年轻就是资本，年轻就有希望。"心随朗月高，志与秋霜洁"，年轻人应当树立远大志向，将个人发展同国家前途、社会责任紧紧地联系在一起，用目标引领个人的健康发展，用志向锤炼个人的坚强意志。

我国古代《墨子》云"志不强者智不达，言不信者行不果。"意思是说：意志不坚强的人，智慧也不通达；言语不诚实的人，做事也不会有成果。年轻人的成长、成才，一方面要志存高远，另一方面，更应当脚踏实地、言行一致、恒久坚持、执著如一。认识自我、分析自我、确立目标、脚踏实地，规划学习生涯、制定实施方案，总有一天，你会发现，自己离既定的目标越来越近。

第二，求知若渴、虚心若愚。求学求知，是一件"苦差使"，"冰冻三尺非一日之寒"，没有坚定的决心、没有坚强的意志，想轻易获得学业的丰收，只能是白日空想。学习的兴趣、激情、信心、毅力，对于取得丰硕的成果至关重要。

美国苹果公司的创始人史蒂夫·乔布斯，在斯坦福大学毕业典礼上发表了题为《Stay hungry, Stay foolish》（求知若渴、虚心若愚）的演讲，回顾了自己在创立苹果公司、被苹果开除、罹患癌症、治愈后重振东风、重掌苹果公司等不同阶段的人生经历，他常常自己问自己的一个问题就是："如果今天是此生最后一天，我今天要做些什么？"他总结的人生感悟是："你无法预先把生活的点点滴滴串联起来，只有在将来回顾时，你才会明白那些点点滴滴是如何串在一起的"、"你的工作将占据你人生的一大部分，唯一真正获得满足的方法就是，做你相信是伟大的工作，而唯一做伟大工作的方法就是，爱你所做的事"、"如果你还没有找到这些事，继续找，别停顿"、"求知若渴、虚心若愚"。

第三，学会做人、学会做事。做人是根本，品德为第一；做事要认真，行动胜于言。我国古代《周易》曰："天行健，君子以自强不息；地势坤，君子以厚德载物"，德是为人之本，"厚德"是成人、成才的重要前提；追求真理、献身科学，"求真"是科技人才的事业宗旨；"金就砺则利"，追求学术贵在坚持、学业精湛更须磨砺，"砺学"是莘莘学子的主要任务；"行胜于言"、"笃行"才能实现你的梦想、成就你的成功！

大学期间，要积极构建起自己合理的知识架构体系。要善于整合已有知识、着力培养探究能力，不断提高自己发现问题、分析问题和解决问题的能力。"业精于勤荒于嬉，行成于思毁于随"，要勤学善思。同时，要锤炼自己、塑造自己、学会做人、学会做事，在学习中学本领、在实践中长才干，比学赶超、力争上游，用优异的成绩、优秀的成果回馈父母、回馈师长、回馈国家、回馈社会。

希望西电的校训"厚德、求真、砺学、笃行"，不仅成为你们的行为准则，更能够鞭策你们快速成长、早日成才！

第四，锤炼体魄、强健身心。强健的身体素质是保障完成大学学业的前提条件，良好的心理素质是应对挑战、顶住压力的必要基础。在今天日益激烈的竞争中，保持良好的身心状态，对于圆满完成学业、开辟崭新事业十分重要。

大学期间，在不断汲取知识、增长才干的同时，还必须注意养成良好的生活与学习习惯，注重锻炼身体、强健体魄，锤炼意志、耐压抗压，经得起挫折磨砺，经得起压力考验，培养自己高尚的兴趣爱好，提高素质、全面发展。

我国古代著名科学家张衡不仅精于天文、历算、数学，同时还是一位很有成就的文学家和画家；爱因斯坦不但是一位伟大的科学家，而且还是一位出色的小提琴手；我国著名地质学家李四光，不光散文写得好，旧体诗也写得好。科学与艺术有所互补、有所启迪，感性与理性互相辉映、相得益彰。大学期间，同学们在紧张的学习之余，要学会舒缓压力、释放心情、提高效率、启发灵感，应当注重培养健康的兴趣爱好、加强日常体育锻炼、养成良好生活习惯、获得全面的身心发展。

同学们，从今天开始，你们将要揭开人生新的一幕，衷心祝愿你们在西电校园里度过人生中最精彩、最愉快、最难忘的四年！

祝愿你们：

厚德求真、砺学笃行、用汗水培育累累的果实；
勤学善思、不落窠臼、用智慧点燃创新的火花；
学贵有恒、秉执如一、用坚定奏响青春的弦歌；
志存高远、心怀天下、用激情书写人生的画卷。

# 把握好人生起跑的头五年

—— 在 2010 届研究生毕业典礼上的讲话
（2010 年 3 月 29 日）

人生是一段旅程，事业如一次长跑。从毕业走出校门、走向社会，或是继续在学术上深造，都是一个新起点。起跑、加速，鼓劲、加油，开头阶段十分重要，良好的开端是成功的一半，把握好开局，意义重大而深远。

在网上有一篇流传很广的文章，题目是《毕业后的五年拉开大家差距的原因在哪里？》，提出了毕业后头 5 年个人事业定位与发展的重要性，其中说到"人必须有一个正确的方向"、"毕业后 5 年的迷茫，会造成 10 年后的恐慌，20 年后的挣扎，甚至一辈子的平庸"。对此，我深有感触，就此想谈一些想法，希望同学们能够很好地"把握好人生起跑的头 5 年"，也因此有四句话作为临别寄语送给大家，这就是"在理想与现实之间找准切入点"、"在吃苦和享乐之间把握平衡点"、"在聪明和踏实之间分辨着眼点"、"在成败与得失之间选择归零点"。

第一，在理想与现实之间找准切入点。

理想与志向是指引人前进的目标和动力，没有理想的人生是不完满的人生，失去方向的行进有可能误入歧途；船无舵不行、车无辕不驾、马无缰不牵、人无志不立，树立远大的理想与志向，是人生起步的基点。但是，光有理想仍不够，还应准确定位，在理想与现实之间找准切入点，使目标可行，使志向入位，使事业入轨。

1936 年 8 月，从麻省理工学院研究生毕业的钱学森，本打算继续留校读博，但美国航空工厂歧视中国人，飞机制造厂不允许学习航空专业的他去实习，实习不成，意味着无法继续深造；钱学森的人生理想与求学志向遭遇到残酷的现实打击。经过慎重抉择，他决定转到加州理工学院，研究航空工程理论，选择了驰名世界的空气动力学家冯·卡门为师。数年后，当他经过勤奋研究、刻苦攻读，脱颖而出地进入国际知名学者行列、奠定了自己在航天领域的学术地位后，导师冯·卡门教授也发自内心地说道："人们都说，是我发现了钱学森，其实，是钱学森发现了我。"

鹰击长空，凭借的是深邃的眼光、宽阔的视野；鱼翔浅底，拥有的是沉静的心怀、开阔的睿智。当理想遭遇现实的挫折与阻碍时，一味的埋怨、无端的抱怨，只能于事无补，而调整策略、找准定位、抢抓机遇、刻苦砥砺，则很有可能转化危机、实现梦想。因此，定位与选择非常重要。

捷克著名作家米兰·昆德拉也曾经说过："永远不要认为我们可以逃避，我们的每一步都决定着最后的结尾，我们的脚正在走向我们自己选择的终点！"

第二，在吃苦和享乐之间把握平衡点。

苦与乐、祸与福，既对立又统一。老子说"福兮祸所倚，祸兮福所伏。"福祸之间可以相互转换，苦乐之间实为辩证统一，吃苦与享乐，在不同人的眼里有不同的理解和感受，把握平衡点的关键在于自身。

我校校友、2009年当选为中国工程院院士、也是最年轻的工程院院士于全，是我校86级物理系电波传播专业硕士毕业生。1992年，当他从法国博士毕业时，已是国际通信界受人关注的优秀人才，留学四年就取得3项重要成果和1项法国专利，而面对种种诱惑，他不为所动，毅然学成回国。回国后，他又义无反顾选择了当时月薪只有300多元的部队就业，投身到国防通信科研事业建设中，以"苦"为"乐"；曾经在长达一年多的时间里，因为研制"野战通信网信令级仿真系统"，和助手几乎天天都泡在机房，面对枯燥繁琐的程序，反复编写、修改、再编写、再修改，整个系统光编程就达几十万条，打印出来足有几公里长，而最终取得了成功，不仅填补了国内空白，而且10多个指标达到国际先进水平。以后，又凭着这种以"苦"为"乐"的钻研精神，研制出世界上第一台"军用软件无线电网关"电台，为国防信息化建设做出了突出贡献。

又如，获得2009年国家最高科学技术奖、受聘担任我校空天研究院名誉院长、学术委员会顾问的孙家栋院士，是我国第一枚导弹、第一颗人造地球卫星、第一颗遥感探测卫星、第一颗返回式卫星的技术负责人、总设计师，是我国通信卫星、气象卫星、资源探测卫星、北斗导航卫星等第二代应用卫星的工程总师、探月工程总设计师、"两弹一星"功勋科学家，年逾八旬的他，50多年的时间都无私地奉献给了国家的航天事业，亲身参与并体验了我国航天事业发展中的甘苦艰辛与惊心动魄，他曾动情地说："搞了一辈子航天，航天已经像我的'爱好'一样，这辈子都不会离开了。"

淡泊名利、淡定从容、吃苦享乐、随意如风，在那些以事业为重、投身创造与探索者的心里，已经轻重分明、举重若轻，心境的澄净与透彻、苦乐的辩证与平衡，无需过多言语，已经彰显无疑。这点，值得大家学习和深思。

第三，在聪明和踏实之间分清着眼点。

聪明是一种气质，踏实是一种作风，不同的人有不同的特长，不同的特长有不同的用处，分辨聪明与踏实，关键在于出发点和着眼点。

大家都熟知的《愚公移山》的故事中，有河曲智叟，有北山愚公，智叟嘲笑愚公想要搬移太行、王屋二山是自不量力的愚蠢行为，愚公答复智叟不能清醒地分析长远发展"子子孙孙无穷匮也"的未来形势。无论是"智"还是"愚"，只要用对了地方，应该都能够发挥其应有作用；而往往在有的时候，分清"小聪明"与"大智慧"的区别，不要"小聪明"、涵养"大智慧"，对于人生的成长、事业的发展则至关重要，大智若愚、大朴若拙，是成就大事业者的必备素质。

还有一句古语，出自孔子之口，叫"智者乐水，仁者乐山；智者动，仁者静；智者乐，仁者寿。"意思是说"聪明的人喜爱水，好动，反映敏捷、思维活跃，能享受快乐；仁厚的人喜爱山，好静，仁慈宽容、沉稳厚重，能健康长寿。"智者代表聪明，仁者代表踏实，二者各有所长，关键是要用对地方、用对时机。

我校校友柳传志先生在创业起始阶段充满了艰辛与磨难，捕捉瞬间即逝的商机，付出了大量的心血。他经过大量市场实践总结提出的"企业管理屋顶图理论"及"建班子、定战略、带队伍"为联想管理核心理论，凝聚着创业的睿智、彰显着独到的眼光；而他在 07 年联想最辉煌时期的退出，与 09 年联想受到金融危机冲击时的复出，退出是一种境界，复出是一份责任，一退一进之中，更多体现出的是作为成大事者应具有的担当和气度，睿智与仁厚、聪明与踏实，在他身上集于一体、兼而有之。

第四，在成败与得失之间选择归零点。

海纳百川、有容乃大；壁立万仞，无欲则刚。世界复杂多样，是与非、善与恶、美与丑、义与利，既对立又统一，人生总会遇到成败得失，生活总会出现喜怒哀乐，如何对待、如何处理，端正心态、开阔胸怀则显得十分重要。

虚心装得下整个世界，自满听不进半句谏言。虚怀若谷，有助于保持良好的心态、学习更多的知识和经验，增长更多的素质和才能，胜不骄、败不馁，学会归零、时刻反省。在成败与得失之间，正确地选择"归零点"，恰恰是一种积极的心态；只有不断地学会"清空"，才能不断重新"获取"；即使遭遇到挫折和困难，仍有可能东山再起、雄风重振。

史蒂夫·乔布斯，"苹果"电脑的创始人之一，是他掀起了个人电脑的风潮，改变了一个时代，但却在最顶峰的时候，被"苹果"公司的董事们扫地出门，又患了重病，人生从高处跌至低谷，几乎被"归零"；而 12 年后，乔布斯卷土重来，不仅将苹果公司从濒临破产的边缘拯救回来，而且还使"苹果"一跃成为电子消费品行业的领军人物，开创了第二个令人震惊的"史蒂夫·乔布斯"时代。

　　保持虚心，学会归零，人生将会有大不同，生活会变得更精彩；学会倒出水，才能装下更多的水。你的潜力其实也很巨大，你的发展将充满无限可能。

　　西电校友是一家，西电进步靠大家。明年母校将迎来 80 华诞，在这里，诚挚地邀请同学们和广大的海内外校友届时返回母校共襄庆典！

# 思 辨 行 远

—— 在 2010 届本科生毕业典礼上的讲话
(2010 年 6 月 29 日)

大学生活是人生的起步阶段，本科学习奠定着事业发展的坚实基础。

4 年前，你们怀揣着梦想、憧憬着未来，带着成功的喜悦进入西电校园。开学典礼上，我寄语大家尽快完成"两个转变"，即"从未成年人向成年人转变、从中学生向大学生转变"，当时的情形犹如昨日。

4 年中，你们经历了本科评估，见证了新校区建设的艰难与波折；经历了地震与甲流，付出了爱心、经受了煎熬；经历了 60 周年国庆、08 年奥运会，感受到伟大祖国的崛起、中华民族的强盛。

你们在学习中转变，在转变中成熟。

你们中的 200 余人获得了国家奖学金、600 余人获得过国家励志奖学金，有 300 人次参加了全国挑战杯、电子设计竞赛、数模竞赛、信息安全竞赛、ACM 程序设计赛并屡获佳绩，有全国先进班集体、2009 全国大学生年度人物百名候选人、拾金不昧的优秀集体与个人等等。你们 4 年的成长，恰恰与学校的"十一五"建设同步，西电战略发展的历史上，也有你们的付出与奉献！

当然，4 年里，你们也有抱怨、也有不满，为了一些不科学的管理、不光彩的事件、不完善的服务，通过网络、邮件、信件、座谈等不同方式反映着自己的心声、提出了很好的建议。

爱之深必责之切，动于心而发乎情。

每一位同学善意的批评，都是对母校的鞭策，是帮助学校进一步改进和加强管理、不断加强建设的动力源泉。相信通过我们的共同努力，各项工作必然会得到改进和提升，让你们的学弟、学妹们受益，让你们为母校的不断进步而由衷感到欣慰！

4 年后的今天，在临别之际，我对你们下一步人生轨迹的发展、事业坐标的选择提出几点建议，有 4 个字送给大家，这就是"思、辨、行、远"，即：学会思考、学会判断、重视行动、着眼长远。

第一，学会思考，培养独立思考的能力，在人生的道路上慎思、慎独。

思考是人类最大的乐趣，思考是社会智慧的源泉，没有思考，历史和文明的进步就会失去灿烂的光辉。

培养独立思考的能力，是事业起步的重要基点，只有慎思、慎独，才能洞悉矛盾、明悉事理，才能去除芜杂、直达核心，真正把握事物的本质。

思考酝酿思想，思想决定行动。

慎思、慎独，在一些知名人士身上，例如新东方教育集团的俞敏洪、我校校友联想集团柳传志等，经常体现出这种特质，不管事务如何繁忙，总要留出静思的时间，思考一些重大问题，思考重要的战略决策。

经过4年本科阶段集体学习与生活的毕业生同学们，在走向新的人生阶段的开始，培养自己独立思考能力，慎思、慎独，不仅有助于自身的健康成长，更有助于对未来事业的筹谋与规划。思以致远、静以凝神，让思想的火花为你插上智慧的翅膀，带你飞向向往的地方！

第二，学会判断，善于辨析，坚持正确选择，敢于直面困难，更要着重培养坚定、执着的意志力。

解一道难题，首先要分析判断，找准关键、从容入手，路径要走对、方法要契合，才能取得事半功倍的效果。人生与事业也具有相似的道理，学会判断、辨析形势，才能扬长避短、少走弯路，使奋进的征程一帆风顺。

哲学上非常讲究"思辨"，"思"是一个过程、一种状态，而"辨"要分析判断、得出结果，为确立正确的发展方向提供有力帮助。因此，学会判断、善于辨析，真正的目的是做出正确选择，选择适合自身的人生与事业的起步点。

当今时代，科技发展、经济繁荣，多元化、多样化成为一种趋势，而各种诱惑也非常多，功利思想、庸俗主义等时常渗透到社会生活之中，要辨别是非、准确判断，往往需要静思细辨，需要一双"慧眼"。眼界决定未来，正确的判断与选择，往往决定着个人发展的成功与否；而如果一旦做出了选择，就要为之坚持不懈、奋斗不止。

第三，重视行动，行胜于言，勤于践行理想，善于团结协作。

俗语说"千里之行，始于足下"。要把理想变成现实，真实的行动胜过华丽的语言；一步一个脚印，才能走出扎实的足迹；一路洒下汗水，才能达到目标的顶峰。要知道站在一旁、说一些大而化之的话是非常轻松的事，而富有智慧、可进行实际操作的思想与行动则是十分困难的事。

实践出真知，成败靠行动。

长期以来，一代又一代的西电人，不尚空谈、惟重实效，以朴实无华的实干作风和严谨务实的实际行动，传承着学校的优良传统，践行着西电的校训校风，确立了很好的西电品牌。广大校友中，无论是两院院士、著名学者，还是高层领导、IT精英，都集中体现了"务实、肯干、能力强、上手快"的特点，集中体现了善于团结、加强协作的奉献情怀。

希望这种独特的品质在你们身上能进一步得到传承、得到发展，希望你们用自己的实际行动践行理想、实现抱负，为事业的成功助力、起航！

第四，着眼长远，事业发展要有规划，追求奋斗的过程就是享受充实的人生。

人无远虑、必有近忧。年轻人要立大志、立远志，大学期间要做好学业规划，毕业之后应制定事业发展规划，自始至终要做好人生规划。

据一份调研报告显示，一般来说，杰出人才的成长基本分为 4 个阶段，一是大学本科阶段，是基本素质养成阶段；二是研究生阶段，是专业能力形成阶段；三是创新能力激发阶段，大约在 30～40 岁，是获得最佳成果的峰值期；四是领军人才完型阶段，大约在 40～50 岁，是孕育一流成果的成熟期；而其中最为重要的是，大多数人在前两个阶段，就已经非常清楚地知道自己以后该怎么走，很早就规划人生，并追求和享受着奋斗的历程。

因此，立足长远，筹划好自己的事业发展，规划自己的人生之路，已经成为一个摆在你们面前的崭新课题，需要尽早着手、未雨绸缪！

明年，西电将迎来 80 周年华诞。在这里，诚挚地邀请大家届时返回母校，共襄盛典！

# 求知　明理　探索　实践

—— 在 2010 级本科生开学典礼暨军训动员大会上的讲话
（2010 年 8 月 26 日）

　　进入大学、选择西电，是你们在经历了寒窗苦读、长期准备、高考比拼、择优录取之后，结缘西电、开启梦想，迈出人生事业发展的第一步。在四年大学生活即将开始之际，不知大家是否认真思考过三个基本的问题：为什么上大学？为什么选择西电？怎样规划好四年的学习与生活？

　　第一，为什么上大学？我个人以为，上大学，有求知、明理、实现价值三个层次的目的和追求。

　　求知，就是获取知识、追求学问。在大学期间，要打牢知识基础、掌握专业技能、积累实践经验，从而具备能从事一定职业工作或进一步求学深造的基本要求，找到安身立命的发展平台。从表面看，是为了修完学业、拿到文凭、找好工作，获得更好的事业发展；从内在讲，是为了求学问道、汲取知识、加强修养、提高能力。总之一句话，上大学的最直接目的就是读书求学、获得知识。

　　明理，就是通晓哲理、追求真理。大学是追求真理、崇尚学术的殿堂，是传授知识与创造知识、传播文明与传承文化的场所。上大学，求知、求学之外，更重要的是接受一种思维训练、素质养成、文化熏陶和人格塑造的过程，是用心感悟为人处事的基本道理，领会到自然、社会存在与发展的深刻哲理，追求人生存在的真正意义。古希腊著名的哲学家苏格拉底说："教育不是灌输头脑，而是点燃心火。"耶鲁大学 1828 年著名的《耶鲁报告》，也提出了"头脑的修炼和充实"（the discipline and furniture of the mind）的观点，强调个人能力修养与思想认识水平的提升。上大学，更高层次的目的是追求真理、捍卫真理。

　　实现价值，就是完善自我、乐于奉献。马克思主义哲学指出，人的全面发展必须与社会的进步紧密相关，只有首先实现了社会的进步，才能更好地实现个体的全面发展。要实现自我的人生价值，就必须完善自身、提升自我，充实知识、增强能力，为社会和人类发展做出应有的贡献；要把自身的发展与国家、社会的进步紧密结合，"为中华之崛起而读书"，为国家的强盛而奋斗，为世界和平与人类进步而努力，成为社会的中坚、国家的栋梁。通过接受高等教育的培养与训练，要为实现价值的崇高目标打牢基础、做好准备。

第二，为什么选择西电？

选择西电，因为她具有光荣而悠久的历史。

西电起源于 1931 年江西瑞金的"中央军委无线电学校"，是毛泽东等老一辈革命家亲手创建的我党我军第一所工程技术学校，经历过长征、抗战、辗转于西北、华北，1958 年定址西安，1959 年被中央确立为全国首批 20 所重点大学之一，"西军电"闻名遐迩，成为我国培养电子信息工程师的摇篮。

选择西电，因为她拥有鲜明而突出的特色。

西电曾创建了我国通信、雷达等第一批电子信息专业，开辟了学科先河，诞生了我国第一部气象雷达、第一套流星余迹通信系统等一流成果，汇聚过孙俊人院士、毕德显院士、罗沛霖院士、陈太一院士等我国电子学、雷达、信息论等领域的学术泰斗，培养了 12 万余名高级技术人才，产生了 12 位两院院士、120 余位解放军将军、几十位副部级领导、研究所所长和总工，涌现出联想集团柳传志，"神七"飞船副总指挥王志刚、阴和俊，新一代东风导弹控制专家包为民院士，计算机专家张尧学院士，军队科技新星于全院士，国际纳米技术专家王中林院士，"神五、神六"飞船副总设计师杨宏等大批的杰出校友。

选择西电，因为她保持着严谨而务实的作风。

今天的西电，"信息与通信系统"、"电子科学与技术"一级学科全国排名分别为第 2、第 6，拥有 7 个国家二级重点学科，设有 7 个博士后流动站、27 个博士点、63 个硕士点、48 个本科专业，拥有 3 个国家级重点实验室、1 个国防重点学科实验室、6 个教育部重点实验室、2 个省部级工程研究中心，承担了大量的国家重大、国防重点研究项目，从"杀手锏武器"的陆基、机载雷达到舰载雷达，从 052 舰天线系统、分布式卫星 SAR 系统、大型星载可展开天线到 WAPI 无线局域网国家标准、"嫦娥一号"实时图像压缩系统，都凝聚着西电人的心血和汗水；在目前国家实施的 16 个重大专项中，我校参与的就有 6 项。

今天的西电，建有 3 个国家教学基地、4 个国家实验教学示范中心、3 个国家人才培养模式创新实验区，拥有国家级特色专业 13 个、国家级精品课程 13 门、国家教学名师 4 位、国家教学团队 6 个，"卓越工程师教育培养计划"试点即将启动。师资队伍中，不仅有保铮院士等老一辈学科带头人，也有国家杰出青年基金获得者，长江学者特聘教授、讲座教授，国家教学名师，国家 973 首席科学家等年富力强的学术骨干，教风严格、治学严谨。近年在国际数模竞赛、全国大学生电子设计竞赛、"挑战杯"、"英特尔杯"竞赛等各种竞赛中屡创佳绩，培养质量高、就业形势好，学风扎实、作风淳朴。

选择西电，因为这里始终传承了坚强不屈的精神。

经历过风雨的西电人，秉承着"团结、勤奋、求实、创新"的校风，曾跨越了建设与发展道路上的种种艰难，在困难中砥砺、在拼搏中成长，塑造了顽强不屈的坚强品质。今天的西电人，弘扬着"厚德、求真、砺学、笃行"的校训，制订了中长期战略发展规划，有力地推动了学科、教学、科研和师资队伍的建设与发展，从 2004 到 2008 年，用 4 年多时间，克服了重重困难，完成了新校区 70 万平方米建筑，创造了西电建设史上的奇迹，为学校的长远发展奠定了坚实基础。正如柳传志校友的一句口头禅"困难无其数，从来没动摇"，坚强不屈、顽强拼搏，是西电人共有的品质、共同的精神。

第三，怎样规划好四年的学习与生活？

"良好的开端是成功的一半。"确立本科阶段的奋斗目标、做好四年生活的整体规划，是大学学习起步阶段的重要环节，每一位新同学对此应当着重予以考虑，要大胆探索、勤于实践。

在此，提出四点建议与希望：

其一，尽快适应、完成转变。

我国古代称 20 岁为"弱冠之年"，要举行成人礼，标志着从未成年人向成年人的转变。左思《咏史》诗云："弱冠弄柔翰，卓荦观群书。"指即将成人的青年，当通晓文墨、博览群书。进入大学，标志着你们相对独立生活的开始，要实现从高中生向大学生、从未成年人向成年人的转变，无异于完成古代的"弱冠之礼"。为此，要做好充分准备，调整心态、及时应对，尽快适应环境氛围的变化、学习方式的变化和生活模式的变化，积极融入到大学崭新的学习生活之中。

其二，确立目标、制定计划。

人无志不立、船无舵不行，目标是事业发展的指南，计划是人生前进的路径。确立目标、制订计划，全面规划自己的学习、生活、事业、人生，是每一位睿智成功者的必修课。规划未来、把握现在，制订自己的学生生涯发展规划，不仅必要，而且重要。新同学应当认真地分析自我、结合实际，为自己大学四年的学习与生活确立明确的目标，制订细致的计划，对照执行、不断调整、切实推进。

其三，脚踏实地、循序渐进。

九层之台，起于垒土；千里之行，始于足下。脚踏实地，应加强基础积累；循序渐进，要善于探索规律；这是执行规划与计划的关键。18 岁的牛顿于 1661 年进入剑桥大学三一学院，大一就对数学和自然科学产生了浓厚的兴趣，开始了如饥似渴的研读；大二用实验和数学计算来验证前人的成果与结论，形成了

《三一学院笔记》；大三初步开始在数学和光学上有所发现；大四时逐渐在"离心力定律、运动三定律和力的定义"等重要思想上产生了萌芽。可以说，大学四年脚踏实地的学习、循序渐进式的研究，对于他后来的发展起到了关键的铺垫，发挥了重要作用，值得大家学习与借鉴。

其四，全面发展、健康身心。

在社会竞争日益激烈的今天，广博的知识面、扎实的专业基础必不可缺，而良好的道德修养、优秀的人文素养、健康的身心状态也同样重要。大学期间，不仅要学习知识、锤炼技能，也要锻炼体魄、健全身心，更要学会做事，学会做人，德智体美全面发展，培养创新精神、增强实践能力，为明天的成功做好今天的准备！

# 用心编织自己的人生

—— 在 2011 届研究生毕业典礼上的讲话
（2011 年 3 月 30 日）

研究生学习是一个人在学术上登堂入室的起步阶段，是事业发展的重要奠基时期，个人的知识、能力、思维、意志等多方面要素在此阶段得到一定的磨砺、锤炼与升华，具备了独立开展科学研究的基本素质，具有了从事科技研发、项目组织实施的基本能力，人生事业的发展站在一个更高的平台上，拥有了一个新的起点。无论大家毕业后是继续从事学术研究还是做其他工作，都应该继续保持并发扬研究生钻研学术、探索未知的执著精神，珍惜研究生学习中所获得的宝贵知识，运用课题研究中的方法技巧，活学活用、学以致用，精心筹划未来的事业蓝图、用心编织自己的精彩人生。

临别之际，有四句话送给大家，这就是"明确方向、坚定决心"、"锤炼意志、保持恒心、"、"终身学习、涵养虚心"、"为人处事、树立诚心"。

第一，明确方向、坚定决心。

方向指引人不断前进，决心影响你是否成功。明确的人生目标、坚定的必胜决心，是促使一个人事业发展的必要前提，是职业生涯规划的起步和开始。

新中国历史上被周恩来总理称为"三钱"之一的钱伟长，是我国近代工程力学的主要奠基人之一，著名的科学家、教育家。20 世纪 30 年代，当他以优异的成绩考上清华大学历史系时，日本侵占我东三省，钱伟长毅然决定改学物理，以后出国留学师从世界著名空气动力学大师、被誉为"航空航天领域科学奇才"的冯·卡门教授，致力于工程领域的科学研究，在工程力学研究、高等教育方面做出了重要贡献。他常说："我们中国青年应当有远大的理想和抱负，应当用高尚的思想去指导自己的工作和生活。国家需要我干，我就学。"

人生需要规划，方向引领发展。孔子说："取乎其上，得乎其中；取乎其中，得乎其下；取乎其下，则无所得矣"。目标定得远大，陡增动力和决心；决心下得彻底，才能无往而不胜。年轻人在事业起步之际，应当眼界开阔、胸襟博大、目标宏远、决心坚定，要充满朝气和锐气，敢想敢干、勇于开拓，设计人生的蓝图、规划事业的前景，起好步，开好局！

第二，锤炼意志、保持恒心。

　　机遇总是钟情于那些有准备的人，成功来自持之以恒的心。"锲而不舍，金石可镂；锲而舍之，朽木不折。"做任何事，没有坚强的意志、持久的恒心，只能是半途而废或一事无成。

　　我校校友、联想控股集团总裁柳传志，1984 年在中关村以 11 个人、20 万元资金起家，创业之初曾经历过被骗 14 万、借款被骗 300 万的艰难时期，曾为在香港建立公司费尽周折。然而，一次次的打击和挫折不仅没有消退他的创业激情，更进一步激发了他走向国际的远大理想与抱负，从贸易到投资、从国内到国际，联想在 20 多年的发展过程中不断壮大。

　　无志者常常频繁立志，有志者立志重在长远。目标锁定后，最重要的就是坚持，坚定不移地朝着目标不断奋进。1915 年，就读于湖南第一师范年仅 22 岁的毛泽东就写下了"贵有恒，何必三更起五更眠。最无益，只怕一日曝十日寒。"的著名对联，勉励自己勤奋读书、坚持不懈。成就非凡伟业，必须具备非凡的毅力和坚韧的品格，经得起风浪、耐得住挫折，在困难中锤炼意志，在起伏中保持恒心。

　　第三，终生学习、涵养虚心。

　　"学而时习之，不亦乐乎？"学习的乐趣，只有全身心投入其中、体味求知之奥妙、探索之神奇，才能有切身体会；学的东西越多，视野越开阔，就越能认识到自身的不足，越可以涵养自己的虚心；活到老、学到老，终生学习，是一个人不断成长的源泉和动力。

　　学习要保持浓厚的兴趣，注重培养创新意识，学习过程中正因为富有创造性的思维和迸发奇特的思想而显得乐趣无限。爱因斯坦曾说："提出一个问题往往比解决一个问题更为重要，因为解决一个问题也许是一个数学或实验上的技巧问题。而提出新的问题、新的可能性，从新的角度看旧问题，却需要创造性的想象力。"分形几何的创立者、著名数学家曼德布鲁特在研究思考几何学问题时，产生了"云彩不是球体，山岭不是锥体，海岸线不是圆周，树皮并不光滑，闪电更不是沿着直线传播"的独特思想，创建了分形几何的概念。人们在认知过程中的学习乐趣，往往是迸发创新意识和创造精神的源泉。坚持终生学习，就会体会终生的乐趣。

　　同时，因为知识的丰富、眼界的开阔，才能真正地做到涵养虚心、虚怀若谷，获得学识和人格上的双丰收。

　　2010 年因发现石墨烯而获得诺贝尔物理学奖的英国曼彻斯特大学科学家安德烈·海姆，在获奖后发表感言时说："因为从没想过获诺贝尔奖，昨天晚上睡的很踏实。我会像平常一样走进办公室，继续努力工作，继续平常生活。"

　　袁隆平院士也常说："只要田里有稻子，从播种到收获，每天都要下田，

这是我的本职工作，也是我的兴趣。"

青年人要成大器，必须在起步时就坚持学习、涵养虚心。

第四，为人处事、树立诚心。

常言说"精诚所至、金石为开。"为人处事，德为立身之本，诚心诚意是处事之道，解决难题、克服障碍的关键在于用心、专注、诚意、执著。树立待人接物的诚心，学习与人交往的艺术，无论是在学习上、工作上和生活上，都是打开一扇与社会、人群交流互通大门的智慧钥匙，能够以人格之魅力、心灵之精神感染、影响和打动周围的人，是成功者必备的基本心理素质之一。

"无论对政府、公司还是个人，诚实都是核心竞争力。"这是易凯资本 CEO 王冉的座右铭。对于大多数即将走向社会的同学们来说，为人处事是需要认真学习的第一课，坚持诚恳的态度，保持宽广的心胸，以正直而崇高的事业心认真对待自己所接触到的人和事，以淡定而从容的人生观坦然处置一切荆棘，相信你的未来就掌握在自己的手中！

同学们：高度决定视野、角度转变观念、气度决定格局、尺度把握人生。

> 你改变不了事实，但你可以改变态度；
> 你改变不了过去，但你可以改变现在；
> 你不能控制他人，但你可以掌握自己；
> 你不能预知明天，但你可以把握今天；
> 你不可以样样顺利，但你可以事事顺心；
> 你不能延伸生命的长度，但你可以决定生命的宽度；
> 你不能左右天气，但你可以改变心情；
> 你不能选择容貌，但你可以展现笑容！

希望大家在毕业之后，时刻保持与母校的密切联系，更希望在母校 80 周年华诞之际，与大家共同分享耕耘与奋斗的喜悦和荣光！

# 自警　自省　自立

—— 在 2011 届本科生毕业典礼上的讲话
（2011 年 6 月 29 日）

光阴流逝，岁月如梭。四年前的 9 月 19 日，你们参加了开学典礼，在军训连排长的带领下，戎装列队、军歌嘹亮，以崭新昂扬的振奋姿态迎来了迈进西电的第一课，以饱满自信的拼搏精神憧憬着美好的大学生活。当时，我寄语大家："要规划好大学四年的生活，志存高远、融入时代，关心国家民族的命运，勇于承担责任，努力培养自己的使命感和责任感，做无愧于父母、无愧于社会的新一代大学生。"四年后的今天，你们已经学业有成。四年来，你们用自己的实际行动回报了父母，用自己出色的学业回报了学校！

今年，是一个具有特殊纪念意义的年份，辛亥革命胜利 100 周年、中国共产党建党 90 周年、西电建校 80 周年。100 年前，中国民主革命的先驱孙中山先生领导的辛亥革命爆发，推翻了长达 2000 年之久的封建统治；90 年前，中国共产党诞生，带领着中国人民不断走向独立自主、繁荣富强的复兴之路；80 年前，毛泽东等老一辈无产阶级革命家亲手创办了我党我军第一所工程技术学校——中央军委无线电学校，开启了西电建设与发展的历史先河。经过 80 年风雨历程，今天的西电，已从专门培养军事通信人才的军校，发展成为面向信息化战略、国防建设、行业和区域振兴的全国重点大学。经过一代又一代西电人的奋勇拼搏和不懈努力，我校学科建设、人才培养、科学研究等主要工作得到不断加强和提升。

历史的发展新旧更迭，国家的建设推陈出新，社会的进步日新月异。面对纷繁变化的发展形势，居安思危、未雨绸缪，预见和规划自己的未来，创造和把握成长的机遇，对于年轻人来说，意义重大。与同学们离别之际，我有六个字送给大家，即"自警、自省、自立"，与大家共勉。

第一，自警，就是要时刻保持清醒头脑，增强忧患意识。生于忧患、死于安乐。警醒使人头脑敏锐，忧患让人思虑长远。保持自警、增强忧患，犹如悬起一把"德莫克利斯之剑"，使你时刻警醒，催你不断奋发，树立强烈的危机感、责任感和使命感。走出校门、走向社会，你们将迎来许多新奇与机遇，也要面对更多问题与挑战，工资待遇、升职升迁、住房婚姻、同事关系，压力与动力俱存、困难与矛盾共有，要顾及生存，也要考虑发展；要享受生活，也要干好事业。你的人生发展可能会一帆风顺，而大多数人往往好事多磨。因此，迎接挑战，需要头脑清醒、常怀忧患；面对挫折，需要坚定决心、刚毅执著。在挫折和困难的历练中，要善于培养自己的耐挫力、意志力，不轻易言败、不轻易放弃，对自己奋斗的方向有准确判断，对人生发展的目标有长远规划，锤炼意志、超越自我！

第二，自省，就是要善于开展自我反省，进行自我剖析。孔子说："吾日三省吾身"、"见贤思齐焉，见不贤而内自省也。"自省行为投射出自我批判的精神，是对自身思维与行动的反观对照、重新认识，是通过实践检验目标执行效果的必要方法。6月22日，我在京拜访我校校友、联想集团董事局主席柳传志学长，他谈到企业管理中的"复盘"思想，即借用围棋术语"复盘"来意指把做过的事情重现一遍，讨论、总结出经验和教训。他回顾了并购IBM、世界金融危机爆发后重回联想、3年后重新"复盘"此段经历的感想，说："想要提高谋定而后动的能力，复盘很重要。特别是对做过的事情，好的还是坏的，都要及时总结。尤其是失败后，要无情解剖自己，不留任何情面地总结、找出自己的不足。这样，你的能力自然会不断提高。"企业管理如此，个人发展也同样具有相似道理。一个人认识和评价别人容易，认识和评价自己比较难，能够不断自省、自我批判更难，而要有出色的作为，必须在完善自我方面不断反省、不断总结、不断提高。

第三，自立，就是要逐渐增强适应能力，学会从容处事。古语云："三十而立、四十不惑。"实际上，当代学子大学四年的经历，已经是一段相对独立的学习与生活状态，拥有着青春意气，涵养着书生豪气，在大学校园里汲取了知识营养、历练了过硬技能、培养着高尚情操、完善着健全人格，正在学会独立处事的能力，正在磨练自立自强的本领。自然世界的发展，蕴藏着生生不息的客观规律；人类社会的进步，彰显出自立自强的主体精神。作为年轻人，你们刚刚迈出了真正走向社会、独立生活的第一步，未来的路还很长，学会自立，才能自强，学会坚强，才能成功！

同学们，四年中：

　　也许你还没来得及深入思考，学习已经暂告段落；
　　也许你还没来得及饱览群书，考试已经大体结束；
　　也许你还没来得及促膝交谈，情谊已经扎根心里；
　　也许你还没来得及大声抱怨，不满已经化为惆怅；
　　也许你还没来得及施展才华，终点已经变成起点！

在这里，我要感谢你们的包容、感谢你们的理解、感谢你们的批评、感谢你们的支持，因为这是促进学校不断改进、不断发展的动力，也是推进西电改革创新的力量源泉！儿行千里母担忧，母校与你共分愁。希望大家毕业以后，常回校看看，继续关心和支持母校的建设与发展。让我们以学校建校 80 周年为新起点，共同拼搏、共同奋进，母校期盼着能不断收到你们进步和成功的好消息，更祝愿你们拥有一个光辉灿烂的明天！

# 第五部分　新区建设

　　大学也要有大楼，特别是在国家扩大高等教育办学规模发展的形势下，拓展校园空间，提供必要的硬件基础和条件，成为大学建设中的一项重要任务。

　　学校老校区占地不足 900 亩，其中教学科研区仅 560 亩，空间有限。而在 2000 年之后，随着电子信息人才市场需求的急剧增加、地方经济社会发展需要的不断增长，国家实施扩招政策后，在校生规模迅速扩大，原有校园空间狭小、生存发展受限。2003 年，恰逢西安市在老校区东北角外建设二环路太白立交桥。本着合作共赢的原则，学校一方面大力支持市政建设，一方面提出建设新校区的思路，得到了陕西省、西安市的大力支持，拉开了新校区建设的序幕。

　　新校区工程建设，从 2003 年洽谈征地、确定选址、规划设计开始，2004 年 2 月 14 日正式开工，主体工程经历了大约 5 年时间，迄今已经完成了占地 3000 亩整体规划、建筑面积达到 115 万平方米的工程任务，创造了学校建设史上的奇迹，为百年的长远发展奠定了坚实的基础。

　　本部分收录的 4 篇讲话，是新校区建设历程中几次关键工程进展节点时的工作讲话，从一个侧面反映出新校区建设过程中所经历的艰难曲折和艰辛努力。

# 合作共赢　推进发展

—— 在西安电子科技大学新校区建设合同签字仪式上的讲话
（2003 年 5 月 30 日）

今天，阳光明媚、惠风和畅。我校与长安区人民政府在这里隆重举行《西安电子科技大学新校区建设项目合同书》签字仪式，我谨代表西安电子科技大学党政领导和 3 万余名师生员工向出席签字仪式的各位领导、同志们、朋友们表示最热烈的欢迎与衷心的感谢！

西安电子科技大学新校区，是学校建设与发展史上的一件大事，具有里程碑式的重要意义。

西安电子科技大学长期以来立足古都西安、根植"三秦"大地、面向华夏神州，秉承"艰苦奋斗"的优良传统，牢记"全心全意为人民服务"的宗旨，经过 70 余年的建设与发展，已成为国家 IT 技术领域高层次人才培养和高水平科学研究的重要基地，成为"攀登电子信息科学高峰"的重要生力军。学校已累计为国家培养出 7 万余名电子信息领域的高级技术人才，产生了数位中国科学院、中国工程院院士、100 多位解放军的高级将领，涌现出柳传志、王中林、李默芳等一大批各行各业的杰出栋梁之才。可谓良才辈出、硕果累累，在国家信息化和国防现代化建设中做出了卓越贡献，为陕西地方经济与社会发展、为西安高新技术产业的发展提供了强有力的人才支持和技术支撑。

迈入新世纪，信息化战略宏图绘就、西部大开发号角吹响、科技强军强我国防、科教兴国振兴国邦，国家改革与建设事业已跨入一个崭新的历史时期，高等教育事业得到了前所未有的重视，学校也迎来了千载难逢的大好发展时机。

紧抓机遇、加快建设、跨越发展，已成为学校各项事业发展的根本出发点。千里之行、始于足下，九层之台、起于垒土，新校区建设是缓解当前办学场地紧张、解决制约建设与发展"瓶颈"问题的重大举措，也是改善学校基本办学条件的重要保障，是实现"两大步三小步"宏伟战略目标的重要保证——即：到 2020 年建成"特色鲜明、研究型、开放式、国内一流、国外知名高水平大学"、到 2040 年建成"特色鲜明、研究型、开放式、具有国际先进水平的一流大学"。对此，全体师生员工给予高度关注。

在省、市领导的悉心关怀和大力支持下，在西安市有关部门的积极协助下，我校与长安区人民政府多次接洽、反复协商、友好合作，以对历史负责、对党的教育事业负责、对学校负责、对广大教职工负责的态度，经过仔细斟酌、科学论证、广泛征求群众意见，最终确定了新校区的选址。今天，双方在这里即将签订建设项目合同书，正式启动西安电子科技大学新校区建设项目，拉开学校新一轮办学基础设施建设的序幕。

我校新校区选址于长安区兴隆乡，占地 3000 亩，与西沣一级公路紧邻，与现校区相距 13 公里，交通便利；新校区北接长安科技产业园，周边地势平坦，"闻天农业生态园"建于侧畔，草木葱茏，自然环境与周边氛围和谐、优美，符合学校长远建设与发展的需求。

建成后的西安电子科技大学新校区，将拥有一流教学、研究、实验及生活设施并具有一定规模的校园环境，形成集先进性、数字化、花园式等特点于一身的崭新风格，构造起自然景色、人文理念与科学精神相互协调的良好氛围，具备现代大学优越的硬件基础条件。

建成后的西安电子科技大学新校区，将以人才培养为宗旨，进一步发挥学校在电子信息领域的学科优势，以培养厚基础、宽口径、复合型的创新人才为目标，加强教学改革与创新，优化课程体系结构，强化教学实践环节，积极适应新形势下对人才培养的需求，多出人才、出好人才，成为汇聚一流学术人才的基地，为陕西"一线两带"建设和西安"建经济强市、创西部最佳"提供更加有力的人才支持和知识贡献。

建成后的西安电子科技大学新校区，将面向信息化建设主战场，与西安高新区、长安科技产业园以及其他高新技术企业加强沟通、通力合作，把科技创新和科技成果转化放在优先发展位置，积极吸纳社会资金发展学校的科技产业、加快科技成果转化，努力成为产学研紧密结合的示范基地。

建成后的西安电子科技大学新校区，将与已经落户长安区的西北工业大学、陕西师范大学、西北大学、西安邮电学院、西北政法大学等兄弟院校的新校区互相呼应、联片发展，共同构筑起"西部大学城"，形成"集团"规模，优势互补、资源共享、集聚力量、并肩迈进，为实现"科教兴陕"、"科技强市"，为长安区的社会与经济繁荣做出新的贡献！

合作共发展，携手齐跨越。我们衷心希望，西安市长安区人民政府在与我校签订合同、友好合作的基础上，进一步加快相关各项具体工作的进度，确保新校区建设工作的顺利进行。西安电子科技大学必将以一流的人才培养和高水平的科学研究及成果转化作为回报，为地方经济发展和社会进步做出更大贡献，为西部大开发再立新功！我们坚信，在省市领导一如既往的大力支持和关心下，在各级主管部门的积极协助下，在长安区人民政府的诚挚配合下，西安电子科技大学新校区建设一定能够顺利展开，并取得圆满成功！同时，为双方创造更多的"双赢"机遇，推动各自事业不断走向新的辉煌，实现新的跨越！

# 一期封顶　再接再厉

—— 在新校区一期建设工程封顶仪式上的讲话

（2004 年 5 月 22 日）

今天，全校上下高度关注的新校区一期 15 万平方米建设工程全面封顶，这标志着新校区建设工程取得了重要的阶段性胜利，为保证后续规划目标的顺利实现奠定了坚实的基础。

新校区建设是学校的百年大计，也是学校迫在眉睫的紧迫任务，责任重大、困难重重、时间紧迫、任务艰巨。在工程建设指挥部和监督保障部全体同志们的艰苦努力下，在各个建设单位建设者们的忘我奋斗下，从 2 月 14 日正式开工到今天一期工程全面封顶，你们在短短 3 个多月的时间里，克服了建设过程中遇到的各种艰难困苦，夜以继日地努力工作，用自己的双手创造了奇迹，以勇往直前的精神和百折不挠的斗志为新校区的建设开创了一个良好的开端，为学校的长远发展贡献了自己的智慧和汗水，这种精神值得我们敬佩和学习！

事实证明，团结一致、众志成城，努力拼搏、梦想成真，只要我们目标明确、意志坚定，努力按照奋斗目标踏踏实实地做好每一件有益于建设与发展的实事，求真务实，扎扎实实地推进工作与建设，就必然会获得应有的回报，就必然能把海市蜃楼的梦想变成活生生的现实，汗水铸辉煌、创造出奇迹！

希望承担我校新校区建设工程的建设者们和工程指挥部以及监督保障部的全体同志继续发扬这种艰苦奋斗、百折不挠的顽强作风，继续以做好一期工程的后续工作为己任，再接再厉、努力奋斗，认认真真、保质保量地搞好后期的各项建设具体工作，圆满完成一期工程的各项指标和任务，建设好一个质量一流、环境幽雅、氛围宜人的西电新校区，为新生的如期入住创造美好的环境，为西电的建设与发展做出积极的贡献！

希望你们能够继续保持艰苦奋斗的一贯作风，以一期全面封顶为良好契机，加快进度、加大工作力度，努力做好二期、三期工程建设中的有关征地、设计以及施工等工作，充分做好迎接更多、更大困难的思想准备，积极在各个方面为二期、三期工程建设打好基础、铺好道路，确保新校区工程整体的持续、顺利建设，努力在各个方面取得新的进展，为西电基础建设的长远大计出谋划策、增砖添瓦！

# 一个奠定跨越的里程碑

—— 在庆祝新校区一期工程竣工典礼上的讲话

（2004 年 9 月 30 日）

在举国欢庆祖国 55 岁生日的日子里，我们满怀喜悦、欢聚一堂，隆重举行新校区一期建设工程竣工典礼，具有十分特别的意义。今天，2004 年 9 月 30 日，作为重要的一天，将写入西电发展的史册中！经过 200 多天的艰苦奋战，一个面貌崭新、设施齐备、规模初具、充满生机与活力的现代化大学新校园矗立在我们面前，这标志着西电建设与发展又一个新里程的开始！

在此，我代表学校 3 万余名师生员工，向关心、支持西电新校区建设的教育部，陕西省，西安市，长安区委、区政府、区人大以及省市区建设、规划、土地、电信、水务、天然气、电力、市容等部门和兴隆乡各级领导表示衷心感谢！向所有参与新校区建设的设计、施工及监理单位的领导及建设者表示热烈的祝贺和诚挚的问候！向建设工程指挥部和监督保障部的全体同志以及参与和支持新校区建设的同志们致以崇高的敬意！你们辛苦了！

一流的现代化大学，要有一流师资、一流学科、杰出的人才和丰硕的科研成果，也要有一流的校园。大师极其重要，大楼也不能缺少，教学科研的基本设施是办好一流大学必不可少的重要硬件基础。办好一流大学，大师、大楼都需要。

新校区建设事关西电的百年发展大计，是解决学校良好发展势头与有限办学空间突出矛盾的唯一出路，是从根本上解决制约西电跨越式、可持续发展瓶颈问题的有效办法，寄予了西电几代人和全体师生员工的热切期望和高度关注。毫不夸张地说，新校区建设既承载着巨大的希望，也背负着巨大的压力，责任重大、困难重重，时间紧迫、任务艰巨，没有退路、只能成功！

新校区一期工程创造了西电建设史上的一个奇迹，全体建设者以实际行动谱写了一曲奋进之歌，集中反映出艰苦奋斗、敢于拼搏、善打硬仗、战之能胜的西电精神和西电作风，取得了一期工程按时、按质全面竣工的伟大胜利！

今朝工程就，细数风雨时。回顾新校区一期工程的建设，从定点变更到完成规划，从前期准备到正式启动，从开挖第一座基础到完成最后一块浇注，艰难过程仍历历在目：

——2003 年底，完成前期规划和征地准备，工程正式启动；

——2004 年 1 月完成单体工程招标；

——2 月 14 日正式开工建设；

——4 月 30 日学生食堂封顶；

——5 月 16 日工程训练中心封顶；

——5 月 21 日院系综合楼封顶，22 日主体工程全面封顶；

——9 月 18 日，完成验收。

在紧张的 200 多天里，新校区的工地上一直夜以继日、紧锣密鼓，每取得些许进展都要付出十倍、百倍的艰辛，还要克服不利天气和其他困难的重重阻挠，建设之艰难可想而知。如今，新校区按照预定时间节点顺利完成了占地 500 余亩的基础设施和总建筑面积 15 万平方米的单体工程建设任务，有了我们所看到的包括学生公寓、食堂、教室、工程训练中心等在内的面貌一新的美丽校园，成功来之不易，成果弥足珍贵！

人心齐，泰山移。没有建设者的辛勤汗水，就没有一幢幢大楼的拔地而起；没有组织管理者呕心沥血的全身心投入，就没有新校区的崭新面貌；没有上级领导和各部门的大力支持和鼎力协助，就没有西电新校区的今天！在这里，还要特别感谢兴隆乡党委、乡政府和兴隆人民对我校新校区建设工程的无私支持和奉献。

新校区一期工程建设的成功经验，概括总结有三点：

第一，抢抓机遇、果断决策。机会对每个人是均等的，而重要的是在遇到时能够抓住它，并在此基础上进行果断决策。没有一点冒险精神、没有一点拼的意识、没有一种闯的劲头，就走不出一条好路，就成就不了一番伟业。事实说明，学校当初根据形势发展，做出新校区定点变更的决策是正确的，经受住了时间考验；建设前排除各种疑虑、统一思想，不留退路、坚定不移推动工程建设的决策也是正确的，西电能够打硬仗、打苦仗，关键就在于齐心协力、团结一致，上下拧成一股劲，就能够夺取胜利！

第二，组织保障、开拓创新。从成立新校区建设领导小组到建设指挥部、监督保障部具体实施工程建设，理顺了机制、明确了职责，保证了工程建设按时、保质、公正、公平地有序展开；实行纵向为主、纵横结合的方式，使新校区建设成为全校上下关心、支持和参与的一件大事，调动各方面积极性，保证一期工程建设成功；新校区管理仍坚持"以条为主、职责延伸、纵横结合、统一协调"原则，以利于组织创新、竞争激励、科学管理、规范运行。

第三，求真务实、真抓实干。万丈高楼是一砖一瓦砌起来的，丰功伟业是一刀一枪干出来的；没有务实的作风，再美好的理想也只能成为空谈，没有实打实的艰苦奋斗，再宏伟的蓝图也只能束之高阁。新校区一期工程建设的成功，是真抓实干的结果，是全体创业者通过艰辛劳动换来的心血和汗水的结晶，更是扎实工作、忘我奉献的凝聚，这种精神值得我们学习和发扬，而推动学校的跨越式、可持续发展，更离不开实干的精神！

大家知道，新校区二期工程的建设任务还十分艰巨，困难和挫折肯定不少。但是，学校的建设与发展却刻不容缓，机遇难得、失之难再，抢抓机遇、乘势而上，抓紧建设、只争朝夕。这不仅是新校区二期工程建设的出发点，也是学校整体发展的着眼点。

西电长远的奋斗目标是"建设特色鲜明、研究型、开放式、国内一流、国际知名的高水平大学"，为实现这个目标，学校进一步理清了办学理念和发展思路，规划了"两大步三小步"战略部署，进行了第一小步"十五"奠基期"五项战略、四个工程"的重点安排。新校区建设工程是"四个工程"中投入最大、影响最为深远。也是最基础性的重要工程，对其他方面工作的作用和影响也是最直接、最根本的。圆满完成新校区建设工程，对学校未来20年、40年乃至上百年的发展意义重大。

希望新校区建设指挥部和监督保障部的全体同志再接再厉、连续作战，全力搞好二期工程建设；希望长安区各级领导、部门以及兴隆乡政府不遗余力地继续鼎力支持西电新校区二期工程建设；衷心地请求教育部、陕西省、西安市继续给予西电新校区建设以大力支持和悉心帮助。西安电子科技大学将以高质量的人才培养、突出的研究成果全心全意服务于国家建设和社会发展，为地方经济的腾飞做出更大的贡献！

# 一个崭新的读书环境

——在 4·23 世界读书日暨南校区图书馆正式运行开幕式上的讲话
（2010 年 4 月 23 日）

春光明媚，万木争荣。今天，我们欢聚一堂，在这里隆重举行 4·23 世界读书日暨南校区图书馆正式运行开幕式，这不仅是我校新校区建设取得丰硕成果的标志，也是一次重要的总结会、启迪会，为努力提升图书馆工作水平，更好地服务学校的教学科研而不断奋进！

书是人类进步的阶梯。培根曾经说过：读书能给人乐趣、文雅和张力。作为一所大学，我们有责任为广大师生提供一个良好的阅读氛围，使他们更好更快地成长。因此，我们在今天举办这个会很有意义。

在我校新校区 3000 亩的总体规划中，图书馆作为重要的一个项目占有十分重要的地位。在 2009 年中国建设工程鲁班奖(国家优质工程)评选中，我校南校区图书馆工程榜上有名。南校区图书馆总量达 4 万平方米，总框架五层，地下一层，地上四层。馆内实行借阅一体、全方位开放、统借统还的管理模式。馆内设有图书、期刊和报纸阅览室，电子多媒体阅览室，学术报告厅，多功能厅和休闲区等，阅览座位 2000 多个。自 2009 年 12 月开始统计，日均接待读者超过 5000 人。良好的读书环境已经为南校区广大师生提供了读书、学习和科研等多方面的便利。

在全校上下的共同努力下，我校南校区图书馆正式运行了！这令人奋心鼓舞！

在今天这样的知识经济时代，高校图书馆拥有大量的知识信息，拥有强大的信息资源优势。本着资源共享、特色服务的理念，以自身的特色馆藏为基础，为广大师生提供特色性、个性化的服务成为必然需求。在此，我想谈几点想法：

第一，加强网络环境下的特色服务。随着信息化进程的加快，图书馆网络环境日益形成，读者服务也会由原来的单一性向特色化、多元化方向发展，由以收藏为主向以提供信息为主转变。我们也应顺应这一趋势，更好地服务师生。

第二，强化文化氛围。图书馆作为一个学习的地方，可以通过优雅的环境为学生和教师提供一个高雅的、充满文化气息的场所，以缓解其因教学和学习而带来的压力。我们新校区图书馆在这一点上已经有了新的尝试，这是值得发扬光大的。

第三，提升图书馆员的素质。在信息化时代背景下，我们的馆员要扮演知识导航员、系统设计师及管理员等多个角色，引导读者了解信息资源及其价值，学会表达信息需求，掌握利用各种信息资源的方法和技能。我们要通过培训、讲座、座谈等多种方式提高我们的馆员素质，更好地满足师生的需求。

西电的建设与发展，经过 70 多年的历史积累之后，正处于进一步提升跨越的关键时期。图书馆作为学校的学术氛围的营造地，她的发展关系到学校整体的发展。我们要不断更新发展观念，解放思想，与时俱进，为了我校图书馆更加美好的明天而奋斗！

# 第六部分　合作交流

合作促进发展，交流萌生创新。

大学要在对外合作与交流中适应国家战略重大需求和经济社会发展的迫切需要，要在逐步推进国际化的进程中，提升建设世界一流大学和中国特色高水平大学的能力与实力。

学校对外拓展方面，坚持"一条内线、苦练内功，两条外线、国际国内"的思路，在深化内涵发展、增强自身实力的基础上，努力拓展国内合作平台，积极开辟国际合作路径，在共建支持、校所合作、基地合作、政府合作、国际合作、学术交流等方面不断加强，促使合作交流、开放办学工作不断迈上了新台阶，为建设特色鲜明、研究型、开放式，国内一流、国际知名的高水平大学搭建了崭新平台。

本部分收录的 17 篇讲话、调研报告、主旨报告，集中反映了学校在对外交流合作工作方面的一些做法和进展，在逐步推进国际化办学之路的一些思考与借鉴。

# 服务区域创新　贡献人才成果

—— 在教育部与西安市共建学校签字仪式上的讲话
（2007 年 1 月 21 日）

今天，是一个大喜的日子！在我校新校区刚投入使用不久的大学生活动中心，隆重举行教育部和西安市共建西安电子科技大学协议签字仪式，我们由衷地感到高兴！西电三万余名师生员工更是闻之欣喜、信心鼓舞、精神振奋、干劲倍增！

部市共建是一个里程碑，记载着西电"十五"建设艰苦奋斗、自强不息、勤奋耕耘、服务贡献的努力和追求；部市共建是一个新起点，标志着西电承前启后、奋发图强、刻苦自励、有所作为的意志和品质；共建标志着学校向"十一五"及第二小步战略提升期奋斗目标大步迈进的新开始，是建设高水平大学、挺进研究型行列、服务区域创新、加快内涵发展的冲锋号，是拓展发展空间、加强互动合作、实施开放办学、提升一流水平的前奏曲！

科教兴国、人才强国、建设创新型国家，大学是一支重要的中坚力量，区域创新、社会发展、增强地方经济实力，大学发挥着不可替代的重要作用。

纵观世界近代史，大学发展伴随着大国崛起，大国崛起带动了一流大学建设，大学与国家、社会乃至全人类的福祉发生着紧密的联系，以人才支持、技术支撑、知识贡献服务于经济建设和社会发展，支撑起区域创新的重要体系。

今天，中国大学已经成为国家战略和区域创新中的重要组成部分，建设世界一流大学和高水平大学已经成为国家战略发展中的一个重大目标。高水平大学的建设不仅需要国家的重点投入，也需要地方政府的大力支持，更需要大学自身抢抓机遇、主动出击、互动合作、乘势而上，以服务为宗旨、在贡献中发展，积极投入地方经济建设，着力引领区域体系创新。

校兴我荣、校衰我耻，学校的建设与个人的成长、成才息息相关；同样道理，城市的繁荣、富强对大学的发展也十分重要。

携手实现共赢，合作促进发展。

美国耶鲁大学与所在地——纽黑文市的互动支持与发展，成为大学与城市之间友好合作的一段佳话，发达国家的世界一流大学始终注重与城市的工业、企业界以及社会各阶层保持着良好的合作与互动。衡量大学开放办学、一流水平的主要标志之一，就是看她为地方经济建设和社会发展所做出的重要贡献。

同在蓝天下，共沃一方土。

西安电子科技大学扎根西安的热土已 49 个年头。在长期的办学过程中，学校以电子信息学科领域的人才培养、高端研发、成果转化、企业孵化等服务方式为主，为西安科技强市、产业发展、和谐稳定做出了重要贡献，学校也与西安建立了深厚的感情，为市政建设、市容创卫付出了不懈努力和必要牺牲。市委、市政府也高度重视西电新校区的建设，为学校百年大计的基本建设提供了尽可能多的政策支持和实际帮助，使西电新校区的建设日新月异、快速推进，从而创造了学校建设史上的奇迹，奠定了长远发展的坚实基础！

面对区域创新的挑战和机遇，担负着建设高水平大学的历史重任，西电需要更进一步加强和西安市的交流与合作、更深层次地推进区域创新与高新技术成果的转化与企业孵化，共同为地方经济发展、社会和谐进步付出汗水和努力，也为国家高等教育的不断发展书写新的篇章！

合作由来久，共建情谊深。

我们相信，在教育部的正确领导下，在西安市政府和各级部门的大力支持下，西电的建设与发展必将迎来一次新的起飞机遇，使各项工作迈上一个新的层次和台阶，在区域创新建设中发挥出更大的作用，做出更多的贡献，获得更快的发展！

西电的全体师生员工将以共建为契机、以共建为动力，团结一致、奋勇拼搏、求真务实、真抓实干，以出色的业绩和优异的成绩回馈教育部与西安市的关心、支持与帮助，向着特色鲜明、优势突出，研究型、开放式，国内一流、国际知名高水平大学的目标而努力奋斗！

# 大学的定位、规划与发展

—— 美国莱斯大学调研报告
(2007 年 7 月)

大学要发展，必须先定位，找准位置、立足实际，才能有目的、有针对性地确立目标，不断奋斗、科学发展。发展靠规划，只有目标没有组织、只有蓝图没有举措，再好的理想也只能沦为空谈，制定并落实战略规划，是科学发展的第一步。改革促发展、管理见效益，不断提高大学办学质量和管理水平，建设一流大学和高水平大学，不仅是国家科教兴国、人才强国战略的重要内容，更是大学自身奋斗的重点目标。本文结合教育部 2007 年 3 月组织的"中国—莱斯大学领导高级研讨班"活动实践，以美国 Rice 大学、德州农工大学、Houston 大学等实地考察以及欧美其他发达国家高水平大学的调研资料为基础，就大学的定位、规划与发展问题谈一点感受与思考。

## 一、大学的科学定位

大学定位实质上就是对一所大学全面而深刻的再认识，是对这所大学的历史、现状、实力、水平、地位、影响的综合考量。大学定位是随着大学本身的发展而不断变化的，不仅牵扯到一所大学的历史渊源、沿袭传统，更与其发展的现状紧密相关，而且影响着这所大学未来的前景与发展趋势。大学定位要科学。准确而科学的定位是大学正确评价和检视自己的战略基点，对制定奋斗目标和发展规划具有重要而深远的意义，在一段较长历史时期内对大学发展产生重要影响。

### (一) 一流大学的科学定位

世界一流大学往往也是各具特色，即使知名度很高的一流大学在定位上也有所不同。牛津是英国大学的传统代表，"追求真理"的校训体现了其注重思想、探索发现的科学精神，培养出了 29 位英国首相；剑桥则以注重求知为特点，产生了 61 位诺贝尔获奖者，成为"求知学习的理想之地"。

美国的一流大学更注重实用，进一步拓展了现代大学人才培养、科学研究的主要功能，使大学的建设与国家战略、科技发展和社会进步紧密结合，社会服务的功能逐步增强，具有鲜明而多样的角色定位。例如，建校已 371 年的哈佛大学，不仅是美国政治、军事、外交政策的思想库，更是各种学术流派十分活跃的聚集地，培育出了美国总统、诺贝尔奖得主和普利策奖得主等多方面的杰出人才，综合性特点突出；斯坦福大学高扬"让自由之风劲吹"旗帜，不仅在高新技术研究与人才培养上做出了突出贡献，而且创立了举世瞩目的"硅谷"模式；麻省理工学院在二战中以军事研究和人才培养为主，参与了著名的"曼哈顿工程"，走军民结合之路，在工程科学应用领域创建出新天地，而"麻省理工学院"的名称一直沿用至今。

2007 教育部"中国—莱斯大学领导高级研讨班"所考察的几所大学，在定位上也是各具特色。例如，莱斯大学规模不大，有学生 5000 人(本科 3000 人、研究生 2000 人)、教职工 1700 人，本科生师比 5：1，属美国"第二小"的私立研究型大学；拥有一流的本科教育，没有设置医学、法学，却在音乐、人文社科、建筑、工程、工商管理等领域实力突出，在 2007《美国新闻周刊》综合排名中列第 8，被《普林斯顿评论》列为本科生最佳整体学术经历第 3，号称"新常春藤大学"。莱斯大学定位于"小而精"的模式，第二个百年愿景规划提出未来 10 年的本科生总数增长也仅到 3800 人，保持质量和水平是其科学定位与战略选择的重点。

又如，德州农工大学，特色是石油化工、农业机械与工程，校园占地 21 平方公里，有 46000 名学生，规模在全美排第 6，建有美国最大的灾害防护实验室，还有一个深海钻探实验室，非常有特色，始终保持了"农工"学科的特色与优势。

可见，美国大学无论规模大小、学科差别如何，在定位上均比较重视特色与质量，讲求发展的科学性。除了众多著名的研究型大学之外，还有大量的教学型大学、社区大学，体现出科学定位与多样化发展的突出特点。

### (二) 审视我国的大学定位

我国大学在建国后，经历了 20 世纪 50 年代的院系大调整，90 年代以"共建、调整、合作、合并"为原则，开展了新一轮的改革，基本奠定了面向 21 世纪的高等教育振兴发展格局。如今，以建设若干所世界一流大学和高水平大学为目标，形成了以北大、清华为代表，"985 工程"高校和"211 工程"高校为梯队，其他普通高校为基础的多元化发展布局，内涵与质量建设不断加强。至此，我国大学今天的整体定位基本清晰，已经成为国家科教兴国、人才强国战略的重要力量，努力成为知识创新的主力军、技术创新的生力军，建设创新型国家的一个重要方面军。

但具体到每一所大学的个体，定位是否科学，却值得深入审视。我国大学长期以来在计划经济的环境下运行、发展，适应市场环境的意识不够、能力不强，一些高校在发展上多少存在盲目攀比、急功近利的思想。例如，不顾学校实际，盲目跟风，开设毫无基础的新学科专业；追求规模大、学科全、层次高，忽略了培养特色与市场需求；热衷更名，名不符实等，造成了一定的浮躁心理，不利于大学的科学发展。

### (三) 关于定位的思考

一所大学的科学定位，必须建立在这所大学的发展历史、实际现状、师资队伍、地域特色等条件的基础上，进行实事求是的评价和衡量。

第一，发展历史是一所大学的"根"。许多著名大学始终保持着自己独特的历史遗迹、学科传统和精神内涵，正如牛津与剑桥的赛艇对抗，如"水木清华"、北大"兼容并包"的思想等，宝贵的历史传统始终是大学保持自身特色的坚实基础。

第二，实际现状是大学定位的关键。大学定位不应频繁更新，而是通过当前的正确估计、科学评价，确立自身的准确位置和在较长一段时期内的发展趋势，充分地了解实际、认识自身，科学、客观地判断大学的层次、类型、特色、优势、地位、影响等，从而结合形势发展及时确立奋斗目标、制定发展规划。

第三，师资队伍是大学定位的核心。"大学乃大师之谓也"，没有一流的师资，就不可能建设一流的大学。教师始终是大学的核心竞争力，抓住教师资源的建设，就等于抓住了大学生存与发展的核心与命脉，师资水平的高低直接决定着大学办学与人才培养质量的高低，大学的学科、教学、科研等所有工作都以教师资源为核心展开，人的因素才是影响大学办学的最重要因素。因此，大学定位必须以师资为核心。

第四，地域特色是大学定位的重要支撑。大学发展必须紧密结合国家战略和社会需求，除此之外，所在地域的环境与条件在很大程度上也与大学的发展息息相关，大学的定位必须密切结合地域特色。所谓"近水楼台先得月"，区域经济发展和社会需求，为大学的人才培养、科学研究和社会服务提供了丰富的资源和市场，大学需要与所在地之间开展良好的互动来推进发展，区域创新也需要大学的人才支撑和知识贡献。因而，地域特色是大学定位中必须考虑的重要因素。

科学定位是科学发展的基础，只有正确认识了自身的现状和实力，才有可能确立切实可行的目标，避免盲目性、增强自觉性。

## 二、战略规划的制定与落实

"预则立，不预则废。"战略规划是在大学科学定位基础上构架起的发展蓝图，是对大学历史、现状和未来发展的深入思考和整体谋划，是大学科学发

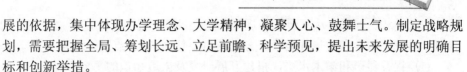

展的依据，集中体现办学理念、大学精神，凝聚人心、鼓舞士气。制定战略规划，需要把握全局、筹划长远、立足前瞻、科学预见，提出未来发展的明确目标和创新举措。

在此方面，欧美发达国家不仅从国家层面上给予了大学规划及发展以足够重视，一些一流大学也在实际工作中表现出极大的热情和关注，十分重视规划的制定与落实，为我国大学真正做好战略规划提供了良好借鉴。

### (一) 国家重视大学规划与发展

当今世界，知识经济引发的竞争浪潮此起彼伏，综合国力的竞争归根结底成为人才的竞争，而大学在人才培养、科学研究、社会服务等方面所表现出的综合优势，使其地位不断提升，成为国家乃至地区战略发展中不可缺少的一个重要组成部分。

美国布什政府 2006 年的《美国竞争力计划》明确提出："为确保美国的竞争力，必须首先深入确保在人才和创造力上领先世界。"并且今后 10 年的科研与教育投入将达 1360 亿美元。德国计划在 2006～2010 年斥资 19 亿欧元建设 10 所精英大学。法国、日本分别在高等教育立法及质量建设上投入更多关注，用完善的法制化促进大学的创新发展。

欧洲著名的"博洛尼亚进程"(Bologna Process)，则集中代表了欧洲多数国家在一体化进程背景下，对高等教育规划与改革的一致意愿。此计划于1999 年由 29 个欧洲国家在意大利博洛尼亚倡议提出，目的是整合欧盟的高教资源、打通教育体制，希望到 2010 年，签约国中任何国家的大学毕业证书和成绩都彼此承认，毕业生可以毫无障碍地攻读硕士学位或就业，实现欧洲高等教育与科技进步相互协调的一体化。

### (二) 莱斯大学的第二个百年愿景(V2C)

美国拥有当今世界上最多的一流大学，而紧抓机遇、应对挑战、未雨绸缪、不断创新的思想，依然是许多大学规划与发展的重心。美国大学制定发展规划，不仅重视结果，而且重视过程，不仅确立长远奋斗目标，而且落实具体推进举措。高效、务实是其突出特点。

以莱斯大学为例，2009 年将是该校百年校庆，为促进学校的快速发展，新任校长 David Leebrow 先生从 2003 年起就提出了制定第二个百年愿景(V2C：vision for second century)的号召，进行了全校的大讨论，开展了教师、学生、校友、社区以及校董事会等 6 个组的大研讨。Leebrow 校长先后与 1000 多人谈话、沟通，历时两年，到 2005 年底，基本完成了发展规划的制定。

莱斯大学的第二个百年愿景规划，全部的文件长达数万字，历经近 3 年时间，完成了从上到下、从下至上的规划制定全过程，提出了立志于"开创性的科研、卓越的教学和改良社会"三方面的主要使命和 10 点关键内容：

（1）提升科研和学术水平，搭建开展研究及创造知识的平台；

（2）提供一流的本科生教育，用知识、技能和价值观来武装学生，使他们对世界产生独特而重要的影响；

（3）加强研究生和博士后教育，以吸引和雇用更多有才干的学生和年轻的研究者；

（4）加强与其他研究机构的合作，资源共享、取长补短；

（5）重视交叉学科的研究与发展，整合优势、强强联合；

（6）保持本校特色与质量、适度扩大规模，提高学校声望，吸引杰出人才；

（7）继续投资建设建筑、管理、音乐等优势学科，使其发展与大学发展同步；

（8）努力成为国际性大学，重点加强与亚洲以及拉丁美洲的合作交流；

（9）为广大师生提供空间和设施，营造充满活力的大学氛围；

（10）积极参与到建设休斯顿市的活动中，与所在地区实现良好互动，从中学习并做出贡献。

在制定发展规划的过程中，Leebrow 校长深有体会。他认为，作为校长，应当坚持四个"C"：一是 consideration，即了解、咨询情况，尤其是了解一线教师与学生的真实想法；二是 consistence，即前后一致、诚实、执著，不随意更改已经制定好的发展规划；三是 courage，即勇气，尤其是面对利益冲突时，校长应当有勇气坚持并推进；四是 communication，即交流、沟通，广泛与各方交流、讨论，加强了解、取得一致。

可以看出，莱斯大学的第二个百年愿景规划，不仅确立了成为所在地区"优秀的研究型大学"的目标，而且在各个方面进行了细致部署，从学科与研究平台、本科教育、研究生及博士后教育、研究合作、规模发展、学科交叉、国际性大学建设以及区域合作等方面详细地进行了科学规划，为长远发展勾勒了蓝图、明确了方向。

### (三) 借鉴与启示

我国大学面向 21 世纪战略规划的制定，在"共建、调整、合作、合并"的改革之后得到广泛重视，"思考两个问题、制定三个规划"，"巩固、深化、提高、发展"的方针已深入人心，加强科学规划、加强内涵与质量建设，正逐渐成为大学发展的首要任务和战略重心。对照美国大学制定战略规划的实例，给我们的大学发展提供了一些借鉴与启示。

第一，规划不是空话，是在科学定位基础上，对大学发展的认真考虑和远景筹划，十分重要而且必要。人无远虑、必有近忧。大学的发展也是同样道理。美国一流大学尚且重视大学规划，怀有强烈的危机意识、竞争意识，敢于比拼赶超、善于未雨绸缪，何况我国的大学正处于发展阶段，需要更加切实可行、结合实际的科学规划。

第二，规划是一个过程。制定规划不能只停留在纸面上，更应当注重其上下交流与沟通的过程，从而充分发挥凝聚人心、集思广益、达成一致、鼓舞士气的效果和作用，听取最广泛的意见，消除不必要的隔阂。正如莱斯大学制定规划所提倡的"号召对话"的主旨，通过交流、对话，达成对大学的科学定位和全面认识，从而提出有利于不断创新、科学发展的真知灼见，去粗取精、去伪存真，增强规划的含金量。

第三，规划不能偏离实际，而应重在落实。制定战略规划的基础是大学实际，脱离实际的目标和举措只能成为空中楼阁，失去了规划的意义。莱斯大学的规划就是一个很好的范例，既结合实际又有所拓展，既突出特色又保持水平，做到了科学性与可行性的有效协调。另外，制定规划就是为了执行，要维护规划的权威，执行规划过程中，要在落实举措上下更大的功夫和气力。

第四，规划要经得起时间检验。一个科学的发展规划是一所大学发展的指南，所制定的目标符合大学实际，紧密结合国家的发展战略和社会需求，能够切实推动大学的创新与发展，经得起时间的检验。

## 三、大学如何发展

科学定位、制定规划，是大学创新发展的前提，而推进大学发展的关键因素之一在于管理和改革。

大学的管理与改革，核心是大学的质量和水平建设，是解决怎样建设一所大学的方法论问题。缺乏管理，大学的学科建设、教学、科研就无法进行有效的组织，就会丧失正常运转的秩序；没有改革，大学的发展就会停步不前甚至倒退，失去创新的动力和适应形势变化需求的能力。

对比我国大学与国外大学在管理与改革上的差别，因国情、体制、文化、环境上的不同可以有所区别，因目标、机制、学术、氛围上的联系可以有所借鉴，取长补短，以有效推动创新发展。

### (一) 美国大学的管理与改革

美国大学无论是公立还是私立，其管理都具有鲜明的董事会制度、校长治校、教授治学、重视与社会的互动等特点。

#### 1. 管理模式

以莱斯大学为例，管理上实行董事会领导下的校长负责制。董事会成员大多由校外关心教育的知名人士担任，号称"校外人士董事会"，董事会的主要责任是寻找校长、任命校长、支持并监督校长，同时确保大学财政的良好运转。理论上董事会对大学所有事务拥有最后决定权，但并非事必躬亲，不直接参与大学日常管理，而是将行政权力授予校长、学术权力授予教师，实施共同治理。董事会的董事不从大学拿报酬，董事长由董事会选择产生，不能单独决策，重大决定均由董事会集体决定。校长是大学的最高行政管理者，向董事会负责，下设教务长、副校长、学院院长等。教务长具有联系学术和行政管理的双重角色，相当于常务副校长，而副校长则主要负责一些专项工作。

除了行政管理系统之外，教师评议会是管理教师评聘、晋升以及审核学术事务的重要机构，是教授治学的主要载体，在教师管理、队伍建设以及一些学术事务上具有相当大的权限和职责。莱斯大学的教师评议会是 2005 年在原教师委员会基础上建立的，推行了一些改革举措，制定了严格而细致的管理章程和议事程序，较好地协调了校长治校和教授治学之间的关系。

另外，莱斯大学还成立了 20 多个委员会，负责对一些管理与服务方面的专项工作进行民主管理和后勤保障服务。

### 2. 质量建设

即使像莱斯大学这样拥有一流本科教育水平的研究型大学，依然把质量建设作为发展的重点不断加强和拓展。

莱斯大学不仅始终保持了小班授课的独特模式，而且广泛开展了本科生参与科研的活动，并且明确推出了"质量提升计划"（Quality Enhancement Plan）。该计划旨在进一步巩固本科教学质量，其主要目的是促进课堂内外知识教育与实践训练的有机结合、达成学校教育与社会知识的相互补充和交流。"质量提升计划"的主要内容有城市体验（The Civic Experience Program）、"直通休斯顿"（Passport to Houston）、城市调研（The Civic Inquiry Program）等项目，利用莱斯大学与所在城市之间的良好合作关系，通过参与休斯顿市的实践调研、科研合作，着力培养学生的实践能力、创新精神以及交流沟通技巧等。

### 3. 互动发展

美国大学的发展已经较好地融入到区域经济与社会的发展之中，与所在地区和城市建立了良好的互动关系。

例如，休斯顿市拥有全世界最大的医学中心、最好的癌症治疗中心——德州医学中心，该中心与莱斯大学、休斯顿大学的合作十分密切；美国宇航中心也位于该市，休斯顿还是美国重要的石油化工中心，德州农工大学、休斯顿大学的相关优势学科领域都根植于此，各方都有密切的合作与联系。

仍以莱斯大学为例，在互动合作方面，不仅与德州医学中心开展了全方位的合作，范围已扩大到教育、研究、培训等方面，覆盖到了莱斯大学的每个学院及德州医学中心的主要研究机构，合作项目达 90 多个，实现了资源共享、优势互补。另外，推出"加入休斯顿"项目，与休斯顿市开展了政策研究、能源、教育技术培训、洪水预警等教育与研究合作支持，并与康柏电脑、Dow 化学、Intel、诺基亚、Shell 石油、TDA、德州仪器、国际商业机器等 35 家知名公司开展了广泛的国际研究和产业合作。

### 4. 大学筹资

美国大学具有良好的筹资文化和背景，大学校长的一项重要工作就是筹集发展基金，增强办学实力。

如休斯顿大学，专门有一位主管社会捐赠的副校长，并设有一个办公室，每年都制定严密的工作计划，拿出具体的工作指标，真正把捐赠、筹资等工作落到了实处，当作常规性的工作紧抓不懈，为大学的发展提供了大量的建设资金。休斯顿大学 2005 年社会捐赠收入为 3640 万美元，其中 28%来自校友。

莱斯大学的校友会下设 9 个分会，有 9 名兼职人员，从学生一毕业就建立起校友档案，定期进行交流、沟通，学校重大事项均邀请校友参与，从一开始就注重培养校友对母校的感情，促使校友为母校做出贡献。莱斯大学 2006 年接受捐赠总金额达到 4170 万美元。

### (二) 借鉴意义

从美国大学 370 多年的办学历史上看，把大学置身于国家战略和社会、市场需求的大范围中，按照培养人才、开展研究、服务社会的宗旨，给予足够的空间，开放式办学，是现代大学科学发展的必经之路。我国现代大学经历了 100 年左右的发展历史，有许多地方还需要结合实际不断改革、勇于创新，真正在管理机制和管理方法上推陈出新，走出符合国情、适应中国大学生存与竞争的发展之路。

这里，提出几点想法。

第一，适当扩大大学的办学自主权。大学的发展不能千校一面，打破计划体制影响的有效手段之一，就是适当增加各个大学的办学自主权，使高校的责任与义务、危机与生存、机遇与挑战并存，调动其办学的积极性和主动性，适应形势发展和市场需求。

第二，调整大学的发展战略。现代大学不是单纯的象牙塔，虽然大学应保持在学术追求上的高品位，但必须与国家战略、市场需求及社会进步紧密结合。这就要求大学的发展，必须既有内部战略，也有外部战略，既要练好内功，也要积极对外拓展，联系社会，加强合作、联系、沟通、了解，开放式办学，在与国际接轨的进程中发展。

第三，重视战略规划的落实。规划工作要有头有尾，不能半途而废，更不能画饼充饥，不解决发展的实际问题。要在规划目标的落实下大功夫，分解目标、量化任务、严格对照、监督执行，真正把好的规划落实到日常工作的一点一滴中去，以量变的积累去实现质变的飞跃。

第四，多渠道解决大学建设资金的问题。大学发展的投入是一项长期的、全局性、具有战略意义的投入，只有采用多元化的投入，才能有效解决高等教育投入不足的问题。从长远发展看，社会筹款、校友捐赠以及其他方式的捐助办学是中国大学未来有效的筹资渠道，要着重开展这方面的思考、研究，积极考虑立法，建立起相应的机构，营造良好的捐资办学氛围，动员社会最广泛的力量支持大学的建设与发展。

第五，把大学的发展纳入到区域经济、行业经济发展的核心范围内。大学是人才、知识、技术、文化的聚集地，是知识经济的重要参与者，建设创新型国家，离不开大学的积极参与，发展区域经济和行业经济，同样需要大学的鼎力支持。大学也只有在与地区、行业的良好互动合作中才能获得更多的发展机会，为区域创新、企业自主创新做出贡献。因此，大学是官、产、学、研、资等相关创新链中的重要一环，十分有必要融入到经济发展的核心圈，发挥更大的作用。

总之，大学的发展既要结合实际，又要紧跟形势，既要规划蓝图，又要重视落实，以管理和改革为动力，切实抓紧质量建设，开放办学、办出水平，建立起具有中国特色的现代大学发展模式。

# 架起两岸学术交流与合作的桥梁

—— 在 2007 年 "海峡两岸高等教育西安论坛" 开幕式上的致辞
(2007 年 9 月 5 日)

金秋时节、天高气爽,在这硕果飘香的季节里,陕西和台湾高校的专家学者相聚在文化古城——西安,共同探讨海峡两岸高等教育的改革与创新,交流经验、启迪智慧、增强互动、共谋发展!

科技推动进步。科学技术是第一生产力,是社会进步和人类发展的最直接动力源。如今,衡量创新型国家的一项主要指标就是科技进步的贡献率,世界上公认的 20 多个创新型国家,包括美国、日本、芬兰、韩国等,科技进步的贡献率均在 70% 以上。而同时,科技全球化正成为经济全球化的重要基础,科技进步推动着经济发展,建设创新型国家、加快区域创新与经济建设,必须与科技进步紧密结合。

教育改变命运。高等教育不仅改变着个人成长的命运,也在改变着国家与民族发展的命运。大学兴则大国强:13~14 世纪,英国有了牛津与剑桥,很快成为欧洲工业革命的领袖;19 世纪初,德国诞生了研究型大学,成为当时 "世界科学的中心";当现代大学的历史发展到美国,哈佛、耶鲁、麻省理工等世界一流大学,则从根本上推进了美国经济发展的进程。耶鲁大学现任校长理查德·雷文在其《大学工作》一书中提出:"知识决不是美国大学对经济发展的唯一贡献,引导学生从事智力探索、鼓励其积极求知,培养其解决问题的能力,所有这些表明,我们的大学不仅通过研究,而且通过教育对经济发展做出贡献。"

可以说,科技与教育,已经成为经济社会发展最为活跃的支撑因素,也越来越紧密地与区域创新、经济繁荣联系在一起。

陕西是科教大省,科技力量突出、教育资源丰富、文化底蕴深厚,区域创新的潜力十分巨大。迈进 "十一五",建设 "创新陕西"、深入实施 "科教兴陕" 和 "人才强省" 战略,集中力量重点突破,不断增强自主创新能力,是陕西经济社会发展的主题,在这一伟大进程中,陕西高校担负着重要的历史使命。

学术在于交流。大学的教育功能主要体现为传播知识、培养人才、开展研究、服务社会,而追求真理、探索学术、创造知识、传承文化则是大学理念与

大学精神的更高宗旨，学术合作与交流便是实现这种宗旨的最有效途径之一。

今天，陕西高校的数量、质量和教育水平均在全国名列前茅，高等教育的多元化发展格局日渐形成，交流与合作日益加强。陕西许多高校都与台湾大学之间保持着密切联系，开展了多种形式的学术合作与交流，两岸高校之间相互借鉴、彼此促进，形成了共同进步的良好模式。

以西安电子科技大学为例，自 1992 年以来，与台湾的大学和企业开展了丰富多彩的交流与合作。截至目前，共接待了台湾高校、企业和科研单位的人员 40 余批 200 多人次，选派了大批师生赴台交流访问，开展学术交流、高层互访、专家学者讲学、访问、科研合作、共同举办两岸学术会议以及文体交流等活动，取得了良好效果，建立了深厚友谊！

此次，由陕西省高等教育学会发起、陕西高校积极响应、台湾高校共同参与的 2007"海峡两岸高等教育西安论坛"，又为两岸高校的学术交流架设了一座友好的桥梁，搭建了一个重要平台，创造了一次良好的机会。海峡两岸高等教育界的新朋老友，能够欢聚一堂，共同探讨、交流在办学理念、办学模式、管理机制、改革创新等方面的经验和体会，共同汲取裨益，进一步促进两岸大学的创新发展！

预祝海峡两岸高等教育西安论坛圆满成功！

# 交流学术思想 碰撞智慧火花

—— 在"2007 电子与信息技术全国博士生学术论坛"开幕式上的致辞
(2007 年 9 月 8 日)

金秋送爽，丹桂飘香。在这硕果累累的季节里，来自全国近 40 所高校、科研院所的 20 余位院士、专家、学者和 150 余位博士生齐聚文明古城——西安，共同出席"2007 年电子与信息技术全国博士生学术论坛"，我们感到无比高兴！

本次论坛由国务院学位办、教育部学位管理与研究生教育司主办，我校承办，中国电子科技集团公司 54 所、中国航天科技集团公司 504 所协办。在为期 5 天的论坛期间，将举办 20 场学术大师、知名专家的拓导报告，在 5 个分会场中将有近百篇博士生论文进行宣读。无疑，这是一次"聆听学术思想、感悟深奥学理、探索技术难题、交流研究心得"的学术盛会！

大学是学术的殿堂。创造知识、传播知识是大学的神圣职责，培养人才、科学研究、服务社会是大学的基本功能，而大学的最高宗旨则是追求真理、崇尚学术，一流大学的建设更离不开高水平的学术研究与学术交流。

西安电子科技大学，是毛泽东等老一辈无产阶级革命家亲手创建的我党我军第一所工程技术学校，是中央 1959 年确立的全国首批 20 所重点大学之一，"西军电"曾闻名遐迩。学校历史上创建了我国通信、雷达等第一批电子信息类专业，诞生了我国第一部气象雷达、第一代流星余迹通信系统、第一台毫米波通信机等一流成果，开辟了新中国电子信息人才培养、教学科研的先河。

建校以来，学校已培养出 10 万余名高级电子信息技术人才，校友中成长起 100 多位解放军将军，涌现出近 10 位两院院士、数十位科研院所所长和大学校长，以及联想集团柳传志、国际 GSM 奖获得者李默芳、欧洲科学院院士王中林、"神五、神六"飞船副总设计师杨宏等一大批杰出人才。

今天的西电，拥有 2 个国家一级重点学科(覆盖 6 个二级学科)、1 个国家二级重点学科、6 个博士后流动站、3 个国家重点实验室、3 个教育部重点实验室、1 个教育部工程研究中心、1 个国防学科重点实验室以及 3 个国家人才培养和教学基地；研究生教育取得了长足进步，全国百优博士论文 4 篇、提名 5 篇，在 2006 年的全国一级学科评估中，信息与通信工程学科全国排名第 2、电子科学与技术学科全国排名第 6。崇尚学术研究、建设学科龙头，是学校长期坚持的一项基本原则。

4 年前，全国首届博士生学术论坛在清华举办，5 年前，西电首届研究生学术年会由研究生自发倡导、蓬勃兴起，学术氛围的浓郁来源于学术交流的迫切需求。此次我校承办"2007 电子与信息技术全国博士生学术论坛"，为广大师生开辟了一个对外交流和创新提升的更高平台，探索科学、交流学术、启迪思想、孕育创新，论坛的举办，不仅对高层次人才的培养具有重要作用，更对学校全面发展具有非同寻常的意义！

学术研究需要交流与碰撞。学术越研越精、真理愈辩愈明。探索科学、钻研学术的过程，就是一个去粗取精、去伪存真、由此及彼、由表及里的达到真理本源的过程，必要的学术交流和思想碰撞才能产生智慧火花、以不断接近真理本身。

公元前 335 年，被马克思称为"古代最伟大思想家"的亚里士多德，离开导师柏拉图，在雅典城外的吕克昂运动场上另立讲坛，建立了"吕克昂学院"，与学生在林荫道上探讨逻辑学与物理学问题，提出疑难、收集材料、交流碰撞、尝试探索。亚里士多德的名言"吾爱吾师，吾尤爱真理"一直传诵至今。

人才成长是一个艰苦过程。学术研究对拔尖创新型人才的成长至关重要，博士生要努力成为建设创新型国家的骨干人才，就必须在学术研究上耐得寂寞、甘于奉献、有所作为、创造一流。不仅要"埋头干"、敢于"板凳一坐十年冷"，更要"抬头看"，善于开展学术交流、提升学术创新水平，"站得高、才能看得远"。全国博士生学术论坛是一次难得的交流机会，通过聆听报告、交流论文、沟通思想、研修方法，可以很好地取长补短、相互促进，进一步增强学术洞察力、提高学术敏感度，早日产生更多的学术成果和更优秀的杰出人才！

预祝 2007 年电子与信息技术全国博士生学术论坛圆满成功！

# 推进教育技术发展 提升高等教育水平

—— 在第六届教育技术国际论坛开幕式上的致辞

(2007 年 10 月 21 日)

今天，由教育部教育技术专业教学指导委员会主办、我校承办的"第六届教育技术国际论坛"隆重召开，国内外教育技术学领域的知名专家、学者和部分研究生等 140 余人相聚西电，共同探讨教育技术的发展、应用与创新！

"工欲善其事、必先利其器。"

教育技术是教育发展的重要前提和基础，是教育信息化建设的主要支撑；教育技术的突破与创新，必将为高等教育事业更好更快发展提供有力支持、增添新鲜活力，推动高等教育事业发展模式与运行机制的深层次改革，为进一步提升水平、提高质量做出重要贡献。

教育技术学是一个新兴的交叉应用型学科，是培养教育信息化专门人才的主要专业之一。她从理论、实践、技术、应用相结合的角度出发，构建教育技术理论、探索技术手段创新、提高教育资源利用、推动教育教学改革，对高等教育的质量工程建设、培养模式更新、加强教育管理等工作具有十分重要的意义。

教育技术学的发展与教育信息化的建设紧密联系。没有信息技术的支持，就没有信息化建设的迈进；缺乏系统理论的指导，就不会产生具有实践意义的技术。教育技术学发展方兴未艾，教育信息化建设任重道远；探索之路充满艰辛，执著追求才有硕果。

学术重在交流、碰撞产生火花。

教育技术国际论坛的举办，开辟了一个广阔的学术交流平台，是国内外教育技术领域的专家、学者研讨理论、探索技术、碰撞思想、交流信息、共享心得的一个重要途径。从 2001 年至 2006 年，前五届论坛先后在华南师范大学、首都师范大学、吉林大学、江西师范大学、华中师范大学举办，获得了丰硕成果，取得了不断进展，推进了交流合作。

本届论坛由我校承办，以"技术推动教育的协同创新与改革"为主题，重点探讨教育技术的理论研究、资源建设与共享、网络化学习支持服务等方面的问题，交流研究成果、探索技术应用。对我们来说，是一次聆听思想、启迪智慧、学习借鉴、不断提高的难得机会，也是深入思考教育改革、积极探索管理创新、继续加强质量建设、全面提升办学水平的新开始！

西安电子科技大学，是毛泽东等老一辈无产阶级革命家亲手创建的我党我军第一所工程技术学校，是中央 1959 年确立的全国首批 20 所重点大学之一，"西军电"曾闻名遐迩。电子信息学科的特色与优势，孕育了西电远程教育与教育技术学的蓬勃开展。2002 年，教育部批准我校设立网络教育学院，成为全国 68 所开展远程教育工作试点的院校之一。

五年来，西电网络教育经历了"从无到有、从小到大"的快速发展，"网络化、开放式、终身型"的教育体系逐步完善，技术手段持续更新，数字化资源不断丰富，不仅在服务社会、培养人才方面做出了积极贡献，也为教育技术学的发展提供了厚重的实践氛围和学术环境。

我们相信，借助教育技术国际论坛的召开，必将进一步促进学校建立在电子信息学科特色基础上的网络教育与教育技术学的创新实践，推动与兄弟院校、海外同行之间的学习交流，为共同加快教育信息化的建设贡献力量！

# 特色立足开拓创新　优势提升引领发展

—— 在陕西电子工业研究院成立揭牌仪式上的致辞

(2007 年 11 月 30 日)

今天，我们怀着非常激动的心情，共同经历陕西电子工业研究院成立这一具有重大意义的历史性时刻。值此机会，我谨代表工研院全体理事单位、代表西安电子科技大学 3 万余名师生员工，向陕西电子工业研究院的成立表示热烈祝贺！向对工研院成立给予关心、支持与帮助的各级领导、各界人士以及新闻界的朋友们表示衷心的感谢！

陕西电子工业研究院是由陕西省人民政府、西安市人民政府、西安电子科技大学、陕西电子信息集团、中电集团 20 所、39 所等单位共同组建的一个研究开发机构。她的成立，标志着陕西电子信息产业整合优质资源、加强源头创新、实现重点突破的新开始，在区域技术创新体系的建设中具有十分重要的意义！

创新引领发展，创造带动突破。知识经济时代，社会发展的源动力在于知识创新，区域创新的突破口在于科技进步。生产力资源配置与科教发展的结合越来越紧密，大学融入区域创新、走入经济社会发展的中心，已经成为抢占未来竞争制高点的必然趋势！

美国斯坦福大学与"硅谷"同生共长，创造了闻名世界的"斯坦福—硅谷"模式；英国华威大学与当地工商界紧密合作，40 余年跃升至全英大学排名前 5 位；德国多特蒙德大学参与到 20 世纪 50 年代多特蒙德地区经济结构性危机的应对之中，与政府、工商界、金融机构共同组建了多特蒙德技术中心，实现了区域创新与振兴经济的目标。该中心已成为世界 5 个顶级科技园区之一。

陕西是科教大省、文化大省，拥有丰富的科技、教育和人文资源，电子信息产业基础雄厚。省第十一次党代会明确指出："建设西部强省，陕西要做到经济强、科教强、文化强。" 科教、文化是支撑，振兴经济是目的。要把陕西发展成为经济强省，关键就在于技术创新的重点突破，在于"以信息化提升工业化、以工业化促进信息化"的创新发展！

陕西电子工业研究院的成立，是整合科教资源、加强横向合作、实现优势互补、提升创新能力的一大突破。这将有力地加强大学、研究所与企业、市场之间在技术创新、成果转化上的薄弱环节，弥补各自为战、力量分散的不足，为完善创新价值链、构建技术创新体系搭建平台、提供条件，是孕育核心技术、产生拳头产品、形成龙头企业的新的增长点，对区域经济的结构调整、产业升级、创新突破、快速发展具有重要的战略意义！

服务赢得发展，贡献获得支持。人才培养、科学研究、社会服务是现代大学的三大基本功能。大学要知名，必须恪守"学术卓越、人才一流"，大学要发展，必然坚持"服务国家、服务社会"；只有付出才有回报，只有奉献才能发展！

西安电子科技大学是毛泽东等老一辈无产阶级革命家亲手创建的我党我军第一所工程技术学校，是中央 1959 年确立的全国首批 20 所重点大学之一，"西军电"曾闻名遐迩。经过 76 年的建设与发展，西电 IT 学科特色鲜明、国防科研优势突出，人才培养质量过硬，为国家信息化发展、国防现代化建设做出了重要贡献。"以服务求支持、在贡献中发展"，是西安电子科技大学始终不渝的基本方针。服务国家建设、融入区域创新，不仅是学校的生存之本，更是学校的发展之道。作为陕西电子工业研究院的依托大学和理事会主发起人之一，西电的使命与重任责无旁贷。我们将全力支持工研院的建设与发展，为振兴陕西电子信息工业做出应有的贡献！为实现建设"西部强省"、"科教名城"目标而努力奋斗！

特色创立品牌，优势提升效益。陕西电子工业研究院是进行电子信息技术研发、成果转化及产品转移的重要平台，坚持应用开发与产业化相结合，以集成创新和吸收消化再创新为重点，完善创新价值链，提高区域科技创新能力和产业竞争力，促进大学科、大产业、大企业的良性循环互动。坚持政府推动、市场引导、学校组建、企业参与的运作模式。陕西电子工业研究院将广泛争取大学、科研院所、产业基地、企业等多方力量的积极参与和支持，着力建好 4 个工程技术研发中心：微电子工程中心、无线电定位与导航工程中心、网络与无线通信工程中心、天线工程中心，将力争经过 5 年努力，建成电子信息领域国家战略高技术研究和知识创新的重要基地、重要的科技成果转化及产业化基地、高素质创新创业人才培养和集聚基地。

我们坚信，在省委、省政府、市委、市政府的悉心关怀和大力支持下，在信息产业厅的直接管理下，通过科研院所、产业基地、广大企业、兄弟院校的积极参与和共同努力，陕西电子工业研究院的建设，不仅会有一个良好的开端，更会开辟一个崭新的未来！在研发自主产权的核心技术、转化高附加值的科研成果，催生竞争力强的知名品牌等方面不断迈出更大、更快的步伐，早日孕育出全国乃至世界知名的核心品牌与龙头企业，为振兴陕西电子信息产业、推进区域经济发展、建设经济强省做出新的更大的贡献！

# 乘共建东风推进内涵式发展 藉各方支持建设高水平大学

## ——在教育部、国防科工委、陕西省共建西电签字仪式上的致辞
### (2008 年 1 月 15 日)

今天，我们怀着激动的心情，共同经历教育部、国防科工委分别与湖南省、陕西省共建中南大学、西电，教育部与国防科工委共建成电的协议签字仪式，共同见证推进"985 工程"和"211 工程"、加强高水平大学建设举措的又一推进与落实！

大学兴盛，大国崛起。现代大学发展史反复证明，大学在国家建设、社会发展中占有重要地位。周济部长指出，高校已成为基础研究的主力军、高新技术研究的重要方面军和科技成果转化的强大生力军，是国家创新体系的重要组成部分；高水平大学要"顶天"、"立地"，"以服务为宗旨、在贡献中发展"，主动融入到社会主义现代化建设的伟大事业中去。

共建是推进高水平大学建设、整合资源、创新机制、融入国家建设与社会发展的重要形式，是加强"985 工程"和"211 工程"建设的重要举措。通过共建，增强大学服务功能，融入行业发展、参与区域创新，不仅是高水平大学的神圣职责，也是创新型大学发展的战略重心。

西电能够荣幸地成为教育部、国防科工委、陕西省三方共建高校，既觉得无比自豪，也倍感责任重大。

生于军队、源出军工、国防传统、无上光荣。

西电的前身，是 1931 年诞生于江西瑞金的中央军委无线电学校，是毛泽东等老一辈革命家亲手创建的我党我军第一所工程技术学校，是中央 1959 年确定的全国首批 20 所重点大学之一。学校的发展与军队通信事业同生共长，与国防建设休戚与共。

在 77 年的历程中，西电有 35 年属于军队序列，创建了我国通信、信息、雷达等第一批 IT 学科专业，产生了众多一流成果，培养了大批杰出人才，与国防军工有着深厚的历史渊源。长期以来，西电始终保持着国防研究的特色与优势，形成了以雷达、天线、通信为代表的强势 IT 学科群，为国防和国家建设做出了重要贡献，产生了重要影响。从我国第一部气象雷达、军队装备史上第一部相控阵雷达到陆基、机载、舰载雷达，从第一套天线近场测量系统、052

舰多路耦合天线系统到分布式卫星系统、大型星载可展开天线；从我国第一套流星余迹通信系统到具有自主知识产权的 WAPI 国家标准、"嫦娥一号"实时图像压缩系统，所有这些与国防、与国家建设密切相关的众多成果和成绩充分说明，在国防建设的尖端领域、国家信息化发展的多个制高点上，无处不闪耀着西电人的心血、智慧和汗水。

承前启后、军民结合、融入创新、与时俱进。

西电扎根陕西 50 年，与三秦大地结下了深厚的感情，在服务地方、参与创新、对外拓展、提升实力上取得了长足进步。近年来，学校按照教育部"以服务为宗旨、在贡献中发展"的要求，积极融入区域创新，紧抓机遇，在陕西省支持下，成立了"陕西电子工业研究院"，担当起引领 IT 技术高端研发、推进高新技术成果转化的重任，为区域经济建设提供了人才支持、技术支撑和知识贡献，例如：西安高新区遍布着西电的毕业生；海天天线、青松股份、创新数码彰显了西电创业人的艰辛和辉煌。与此同时，服务与贡献也带动了学校的进一步发展，从新校区建设、人才队伍到成果转化、互动支持，西电得到了来自陕西省、西安市的强有力支持和帮助，对外拓展、服务地方、贡献社会的道路越走越宽广！

共建提供了支持，共建开辟了舞台。

今天的西电，拥有 2 个一级国家重点学科、7 个二级国家重点学科，其中：信息与通信工程全国排名第 2、电子科学与技术全国排名第 6；建有 3 个国家重点实验室，1 个国防重点学科实验室、4 个教育部重点实验室、1 个工程研究中心以及 3 个国家人才培养基地。"十五"以来，学校按照"一条内线、两条外线"的基本思路，苦练内功、增强实力，各项事业蓬勃发展，主要指标连年攀升。

教育部、国防科工委、陕西省共建西电，是学校进入新世纪创新发展的一座新的里程碑！全体西电人既感到莫大鼓舞、信心倍增，又感到责任重大、使命神圣。在"军民结合、寓军于民"方针指导下，在建设创新型国家、构建区域创新体系进程中，全体西电人将不负重托、不辱使命，团结一致、努力拼搏、奋发有为、奋勇争先，为国家信息化建设、国防建设、区域经济发展贡献自己的智慧与力量！

我们坚信，在教育部的正确领导下，在国防科工委、陕西省的大力支持下，西电高水平大学建设的战略部署必将不断推向前进，特色鲜明、高水平研究型大学的奋斗目标一定能够早日实现！为国家建设、国防建设、区域创新体系建设做出新的更大的贡献！

# 架起学术桥梁  加深两岸友谊

—— 在"2008 年电子信息海峡两岸青年科学家学术研讨会"开幕式的致辞
(2008 年 9 月 18 日)

金秋时节、天高气爽,"2008 年电子信息海峡两岸青年科学家学术研讨会"今天隆重开幕。我们高兴地迎来了众多电子信息领域的知名专家、青年才俊,大家共聚一堂、探索学术、启迪思维、加强交流,畅游科学殿堂,加深两岸友谊。在此,我谨代表西安电子科技大学全体师生向与会的各位专家和来宾表示热烈的欢迎和诚挚的问候!

科技迅猛发展,学术更需交流。当今世界,科学技术的发展日新月异、不断加快,高新技术特别是电子信息技术,时刻都在发生着巨大的变化。探索 IT 前沿、共享研究体会、加强学术交流、启发创新思维,不仅是两岸学者的共同心愿,也是科学研究的客观必需。英国著名的戏剧家萧伯纳说:"你有一个苹果,我有一个苹果,彼此交换,两人仍各有一个苹果;你有一种思想,我有一种思想,彼此互换,每个人将有两种思想。"可见,学术交流,彼此互相获益;科学研究,合作带来发展。

青年学者是两岸科技事业的未来。青年时期是人生的黄金时期,是孕育创新成果的最佳阶段。爱因斯坦 26 岁发表狭义相对论,海森堡 25 岁发现矩阵力学,牛顿 20 出头发现二项式定理,思维活跃、勇于创新,是青年科学家取得重大突破的典型特征。"海峡两岸青年科学家学术研讨会"为两岸的青年科学家提供了一个广阔的学术交流平台,至今已成功举办了 8 届,对于加强学术交流、提升科研水平发挥了积极作用,对于促进两岸科技事业的发展产生了重要影响。我们深信,通过这个平台,两岸的青年科学家将广泛合作、加强交流,奋发有为、努力成才,担负起振兴中华的重任!

学术研讨互通有无,合作交流增进友谊。西安电子科技大学是教育部直属的全国"211 工程"重点大学,曾在 1959 年被确立为首批国家 20 所重点大学之一,鲜明的 IT 特色、突出的科研优势、过硬的人才培养,是学校的三大特色,具有良好的学术声誉和社会影响。我校自 1992 年以来,与台湾的高校和企业开展了丰富多彩的交流与合作。截至目前,共接待了来自台湾高校、企业和科研单位的人员 50 余批 300 多人次,选派了数十人次的教师和学生赴台湾交流访问，开展了高层管理人员互访、专家学者讲学、合作科研、共同举办两岸学术会议、举行文体交流等多种多样的活动，互通了有无，加深了友谊。

此次，我校能够协助中国电子学会承办由中国科协发起的"海峡两岸青年科学家学术研讨会"，为进一步促进两岸青年学者的学术交流做出自己的贡献，感到非常荣幸。希望两岸的新朋老友，借此机会共聚一堂、加强交流，相互学习、启迪思维、交流心得、共同提高，建立更加深厚的友谊。

我相信，通过此次学术研讨会的举办，必将为两岸的交流与合作注入新的活力，促进两岸电子信息事业的快速发展，为两岸和平、稳定、发展做出新贡献！

预祝会议取得圆满成功！

# 在困难中砥砺　在拼搏中成长

—— 纪念迁校西安 50 周年主题报告
（2008 年 12 月 12 日）

　　今天，我们欢聚一堂，共同纪念西电迁址西安 50 年的风雨历程，追溯建校 77 年的办学历史；回顾历届领导、先辈学人创业的艰辛、奋斗的情怀，收获各界校友、莘莘学子创新的硕果、探索的经验；体会"在困难中砥砺、在拼搏中成长"的艰辛与自信，振奋斗志、激扬梦想、凝聚精神、发奋图强。面对新的机遇与挑战，以科学发展观为指导，全面推进学校的改革、建设与发展，具有特别重要的意义！

　　纵观西电的发展，1958 年是一个值得纪念的历史分水岭，在历史变迁的进程中占有重要的一页。从此伊始，开辟了"西军电"辉煌，铸就了"军电之魂"，形成了艰苦奋斗、自强不息的西电精神，推动了学校的创新发展，为百年愿景的实现奠定了坚实基础、开创了良好局面。

## 一、历史变迁

### (一) 历史沿革

　　西电的前身，是 1931 年诞生于江西瑞金的"中央军委无线电学校"，半部电台起家，筚路蓝缕起步，是毛泽东等老一辈革命家亲手创建的我党我军第一所工程技术学校。

　　自瑞金起，学校跟随红军长征反围剿、夺关隘、爬雪山、过草地，到达延安，成为知名的"延安通校"；在抗日战争、解放战争的战火硝烟洗礼中发展壮大，在河北获鹿扩展为"华北电专"；建国初，移师张家口，成为名赫一时的"军委工校"，受到党中央和中央军委的高度重视与关心；1958 年，迁校西安，"西军电"诞生，书写并延续了一个时代的辉煌，成就了今天的新西电。

### (二) 隶属变迁

　　77 年的建设，学校历经数次迁转、隶属关系多变，从中央军委、军委三局、华北军区到通信兵部、国防科委、六机部、四机部，再到电子部、信息产业部、教育部，变化的是主管部门，恒久不变的是西电人服务革命需求、服务国防建设、服务信息化发展的雄心和意志，是甘于寂寞、乐于奉献的品质与风骨。

### (三) 光辉岁月

回顾建校史，西电的发展经历了三个重大阶段：

1931 年至 1958 年，是诞生与成长阶段。从长征路上的星星之火发展成为"军委工校"的燎原之势，被毛泽东同志称誉为"科学的千里眼、顺风耳"，培养了革命战争急需的通信人才，产生了《永不消逝的电波》原型人物李白等无畏的战士，成为我国军事通信技术研究和人才培养的摇篮。

1958 年至 1978 年，是突破和攻坚阶段。以迁校西安为标志，人才培养目标发生了根本性转变，从单纯培养通信设备的使用维护人才向教学科研并重的方向发展，科学研究实现了自主创新、突破了当时西方国家对我国的技术封锁，取得了开创性的一流成果，成为国防领域"无线电电子学的先行官"、全国首批 20 所重点大学之一，"西军电"闻名遐迩。

1978 年至 2008 年，是改革与创新阶段。改革开放 30 年，推进了学校规模、层次、开放、交流等各项工作，学科体系逐步完善，科研、教学齐头并进，研究生教育蓬勃发展，全方位的人才培养格局得以确立与巩固。特别是 1998 年之后，高等教育大发展，科教兴国、人才强国、科技强军以及信息化战略，为西电提供了难得机遇，学科、规模、人才、成果等办学指标快速发展，国际交流、新校区建设、服务拓展取得了历史性突破，进入到一个新的发展时期。

## 二、军电之魂

### (一) 迁校背景

1958 年学校迁址西安，具有深刻背景，诞生了全国闻名的"西军电"，开创了历史、开辟了先河，产生了一流成果、孕育了杰出英才，军电之魂由此铸就，西电精神得到磨砺！

20 世纪 50 年代，为了突破西方国家的技术封锁，加强我国国防领域尖端技术的自主研究，中央确立了重点突破"原子能、战略火箭、无线电"三大尖端技术的战略部署，拉开了国防研究与人才培养攻坚战的历史序幕。

1952 年，全国院系调整，当时"军委工校"更名，大连工学院电讯系整体调入，师资得到充实；1956 年，学校拟定搬迁，着手在西安建设新校址；1958 年，迁校西安，并获得扩大办学规模的批准；1959 年，即被中央确立为全国首批 20 所重点大学之一。

### (二) 学科先河

迁校后，学科专业得到迅速扩展，从 4 个系、2000 人左右的规模扩大为 5

个系、23 个专业、8000 人左右的规模，新设立了信息论和控制论、军用雷达、侦察干扰(电子对抗)、天线工程、电子机械等专业，成为当时国内最早设立这些专业的高校之一，开创了学科先河。值得一提的是，1962 年，"西军电"的雷达、导航等部分专业和人员奉命调往重庆分建雷达工程学院，为国防建设的战略布局做出了贡献。

### (三) 杰出英才

二十世纪六、七十年代，"西军电"聚集了大批学术先辈、有志学子，严谨、扎实、求真、务实的学风影响至今，孕育出了众多学术大师、杰出英才。我校教师和校友中产生的 10 位两院院士，有 5 位曾在这一时期任教、就读，2 位是文革后恢复高考入学的毕业生；而 100 余位将军校友中，大部分是"西军电"时期的优秀毕业生。

### (四) 一流成果

"西军电"时期的科研取得了丰硕成果。1958 年，科学研究部成立，科研有力地带动了教学，培养目标发生转变，承担了一批国防领域的重大、重点项目，产生了多个"全国第一"的研究成果。在重大任务方面，有"2.5 倍音速飞机通信导航"、"导弹航偏校正系统"、"超远程警戒雷达"等，并由我校牵头，西工大、哈军工参与，成立了"五楼研究室"，以加强合作、重点攻关；承担的重点项目有"对流层散射通信"、"流星余迹通信"、"相控阵雷达"等；产生了"第一炉单晶锗"、"第一部气象雷达"、"第一套流星余迹通信系统"等高显示度的成果，是"西军电"时期的心血结晶。

## 三、改革创新

1978 年,改革的东风吹醒了沉睡十年的神州大地,祖国迎来了科学的春天；大学与祖国一样，在 30 年改革开放的浪潮中发生了翻天覆地的变化。

西电改革开放后的 30 年，是承前启后的 30 年。不仅继承了"西军电"的优良传统、续写了辉煌；更重要的是克服了重重困难，做出了更多牺牲，在推进重点大学建设历程中坚韧不拔、坚强不屈，用实力和行动谱写了一曲曲激昂高亢的奋进之歌！30 年来，我校的学科建设不断拓展，科研与教学并重、研究生教育与本科生教育并举，构建起全方位的人才培养体系，逐步完成了从教学研究型向研究教学型大学的转变。规模稳步扩大、质量明显提升、人才不断涌现、成果层出不穷，对外拓展和新校区建设取得了历史性突破，为百年发展奠定了坚实基础。

## (一) 学科拓展

1978 年到 1998 年，学校的学科体系得到协调发展，从原来以工为主的单一模式发展为以工为主、理工结合、多学科协调发展的崭新局面。1998 年之后的 10 年，以"211 工程"重点学科群的建设为抓手，促进全面发展，使学科优势得到进一步增强，重点学科、学位授权点增加，覆盖面进一步扩大，综合实力名列前茅、享誉社会。

## (二) 规模质量

30 年来，学校规模从 2300 余人到两万余人，本科生的规模稳步增长。在扩大规模发展的同时，切实加强了教学质量建设，不断提高教育教学水平，提升人才培养的质量。研究生发展从无到有、由小到大，从 70 年代末的研究生班百余人的规模到当前 1 万余人的规模，增加近百倍，并正式建立了研究生院。

院系的设置也从 12 个主要的系发展为 12 个大的二级学院，其中包括新增的软件学院、微电子学院，使学校成为全国 55 所设有研究生院、35 所设有示范性软件学院、15 所设有国家集成电路人才培养基地的高校之一。

教育教学以"本科生教育质量工程"、"研究生教育创新工程"为核心，重点加强了质量品牌的建设。近年来取得了丰硕成果，教学指标、竞赛获奖、学生就业等方面在全国高校名列前茅，例如 2006 年本科评估获得"优秀"、国家精品课程、国家特色专业、国家教学团队、全国百篇优秀博士论文等指标显著提升，竞赛获奖成果丰硕、一次就业率居于全国前列。毕业生中涌现出一批两院院士、IT 精英、高层领导、知名专家，还有 12 万余名奋战在国家信息化战线的众多校友。

## (三) 人才队伍

改革 30 年，耕耘 30 载。学校的人才队伍建设在待遇低、环境弱、扶持少、反差大的艰难境遇下，踯躅迈进、举步维艰，甚至还在 1979 年集中抽调了 97 名教师、干部远赴广西，支援桂林电子工业学院的建设。经过长期努力，加上广大教职工的勤奋耕耘、无私奉献，人才队伍建设"根苦而果甜"，近年来，取得了令人鼓舞的建设成果，长江学者、国家 973 项目首席科学家、国家杰出青年基金获得者、国家教学名师等具有高显示度的师资风向标明显增加，队伍的整体实力显著增强，一大批年轻学术骨干崭露头角，成为西电未来发展的希望。

## (四) 科学研究

改革开放后，学校科研工作日新月异、突飞猛进，科研基地迅速拓展，研究机构应运而生，国防研究的优势进一步彰显，实力与水平不断提高。尤其是近 10 年来，各项指标大幅度递增，标志性成果纷纷呈现，科研带动了教学、教学促进了科研。

科研基地从 1998 年的 3 个国家级重点实验室、12 个研究所、12 个研究室增加到当前的 4 个国家级重点实验室、6 个教育部重点实验室、16 个省部级重点实验室和 3 个国家级教学基地。

国防科研的优势，重点体现在国防科技重点实验室、知名专家以及项目、学科专业的数量与水平上，4 个国家重点实验室中有 3 个为国防重点实验室，累计有 11 位教授在总装担任顾问、正副组长、委员、专家等，承担了大量国防研究项目等等，具有其他同类高校不可比拟的优势与特色。

近 10 年来，科研经费、索引论文显著增长，高水平的论文不仅在数量上显著增加，在影响因子、他引次数等质量上也明显提升。

成果获奖方面，获 1978 年全国科学大会成果奖 5 项，85 年以来共获得国家各种科技奖励近 40 项。其中，八、九十年代的第一套舰载微波系统、第一部可编程雷达信号处理机、第一部毫米波通信机等，代表了当时国内领先、国际先进的技术水平。又如，近年来的标志性成果中，具有自主知识产权、构建我国第一套无线移动互联网实验系统的"宽带无线 IP 技术"，应用于"嫦娥工程"、"神七"伴飞小卫星的高效图像压缩与信息传输技术，被称为"杀手锏"武器系统的大型雷达、新体制天基雷达，电子装备机电耦合问题研究、氮化镓基材料制造技术、单兵无线区域网技术、硅基应变集成器件研究等，均集中代表了国防前沿领域、国民经济需求的重大、重点项目的研究成果，在质和量方面有了更大的提高。

### (五) 拓展空间

学术在于交流、发展需要空间。二十世纪八十年代起，我校对外学术交流与国际合作蓬勃开展、逐步发展并取得了可喜进展。近年来，遵循"以服务为宗旨、在贡献中发展"的原则，坚持一条内线、两条外线，解放思想、与时俱进，对外拓展全面推进。其中，共建工作赢得了支持、校所合作强化了联系、横向拓展开阔了视野、基地建设拓宽了途径。例如，教育部、国防科工委、陕西省、西安市、中电集团等共建西电，西电先后也与 10 个重要的研究所、多家政府、高新区等建立了全面、长期、稳定的战略合作伙伴关系。

国际交流走向了深入，开放办学、国际化进程不断迈上新的台阶与层次。截至 2007 年，累计先后有 4000 余人次来访、1400 余人次出访，有 31 个跨国公司在西电共建了联合实验室，新增了 2 个国家"111 计划"学科引智基地，搭建了更高层次的国际交流与人才引进创新平台。

## (六) 建设新校区

学校 50 年来的基本建设，1958 年是一个起点，2008 年是一个节点；起点提供了西电 50 年教学科研的基本保障，节点则开启了百年愿景的规划与发展。

新校区建设对西电来说，不仅是发展战略，也是生存战略。学校在 4 年时间里完成了占地 3000 亩、建筑面积近 70 万平方米的建设，使学校的占地面积翻了两番、建筑面积翻了一番，创造了学校建设史上的奇迹，完成了百年愿景的基础平台建设，实现了几代西电人为之而奋斗的梦想！

如今，2 万余名本科生全部入住新校区，新校区建设者们付出的辛勤汗水，正在产生着极大的经济和社会效益。

新校区的建设与西安市整体规划相互统一，与西安高新区三期、西部大学城规划相互协调，校园的规划区域清晰、布局合理、功能齐备，成为现代化、园林式、和谐、优美的大学校园新环境，为学校长远的发展提供了根本保障。

# 四、百年愿景

迁校西安五十年，耕耘奋斗半世纪。西电的创新发展，曾克服了隶属关系多变、长期投入不足等多重困难，艰苦奋斗、自强不息，在规模、质量、内涵、水平上不断拓展，办学实力明显提升。自 2002 年起，我们在全校开展了"思考两个问题、制定三个规划"的大讨论，统一了思想、达成了共识，为 21 世纪的建设描绘了宏伟蓝图。

## (一) 学校定位

学校的当前定位是："研究教学型"的全国重点大学。集中力量发展电子信息优势学科，工、理、管、文等多学科协调发展。

中长期的奋斗目标分别是：

到 2020 年的中期奋斗目标是：建设特色鲜明、研究型、开放式、国内一流、国际知名的高水平大学。

到 2040 年的长期奋斗目标是：建设特色鲜明、研究型、开放式、具有国际先进水平的一流大学。

## (二) 发展思路

为落实中长期奋斗目标，学校进行了"三个理念、四个兴校、一头两翼一保障"的战略思考。

三个理念是：先进的教师理念，大学需要一流的师资、大师级的教授，具有创造性的人才；先进的教育目的理念，培养宽口径、厚基础、重实践、创新型的人才；先进的治校理念，全校都来参与学校的治理，倡导民主治校、兼容并蓄。

四个兴校：观念兴校是先导、学术兴校是关键、人才兴校是根本、管理兴校是保障。

进而形成了"一头两翼一保障"的发展思路，这就是：学科建设为龙头、教学科研为两翼、管理服务作保障。就是要进一步"夯教学之基、扬科研之帆、举学科之旗，走科学管理之路、做和谐服务之事。"

### (三) 战略部署

确立了奋斗目标、进行了战略思考之后，又提出了"两大步三小步"的战略部署。第一大步是：从 2003 年到 2020 年，把学校建设成为特色鲜明、研究型、开放式、国内一流、国际知名的高水平大学；第二大步是：从 2021 年到 2040 年，把学校建设成为特色鲜明、研究型、开放式、具有国际先进水平的一流大学。

三小步——在第一大步战略期内，分三小步具体实施。

第一小步(2003~2005 年、3 年)为"奠基期"：到"十五"末，构筑起面向 21 世纪的新型发展平台、夯实各项工作基础；

第二小步(2006~2011 年、6 年)为 "提升期"：到 2011 年(即建校 80 周年)，大幅提升办学综合实力，使办学水平和质量得到显著提升；

第三小步(2012~2020 年、9 年)为"跨越期"：到 2020 年末，全面实现第一大步的各项战略目标，跻身国内一流、国际知名的高水平研究型大学行列。

迁校西安，是一段历史足迹，是国防建设的战略部署，"西军电"由此成名，军电魂因此确立，学科、人才、成果的辉煌彪炳史册。

纪念迁校，不仅是为了怀念，更是为了发展。迁校所集中透射出的西电人顾大局、谋发展、敢突破的"军电品质"， 以及艰苦奋斗、自强不息的西电精神，正是"全心全意为人民服务"的真实写照，是"埋头苦干、实事求是"的全力践行，激励着一代代西电人改革创新、锐意进取、奋勇拼搏、不断前进。

回顾过去的辉煌事业，成果来之不易；展望未来的远景发展，挑战重任在肩。

目前，我们还面临着争取 "985 优势学科创新平台"、新校区建设资金、高层次人才建设等困难与问题。然而，这些都不足以成为阻碍我们阔步前进的借口，而应成为压力变动力、理想成现实的机遇与契机。

忆往昔，岁月峥嵘！艰苦奋斗、坚韧不拔，塑造了西电人"遇逆境而不屈、甘奉献以自强"的"军电"气质。

看今朝，千帆竞发！知难而进、迎难而上，孕育着新西电劈波斩浪、扬帆远航的气魄与毅力！

风物长宜放眼量，逆水行舟力撑篙。

我们坚信，在教育部的正确领导下，在陕西省、西安市的大力支持下，在广大校友和社会各界的关心帮助下，通过全体西电人的共同努力，众志成城、同舟共济、厉兵秣马、奋发有为，西电建设国内一流、国际知名高水平研究型大学的奋斗目标一定能够实现！

西电的明天会更加美好！

# 树西电丰碑　铸空天利剑

—— 在空天研究院成立大会上的讲话
（2009 年 7 月 18 日）

今天，我们怀着十分激动的心情，在这里隆重举行西安电子科技大学空天研究院成立大会，这是西电传承优势、弘扬特色、服务国防、创新发展的又一重要举措，也是高水平研究型大学建设的一项重要内容！

秉承"军电"传统，彰显 IT 特色。

西安电子科技大学的前身是 1931 年诞生于江西瑞金的中央军委无线电学校，是毛泽东等老一辈无产阶级革命家亲手创建的第一所工程技术学校。在 70 多年的建设历程中，西电人开辟了我国电子信息技术的学科先河、创造了多个全国第一的科研成果，培育了大批的杰出英才，为国防现代化建设、国家电子工业发展做出了突出贡献。孙俊人、毕德显、罗沛霖、陈太一等著名的前辈大师，奠定了西电坚实的学科基础；第一部气象雷达、第一部相控阵雷达、第一套流星余迹通信系统凝聚了创业者的心血和智慧。60 年代的"西军电"已经承担了 2.5 倍音速飞机的通信导航、超远程警戒雷达、盲降雷达、东风 113 飞机引导雷达等国防重大任务，牵头成立的"五楼研究室"，吸引了西工大、哈军工、五院二分院等单位的积极参与，确立了以通信、雷达、电子对抗、导航等为特色的学科体系，较早地介入到国家空防领域国防装备的科学研究与人才培养工作中，历史功绩不可磨灭。

今天的西电，立足军工、面向社会，以国家重大战略需求和信息化发展需要为己任，充分发挥 IT 学科的传统优势，继续发展国防科研的特色与特长，积极融入到国家空天领域的新拓展中，为国防建设、国家发展提供了有力的智力支持和人才支撑。从"杀手锏"武器的陆基、机载雷达到舰载雷达、052 舰多路耦合天线系统，再到新体制天基雷达、大型星载可展开天线、"嫦娥一号"实时图像压缩系统，西电国防科研任务的拓展始终跟随着国家国防领域从陆地、海洋向天空、太空延伸与扩展；与此同时，一大批优秀的西电毕业生在航空、航天领域快速成长，成为院长、总工、总指挥、总设计师，为国家航空航天事业的发展奉献了青春、贡献了力量。

坐地日行八万里、巡天遥看一千河。

21世纪信息技术迅猛发展、空天的竞争日趋激烈，航空航天事业已经成为国家的综合国力和最高科技水平的典型象征。以信息化为特征的空基平台、天基平台及空天一体化平台，正在把空天领域的竞争推向无缝衔接的"空天时代"，发达国家纷纷抢占"稠密大气层"、"临近空间"、"外太空"等多个空天制高点，积极构筑陆、海、空、天全维度的立体式国防体系，发展尖端的前沿技术。

从"两弹一星"到载人航天"神五"、"神六"、"神七"的成功，再到"嫦娥一号"的顺利撞月，我国航空航天事业经过50多年的发展，取得了令世界瞩目的成就，掀开了让国人振奋的新篇章。国家中长期科技发展规划描绘了宏伟的发展蓝图，16个重大专项的启动吹响了进军号角，在全面推进创新型国家建设的历史进程中，高水平研究型大学应当积极参与、再立新功！

近年来，西电遵循"以服务为宗旨、在贡献中发展"的方针，对内提升实力，对外拓展空间，积极参与16个重大专项中"新一代宽带无线移动通信"、"核心电子器件高端通用芯片及基础软件"、"极大规模集成电路制造技术及成套工艺"、"载人航天与探月工程"等6个重大专项的部分科研任务，在"高分辨率对地观测"、"二代导航"等重大项目上整合力量、全力融入。同时，进一步加强横向合作，分别与太原卫星发射中心、西安国家航空基地、西安国家航天产业基地、中国空间技术研究院西安分院、中电集团14所、54所、39所、20所等建立了战略合作伙伴关系，努力在空天领域的科研合作、人才培养方面全面拓展，为西电空天研究院的成立奠定了坚实基础。

过去值得回味，未来更需开创。

空天研究院的成立，标志着西电整合校内航空航天相关领域科研力量的新开始，是对传统科研管理模式的新突破。空天研究院将集成优势、突出特色，在初步组建"空天一体化信息系统总体技术"、"空间信息感知关键技术"、"空间信息科学基础理论和关键技术"、"空间信息对抗技术"等7个研究中心的基础上，加强管理、挖掘潜力、提升能力、增强实力，努力在争取和承担国家和国防重大科研任务方面取得新进展、实现新突破。

我们相信，在各位领导、各位专家的关心、支持和帮助下，在多个合作单位的鼎力协助下，在空天研究院全体人员和西电师生的共同努力下，西电空天研究院必将取得预期的成效，为国家航空航天事业的新发展增光添彩！

# 探索学术真谛 提升培养水平

—— 在"2009 第七届全国信息与电子学科研究生教育学术研讨会"
开幕式上的致辞
(2009 年 12 月 13 日)

今天,"第七届全国信息与电子学科研究生教育学术研讨会"在这里隆重举行,有众多知名学者云集西安,共同探讨研究生教育的创新课题,交流培养经验,启迪教育思想,推进模式改革,提升质量水平,这对大力推进研究生教育的改革与创新,具有十分重要的意义。

追求学术卓越,是大学的崇高宗旨。

大学是传播知识、创造知识的殿堂,崇尚学术、追求卓越,是大学长期秉执的一贯宗旨。19 世纪初,德国柏林大学的威廉·冯·洪堡校长提出了"学术自由、研究与教学相结合"的主张,倡导探求科学知识、注重对人才个性与道德的培养,"洪堡思想"创立了研究型大学的理念。

近代中国,蔡元培先生提出"兼容并包、思想自由"的办学主张,认为"知教育者,与其守其法,毋宁尚自然,与其求划一,毋宁展个性",建议最大程度地挖掘人的本性与潜质、多样化地培养教育人。

学术探索与科学研究,丰富、完善了知识体系,为研究生培养提供了丰厚的教育资源,是大学学科建设、教学科研的有力支撑。

培养拔尖人才,是研究生教育的根本任务。

我国研究生教育事业,起步晚、发展快,从 1980 年第一部《中华人民共和国学位条例》颁布迄今,真正的发展不足 30 年,以改革开放为标志、以高等教育大发展为契机,研究生教育取得了历史性的突破,在规模上已经成为研究生教育大国。而与此同时,培养拔尖创新人才的任务还十分艰巨,革新培养模式、深化内涵结构、提升质量水平、孕育创新人才,是当前研究生教育改革的重要职责和历史使命。

在全球信息化浪潮的背景下,信息与电子学科的研究生教育,不仅担负着 IT 学科领域学术探索、科学研究、人才培养的重任,还应引领"以信息化带动工业化"的战略进程,为行业振兴、区域发展、社会进步服务,为增强自主创新能力、构建国家创新体系出计出力,提供有力的人才支撑、智力支持和知识贡献。

创新人才成长，需要内因与外因共同作用。

外因是条件、内因是关键。拔尖创新人才的培养并非一蹴而就，更不能拔苗助长，需要内因与外因共同发挥作用，在学术追求中刻苦磨砺、在实践锤炼中不断成长。研究生要成为建设创新型国家的拔尖人才，就必须在学术研究上能耐住寂寞、埋头苦干，在工程实践中启拓思维、增长技能，"板凳一坐十年冷"，"厚积薄发一朝成"，既需要个人的努力、奋斗，也需要培养机制的助推、促进，更需要环境氛围的浸染、熏陶。

西安电子科技大学研究生教育始于 20 世纪 60 年代初，经过一代代西电人的奋斗积淀，形成了比较全面的信息与电子学科体系。2000 年试办、2004 年正式成立了研究生院，迄今已累计获得全国百优博士论文 5 篇、提名 7 篇，5 部教材入选全国研究生教学推荐用书，与西安高新区共建研究生创新实践基地，获教育部立项建设，研究生教育的规模与数量稳步发展、质量与水平明显提升，积累了一些有益的经验与做法。

我们相信，通过本次研讨会，必将进一步开阔我们的视野，在与兄弟院校的学习交流中获得更加宝贵的办学思想、培养经验、创新模式和实施举措，为共同推进研究生教育的新发展而不懈努力！

# 建设特色型大学　实现创新性突破

—— 关于高水平行业特色型大学战略发展的思考
(2009 年 12 月 19 日)

行业院校在新中国的建设初期、改革开放进程中担当过重要角色、发挥了重大作用，形成了今天的行业特色型大学。行业特色型大学有优势也有不足，学科特色鲜明、工程实践突出、行业联系紧密是其优势，学科覆盖面相对较窄、培养模式过于单一、横向合作拓展欠缺是其不足。

如何进一步继承创新、扬长避短，坚持走特色化办学、高水平建设之路，如何克服自身不足、实现二次跨越，从行业特色向高水平方向发展，是行业特色型大学当前最紧迫的战略性课题。

## 一、高水平行业特色型大学的概念定位与现实问题

基于前两届论坛的研究成果，我国"行业特色型大学"概念基本确立，进一步孕育产生了"高水平行业特色型大学"的理念；同时，也提出了行业特色型大学创新发展所面临的现实问题。

### (一) 概念定位

本文认为，从行业院校、行业特色型大学、高水平行业特色型大学到世界著名的高水平大学，存在一个继承创新、循序渐进，从历史到未来、从实践到理论的完善与更新过程，需要细致梳理和认真研究。

行业院校：主要指在 1952 年我国借鉴"苏联模式"进行院系调整时设置的、经过几十年建设而形成的专门院校，是今天行业特色型大学的前身和基础。

行业特色型大学：在行业院校基础上发展壮大，特别是经过 90 年代末"共建、调整、合作、合并"的体制划转之后形成的，从原先行业部委归属到教育部或地方管理的、具有鲜明行业背景和突出办学特色的大学。

高水平行业特色型大学：现阶段行业特色型大学发展的中期目标，即与国家 2020 年左右跻身创新型国家行列的奋斗目标相适应，在创新体系建设中发挥出重大作用、引领行业发展、支撑国家建设的主力之一，经过 10 年或更长一段时期的建设，成为我国一流大学和高水平大学行列中一支不可替代的主力军。

世界著名的高水平大学：行业特色型大学的长远奋斗目标，在行业领域率先脱颖而出，造就世界高水平大学或一流大学。

### (二) 现实问题

高水平行业特色型大学的发展，在现实中面临着一些困惑与矛盾、存在着一些障碍与问题。主要涉及学科发展、共建体制、服务定位、文化构建等方面。

学科发展——如何保持学科特色、进一步强化优势、拓展新增长点，避免原有优势被弱化、被渗透、被挤占；怎样立足实际、把握未来，对学科发展进行长远规划。当前，需要着力解决好巩固传统优势与拓展新兴方向之间的矛盾，摆脱学科面比较狭窄的困扰，克服特色被弱化甚至丢失的危险。

共建体制——管理体制调整后，行业特色型大学面临着与原行业部门和产业领域联系疏离的问题，面对其他综合性优势大学向相关行业领域渗透的危机。虽然通过部委共建、校企合作得到了加强，但如何使共建体制落到实处，融入行业创新、区域发展主战场，让知识、人才、智力充分发挥作用，仍是创新难点。

服务定位——面向国家战略、行业振兴、区域发展和社会进步，行业特色型大学既要有高层次的学术理论成果、也要有广泛而深远的市场影响，帮助行业、企业解决共性技术研发、关键人才培养、科研成果转化等实际问题。

文化建构——经济与科技的发展，离不开创新文化的支撑，大学文化在创新文化建设中占有重要的一席之地，是孕育创新思想、激发创造思维、碰撞灵感火花、产生原创成果的肥沃土壤。构建具有行业特色的大学创新文化，不仅对大学自身发展有益，也会对行业发展、区域创新产生重要的辐射与影响作用。

## 二、破解行业特色型大学发展难题的可行性

当前，建设高水平行业特色型大学，面临着方向选择与战略决策等重大难题。借鉴成功经验、分析当前形势、紧抓战略机遇，对建立高水平行业特色型大学新的发展模式具有重要意义。

### (一) 世界一流大学特色发展的典型范例

世界一流大学和高水平大学，虽发展路径各有不同，但都具有鲜明的特色，特色发展是大学生存与竞争的基础。

特色发展往往是世界一流大学的共同战略选择。麻省理工以理工见长，卡耐基·梅隆重点选择了计算机作为战略方向，斯坦福创造了产学研结合的典范，巴黎高师坚守"小而精"模式；耶鲁始终没有建立工学院，普林斯顿没有法学院、商学院。

在法国18世纪高教发展的拿破仑时代，为适应工业化需求，建立了专门培养工程技术人才的大学校，与大学并存，重点培养工程师。如今，这一体系日趋完善，大众教育与精英教育并存，如巴黎高等电信、巴黎矿校、巴黎高师、路桥学校等，行业特色十分显著，是高水平行业特色型大学借鉴的很好典范。

### (二) 我国行业振兴与区域发展的大好背景

建国60年，从两弹一星、人工合成牛胰岛素、杂交水稻、巨型计算机、南极科考、三峡大坝、神舟飞船、探月卫星等等，科学技术重大突破多集中在工程领域，行业发展一马当先。

应对金融危机，国家出台了4万亿投资规划、十大产业振兴规划，钢铁、汽车、船舶、石化、纺织、轻工、有色金属、装备制造、能源和IT产业迎来了新机遇；近期，《战略性新兴产业发展规划》出台，新能源、节能环保、电动汽车、新材料、新医药、生物育种和信息产业七大产业优先发展。与此同时，国务院加大国家级战略区域批复，"保增长、扩内需、调结构"的宏观方针稳步落实，区域发展跃升到新层次。

行业振兴与区域发展的两重利好背景，为高水平行业特色型大学的发展提供了一个难得的历史机遇。紧抓机遇、乘势而上，是建设高水平行业特色型大学的必然选择。

### (三) 高等教育多样化整体布局的有利契机

科教兴国、人才强国，推动了高等教育的新发展，高水平行业特色型大学在多样化的合理布局中占有重要的一席之地。

2007年6部委出台了《关于进一步加强国家重点领域紧缺人才培养工作的意见》，提出优先支持农、林、水、地、矿、油、核工业、软件、微电子等行业的紧缺人才培养。当前正在制定修改的《国家中长期教育发展规划纲要》，为高等教育的长远发展科学定位、规划蓝图，高等教育的多样化布局将逐步形成。

建设高水平行业特色型大学，要更加注重从单一模式向多学科协调模式的嬗变，适应国家高等教育体系多层次、多样化整体布局的要求，努力成为国家创新体系建设的一个重要突破口。

## 三、探索高水平行业特色型大学的发展新路

大学为国家建设、社会发展主要提供三种支持：优质人才、卓越知识、一流成果。高水平行业特色型大学的建设，则应紧紧围绕内涵发展、外部拓展的战略重点展开工作。

## (一) 内涵发展

行业特色型大学的整体水平集中体现为学科与专业的水平,硬实力表现为人才、技术与成果,软实力蕴涵于各具特色的大学创新文化背景之中,此三者构成了内涵发展的主要内容。

### 1. 学科与专业

学科是大学的旗帜,专业是大学的招牌。学科与专业的发展,在不同层次上代表了行业特色型大学的实力与水平。加强高水平大学的学科与专业建设,应着力强化三项重点:

第一,形成学科尖峰,巩固学科优势。无论是农、林、水、地、矿、油,还是信息、交通、医药等院校,在优势学科上积累了深厚实力,应进一步向尖端、前沿方向发展,主动向纵深挺进,应对国际挑战,在重点方向、重要技术上实现自主创新,掌握行业核心技术、增强行业创新能力、引领行业自主发展。

第二,加强基础学科,强化学科特色。基础学科是基石,发展行业特色型大学必须重视基础学科的建设,为专业应用型学科提供基础理论、基本方法。学科特色是生命力,有特色才能生存,应突出重点、避免平均用力,立足本校实际,构建合理的特色学科体系,不断充实和完善特色学科体系。

第三,多学科相互协调。特色学科的发展具有一定的周期,存在着从萌芽、生长、顶峰到衰减的过程。要相对长久地保持学科特色的影响力,就必须适度拓展学科面,注重学科交叉,产生新的方向、探索新的领域。因此,要注意多学科协调发展,在学科领域的交叉、融合、渗透中,积极探索新的增长点。

### 2. 人才、技术、成果

行业特色型大学服务于国家、行业、区域、社会发展的根本,在于人才、技术与成果。

(1) 培养一专多能的行业特色人才。

通识教育和专才教育各有所长,相互取长才能共同发展,而培养厚基础、宽口径、重实践、技能强的一专多能型特色人才,则是行业特色型大学当前最为急迫的任务。

原行业院校在培养专业技术人才方面积累了丰富的经验,毕业生大多上手快、适应性强、专业基础扎实,深受用人单位欢迎。新形势下,工程技术领域的创新面临学科交叉、技术融合的态势,仅有单纯的专业知识已不能完全满足激烈竞争的需要。因此,对人才的培养目标与要求也发生了深刻变化,既要有深厚而扎实的专业功底,也要有广博的视野、开阔的知识面,具备创新意识、创造精神,具有良好素质、出色技能。这就要求在人才培养模式上予以调整,完善课程架构、加强实践教学、注重能力培养、强化素质教育,适应行业创新对人才需求的新变化、新需求。

(2) 研究推进行业创新的核心技术。

人才是支撑，技术是突破口。只有积极创造并自主掌握行业发展的核心技术、关键技术，才能真正促进行业领域的不断发展。

行业特色型大学的科学研究，不仅要秉承学术的崇高追求，产生高质量的研究论文、报告，也要善于服务行业一线，在制约行业发展的核心技术、关键技术上加强攻关，协助行业企业解决掣肘问题，加快自主发展。与此同时，大学也能因此而获得丰富的市场信息与科研资源，对深化科研工作的针对性与应用性将发挥重要作用，达到双赢的效果。

(3) 产生推动产业升级的转化成果。

解决行业创新发展的主要问题在于优化企业结构、推动产业升级，而具有市场前景和潜力的可转化成果，是形成拳头产品的基础。行业特色型大学应为此做出新贡献。

新形势下，推动行业领域产业升级、增强企业自主创新能力的关键，是要在技术的基础上形成产品，从而引领发展、占据市场。这就对大学的研究提出了更高的要求，如果能产生切合实际的可转化科技成果，例如，发明专利、实用新型专利、美日欧(USPTO、JPO、EPO)三方专利等，并能尽快形成产品、打入市场、占据份额，将大大推进产品换代、产业升级，切实地推进行业创新的步伐。

### 3. 大学创新文化

文化是软实力，行业特色型大学要以大学的创新文化熏陶并影响行业创新与区域发展。

著名的麻省理工素有创新的文化追求，"师生不止乐于破除旧的形象，更善于创造新方法去审视周围的世界"，耶鲁以独特的大学文化与所在城市纽黑文形成了良好的互动。我国的行业特色型大学在长期的办学过程中，逐步地积累形成了自身的特色文化。例如，从不同的特色大学的校训、校风中透射出了独特的办学理念、育人风格，像"规格严谨、功夫到家"、"博大精深"、"止于至善"等。大学的创新文化不仅对人才培养产生了重要作用，更对行业发展和区域创新施加着重要影响，应当充分发挥大学文化的熏陶、浸染作用，增强竞争的软实力。

### (二) 外部拓展

行业特色型大学应突破传统局限、加强对外拓展，在争取有利的政策环境、加强战略合作、深化内外互动、推进国际化进程等方面开放办学、不断拓展。

### 1. 政策环境

政策主导、大学参与、环境成熟、配套完善，才能真正促进产学研紧密结合；争取政策支持、创造发展环境，是行业特色型大学对外拓展的基本出发点。

美国在《莫雷尔法案》推动下的赠地运动，直接催生了农工学院的蓬勃发展，"威斯康星思想"的诞生，深化了大学社会服务的基本职能。只有在政策环境的支持下，行业特色型大学才能取得飞跃性的发展，争取国家、行业、地方政府的政策支持，努力创造有利于创新发展的环境，是建设高水平行业特色型大学必须首先考虑的重要前提。

### 2. 战略合作

战略合作是行业特色型大学对外拓展的有效途径之一。校企合作、校所合作等多形式、多渠道的战略合作，不仅能强化行业特色型大学与行业的紧密联系，还可以建立新的发展平台，推进更加广泛的横向社会合作。

例如，上海的"大学校区—科技园区—公共社区"三区联动模式，张江产学研创新联盟，加强了大学与区域优势企业合作；广东省与教育部开展省部合作，推进了珠三角地区企业与国内一流大学、特色型大学的战略合作；陕西省加快西安高新区推进世界一流园区的建设，与在陕8所"211工程"大学签署产学研合作协议，提供政策环境，加强紧密联系。跨行业、跨区域的战略合作必将成为未来发展的新趋势。

### 3. 内外互动

在内涵实力、外部拓展的基础上，行业特色型大学还应加强内外互动，搭建广阔平台、建立有效机制、激励创新作为。

建立社会共同治理机制，是内外互动的有效途径之一。美国大学的董事会制度、教授联合会(AAUP)制度，为社会各界共同参与大学治理提供了良好借鉴。实践证明，当前实行多方共建大学或建立校董会等模式，也是一种共同治理的有效机制。

建立跨行业的战略联盟，是内外互动的有效途径之二。世界著名的一流大学，十分重视建立各种战略联盟。如麻省理工的全球可持续发展联盟(AGS)、环球网协会；又如法国在大学、科研机构和企业之间建立的竞争中心(PC)，德国马普学会与大学的横向战略合作等，提供了大学走向社会、服务社会的广阔平台。

建立面向社会的全面服务，是内外互动的有效途径之三。以美国莱斯大学为例，虽然办学规模小，却是研究型大学，与所在地的德州医学中心建立了战略关系，为当地提供了教育合作、建设咨询、人员培训等全面服务，深受当地欢迎。行业特色型大学只有融入区域、融入社会，才能取得更好发展。

### 4．国际化进程

大学开放办学必须注重国际学术合作与交流，行业特色型大学也不例外。高水平的国际交流对提升行业特色型大学的国际影响、学术水平、研究层次都大有裨益，走出校门、面向国际，是高水平行业特色型大学建设的重要路径。

通过国际交流与合作，要了解和掌握世界前沿行业领域的创新动态，学习借鉴国外高水平产学研合作的做法和经验，如美国硅谷、北卡三角区、英国剑桥工业园、德国鲁尔工业区等先进典范，并积极推进与世界著名大学、知名跨国公司的横向合作与交流，引进国际一流人才，建立跨国共建基地，加强产学研合作，才能不断向国际化水平提升、迈进。

# 工程师的精英教育之路

## ——关于高水平特色型大学发展的法国模式借鉴
## (2010年7月)

5月31日至6月11日，作为教育部组织的"行业特色型大学管理考察团"成员之一，我与北京科技大学、北京化工大学、北京交通大学、北京邮电大学、中国矿业大学(北京)、中国石油大学(华东)等6所高校及教育部的12位领导、专家赴法国、奥地利、匈牙利进行考察调研。

考察期间，重点走访了法国5所顶尖的工程师大学校，即巴黎综合理工学院(Ecole Polytechnique)、巴黎路桥学院(ENPC ParisTech)、巴黎高等矿业学校(MINES ParisTech)、巴黎高等电信学院(TELECOM ParisTech)、里昂中央理工学院(ECOLE CENTRALE LYON)，以及法国工程师职衔认证委员会(CTI)，对法国高等教育的概况、工程师学校的精英教育特色、人才培养与业界紧密联系的模式等，有了进一步的认识与了解。此外，还走访了奥地利、匈牙利的教育主管部门，了解了相关大学的简要情况。

回国后，组织课题工作小组相关人员，对带回的一手资料进行了阅读、翻译、消化、吸收，并参阅相关文献与网络资料，形成本报告，旨在重点借鉴法国工程师精英教育的模式与做法，对我国建设高水平特色型大学提出建议，就西电如何建设特色鲜明的一流大学进行一些思考。

## 一、 法国工程师精英教育特色体制

### (一) 历史渊源和重要地位

法国高等教育是"双轨制"，一般意义的综合大学(Université)与一批特色鲜明的工程师大学校(Grandeécole)并行发展，而后者是实施精英教育的主体，具有"小而精"的显著特点，达到或接近了世界一流大学的水平(如巴黎高等师范学校等)。此外，还有一些短期高等教育机构。

这三类大学之中，综合大学87所、工程师大学校230所(广义的大学校，除了包括工程师学校在内之外，还有商校、行政司法类学校、建筑师学校等共计952所)。

大学校体制是历史形成的。18 世纪,法国波旁王朝的君主,在中世纪大学之外,建立了第一批高等专科学校,如炮兵学校(1720 年)、军事工程学校(1749年)、巴黎路桥学院(1747 年)、巴黎高等矿业学校(1783 年)等;法国大革命后,关闭和取消了部分中世纪大学,设置了新的专门学院,如综合理工学校(1794年)、巴黎高等师范学校(1794 年)等;后来,拿破仑时期进一步强化了高等教育为帝国政权服务的实用功能,使大学校的发展得到进一步加强。

法国工程师大学校与综合大学入学有明显区别。一般,高中毕业生通过全国会考(Bac)后,可直接进入普通大学学习或在技术专科学校攻读"高级技术员文凭(BTS)"。而要进入工程师大学校,则必须通过严格的入学考试来选拔,录取率约 10%,先读 2 年预科;此后参加入学竞考,再次淘汰选拔,成绩优秀者方可进入工程师大学校学习,学制 3 年,学业完成授予工程师学位(Depolema)。因此,总学制为 5 年,即"2 年(预科)+3 年(工程师培养)"。另外,综合大学二年级以上或具备同等资格水平的外国留学生,也可以通过严格的入学考试选拔予以录取。

工程师大学校在法国具有十分重要地位,属于"精英教育",毕业生有很高的就业率、薪酬收入和社会地位。工程师在别的国家是一种工作岗位,而在法国特指一种学位文凭,其认证办法由国家工程师职衔委员会(CTI)负责,这是法国独立自主的工程师学历认证机构,负责对学校的课程设置和教育质量进行资格认证,之后学校才有权颁发国家工程师学位文凭。

目前,法国经过该委员会认证的具有颁发工程师学位文凭资格的学校,有200 多所,大部分为工程师大学校,也有综合大学,私立学校占 1/4;法国目前仍在工作的工程师学位者总数约 60 万人,每年有 3 万人获得工程师学位,理工科硕士中 60%拥有工程师学位,10%的工程师学位获得者选择攻读博士。

### (二) 工程师精英教育的特点

通过考察调研,对法国工程师精英教育的特色,有以下 4 点认识,这就是:规模小、质量高、实践强、就业好。

### 1. 规模小

工程师大学校的选拔制度非常严格,淘汰率高,学生入校时基本都是同龄人中的佼佼者,生源质量优。

如,巴黎高科(全称为"巴黎高科技工程师学校集团",缩写为 ParisTech,1991 年由 12 所工程师大学校组成的集团,包括综合理工 Ecole Polytechnique、巴黎路桥 ENPC ParisTech、巴黎矿校 MINES ParisTech、高等电信 TELECOM ParisTech 等)的工程师大学校中,全法每年 80 万左右的高中会考生,其中有80%左右通过全国会考(Bac),约 50 万人,而其中理科毕业生大约 12 万人,仅有 1～3 万人能被选拔进入预科学习,之后经过第二次竞考,仅 2～3% 的优秀学生被录取。以巴黎矿校 2009 年报考人数为例,4000 人报考、复试 1000 人、最终录取 90 人。

此次考察的几所大学校,规模虽小,而师生比却较高。例如,综合理工各类在校生 2700 人,师生比 1:4;巴黎矿校在校生 1370 人,师生比 1:5;高等电信在校生 1550 人,师生比 1:7,大部分学校的师生比保持在 1:3 至 1:7 之间。

**2. 质量高**

优秀的生源、较高的师生比,是保证高水平教育质量的基础。除此之外,工程师大学校的经费投入比较充足,学科专业相对集中,科研资源丰富,课程安排合理,注重与工业企业的紧密合作,重视实习实践,从而确保了较高的培养质量。

其一,经费投入较高。

所考察的几所学校,学生注册费只有 500～600 欧元,而学校的年度预算则在 3000 万至 9000 万欧元之间,经费主要来自政府拨款和企业资助,而科研经费也比较充足。如,巴黎矿校 2009 年预算达 9000 万欧元;综合理工每年科研经费达 9500 万欧元;高等电信年度预算约 6130 万欧元,每年科研合同经费为 1000 万欧元等。

其二,学科专业集中。

这些学校的学科专业相对集中,并非"大而全",而是"专而精",一方面是历史原因形成的,另一方面,也与学校长期坚持特色发展密切相关。如,巴黎路桥的学科主要有土木工程、机械、数学及计算机、环境气候等;巴黎矿校的学科则集中在能源化工、地球与环境科学、机械与材料等方面;高等电信则集中在通信与信息学科领域;综合理工则是数学、物理学、生物化学、计算机等。这些学校不盲目发展其他学科专业,即使有所拓展,也是与工业高技术或经济密切相关的学科,如纳米技术、生物工程、经济学、金融学、管理学等。

其三,科研资源丰富。

丰富而具有鲜明特色的科研,为工程师培养提供了强大的资源支撑,水平和实力十分突出。如综合理工拥有 22 个实验室,与国家科研中心联合建设或其他国家研究机构协作建立,同时保持着与企业界的紧密联系;巴黎路桥 13 个实验室每年与政府和企业签订 60 余项科研合同,金额达 1400 万欧元;巴黎矿校每年则签订 1000 多项科研合同,12 年来一直居法国科研合同项目数第一,在能源、资源、环境、国家安全等重大战略中地位重要,每年产生专利 70 多项，专利许可费达 500 万欧元；高等电信实验室全部为 A+或 A 级；里昂中央理工拥有 6 个国家科研实验室。

其四，培养机制灵活。

工程师学位培养学制为 5 年(2+3)，一方面，在 2 年预科期内着重打好理论基础；另一方面，进入 3 年工程师培养进程后，专业课程安排灵活多样，可以根据兴趣专长自由选择、组合课程，并在每年都安排去企业实习。而对教学质量的要求也很高，如巴黎路桥，采用招投标的方式决定课程的主讲人，学生参与课程质量评比，学术委员会决策任课教师的更换与否和是否关闭。同时，为吸引国际范围内的优秀学生，除了工程师学位文凭以外，还设立了硕士文凭(Master of Science)、学制 1 年半到 2 年，硕士后研修文凭(post-Master，已获得硕士学位)、学制 1 年，博士文凭、学制 3 年，为拔尖人才的系统培养、持续发展提供了多样灵活的便利条件。

### 3. 实践强

在加强理论基础的前提下，工程师教育后 3 年的学习过程中，实习是一个重要的环节。以巴黎高科所属大学校为例，后 3 年学制中，第 1、2 年要求学生到企业实习 3~4 个月，第 3 年实习 6 个月，共实习 9~10 个月，真正学到了一线工作的宝贵经验，强化了学习的实践性。而综合理工的预科为 2~3 年，学生的数理功底十分扎实；工程师课程培养时间达 4 年，前 2 年为多学科综合教育阶段，后 2 年为专业化综合学习阶段，这 4 年内的实习安排按顺序分别为 8 个月、1 个月、3 个月、6 个月，实习的总时间则达到 18 个月，对学生实践能力的培养起到了十分重要的作用。

同时，这些学校与企业界有着密切的联系，校董会是与社会和企业保持高层联系的关键机构，学校还设有企业专家教席，聘任高层管理者、经验丰富的企业工程师担任兼职教师，把工程实践的经验直接传授给学生。

国家在支持大学校与企业的密切联系方面，实行"学习税"，各企业可以直接将"学习税"支付给大学校，额度为每年工资总额的 1.1%，若不给学校则必须上交国家，而企业接受实习的费用不在此税内，较好地保证了企业参与并支持大学的发展。

### 4. 就业好

经过严格选拔和精心培养的大学校工程师，就业情况非常好，真正成为了政府、企业的管理精英和技术精英，分布在公共管理部门、工业界、金融界、商业与服务、建筑与交通、信息产业等各个领域，新入职毕业生的薪酬平均在 3 万欧元以上，如高等电信的毕业生起薪为 42000 欧元，里昂中央理工起薪为

37000 欧元；而根据 CTI 的统计，60 岁左右资深工程师的薪酬收入则高达 8 万欧元以上，经济收入丰厚、社会地位显赫。

### (三) 改革与发展情况

法国工程师精英教育，因历史而形成，具有鲜明特色，但也并非固步自封、停步不前，而是随着时代的发展，也在不断进行着改革与调整。

其一，保持特色、及时更新。以巴黎矿校为例，成立之始是以培养矿长和技术员为主，到 20 世纪 50 年代，面对矿产资源减少的危机，作为老牌工程师大学校，面临拓展国际矿产市场和多个领域学科发展的选择，最终选择了后者，发展了能源与化工、机械与材料、地球与环境科学、经济、管理等学科，1988年、1992年、2007年分别产生了 1 项诺贝尔经济学奖、1 项物理学奖、1 项和平奖，使学校又获得了一次新的发展。

其二，建立联盟、扩大影响。"小而精"的模式是工程师大学校的特色与优势，但近年来应对综合大学同步举办工程师教育的新挑战，工程师大学校也特别注重建立联盟、集成优势。1991 年，全法最具声望的 11 所工程师大学校和巴黎高商 HEC 组成了巴黎高科技工程师学校集团(巴黎高科)，属于协会性质的联合体，代表着法国高技术前沿领域最高群体，由一个理事会(各成员学校校长组成)管理，执行主席轮流担任，每届任期两年，扩大了这些顶尖工程师大学校的国内与国际的影响。

其三，拓展合作、面向国际。1999 年，欧洲 29 国在意大利博洛尼亚提出的"博洛尼亚进程"(Bologna Process)，是一项欧洲高等教育改革计划，其目标是整合欧盟的高教资源，打通教育体制。法国积极响应该进程，在统一学位、学制、学分以及评估合作、认证标准等方面积极融入，实行对应学分制，推进实施欧洲学分转换系统。

## 二、 奥地利、匈牙利高等教育概况

### (一) 奥地利高等教育

奥地利教育事业由联邦政府统一管理。2008 年政府设立了教育、艺术与文化部和科学研究部。基础教育、职业教育和师范教育由教艺文部管理，高等院校由科研部管理。

全国共有 23 所国立大学，其中研究型大学 21 所；有 180 个学科，近 490个专业。除此之外，还有 18 所高等专业学院和 11 所私立大学。奥地利大学的教育质量得到世界公认，拥有诺贝尔奖获得者 16 名(其中医药生物 6 名、化学4 名、物理 3 名)。

此次考察，大致了解了 3 所技术类大学和 6 所艺术类大学的简况。

### (二) 匈牙利高等教育

匈牙利的公立大学、私立大学、宗教大学以及专科学校共有 68 所，培养出了 13 名诺贝尔奖获得者。其高等教育文凭具有双重功能：既是学术水平证书，也是职业资格证书。在专科学校顺利修完 3 至 4 年非大学教育课程的学生可以获得大专文凭。在大学或同级教育机构顺利修完 4 至 6 年课业的学生将被授予大学文凭。高等职业教育机构的学生，经过两年的非大学高等职业教育，在通过高等职业资格考试后，可以获得高等职业资格证书。

## 三、考察感受与认识

考察中，形成了以下 3 点感受与认识：

其一，法国工程师精英教育独树一帜。世界高等教育的发展类型，以英国的导师制、德国的研究式、美国的熔炉式著称，代表了不同历史时期的发展经历，而法国独树一帜的"小而精"的工程师精英教育，立足法国的历史传统，具有很强的"个性"，同时与世界一流大学积极跟进，塑造了独特的品牌，形成了独立的风格，对于我国建设高水平大学和世界一流大学具有重要启示意义。

其二，通识教育与专才教育可以兼顾。法国工程师精英教育既重视理论基础，又注重专业专长，对实习实践给予了高度重视，大学与企业的紧密合作值得学习。这从另一个角度对通识教育与专才教育的互补、融通，做了很好的阐释与示范；而工程师精英教育也同样是建立在大众化教育的基础上，法国从体制、机制上提供了培养创新人才的肥沃土壤，适应了国家建设需求和经济发展需要，通识、专才、大众、精英，有效协调、各得其所、各定其位，才能真正形成多元化发展的局面。

其三，大学内涵需要健康的生态系统。建设世界一流大学和高水平大学，是一个艰难的历史进程，需要从根本上予以考虑，历史传统、国家体制、教育机制、社会氛围、大学文化，形成了一个大学发展的综合生态系统。而我国目前的这个生态系统还不够健全、不够健康，需要找准突破口，持续努力、不断创新，经过一代又一代的大学人去创建、去更新，为产生大师和大成果付出艰辛的努力。

## 五十载耕耘结硕果　半世纪风雨铸辉煌

——在桂林电子科技大学 50 周年校庆大会上的讲话

（2010 年 11 月 20 日）

　　50 年风雨兼程，50 年高歌奋进！经过 50 年建设，桂林电子科技大学经历了风雨、经受了磨砺，实现了从专科学校向本科大学的历史性转变，成为电子信息学科特色鲜明、区域优势突出、具有较高影响、工信部与广西共建的重点大学，正向具有博士学位授予权大学的更高目标努力迈进！

　　西电与桂电情谊相连、友情深远！30 年前，遵照电子部指示，西电以刘逢晨院长为代表的 87 位教师、管理人员以及家属共计 122 人，从西安长途跋涉来到桂林，援建桂电。他们把自己的青春年华投入到桂电建设的艰苦进程中，贡献了自己的才智和力量。30 年后，一些老同志已经辞世，许多老教师也已两鬓苍苍，而他们壮心犹在、无怨无悔，为桂电的蓬勃发展而激动、欣喜，为自己能参与到桂电的建设、成为桂电的一分子而骄傲、自豪！

　　挑战蕴藏机遇，合作带来发展。科教兴国、人才强国，大学任务艰巨而神圣；振兴学术、科学发展，高校建设紧迫而必需。国家中长期科技、人才、教育三大规划纲要的出台，更加凸显了大学的历史使命，使高校之间、高校与国家建设、社会发展、区域振兴之间的联系更加紧密。优势互补、合作共赢，已经成为 21 世纪科技、经济与教育一体化发展的大趋势，美国常春藤联盟、欧洲博洛尼亚进程、法国工程师大学校，我国行业特色型大学论坛等，纷纷走出合作发展的新路，树立了合作共赢的典范。

　　西电愿继续与桂电紧密合作，支持桂电取得更大发展，共同为推进北部湾建设、加快与东盟连接开发进程提供强有力的人才支撑、智力支持和知识贡献，也愿与广大兄弟高校一起，共同为振兴国家高等教育事业贡献自己的力量！

　　祝桂林电子科技大学的明天更加美好！

# 特色型大学人才培养模式改革的思考与实践

—— 第四届行业特色型大学论坛交流文章

(2010 年 11 月)

《国家中长期教育改革和发展规划纲要》提出了"有特色、高水平大学"的建设目标，特色型大学的人才培养面临新的任务。以"卓越工程师培养计划"试点为标志，适应新形势下人才培养模式的改革与创新已迫在眉睫。法国工程师精英教育在全球高等教育领域内独树一帜，特色显著、个性鲜明，与我国行业特色型大学有许多相似点，可以很好地学习借鉴，在积极推进人才培养模式改革的过程中，进一步启发思路、启迪思想、付诸实践。

## 一、关于工程师精英教育的再思考

我国高等教育的发展，实现了从传统精英教育向大众化普及教育的历史性跨越，使规模、数量得到明显提升，有力地推进了高教事业的整体改革进程。而与此同时，也出现了大众化背景下高教的质量、水平、特色等新问题，面临培养高素质、创新型、重实践、有能力的拔尖创新人才和一大批重点领域的急需紧缺专门人才的新挑战。行业特色型大学担负着大众化教育任务，但要在拔尖创新人才、高级专门人才的培养上实现突破、形成特色，就必须兼顾精英教育，能够努力在工程师精英教育的模式改革上大胆探索、勇于实践，走出一条新路。

法国工程师大学校的精英教育模式历史悠久、特色鲜明，对我们行业特色型大学的人才培养模式改革有很好的借鉴意义。其培养特色主要有以下四个特点：

其一，国家主导下的精英教育。这类大学校起源于 18 世纪、形成于拿破仑时期，拥有 200 多年的办学历史，与国家建设需求紧密结合，主要担负着精英教育的任务。学校选拔制度严格、淘汰率高，主要培养政府部门、行业企业的管理精英和技术精英，学业合格由法国工程师职衔委员会(CTI)统一授予文凭，具有很高的社会认同度、良好的就业选择和优越的薪酬收入，是众多优秀学生向往的"工程师精英人才"的摇篮。

其二，办学特点"小而精"。工程师大学校规模均很小，学科相对集中，但经费投入高、科研实力强。一般规模保持在 1000～3000 人左右，师生比处于 1:4～1:7 之间，学科专业大多集中在理工、管理、经济等领域，经费投入主要来自政府拨款和企业资助，年度预算在 3000 万～9000 万欧元之间，科研实力强，为学生成长成才创造了有利条件。

其三，注重综合素质和实践能力培养。大学校的课程设置既包括基础科学、工程科学内容，也包含经济管理和社会文化知识，构成了科学合理的体系，如引导课程、领导力课程与基础课程、专业核心课程及科研实习、企业实习有效匹配、有机结合，学生的宽广视野和综合素养锤炼得到保证。学校与政府和企业界保持紧密联系，吸纳各界高层人士加入校董会参与学校顶层设计与管理，学校获得国家企业实习"学习税"的政策支持，与企业密切合作，聘任许多企业专家担任教师教席，学生在企业以见习生、工人等身份进行真正的职业化实习，分年度递进安排，一般为 9～10 个月，最长达 18 个月，实践能力得以强化。

其四，重视改革与发展。大学校不固守传统，注重不断发展，如巴黎矿校实现了从矿业人才培养到能源学科发展的历史转型，巴黎高科成立弥补单一学科面较窄的不足，进一步增强了参与多元竞争的实力与能力，适应欧洲"博洛尼亚进程"的发展趋势等。

借鉴法国精英教育的模式，改革我国行业特色型大学的人才培养模式，要从实际出发，进行深入思考，实现重点突破。为此，有以下三点认识与思考：

第一，大众化教育的特点是"大而全"。实现大众化教育，要使教育的规模、数量得到大发展，使全社会接受高等教育程度大提高，就要照顾到整个受教育对象广泛而多层次的需求，考虑高教事业的统筹均衡，综合、全面是其必然要求，因此，自然形成了"大而全"的基本特点。

第二，精英教育的特点是"小而精"。精英教育注重培养拔尖人才和领军人物，数量不是重点，而重在培养发挥引领、带动作用的精英，因此一般要实施规模小、质量高的模式，以保证高水平培养成效。

第三，特色型大学发展要"强而优"。大众化教育和精英教育代表着两种发展模式，却并非彼此完全隔绝，某一阶段有某一阶段的主要趋势，各个大学有各个大学的侧重选择。建设特色型大学、培养拔尖创新人才，关键在于重点借鉴特色的内涵，而不单纯看规模的大小，从而结合我国实际，做强优势、做大特色，以点带面，有效推进人才培养模式的改革，提高培养质量，提升教育水平。

## 二、人才培养模式改革的思考

精英教育是培养拔尖人才的必要条件和坚实基础,大学办学水平的最高体现仍在于产生出一流的拔尖人才。因此,无论是建设世界一流大学还是高水平大学,实现创新发展的根本出路仍在于培养出一大批拔尖创新人才,产生杰出的学术大师和领军人物。而从另一个角度看,任何一所大学培养出的拔尖人才的数量和质量,都是衡量其教育水平的一个毋庸置疑的标志,培养拔尖人才,是在完成高等教育大众化任务的基础上,必须重视和解决的新难题。

法国工程师大学校的传统和特色,与我国原先的行业院校以及一些省属行业院校具有十分相似的特点,学习借鉴其在精英人才培养方面的做法与经验,对我国高水平大学拔尖创新人才的培养具有典型的启示。

为此,有以下三点思考与建议:

其一,改革管理模式,宏观与微观合理统筹。

高等教育具有自身的发展规律,拔尖人才培养更需要良好的环境与氛围,十年树木、百年树人,既需要从宏观上予以长远规划,制定政策、提供条件、有效调控,也需要在微观上积极探索,研究举措、自主发展、开辟新路。而从我国现行的大学管理模式上看,行政指令色彩浓,在很大程度上限制了高水平大学的自主发展,办学经费来源单一,制约着大学自主发展的积极性,管理体制与机制的重重束缚,比较严重地影响着拔尖创新人才的培养。这些都需要从宏观与微观结合的角度出发合理统筹,从而进一步激发大学培养拔尖人才的积极性,为切实提高教育质量做好长远准备与科学统筹。

改革管理模式,需要在具体举措上,给高水平大学建设开"绿灯"。应允许"先行先试",结合具有条件的大学的自身特点,首先在培养拔尖创新人才的政策、举措上给予政策支持,给予一定的办学自主权,包括招生、培养、授予学位等方面,允许设立拔尖人才培养的"特区"、"实验区",在保证达到基本教育目标的前提下,大胆探索、积极试行,发扬改革开放的精神,敞开兼容并包的胸怀、坚持办出特色的目标,积极开拓拔尖人才培养的新路径。

其二,改革培养模式,共性与个性有机结合。

拔尖创新人才的成长,是一个复杂的过程,各种因素都发挥着重要的影响。但无可置疑的是,大学时期的学习和实践,是拔尖人才成长必经的一个重要阶段,为事业的起步、人生的成功铺垫着坚实的基础。据一项调查显示,一般来说,杰出人才的成长基本分为四个阶段,一是大学本科阶段,是基本素质养成阶段;二是研究生阶段,是专业能力形成阶段;三是创新能力激发阶段,大约在30~40岁,是获得最佳成果的峰值期;四是领军人才完型阶段,大约在40~

50 岁，是孕育一流成果的成熟期。在大学的本科和研究生阶段，采用什么模式实施教育更有利于拔尖人才的成长，则是问题的关键，即怎样为拔尖创新人才走向成功之路打下基础、做好准备，储备必要的知识、锤炼过硬的能力。简言之，就是如何改革培养模式，实施有效的培养方案，以有利于拔尖人才的未来成长。

培养拔尖创新人才，既要关注共性，也要注重个性，二者应有机结合。共性，包括必备的知识基础、专业技能、独立思考的习惯、批判思维的品质等，正如 1828 年耶鲁大学报告提出的"头脑的修炼和充实"，重视对学生思维能力、解决问题办法的培养和锤炼，是拔尖人才成功的必备素质。个性，则指不同的个体在成长中所表现出不同于一般的思维模式、思考方法，如"偏才、怪才"，其独特的思维往往孕育着新思想、有新发现，值得鼓励和支持。

因此，改革培养模式，不能仅从共性出发简单从事，而要使重视共性与彰显个性有机结合，制定出多层次、多样化、细致扎实的培养方案，使通识教育、专业训练、素质教育、社会实践等多种模式得到合理的补充与协调，鼓励"奇思妙想"，提倡"发散思维"，倡导宽容、大气、民主、开放的学术风气，为拔尖人才的成长创造有利条件，提供丰富的教育资源、多样化的发展选择，激发人才求知、求学的潜力和动力。具体到大学培养模式改革的实践中，应结合自身的学科特色、科研资源、师资实力，制定拔尖人才培养的全面方案，整合内部力量、做好先行示范；同时，也应进一步走出校门、走向国际，加强与国内外产业界、企业界以及区域地方的互动合作，共享社会广义的教育资源，法国工程师大学校与企业密切合作的模式提供了很好借鉴，向实践学习、在一线锤炼，为校内的培养模式改革提供丰富的外部实践资源支撑，为拔尖人才尽快适应生产力的实际发展需求提供帮助，为推进大面积的教育改革摸索经验、奠定基础。

其三，改革发展模式，"点"与"面"有机协调

大众化教育解决"面"上的问题，精英教育要突出"点"上的工作。而拔尖人才的培养既涉及到"面"，也涉及到"点"，没有量的积累，就不会实现质的飞跃，而实现质的飞跃，还必须突出建设的重点。

从布局上看，我国大学"985 工程"、"211 工程"以及各种形式的共建高校，在层次和类型的划分上已经基本趋于稳定，但在突出特色、突出水平的指导上还存在一些不足，优质资源相对集中、评价考核还不完善和细致，"点"、"面"的协调仍需要加强和努力。

从发展上看，"千校一面"的趋同现象仍存在，突出特色、彰显个性还需要在国家层面不断强化、给予政策和实际举措的扶持，在合理布局和规划之后，

更重要的是为各类大学特色发展的模式提供必要的条件，扩大办学自主权，搭建广阔的平台，支持大学向着多元化、多样化的特色办学道路发展，突出自身办学的"点"的工作，推进高等教育整体"面"的发展。

## 三、人才培养模式改革的实践

特色型大学人才培养模式的改革，非一朝一夕可以实现，而是一个长期、复杂的系统工程，需要更新人才培养的理念、拓展开放办学的空间，改革课程体系、强化实践环节，构建校内培养与校外实践紧密结合的有机衔接体系，营造有利于批判思维、创造精神孕育和产生的宽松氛围，更需要找准路径，有效突破，以实施"卓越工程师培养计划"试点为契机，以点带面、大胆探索，从而全面推动教育教学体制与机制的革新。

### (一) 更新理念、明确目标

改革人才培养模式，虽有一流大学的经验可以借鉴，但却没有现成的模式可以照搬。因此，加强研究、更新理念，明确改革的方向与目标，才能真正在行动上促进改革。要研究国外大学先进模式的内涵，分析其产生、存在、发展的机理，也要研究我国特色型大学人才培养的现状，明确特色型大学拔尖人才培养的标准与范式，更新教育理念、确立培养方向、修订教学大纲，为创新人才培养提供理论指导，进一步推进实践改革。

"卓越工程师培养计划"的试点，以项目建设的形式提出了特色型大学拔尖人才培养的改革方向和突破试点，但对于真正能成为未来"卓越工程师"的人才该怎样培养、其基本的原则和标准是什么，还不十分清楚，需要从理论和实践上积极探索。

英国工程技术学会(IET)，前身是 1871 年成立的英国电气工程师学会(IEE)，是英国工程科技人才能力素质标准的主要制定者，其对"卓越工程科技人才"能力素质的标准定义为 5 项：学习、应用知识的能力与创新；工程实践能力；技术与商务领导能力、人际交流能力；职业操守、社会责任和可持续发展能力。

借鉴法国工程师精英教育的内涵，特色型大学的拔尖人才应当具备 6 项基本素质：深厚的数理基础、宽广的国际视野、优良的综合素养、扎实的专业知识、过硬的实践能力、突出的创造精神。数理基础和国际视野是构架科学知识体系的前提，综合素养和专业知识是深化专业学习的根本，实践能力与创造精神是成为卓越工程师的潜力。这 6 项素质，既包括了知识、能力与实践的内容，也包含了基础、专业与素养的要求，在人才培养的实践中应予以重视，以弥补我们原有专才培养中单纯注重专业应用、忽略知识体系构建、忽视创造精神孕育的理念，并在"卓越工程师培养计划"试点中不断完善培养方案与大纲、有效地引导教育教学实践。

## (二) 开放办学、拓展空间

工程师拔尖人才的培养要充分利用广阔的行业、社会资源，开放办学、拓展空间，为人才的锤炼与成长创造有利条件、提供丰富而生动的学习资源。

除了法国工程师大学校之外，德国的应用科技大学也是充分利用社会与企业资源开放办学、培养高层次应用型人才的一种新类型；这类大学以应用为导向，加强与社会和企业的联系合作，注重特色人才培养，例如布莱梅应用科技大学与空中客车公司合作设立航空航天科研机构，与汉莎航空公司开设了航空系统科技与管理专业，维尔道大学与所在地机场合作开设航空后勤学和机场管理专业等，均提供了很好范例。

我国行业特色型大学与原行业有着先天的联系，即使在隶属关系划转后，也纷纷通过共建、合作等形式进一步加强了联系，同时积极向其他领域、地域拓展，纵横结合、广泛合作，为争取更多的社会与企业资源支持打下了基础。此外，也在国际合作上积极推进，开展了多种形式的联合培养人才、科研合作等项目，做出了有益的探索与尝试。然而，受地域、资源以及惯性思维等影响，开放办学、拓展空间还存在不足，有很大的空间可以作为、可以提升。例如，大学与企业之间的紧密合作及实习实践的深入开展，对杰出校友成长轨迹的深刻研究与分析，对行业领域拔尖人才成长规律的总结提炼，提高参与区域振兴、把科技成果转化为现实生产力、为地方经济发展作出重要贡献的创新能力等，都可以在共建、合作的基础上，更加深入地予以推进，以人才培养、人才输出为桥梁，以成果转化、专利转让为纽带，把开放办学、拓展空间的工作做得更加细致、深入。

## (三) 优化课程、强化实践

课程体系设置是培养人才的关键载体，教育实习实践是强化技能素质的有效环节。优化课程体系、强化实践环节，对于人才培养的重要作用不言而喻。

欧洲大学普遍重视以就业为导向对课程体系进行改革，与企业联合开发课程项目，如瑞典皇家理工大学联合企业开发了 CDIO 项目，即概念、设计、实施、操作的全过程学习与实习，把理论学习与企业实习实践、实际动手操作直接融为一体，着重训练语言组织、书面报告、团队管理、领导力、创造力、系统观等。

改革课程体系，在强化并巩固基础知识、专业基础知识教学的前提下，要适当加强国际、国内科技史、学科专业发展概况的引导性介绍课程，使学生对科技发展的全貌有整体了解；要适度增加经济、管理、人文等素质教育的辅助性课程，使学生得到综合素养的熏陶与锻炼；要适时增设前沿技术、热点领域的行业、产业发展动态学术报告，使学生及时掌握最新动态、激发兴趣、鼓励创新；要切实加强实习实践，使学生在企业一线得到动手操作的机会，增强感性的体验，把课堂学习与实践实习有机结合，学以致用、活学活用，培养运用知识解决实际问题的能力。同时，要注重从企业吸收高层管理者、技术精英担任兼职教师，以提高师资队伍的实践教学能力和水平。

### (四) 国际合作、提升水平

外部资源与校内教育的有效衔接，是人才培养模式改革取得实效的关键。在如何引进和利用好各种资源方面，国家、企业、大学、社会需要紧密协作，形成有利于特色型大学健康发展的健康生态系统，健全有利于拔尖创新人才成长成才的良好环境。

国家应当通过立法的方式，鼓励并支持企业参与到大学人才培养的全过程中，提供免税等优惠政策，为学生实习实践创造良好条件，让企业的积极性得到充分发挥；企业应进一步加强与大学的合作，为在校生的教育教学提供帮助，为企业的长远发展储备人才；大学应当转变人才培养观念，增强适应市场变化的能力，发挥引领社会的职能，以人才支撑、成果服务、文化浸染为国家建设、社会发展作出贡献；社会应营造宽松的环境与氛围，为人才的健康、快速成长提供支持。

## 三万里辗转凝聚"西军电"精神
## 八十载兼程彰显"西电人"本色

——在 80 周年校庆大会上的讲话
（2011 年 10 月 15 日）

今天，是所有"西电人"为之喜庆的日子！学校隆重举行建校 80 周年庆典大会，在 3000 亩新校园，宾朋盈席、校友贤集，鲜花如潮、欢歌笑语！我们集聚一堂、共襄盛典、极目金秋、远眺终南，在纪念西安电子科技大学建校 80 周年这一承前启后的历史新起点上，总结 80 年的办学历程，重温 80 年的风雨沧桑，凝聚"西军电"精神，彰显"西电人"本色，意义重大而深远！

在此，我谨代表全体师生员工和学校领导，向出席本次大会的领导、来宾、校友、朋友们表示热烈欢迎！向为学校建设与发展做出重要贡献的校内外人士、海内外友人表示衷心的感谢！向关心、帮助和支持西电发展的社会各界朋友致以崇高的敬意！

**八十年风雨如画**。西电的发展，始终紧跟我党、我军及国家重大战略的前进步伐。

从 1931 年江西瑞金发源，毛泽东、朱德等老一辈革命家亲手缔造了我党我军第一所工程技术学校——"中央军委无线电学校"。从此，半部电台起家、小布祠堂授课，王诤校长点燃了红军无线电通讯事业的星星之火。反围剿战斗中，通校师生边战斗、边学习，为夺取胜利付出了智慧和鲜血，"四渡赤水出奇兵、毛主席用兵真如神"，担负无线电联络任务的通校战士功不可没；二万五千里长征中，爬雪山、过草地，行军路上学技术的精神，被周恩来赞誉为"相当宝贵的教材"。

长征路上办学、宝塔山下成长。到达延安后，红军通校更名为"延安通校"，"从无到有、从小到大"，不断发展壮大。清华大学的张乃召、钱文极，交通大学的孙俊人、罗沛霖等热血知识青年加入到办学的洪流中，通信战士的培养向专业化方向迈进，毛主席称之为"科学的千里眼、顺风耳"。"延安通校"转战陕北、东渡黄河、纵横华北，在河北获鹿扩大为"华北电专"，电影《永不消逝的电波》主人公原型李白烈士，就是这一时期优秀学员的代表，他们用生命和忠诚谱写了抗日战争、解放战争史上气壮山河的英雄之歌！

　　建国初期，塞外重镇张家口，"华北电专"扩展为"军委工校"。1952年，中央从全国各地调集师资，其中大连工学院电讯系200余人整体调入，毕德显院士、保铮院士、王越院士等当时的一大批师生入校，极大地提升了办学实力，"军委工校"名赫一时；1958年，学校内迁西安，1959年成为全国首批20所重点大学之一，担负着当时三大国防尖端技术之一"无线电电子学"研制的重任。60年代之后，"西军电"闻名遐迩，开辟了IT学科的先河，产生了我国第一部气象雷达、第一套流星余迹通信系统及军队装备史上第一部塞绳电报互换机等一流成果，孕育了陈太一院士等一批学术大师，涌现了郭桂蓉院士、张锡祥院士、柳传志总裁等一大批杰出校友。这一时期，人才辈出、将星闪耀、学科领先、成果卓著，彰显了"西军电"本色，凝聚了"西军电"精神！

　　改革开放以来，学校在"西军电"的荣光中继续前行，从工科独秀的模式向以工为主、理工结合、多学科协调发展的新模式转变。规模、结构、质量、效益统筹协调，稳步发展本科教育，加快发展研究生教育，增强科研实力，完善学科体系，"211工程"、"985工程优势学科创新平台"搭建起了学科、人才、教学、科研相互支撑与促进的广阔舞台。研究生院的成立，使办学的层次与水平不断提升。人才培养、科学研究、社会服务齐头并进，迈上了电子信息特色鲜明、优势突出的现代化大学建设之路，呈现出勃勃生机！

　　人才培养出成效。恢复高考后入学的毕业生中产生了包为民、张尧学、于全、王中林等4位院士，在各自的领域展现着西电校友的风采，还有一大批奋战在各条战线，尤其是电子信息领域的所长、总工、老总、专家、校长等校友，集中代表了学校30多年人才培养的实力与成效！

　　科学研究结硕果。从"六五"、"七五"不断跟进，"八五"、"九五"重点突破，到"十五"、"十一五"开拓创新，科研工作在项目、基地、平台、成果建设上取得了长足进步，产生了一大批具有显示度的标志性成果，例如具有自主知识产权的"WAPI无线局域网国家标准"、应用于"嫦娥工程"、"神七伴飞小卫星"的高效图像压缩与传输技术，被誉为"杀手锏武器"的新体制雷达，试用于空警2000等预警机的"空时二维信号处理技术"，应用于深空探测、主力战舰火控雷达的大型天线与电子装备机电耦合技术等；同时，积极参与国家16个重大科技专项攻关。科研能力的提升，为人才培养、学科建设提供了强有力的支持，加快了研究教学型大学的建设步伐！

　　社会服务展新姿。从国防研究院、空天研究院到陕西电子工业研究院、国家大学科技园；从陕西光伏产业联盟、物联网中心到教育部天线工程中心、全国天线产业联盟，学校在提供人才支撑与智力支持的基础上，面向信息化、科技强军、行业振兴、区域发展，强化服务功能、融入地方建设，以贡献求支持、以服务谋发展，对外拓展、走向国际，以广阔的胸怀和崭新的姿态去建设一个更加开放、追求卓越的新西电！

纵观历史，感怀西电，三万里辗转办学，八十载沧桑巨变，从创立、发展到壮大，与中国革命史紧紧相连，与军队通信史一脉相承，与高等教育史紧密相关，谱写了一曲服务人民、奉献革命、振兴民族、建设国家的世纪壮歌！

**八十年岁月如歌**。西电的办学，始终洋溢着顽强不屈、自强不息、敢为人先的拼搏精神。历经八十年建设，我们不断充实和丰富着大学的办学内涵，不断继承和发展着西电的办学精神。

大学的建设，人才培养是根本。

西电在革命战争年代，培养通信战士，服务于战争急需；和平建设时期，培养电子信息工程师，服务于国家和国防建设；进入新世纪，培养创新人才，服务于科教兴国、人才强国，人才培养一直是学校的中心任务。建校八十年，已培养出 15 万电子信息领域的高级人才，校友中产生了 12 位两院院士、120多位解放军将领、一大批杰出科学家、企业家、领导者，毕业生广布国家电子行业、国防领域、航空航天、兵器船舶等各条战线；国家重大战略发展的进程中，从电子学、信息论的奠基到雷达工程、电子对抗的创建，从军事通信、军队装备、电子工业到区域高新技术产业的发展，从神舟飞船、探月工程到天宫一号，无不闪耀着西电校友们金子般的身影。八十年的积淀，铸就了"西军电"的著名品牌，形成了"XIDIAN UNIVERSITY"的国际盛誉！

大学的发展，特色与优势是支撑。

西电 IT 学科特色、国防科研优势为人才培养提供了有力支撑，汇聚了师资队伍。目前，学校学科设置基本覆盖了电子信息的全部领域，"信息与通信工程"、"电子科学与技术"一级学科全国排名位居前列，IT 学科特色鲜明，积极拓展着新兴、交叉、边缘学科，以形成新的学科增长点；学校现有 4 个国家级重点实验室、6 个教育部重点实验室、16 个省部级重点实验室，在国家、军队及省部级各类专家组中兼职的西电教授总数约 50 人，国防科研优势突出，奠定了学校建设有特色、高水平研究型大学的坚实基础！

大学的创新，精神和文化是源泉。

建校八十年、历时八十载，西电人"勇于拼搏、敢为人先"、"一丝不苟、精益求精"、"埋头苦干、实事求是"，形成了独特的西电文化，传承着永恒的西电精神。这是"团结、勤奋、求实、创新"的校风体现，这是"厚德、求真、砺学、笃行"的校训凝炼，这是西电优良传统与文化的继承与创新，这是西电人践行毛泽东主席"全心全意为人民服务"题词的诠释与写照！

**八十年光阴似箭**。西电的建设，始终充满着对未来的执著探索和无限憧憬！新的世纪，新的百年，新的起航！

今天，学校已经规划了面向 2020、2040 年的中长期发展战略，着力推动特色鲜明、研究型、开放式的一流大学目标建设。从理念、思路、举措等方面加以部署、加快推进、加速发展。近十年来，学科建设、师资队伍、培养质量、综合实力、对外拓展取得了长足进步，新校区建设、高层次人才、国际化进程取得了重点突破，主要做了四件事。

第一，进行了战略思考、制定了发展规划。

"三个理念、四个兴校、一头两翼一保障"的办学理念在全校形成共识。"三个理念"，是先进的教师理念、教育目的理念和治校理念，即一流大学要有一流师资，教师是大学的核心竞争力；大力培养"厚基础、宽口径、重实践、创新型"的拔尖创新人才；科学管理、民主治校。"四个兴校"，就是要倡导"观念兴校、学术兴校、人才兴校、管理兴校"。进而确立了"一头两翼一保障"的发展格局，即以"学科建设为龙头、教学科研为两翼，管理服务作保障"，完成了战略发展、学科与队伍、校园建设三个规划，制定了"两大步三小步"的战略部署，为西电的长远发展绘就了宏伟蓝图！

第二，建成了新校区、培养引进了高端人才。

从战略发展的角度出发，抓住机遇、缜密决策，立足建设生态化、现代化、国际化的新西电，完成了新校区建设。2004 年至今，建成了占地 3000 亩、建筑面积 120 万平方米的新校区，学校的建筑面积翻了一番、占地面积翻了两番，为上百年的长远发展奠定了坚实基础。

从 2006 年起，着力加强了高层次人才的培养与引进，如今，国家教学名师、973 首席科学家、长江学者、国家杰青、教育部创新团队等高层次人才建设实现了质和量的突破，进入教育部优秀人才支持计划的青年教师群体茁壮成长，师资队伍的实力正逐步增强，为未来发展积攒了力量、储备了人才。

第三，加强了教学科研、提高了办学水平。

本科评估获得优秀，国家级特色专业、精品课程、实验教学示范中心、教学基地、人才培养模式创新实验区等质量工程建设进展显著，教育教学水平稳步提升，毕业生就业率高、就业质量好；同时，承担了大量的 863、973、国防预研、国家重大科技专项等研究项目，科研实力显著提升，标志性成果不断涌现。

第四，深化了对外拓展、推进了开放办学。

先后实现了五方共建，即教育部、陕西省、西安市、中电集团和原国防科工委共建西电。校所合作、政府合作、基地合作取得实质性进展，建成了 2 个国家学科创新引智基地，对外交流与合作不断深化，学术氛围日益浓郁，国际化进程迈上了新台阶。

当前，两个校区的战略布局和功能定位已经基本形成，在建设高水平研究型大学的进程中，正着力实现着从规模到水平、从数量到质量、从外延到内涵发展的重大转变，推动着"一条内线、增强实力；两条外线、国际国内"对外拓展工作的深入实施，协同创新、阔步向前！

今天，以实施"卓越工程师计划"为试点，以狠抓本科生教育"质量工程"、研究生教育"创新工程"为重点，以即将成立的11所高水平特色型大学战略联盟为平台，西电正努力实现着内涵发展、提高质量、突出特色、提升水平的重大转型和科学发展。

今年9月4日，国务委员刘延东同志视察我校时指出，西电坚持特色办学，为国家建设、特别是国防科技领域做出了突出贡献；希望学校在新的历史时期，发扬传统、改革创新、抓住机遇，坚持正确办学方向，朝着建设有特色、高水平、一流大学的方向前进，走以提高质量为核心的内涵式发展道路，坚持自主创新，加强协同创新，实施科学管理，在新的起点上攀登新的高峰！

同志们，八秩庆典、百年宏愿。这次校庆，不仅是一次隆重的纪念大会，也是一次承前启后的总结大会，更是一次扬帆起航的誓师大会！

历史值得铭记，未来更需开拓。在推进学校中长期战略目标建设的进程中，我们要认真地总结过去，正确地面对现在，清醒地规划未来，立足2011，面向2020，展望2040，锐意进取、开拓创新，为科学发展助力，为百年宏愿奠基！

追忆往昔，岁月坎坷，始终一路高歌；
审视今日，挑战在肩，尚需卧薪尝胆；
憧憬未来，愿景美好，我辈更需努力！

我们相信，在教育部的正确领导下，在总参、总装与各军兵种、工信部、国防科工局、中电集团、陕西省、西安市的大力支持下，有社会各界的关心指导，有广大校友们的鼎力支持，通过全体师生的共同努力，西电的宏伟蓝图一定能够实现！我们坚信，西电的明天一定会更加灿烂、更加美好、更加辉煌！

# 十年光阴　弹指一挥

—— 在西安电子科技大学新任领导班子宣布大会上的讲话

（2012 年 7 月 10 日）

刚才王立英同志宣布了教育部党组的任免决定，首先，我谨向新一届学校领导班子成员、向郑晓静校长表示衷心祝贺！并诚挚地感谢十年中与我一同拼搏奋斗、同甘共苦的西电各位同事！

我自 1977 年考入西电至今，已在这里度过了 34 个春秋，是老师的教诲、领导的关怀以及同志们的支持，使我的专业能力与管理水平不断提高，服务学校的本领不断增强。在此，我衷心感谢组织、领导的信任和同志们的支持，给了我十年校长任职、服务西电建设与发展的机会！

此时此刻，我有三点感想。

第一，十年光阴、弹指一挥。

十年来，在教育部和省市的关心与支持下，广大教职员工团结一致、埋头苦干，西电的各项事业取得了长足发展。主要做了五件事：一是建成了包括 3000 亩土地、115 万平方米建筑的新校区，为西电未来百年的发展奠定了坚实基础；教职工的待遇和住房条件得到了大幅度提升和改善。二是"优势学科创新平台"立项建设；"2011 计划"的申请准备已打下了良好基础，获得总装备部、中国电子科技集团的正式发文支持；"北京高科"大学联盟正式成立；新的学科点建设取得了新的突破。三是高层次人才（国家杰出青年基金获得者、长江学者、创新团队）摘掉了"三无"的帽子，从无到有、发展壮大，师资队伍实力提升、后劲增强；教学、科研指标有了大幅提升。四是实现了"五方共建"，即：教育部、陕西省、国防科工委、中国电子科技集团、西安市共建西电；对外拓展成效显著；成功举办了 80 周年校庆，进一步凝聚了人心、扩大了影响。五是明确了定位、目标和"两大步三小步"的战略规划与部署，形成了"一头两翼一保障"的发展思路，绘就了学校中长期发展的蓝图。

成绩的取得，归功于教育部、陕西省的正确领导和支持，归功于全体教职员工的不懈奋斗，我只是履行了应尽的职责，努力做到了公平公正、恪尽职守、兢兢业业、无怨无悔。十年时间，真可谓一路走来风和雨，弹指一挥记忆深！

第二，任职有期、奉献无涯。

校长的任期是有限的，而服务于西电建设、服务于国家高等教育事业的发展却是无限的。"铁打的营盘流水的兵"，作为学校建设与发展的一分子，我虽然今后不在校长岗位上工作了，但仍然是学校学科建设、教学科研战线上的一员，我将进一步关注西电的发展，关注西电的未来，为学校的人才培养、科学研究、社会服务、文化传承做出应有的贡献，尽到一名教育工作者应尽的职责和义务。

第三，同心力聚、校兴我荣。

当前，学校正处于"十二五"暨"两大步三小步"战略部署中第三小步跨越期建设的关键时期，挑战严峻、任务艰巨、使命光荣，迫切需要新一届领导班子带领全校广大教职工努力拼搏、奋发有为，把下一步的发展战略进一步推向前进、引向深入！

同心同德、其利断金，校兴我荣、校衰我耻！

我衷心希望并坚信，在教育部的正确领导下，在陕西省、西安市的支持下，在新一届领导班子的带领下，通过全校广大教职工的不懈努力，西电的各项事业必将百尺竿头、更进一步，不断跃上新的台阶。我坚信西电的明天会更加美好！

# 附录　在报刊、杂志上公开发表的文章选编

# 关于研究型大学的思考

段宝岩

（《光明日报》2005 年 6 月 22 日）

研究型大学是 20 世纪世界教育和科技迅猛发展的结果，是高水平大学的集合体。建设若干所世界一流大学和一批研究型大学既是实现中华民族伟大复兴的战略需要，也是中国高等教育快速发展的内在要求。人才、项目、实验室是大学发展的基础要素，同时也是衡量一所大学实力的三维坐标。构建中国研究型大学，应当从这些基础要素抓起，培根固本，提高自主创新水平，增强成果转化应用，把高水平大学建设与科技、经济发展和社会进步紧密结合，促进和带动中国高等教育的跨越式发展。

## 一、人才横坐标—研究型大学的核心

人才兴则大学兴，人才是构建研究型大学的核心。研究型大学之所以取得辉煌的创新成果，其根本就在于聚集了一大批顶尖人才、拥有一流的研究生教育，从而形成了师资队伍和后备梯队的良性循环和杰出人才集聚的马太效应，保持了旺盛的创新力和持久的生命力。研究型大学的人才概念涵盖了优秀的科研教学骨干师资和一流的研究生培养两个方面。

研究型大学是杰出人才聚集的地方。毋庸置疑，构建中国研究型大学，应当牢牢抓住人才这个核心，立足国情，结合实际，坚定不移地推行人才强校战略，努力优化和提升教师队伍的整体素质。

第一，吸引与培养人才并举，以培养为主。杰出人才的脱颖而出不是一朝一夕的事情，人才的成长需要较长时间的积累，盲目引进与封闭自大均不足取，只有加大对中青年学术骨干的培养，才是突破人才瓶颈制约的最有效途径。要积极提倡教师坚持教学与科研"两条腿"走路，形成师资队伍合理的年龄结构和梯队层次，建立激励机制和奖励措施，鼓励年轻人敢于质疑、勇于挑战，早日成才。

第二，待遇与成长环境并重，培育科学土壤。一流成果的出现需要付出大量心血和艰苦努力，而人才成长则更是一个周期漫长的过程。吸引和培养杰出人才，优厚待遇是必须的，但不是绝对的。真正的人才，最注重的是有事干、能干事、干成事，最关注的是工作环境和学术氛围。

人才的聚集与培养，要特别注重学术氛围、工作环境以及有利于人才成长科学土壤的培植，要从能够使杰出人才脱颖而出的有效机制着手，立足于干事业、求发展的高层次目标，使中青年人才成长既有压力，也有动力，既有条件，也有要求，把个人的成长与团队、学科发展紧密结合起来，与国家战略目标的发展相统一，实现人生价值。

第三，加强研究生教育，培养高质量的后备军。研究生是研究型大学强有力的后备力量。加强研究生教育，不断提高质量和水平，是推动人才队伍建设的根本途径。构建中国研究型大学，要加快特色型大学的超前发展，推动建有研究生院的高校加快发展高质量的研究生教育，为科技创新和人才可持续发展提供支持。

## 二、项目纵坐标－提升创新水平的重要基础

研究型大学是知识创新的源头，项目则是知识创新的基础。支撑研究型大学构成要素的最重要载体就是项目；缺乏重大、重要的研究项目，科研的水平和层次就不能迅速提高；没有大量的项目研究，教学的水平、内涵和质量也得不到充分保证；项目带来经费，是整体实力和水平的一个重要显示度；项目支撑发展，人才团队和学科建设正是在大项目、大课题的带动下形成气候、酝酿出创新成果。

我国高校的科研，正在从以学术为主的理论研究逐步走向理论与应用并重、基础研究、应用研究和高科技成果转化相协调的新方向，致力于产生拥有自主知识产权的原创性理论和应用成果。2004 年获得国家技术发明一等奖的两项成果，均属于新型复合材料的重大原创性研究成果，不仅形成了技术平台、装备制作平台，而且实现了产业化，在国民经济发展和国防建设中发挥了重要的作用。可以说，在新型工业化道路的进程中，科技创新的研究任务相当繁重，有大量的项目和课题需要突破，有大量的任务和目标需要完成，争取项目和寻找课题的资源相当丰富。

大学项目和课题的来源，主要有以下几个方面：第一，国家重大科技项目，如 863、973 以及国家重点战略攻关专项计划，国防建设、科技强军等重大突破性战略研究项目以及型号装备等；第二，以信息化带动工业化，对传统产业结构调整、技术升级以及更新换代等带来的企业技术研究课题，发展制造业等带来的制造技术方面的创新研究；第三，高新技术企业发展的尖端技术研究，例如在信息技术、纳米技术、生物技术、航空航天技术等方面的尖端科技发展

前沿研究；第四，紧密结合市场经济发展、与人民群众生活息息相关的民用横向课题技术创新方面的研究等。抓住机遇，积极争取研究项目与课题，承担大项目、推进技术创新、产生众多研究成果，是建设一流研究型大学的当务之急。

### 三、实验室立体坐标－聚合人才与项目、实现创新的关键

实验室是研究型大学汇集人才、开展项目研究的重要平台，是实现科学创新和技术突破的基地。实验室的规模和水平是学科发展与成长的显著标志，高水平实验室在研究型大学的建设中发挥着十分重要的作用。

高水平实验室不仅是科学研究的平台，更是汇聚人才、培养人才的重要基地。我国高水平实验室的建设相对薄弱，总体的创新能力有待提高。在实施科教兴国战略进程中，整合科研实验室，打破小作坊、小团队的研究模式，打破隶属关系限制、加强横向联合和集体攻关，组建国家实验室，针对新型工业化建设、国防军工装备中的急迫问题和技术创新实际课题开展集中攻关势在必行，在更高层次、更深领域、更广范围内开展大项目集成研究、进行大团队合作十分必要。

目前，国家实验室的建设工作已逐步展开，以国家实验室为龙头，一大批国家(国防)重点实验室、省部级实验室以及行业领域的实验室为支撑，构筑起国家创新体系的骨干基地，对于推进整体创新能力的提高至关重要。研究型大学参与实验室的基地建设，进一步整合、聚集人才与项目，进行集中攻关，发挥大学特殊的人才优势和学科优势，对于促进国家大型实验室基地的建设具有十分重要的意义。

# 大学应积极参与并引领区域创新体系建设

段宝岩

（《光明日报》2008 年 4 月 18 日）

目前，大学与区域经济发展的关系越来越密切。积极参与并引领区域创新体系建设，以自己的优势和特色服务于地方经济、社会发展和整体创新能力提升，既是高水平大学的基本职责，也是其战略发展的必由之路。

## 一、大学是区域创新体系建设的生力军

服务区域经济与社会发展，是现代大学彰显社会服务功能的切入点。审视世界一流大学的发展，尽管其发展模式各不相同，但都普遍把服务区域发展作为自己的责任。美国大学发展历史上，威斯康星思想对启迪大学服务社会、引领创新产生了指导性作用，《莫里尔法》的颁布和赠地学院的发展，使美国大学成功走向与社会、经济发展紧密结合的道路。20 世纪 90 年代以后，斯坦福大学与"硅谷"、波士顿高科技产业的兴旺与麻省理工学院的崛起，成了美国大学参与社会服务、走向新型发展之路的范例。可见，大学的社会服务应当立足于高品位学术追求，面向生产力发展实际，促进人才、高技术项目与市场发展之间的紧密联系与协调，以促进区域经济发展和社会进步，其真正内涵在于引领创新。

在建设创新型国家的进程中，高水平大学必须有所作为。目前，国内大多数企业还没有真正成为自主创新的主体，而大学则以学科为旗帜，聚集了相对稳定的教学科研人才队伍和研究基地，在技术研发的前沿领域积累了一定的成果，具有相对稳定的研发基础条件，引领区域创新体系不但可能，而且具有十分广阔的发展空间。因此，全面建设小康社会、努力创建创新型国家、推动区域创新体系建设，需要大学的有力支撑，离不开大学的积极参与和引领。也就是说，高水平大学应当成为区域创新体系建设的生力军。

## 二、充分发挥创新潜力，引领与服务区域创新

追求真理、崇尚学术的大学精神，使得高水平大学始终能够站在社会发展和人类进步的前沿去发现问题、思考问题、解决问题——大学内部蕴藏着巨大

的创新潜力。而大学职能的不断完善、社会服务功能的日益增强，则为其发挥创新潜力，引领与服务区域创新奠定了现实基础。

大学发挥创新潜力，首先在于培养区域经济发展所需要的创新人才，以人才优势支持、引领区域创新。人力资源是第一资源。拥有大量适合区域发展所需的创新人才，是实现区域创新、构建区域创新体系的根本。就陕西而言，其经济以农业为主，在军工、机械、电子、纺织等行业具有传统特色。而西安市的经济发展则以高新技术为代表，确立并走出了一条以电子信息等高技术产业带动其他产业加快发展的创新之路。西电扎根陕西、立足西安，地理位置紧邻西安高新技术开发区，以人才优势服务区域经济发展和创新体系建设的条件得天独厚。多年来，学校加大在陕西的招生与就业工作力度，历年在陕招生平均比例本科生约 25%、研究生约 30%，就业分别为 21% 和 26%。据不完全统计，历届毕业生在当地就业的 80% 以上聚集在西安高新区，本地 IT 产业高层管理者、公司经理、技术专家，以西电学子为主，形成了本地 IT 行业发展过程中特有的"西电现象"。近年来，学校仅为在陕骨干企业和研发机构培养的工程硕士就超过 400 人，开展多种形式的对口培训每年都在 1 万人次以上。发挥人才培养优势，西电为陕西"一线两带"建设及信息、软件、集成电路设计制造、光电子、新材料、先进制造业等高技术行业的快速发展提供了有力的人才支撑。

其次，大学发挥创新潜力，应当以技术支持引领和服务区域创新。大学具有人才培养和科技创新相结合的优势，大力推进基础研究和国家目标的战略高技术研究，能够为引领和服务区域创新提供高水平保证。近年来，西安电子科技大学通过加强国际交流与合作，与美国 TI、IBM、INTER、微软、HP、AD 等跨国公司联合建设实验室，广泛开展多形式的国际科研合作，提升了学科和科研水平。学校积极探索产学研结合的新机制，与陕西、西安的著名企业联合共建实验室和人才培养基地，与在陕的 5 个大型骨干研究机构建立了长期战略合作伙伴关系，与西安高新区建立研究生创新与实践基地等，促进了学校与当地企业的联系与交流，搭建起项目合作、市场研究、技术攻关、产业孵化、成果转化的有效平台。这一新机制的建立与完善，密切了西电同本地企业和科研机构的关系，增强了学校开展社会服务、引领区域创新的针对性，形成了大学与区域体系创新互动发展的良好格局。

再者，大学发挥创新潜力，需要彰显科学文化中心的影响力引领区域创新文化建设。大学有着较为深厚的文化积淀，其科学、民主、创新的精神理念，开放、平等、自由的学术氛围，可以不断激励新思想、新知识和新技术的产生。在区域创新体系建设中，大学作为所在地的科学中心和文化中心，不仅能够为区域发展提供直接的智力支持，还可以在丰富区域文化内涵，浓郁文化氛围，塑造人文精神，促进区域创新文化环境建设等方面发挥引领作用。西安电子科技大学在长期的办学实践中，形成了"厚德、求真、砺学、笃行"的校训，"艰苦奋斗、自强不息"的精神以及"严谨、严密、严格"的治学风格，这些宝贵的精神财富内化成为一代又一代西电毕业生独特的精神气质，形成了以朴实诚信、基础扎实、崇尚实践、勇于创新、团队合作为特点的西电人才培养品牌，受到了社会的普遍认可和好评。可以说，每一名优秀毕业生走出校门，都是大学精神和文化传统的辐射源，都可以成为促进区域创新文化建设的基本粒子。

## 三、立足区域，以特色与优势服务于区域创新和社会发展

　　大学自身的特色与优势是服务区域创新的基础。大学服务区域创新，要以特色为本，彰显自身优势，紧密结合区域经济的特点，制定切实可行、引领创新的战略与方针。西安电子科技大学拥有 7 个国家重点学科，6 个博士后科研流动站，3 个国家重点实验室，1 个国防重点学科实验室，4 个教育部重点实验室以及 3 个国家人才培养基地，形成了现代通信网络工程、先进电子信息系统、先进电子机械工程及微电子与光电子技术 4 个优势学科群，IT 学科特色、国防研究特色以及人才培养的高质量特色，已经成为学校十分鲜明的三大突出优势。

　　近年来，学校立足自身特色与优势，积极寻求外部合作，拓展服务面，提高引领区域创新的能力。2004 年以来，先后与中国电子科技集团和航天科技集团所属 10 多个骨干研究所紧密携手，在重大研究项目争取与拓展、人才培养合作与互动、基地建设携手与联合等方面实行了全面的战略合作；2004 年 7 月，教育部与中电集团共建西安电子科技大学协议签署，使得学校在 IT 行业的紧密合作与纵向拓展方面迈开新的步伐；2007 年 1 月，教育部与西安市共建西电开始启动；2007 年 12 月，由陕西省、西安市、西电、陕西电子信息集团等单位共同组建的陕西电子工业研究院正式成立并开始运行；2008 年 1 月，教育部、国防科工委和陕西省共建西安电子科技大学工作全面推进——它们共同为西安电子科技大学服务区域经济发展和国家创新体系建设构筑起广阔的平台和空间。

　　与此同时，学校瞄准高端科技前沿，努力增强自主创新能力。近年来，在优势学科领域开展尖端研究，取得了一批重要的创新成果，推动了服务区域创新战略的实施。如学校参与研究制订的具有自主知识产权的 WAPI 国家标准，突破了无线 IP 产业发展的安全瓶颈，打破了发达国家的技术垄断和市场钳制；研制出国内第一台具有 GPS 搜救与生命探测功能的瓦斯报警矿灯，为煤矿安全生产提供了更加有力的技术保障；开发的 iCALL 产品广泛应用于陕西等省邮政

储蓄网络系统；研发的数字微波传输系列产品成功实现产业化；在高亮度蓝光LED、指纹识别、集成电路芯片研制等高新技术的成果转化方面积极开拓民用市场，取得了显著成效；由学校原技术骨干独立组建的以通信天线研发、设计、生产为主的西安海天天线科技股份公司在产业化方面取得大规模经济和社会效益，成为西安高新技术企业创新的"领头羊"。

# 纵横之间 大有可为

—— 特色型大学在科技创新中的地位与作用
段宝岩
(《中国教育报》2008 年 11 月 3 日)

特色型大学是一种重要的大学形态,其分类和定位具有比较鲜明的特征,在创新型国家建设中发挥着重要作用。充分认识特色型大学的地位与作用,把握其发展内涵,有利于推进区域创新与行业创新。纵观现代大学发展史,特色始终是大学办学最主要的目标之一,有特色得以长久生存,特色突出则具有竞争实力。我国的特色型大学是工程教育的主力军、科技创新的突击队,充分认识和把握特色型大学的内涵,不仅对于高等教育合理布局、科学发展具有重要意义,而且是建设世界一流大学以及高水平大学的重要途径之一。

## 一、什么样的大学才是特色型大学

大学的共性是崇尚学术、追求真理,具有人才培养、科学研究、社会服务三大主要功能,但具体到每一所大学,其办学的理念、风格、特征、风貌等均有所不同,具有不同的个性,因此产生了各具特色的现代大学。

特色是大学生存之根本,没有特色就没有竞争力。世界著名的一流大学都各具特色,多是在若干领域达到顶尖水平,或是在办学上独具风格。牛津的数学、剑桥的物理学、哈佛的政治经济学科、马萨诸塞理工学院的工程学科都是举世公认的。从国外高校来看,北大兼容并蓄而思想活跃,清华则严谨纯朴而清新俊朗。

笔者以为,特色型大学应是"学科特色突出、布局相对集中、行业背景深厚、服务指向鲜明"的非综合型大学,具有"主流学科优势、专门人才培养、行业特殊贡献、多学科协调发展"的鲜明特征。

今天,高等教育的多元化已成发展趋势,诞生于上个世纪 50 年代的行业院校需要在新的背景下重新确立发展定位。

学科发展上要继承传统,突出优势,构筑学科尖峰,拓展学科平台。特色型大学要以巩固学科特色为己任,强化优势学科、形成学科尖峰,拓展学科平台、促进学科发展，努力在新兴、交叉、边缘等方面取得新进展，保持长久旺盛的学科竞争力。

培养目标上要立足行业，面向需求，培养实用人才，提升综合素质。特色大学要继续加强与行业、企业的紧密联系，跟踪国家重大战略和市场发展，进一步强化实用复合型创新人才的培养。

服务贡献上要融入创新，参与专项，增强服务能力。特色型大学要参与国家创新体系、区域创新体系的构建，发挥特长和优势，成为产学研紧密结合的参与者、科技成果有效转化的推动者。

## 二、怎样理解特色型大学在建设创新型国家中的作用

建设创新型国家，大学是一支重要的支撑力量，而特色型大学则是大学阵营中重要的主体之一。

特色型大学是国家创新体系的重要支撑。

大学行列里，以北大、清华为代表的若干国内一流综合性研究型大学担当着"领头羊"角色，是支撑国家创新体系的第一梯队。而具有深厚行业背景的大学，属于第二梯队，不仅在数量上比重较大，而且在各自的行业领域和特色学科上的优势十分明显。许多特色型大学也同样位列"985 工程"、"211 工程"行列，是构建国家创新体系不可缺少的一支重要力量。

以全国高校的统计数字为例，综合大学在全国高校中的比重仅占 22%；而理工、农林、财经、医药、师范、政法等特色型大学比重达 72%，体育、艺术等其他大学为 7%。

区域创新要取得突破，特色型大学不可或缺。

我国在建设创新型国家的进程中，实施了西部大开发、中部崛起、振兴东北老工业基地战略，整体布局逐步完善。国家中长期科技规划提出要建设"各具特色和优势"的区域创新体系，长三角、珠三角、京津唐等富有特色的区域创新体系建设正蓬勃兴起，许多一流研究型大学和区域内的特色型大学，正成为区域创新的有力支持者和积极参与者，大学多元发展布局与科技创新战略规划紧密契合，在区域创新进程中发挥着重要作用。

行业创新能够诞生特色型大学，行业创新也必须依靠特色型大学。

行业创新是目前我国经济体制深层次改革的重点，不仅要依靠政府主导、企业主动、社会支持，更需要依靠知识创新和技术创新来提升、带动。在这个过程中，具有行业背景的特色型大学将是行业创新的主要策源地。

特色型大学不仅是知识创新的主体，也是技术创新的源头。

目前，我国产学研结合以政府为主导、企业为主体、市场为导向、大学积极参与的模式还没有完全建立起来。而在上海、广东等经济发达地区，因为市场驱动、需求协调、氛围成熟，产学研能够较为紧密地结合在一起，特色型大学的作用得到了发挥。

比如上海探索实行"大学校区——科技园区——公共社区"三区联动的模式，大学创新资源与区域重点行业相互匹配，加强大学与区域优势企业合作，建立了产学研联盟，借助相对发达的市场条件，使各种创新因素得以合理配置，各方的利益需求得到统筹协调，产学研有效融合、衔接，为长三角地区的科技创新提供了强有力的人才、知识和技术支撑。

## 三、如何在"纵横"之间发展特色型大学

特色型大学的发展，不仅要在纵向上继承传统、发展优势，还要在横向上适应变化、调整战略、实现拓展。

### (一) 巩固传统特色

当前，建设创新型国家的战略重点是走新型工业化的道路，以信息化带动工业化。在优化传统产业结构、增强企业自主创新能力、提升企业核心竞争力的进程之中，行业院校担负的责任不再仅限于培养专门人才，而要成为行业自主创新的"智库"，产生拔尖人才、核心技术和一流成果。

随着我国高等教育毛入学率的逐步提高，人才数量已经不是主要问题，培养质量成为制约发展的主要矛盾。到 2020 年，国家人力资源的两极化现象将不断加重。一方面，低端劳动力富余，另一方面，高端人才稀缺。而结合市场需求培养特色型创新人才，是解决这一矛盾的主要途径。2007 年 8 月，教育部、国家发改委、财政部、人事部、科技部、国资委出台《关于进一步加强国家重点领域紧缺人才培养工作的意见》，提出要优先支持农林、水利、气象、地质、矿业、石油天然气、核工业、软件、微电子等重点领域的紧缺人才培养。

行业院校要紧抓特色型大学发展的难得机遇，在学科、人才、技术、服务等方面大力拓展、不断提升。

首先，要扎根行业、开阔视野，全面提升学科水平。行业院校的根基在于独具特色的学科体系，无论是农林水利、能源化工、地质矿产，还是装备制造、电子信息、生命医药等院校，都具有本行业领域深厚的学科传统。要使这种传统转化为优势，进而形成学科高峰，就必须瞄准世界一流学科水平，引领行业发展，在源头创新上占据制高点，在核心技术上掌握自主权，以切实解决重大技术创新难题和产业发展瓶颈为突破，打造行业领域顶尖的特色学科，从而实现纵向上的显著提升，塑造一流学科品牌。

其次，要突破局限、强化实践，着力培养拔尖人才。学术大师和拔尖人才的不断涌现，关键之一在于结合重大工程项目的实践，突破工程教育单一化培养模式的局限，加强行业相关领域的内外部联系，按照大科学、大工程的思路，努力提升行业领域的技术创新水平，培养拔尖人才，产生学术大师。

### （二）探索新兴特色

特色型大学要保持持久的竞争力，不仅要巩固传统特色，更要拓展新兴特色。

著名的卡耐基·梅隆大学，从 20 世纪 60 年代到 90 年代，预见性地紧抓计算机科学与技术等新兴学科发展的重大机遇，通过调整战略规划，明确了在计算机、机器人、软件工程、信息管理技术等领域重点发展的目标，从一个区域性的中游大学发展成为世界知名的一流大学，在计算机技术和机器人技术上世界领先。在此期间，这所大学的院系设置并不完备，不设医学院、法学院，而是以工程技术特别是计算机等信息技术的发展为核心，构筑了独具特色的学科体系。

我国特色型大学的建设，要在巩固传统特色的基础上，积极发展新兴特色，探索新兴学科、交叉学科、边缘学科的前沿发展，紧跟 21 世纪信息科学、生命科学、材料科学、地球与环境科学、脑与认知科学、数学与系统科学等新兴、交叉、边缘领域学科的发展趋势，结合国家重大专项工程、重要战略发展需求，紧抓机遇、占据先机，着力拓展新兴特色，为特色型大学的发展注入新的生机和活力。

### （三）开拓发展特色

开拓发展特色，意味着赋予特色型大学以新的生命力，准确定位、有机协调、整合优势、科学发展。为此，笔者有以下四点思考与建议。

第一，抢抓机遇、有所作为，在竞争中做强特色。我国实施科教兴国、人才强国战略，建设创新型国家的目标已经确立，16 个重大专项启动了中长期科技发展规划的宏伟蓝图，国计民生、国防建设、区域经济、社会发展的各个领域都蕴含着无限机遇。如何应对能源危机、经济危机、自然灾害等，也向特色型大学提出了新的要求和挑战。

第二，深化内涵、对外拓展。大学的内涵发展，要结合师资、学科、教学与科研的实际进行，要在管理和经营上下大功夫，理顺体制、规范机制，以教师队伍建设为抓手，增强核心竞争力。同时，也要与行业、区域以及社会增强互动，了解市场需求，加强协作沟通，获得多方支持，不断拓展贡献服务的渠道和途径。

　　第三，建立紧密的行业战略联盟。特色型大学行业联盟的成立，对于加强大学与行业的合作、整合大学的优势、承担国家重大战略项目，具有十分重要的作用。要提倡建立紧密的行业战略联盟，反对割裂传统、简单地向综合型"贪大求全"的模式盲目发展。

　　例如，德国在 2003 年由 9 所在工程技术和自然科学专业领域最富传统的高校联合成立了"德国工业大学联盟"（简称 TU9），2006 年建立了协会，包括亚深工业大学、柏林工业大学、汉诺威大学、慕尼黑大学和斯图加特大学等 9 所高校。这 9 所大学成立联盟，旨在进一步加强德国工科院校的合作，加强与政府、科研机构和企业之间的合作，提升技术创新的水平。

　　第四，构筑多元的大学创新文化。大学文化是大学的根，是大学的理念、精神、气质、风骨的融合与体现。巩固特色，对于特色型大学来说，就是要追根溯源，深刻思考特色型大学的历史、现在和未来，形成多元的、各具特色的大学创新文化，彰显大学差异性与包容性并存不悖的特质，构筑富有行业特色的大学创新文化。

# 大学在国家创新体系中的位与为

段宝岩

（《中国高等教育》2007年第3期）

科教兴国、人才强国，离不开大学的鼎力支持。建设创新型国家，大学责无旁贷。只有有为，才能有位。大学何为？大学如何为？是每所大学和每位大学领导首先要考虑的重要问题。

## 一、大学创新之位

现代大学的历史大约有一千年，经历了从欧洲中心向英国、德国、美国中心的发展嬗变，每一次变迁，都有力地推动了大学功能的演进与完善，标志着大学地位的不断提升与增强，从而形成了集人才培养、科学研究、社会服务三大基本功能于一身的稳定发展模式。

中国现代大学的发展经历了百年之久，逐步走上21世纪的创新发展之路。大学已经成为实施科教兴国、人才强国战略的主要力量，大学发展与国家战略、社会需求更加紧密地结合在一起，提供了强有力的人才支持、技术支撑和知识贡献，在国家的创新体系建设中具有不可替代的作用。

大学兴则国家强。现代意义上的大学缘起于西欧中世纪。在经历了漫长的发展演变中，正是由于英国诞生了牛津、剑桥，为18世纪第一次工业革命的成功奠定了坚实的基础。19世纪，德国诞生了洪堡思想，柏林大学成为提倡科研与学术紧密结合的发源地，使第二次工业革命中的德国在很长一段时间内保持了当时全球最高的经济增长率。美国著名的威斯康星思想、《莫里尔法》以及赠地学院等，为推动现代大学集人才培养、科学研究和社会服务三大功能于一身铺平了道路，世界一流大学的发展中心转移到了美国，巩固了其科技领先和超级大国的地位。

历史与实践证明，大学的发展，推动了社会的进步，大学兴起则国家发达，大学已经从社会的边缘走向社会发展的中心，并且对国家建设和社会发展起到了支撑和引领的重要作用。目前世界一流大学主要集中于发达国家，而美国更是聚集了一半以上。在排名前20位的世界顶尖大学中，美国就有17所。据统计，迄今为止，足以影响人类生活方式的重大科研成果的70%出自于一流大学，而全世界大学获得诺贝尔科学奖的人次占同期诺贝尔科学奖获奖总人次的 3/4 左右，美国的这一比例更高达 4/5 以上。从历史到现在，世界一流大学始终是发达国家强盛和兴旺的最根本动力，成为科技、经济与社会发展之间最有效的桥梁和创新的集聚地，推进了社会生产力的变革与创新。

中国古代早在两千年前就出现了科举制度，而现代意义的大学却始发于 20 世纪初。到 20 世纪末，高等教育从精英教育走向大众化教育，进一步把大学基本功能的发挥与国家建设、社会发展密切结合，使大学在真正意义上走入社会的中心舞台，与科教兴国、人才强国的国家战略紧密结合在一起。目前，我国大学对国家科技创新能力建设的作用越来越大，越来越显示出大学在创新型国家建设中的重要地位与作用。大学已经成为建设创新型国家的中坚力量，大学的地位与作用集中体现在四个方面。

第一，大学是人才培养的发源地。人才是社会生产力中最活跃的因素，建设创新型国家，人才的需求是第一位的。因为人才培养的特殊优势，大学在科学研究、成果转化和创新文化等方面才具有独特的潜力。世界著名大学就是首先通过培养出色的政治家、科学家、企业家、理论家、社会活动家、教育家，为国家创新做出创新贡献的。如哈佛大学共培养出 6 位美国总统、33 位诺贝尔奖获得者和 32 位普利策奖获得者。英国剑桥大学曾经造就了 80 位诺贝尔奖得主、3 任英国首相以及凯恩思、罗素、李约瑟、印度前总理尼赫鲁、拉吉夫·甘地、马来西亚前总理拉赫曼、新加坡内阁咨政李光耀等一批国际著名学者和政治家。牛津大学的毕业生中有 25 位英国首相，47 人获得了诺贝尔奖。产出一流杰出人才，是现代大学最突出的贡献，集聚一流大师，是现代大学的最显著特征。

第二，大学是原始创新的动力源。任何技术上的重大发现的基本原理都来源于基础研究，基础研究对人类认识和改造世界、对经济发展和社会进步具有巨大的推动作用。大学厚重的学术基础和浓郁的创新文化氛围有利于原始创新。大学与企业主要追求经济性与实用性、短期性目标有所不同，更加注重探索未知、追求真理、汇聚人才、发展学科、开展科研及学科交叉渗透和跨学科研究，催生新学科、新思想和新成果；进行高水平的国际学术交流，具有宽广的国际视野和信息资源，是创新的肥沃土壤，大学宽松而浓郁的学术气氛，有利于创新思想的诞生和孕育，具有其他组织所不具备的先天优势。20 世纪 100 项重大科学事件中，一些名列前茅的发现，都是少数科学家自由探索的结果。大学创新氛围的独特性，决定了其在建设创新型国家进程中的重要作用，不唯名、不唯利，学者的气质和风骨更应为新一代的杰出学人所继承和发扬，放眼长远、淡泊名利者才能有大作为，大学应着重培育这方面的肥沃土壤、催生更多创新成果。

第三，大学是技术创新的驱动者。大学虽然不是技术创新的主体，但在我国现阶段推进技术创新的进程中，大学首先进行的具有驱动意义的技术研发创新，无疑对推动企业的技术创新将起到很好的示范作用，大学的人才、学科优势和长期的科研积累，为积极参与以企业为主体的技术创新提供了扎实的基础条件，大学是技术创新的积极推动者和参与者，在加强技术创新方面具有不可忽视的重要地位。

第四，大学是区域创新的引领者。大学集学科、人才、科研于一体，拥有丰富的科研资源和大量的研究成果，为区域社会发展和科技进步提供人才支持、技术支撑和知识贡献，是区域创新不可或缺的推动力量，引领着区域创新体系的建设，以服务为宗旨，在贡献中发展。目前，国家建成的 50 个大学科技园，已经成为社会与大学成果转化、产业孵化的有效平台，为引领区域创新开辟了新天地。大学积极支持区域创新，以特色和优势服务于国家战略和社会发展的作用日益突出。

## 二、大学创新之难

大学在创新型国家建设中占有重要地位，这是历史发展赋予的重任。但对每所高校来说，地位重要不等于作用重大，大学只有找准自身的角色定位，在建设创新型国家的历史进程中发挥出应有的作用，才真正无愧于"主力军"之称谓。认真审视大学的创新，依然存在一些问题，制约着大学的创新发展。

一是人才培养的质量问题。质量是大学的生命线。办学质量涉及到人才培养、科学研究、学科建设等方方面面，是一个系统工程。大学之大不在规模之大。大学在保持适度规模发展的同时，提高人才培养质量和水平才是大学主要的永久性的任务，只有高质量的教育教学，才能催生出高水平创新人才。目前，我国大学人才培养质量问题的焦点，集中在如何产生拔尖人才和大师级人物。高等教育经过快速发展，培养规模取得了令人瞩目的成就，但随之而来的是人才培养的质量问题。质量不相应提高，势必影响大学的创新发展，影响人才强国的重大战略。抓好大学的质量工程，高水平的师资队伍建设是根本问题，充实队伍实力、提升教师水平，是大学建设的首要任务。

二是优势资源的整合问题。大学应当在国家创新体系中承担起更多的研究工作和更艰巨的创新任务。但从国家教育科研资源配置看，优势资源的有效整合还存在一定问题。大学具备创新的深厚基础和学科、人才的鲜明优势，但在国家层面上看，真正参与国家重大战略实施的主动权还非常有限。例如，科学院的创新工程，主要是由各研究所承担，大学介入少，缺乏有机人才链的强力支撑；另外，研究资源大多掌握在教育部之外的其他国家部委，真正划拨给大

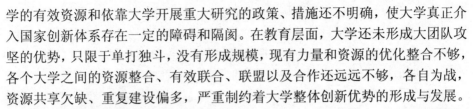

学的有效资源和依靠大学开展重大研究的政策、措施还不明确，使大学真正介入国家创新体系存在一定的障碍和隔阂。在教育层面，大学还未形成大团队攻坚的优势，只限于单打独斗，没有形成规模，现有力量和资源的优化整合不够，各个大学之间的资源整合、有效联合、联盟以及合作还远远不够，各自为战，资源共享欠缺、重复建设偏多，严重制约着大学整体创新优势的形成与发展。

三是强化创新的举措问题。创新的切入点在于体制与机制的改革。我国大学管理体制和运行机制依然沿袭着计划经济时代的部分模式，内部发展动力不足，再加上国家对高等教育投入不足，与实际需求之间形成较大反差，造成了大学发展乏力的现实与现象。而在发达国家，重视教育特别是高等教育，仍是国家重大战略的一项重要内容。美国政府 2006 年颁布的《美国竞争力计划》提出：为了确保美国的竞争力，首先确保在人才和创造力上领先世界，确定今后 10 年科研与教育投入将达到 1360 亿美元；德国决定 2006～2010 年，斥资 19 亿欧元建设 10 所"精英大学"；法国出台新《教育指导法》，提出了"为了所有学生成功"的教育方针。

大学创新的主体是大学自身，如今我国大部分大学对外拓展的自我生存能力欠缺，跨出校门、走入社会、融入区域创新的能力需要不断加强。

## 三、大学创新之为

建设创新型国家，对大学提出了新的挑战。大学只有在自身创新和积极参与国家创新体系建设的过程中，努力应对挑战、认真思考对策，不断增强自主创新能力，才能获得新的发展。

首先，大学要主动出击，真正融入国家创新体系。中国大学的发展既要积极参与区域经济建设，更要积极参与到国家创新体系建设中去，在区域创新、行业创新、国防创新、技术创新、知识创新等方面做出积极贡献。在区域创新中，大学应当为所在区域经济建设和社会发展提供人才支持、技术支撑和知识贡献，引领区域创新、科技创新、文化创新。充分发挥一些行业背景深厚的大学的特色与优势，特别是在农、林、水、地、矿、油等基础能源和基本设施建设领域的学科优势，使大学成为这些行业创新的引领者和支撑者。充分发挥国防院校和与国防研究密切相关院校的综合优势，推进科技强军战略的实施，加强国防现代化的建设水平和实力。要采取有效措施积极推进大学与企业的全面合作，使大学在横向拓展方面取得新进展，把教学、科研和学科建设与国民经济建设的市场需求紧密结合起来，发挥强大的科教优势，切实为社会生产力和企业创新做出贡献。要大力加强大学的基础研究，从源头创新的角度深化知识创新的体制与机制，把大学发展成为整个社会前进的智库和基地，产生强大的辐射和示范效应，推进社会发展。在人才创新的前提下加强科学院的研究所与研究型大学合拢、合作，促进校所合作，推动人才、项目与基地建设的相互渗透与融合。另外，作为管理中国大学数量最多的部门，教育部也应当在联合同类型大学开展集团军攻关方面有大的作为，比如，可以整合学科、专业相类似、优势互补的大学，承担国家 16 个重大专项的研究，开展部属高校之间以及与其他高校之间的战略合作与交流，促进学科交叉、融合、渗透，催生创新成果、培育一流人才。

其次，大学要以人才培养为重心，坚持人才强校、人才强国。当前，大学要在加强人才培养、提高质量、提升办学水平、增强发展实力上下功夫。大学的专业结构、课程机构、学科结构等要以市场为导向，紧密结合国家战略和社会需求，优化体系、革新架构，从为创新人才培养、学科发展和科研服务的角度出发，不断优化办学体系内部的合理组成，加强科学管理，提升办学效率。加强自主创新能力建设，是我国大学必须着力完成的重要任务，仅仅依靠少数专家是无法完成的，必须要形成大批能为国家、行业、企业开拓创新之源的团队，培育大批的拔尖人才，孕育产生一流的学术大师和一流科学家，努力实现人才强校、人才强国的目标。在市场经济条件下，办学要讲究成本，更要讲求效益，大学的办学效益涉及到经济成本，更重要的在于社会效益，高等教育要让人民满意，必须把社会效益放在第一位，兼顾经济效益，为国家的长远发展提供人才支持，为区域经济创新与发展提供创新动力。

第三，大学要以区域社会经济发展为己任，引领区域创新。大学是区域创新的引领者。大学的人才、成果、学科、技术是支撑区域创新的重要条件，要进一步加强"官、产、学、研、资"的紧密结合，加强政府、大学、企业、项目、资金、市场之间的统筹协调，把大学的特色与优势发挥、渗透到以市场为大背景的区域创新体系中，充分发挥大学在原始创新、集成创新、引进吸收消化基础上的再创新等方面的重要作用。

第四，大学要加强内涵发展建设，增强自我发展能力。大学的创新发展，总结起来不外乎内部建设与外部发展。参与国家创新体系建设，也必须在搞好内部建设的基础上，兼顾与经济社会的互动互通，坚持一条内线搞建设，两条外线拓空间，不仅积极加强自身办学实力的建设，而且放宽视野，在国内与国际两条外线拓展方面有所作为，提升国际化办学水平，增强科技创新实力，积极融入国家创新体系建设之中。不同的大学应当有不同的战略选择，结合实际，突出特色与优势，是大学创新发展的关键。

大学之为，以学科、人才、成果服务于创新型国家建设，作为有多大，地位方显多重要。"居其位而谋其政"，是大学创新建设，融入区域创新、服务国家战略所必须深入思考的大课题和大胆实践的新挑战！

# 培育大学特色　建设特色大学

段宝岩

（《中国高等教育》2008 年第 3、4 期）

特色是大学个性的典型表征。综观世界知名的一流大学，突出特色、形成优势、提升水平，始终是办学中不可忽视的重要战略。特色大学也是高等教育发展不可缺少的一个重要组成部分。我国大学的结构优化、多元发展，需要有一定数量特色大学做有益补充和有力支撑。培育大学特色，建设好一批特色大学应当成为建设高等教育强国的重要发展战略。

## 一、特色是大学的立足之本

大学特色是大学本质属性的集中体现，既包涵大学办学理念、内在精神、校园文化的独特个性，也包括大学学科、教学、科研等基本架构的突出特征。在一定意义上看，没有特色的大学等于丧失了长远发展的生命力，缺乏特色的建设，就不会获得创新发展。

### （一）特色的概念与内涵

特色，指"事物所表现的独特的色彩、风格等"。大学特色不同于一般特征，是大学的内外品质、软硬设施、氛围环境等方面的综合体现，是"明显区别于其他大学的办学风格或优良特点"，"在长期办学过程中积累形成的、并具有与时俱进的时代性和相对稳定性。"若对大学特色作简单概括，我以为应当是：特色是大学发展历史中形成的典型特征，是大学个性的突出展现，被社会所广泛认可，能形成比较优势，是一所大学可持续发展的根本所在。一般具有四方面特性：

历史性。特色是在大学历史发展过程中逐渐形成的，是长期的积累和沉淀，经过了时间的考验和实践的检验。牛津大学近 900 年的历史，积淀了深厚的学术传统和研究特色；哈佛大学近 500 年的发展，形成了"吾爱吾师，吾更爱真理"的执著追求。

典型性。特色是一所大学独有的典型特征，具有代表意义、被大众接受、被社会认可，"人无我有、人有我优、人优我特"，而其他的一般特征、特点则不一定成为特色。例如，一提起斯坦福大学，必然联想到"硅谷"模式；说起麻省理工，一定会记得"工程师的摇篮"。特色代表了一所大学最突出的典型特征。

稳定性。特色是长期发展形成的，具有深厚的基础，一定时期内保持着相对的稳定性，不轻易发生大的改变，具有坚执如一的品质。世界一流大学和知名的高水平大学，无不具有鲜明而稳定的特色。

差异性。不同的大学具有不同的特色，差异性充分体现了大学的个性，是大学特色最为突出的性质。例如，北京大学"兼容并蓄"、深厚凝重，思想活跃而自由；清华大学"厚德载物"、清新俊逸，风格严谨而纯朴，正像季羡林先生所比喻的"好比李白和杜甫两个好朋友，却风格迥异。"

总体上来看，大学特色是一个综合性概念，内涵十分丰富。能够成为特色的属性是多样性的，可以是办学理念、大学精神，也可以是学科专业、培养模式，另外，知名教授、杰出校友、组织管理、校园文化等等，都可以因其独特、显著的社会影响和知名度成为大学特色的不同方面，代表大学发展的鲜明个性。因此，大学特色的内涵应当包括思想理念、学科特色、培养特色、教师特色、管理特色、环境特色等各个方面。例如，德国柏林大学以洪堡思想而闻名，开创了现代研究型大学的发展传统；美国威斯康星大学因"威斯康星思想"而著称，提出了服务地方、服务社会的理念；哈佛大学是培养政治家的摇篮；麻省理工学院孕育世界一流的工程师；牛津大学的数学举世公认；剑桥大学的物理学则历史悠久等等。

## （二）特色的意义与作用

大学办学，资金缺乏可以筹集、设备缺乏可以添置、条件缺乏可以完善，但就是不能缺乏特色、缺乏人才。特色是标志、人才是核心，特色突出能够很好地吸引优秀人才，人才汇聚又可以更好地巩固特色。特色是大学独特而持久的本质内涵，是立足与发展的根本，是生存与竞争的前提。大学特色一经形成，便成为大学的知名品牌，刻上与众不同的典型烙印，特色越鲜明，大学的生存竞争力就越强劲。特色的作用主要包括三个方面：

集聚作用。大学特色的形成，实际上就是一个集聚作用不断发挥的过程。从确立办学思想、确定学科方向、培养人才、开展研究、选择重点、服务社会，经过长期的实践与积累，形成独特风格，凸显鲜明特色，大学的战略重点和个性特征不断得以集聚、提升，从而形成符合自身发展的典型特色。例如麻省理工学院，从创立之初的一所单纯意义上的工学院，历经多年建设，在创始人威廉·巴顿·罗杰斯校长"在实践中学习"（Learning by doing）理念的指引下，通过二战期间的军事科研提升了实力、集聚了方向，注重科学技术的实际应用，在工程、计算机科学、理科等领域取得了卓越进展。二战后，麻省理工学院坚持有限目标的原则，重点发展了经济学、语言学等人文社会学科。现在，该校不仅拥有50多位诺贝尔奖获得者、90多位工程院院士、90多位科学院院士，还有200多位国家医学院、艺术与科学院院士等，成为理工特色突出的世界一流研究型大学。

辐射作用。大学特色一经形成，不仅能够有力地推进大学的自身建设，也会对国家发展、社会进步产生积极的辐射作用，发挥重要影响。斯坦福大学之所以闻名于世，源于著名的"斯坦福—硅谷"模式。该校创立迄今100多年，发展初期并不十分有名，与哈佛大学、耶鲁大学等300多年以上历史的老牌大学不能同日而语。但在1946年，副校长特曼提出了"学术尖顶"的构想，吸引顶尖人才、建设顶尖学科，1951年特曼提议创建了斯坦福研究园区，极大地促进了"学术—技术—生产力"之间的有效转化，"硅谷"从此诞生，成为世界高新技术研究与产业化紧密结合的典范。

衍生作用。特色是竞争的源泉，是创新的基础。一所大学能坚持并不断弘扬自身特色，把特色转化为优势，不仅会强化其地位与影响，还会产生良好的马太效应，衍生出超越自身定位以外的强劲动力。法国巴黎高等师范学校长期以来坚持"优秀的思维方式"与"优秀的教育机制"相结合的宗旨，坚持"精英教育"。尽管规模非常小，但生源质量很高，每年从数万名考生中只招收200多名新生，开办了40个学科，文、理并行，重点培养教师、研究人员和行政人才。不仅如此，该校的独特之处还在于：不颁发任何文凭，学生入学后还需到其他大学去注册各种学位的学习；而对此，其他大学非常欢迎。另外，很多国家研究机构看中了该校的优质人才资源，纷纷在此建立研究机构，大量的一流研究室和快速更新的设备，为学科交叉、发展新学科、培养杰出人才创造了有利条件。该校已培养出开创生物学新纪元的亚雷斯、路易斯·巴斯德以及生命哲学家亨利·柏格森、存在主义哲学家萨特、文学大师罗曼·罗兰等一批思想、文化巨擘，还有1位总统、2位总理，产生了11位诺贝尔奖获得者、7位菲尔兹奖获得者，赢得了崇高声誉。

### (三) 特色的凝练与发展

特色需要凝练。大学的特征与特点是历史形成的，但要成为特色，就必须经过积累、提炼、凝聚，使之成为最具有代表的本质属性，被大众接受、被社会认可，并能够成为相对固化的典型特征，引领大学的改革创新。不同大学特色不同，而同一所大学，也可因特色内涵的多样性呈现出多种鲜明的特征，因此，需要积极对大学特色予以凝练。我国正在开展的本科教学工作水平评估指标中，既包含了对办学思想、定位规划的宏观总揽，也提出了特色项目的专门考察，根本目的就是促使各大学进一步总结历史、梳理思想、凝练特色，通过评估来帮助学校理清思路、把握实际、突出特色、科学发展。

特色同样也需要发展。大学功能跟随时代的变迁不断发展、完善，特色的内涵也需要不断拓展。现代大学不仅要继承传统特色精华，还要敢于面向未来，积极发展适应社会需求和科技进步的新内涵，使大学特色保持常新，具有持久发展的动力和创新力。20世纪80年代，面对英国政府削减经费，与其他依靠募捐弥补亏空的老牌大学不同，刚刚创立不久的华威大学采取了创收政策，其工学院、商学院等积极开拓与产业界的联系，取得了丰厚的收入，反过来回馈学术发展，取得了突出成就，成为将学术和企业结合的先行者。这种企业家式的精神和传统，造就了学校最引人注目的现代办学特色：以学术为核心、实施企业化经营、学术与经营互哺。今天的华威大学，已经成为大学与企业良性互动、学术和产业有效结合的典范，名列英国十大著名学府前五位，享有广泛的国际盛誉。

## 二、多元格局需要特色大学

大学特色不可或缺，特色大学异军突起。我国大学新阶段的科学发展，以"巩固、深化、提高、发展"的八字方针为指导，必然走向多样化的趋势，形成多元的格局，必将进一步推进特色大学的建设。特色大学在不同的语境下具有不同的含义，大概有三种不同的语意：特别类型的大学、有特色的大学和办出特色的大学。新中国成立初期，为了适应国家走工业化发展道路的需要，国家开展了大规模的院系调整，涉及农、林、水、地、矿、油、电、化、建、交等各个国民经济关键领域，许多行业高校就是在这样的背景下应运而生，被称为特别类型的大学或特色型大学。这类大学，对于高等教育的多样化发展具有很好的补充、协调作用，是形成多元格局的重要组成部分。本文所探讨的特色大学，重点指办出特色的大学，能以大学特色为基础，能以特色制胜而形成竞争优势，不断向高水平大学和一流大学迈进的特色鲜明的大学，具有更为普遍的意义。

### (一) 特色的精髓是大学理念

大学理念、办学思想，是指导特色大学发展的原则和指针。办学理念往往承载着大学独特的价值取向和目标追求，办学思想集中体现了特色追求，是建设特色大学的精髓。

世界上以特色著称的大学，都有鲜明独特的办学理念、思想来引导和支撑，这在许多大学的校训中有鲜明而集中的体现。例如耶鲁大学校训是"真理和光明"，提倡"教育不是为了求职，而是为了生活"，这是该校实施教育目的多重性和坚持人文主义精神及"自由教育"的基础；斯坦福大学校训是"让学术自由之风劲吹"，坚持"实用教育"的理念、勇于创新的精神，造就了斯坦福研究园区的巨大成功；普林斯顿大学的校训是"为国家服务，为世界服务"，坚持基础研究的独特优势，不贪大求全，在数学、物理学领域长期保持着一流水平；芝加哥大学"研究工作是学校的主要工作"的理念，是形成"芝加哥学派"的重要理论基石；北京大学"思想自由、兼容并包"的传统孕育了开放、民主的大学精神；清华大学"厚德载物、自强不息"的精神滋养了严谨、务实的风格做派。又如，日本早稻田大学是一所有着独特文化氛围的大学，创始人大隈重信先生在建校之初就提出了"学问独立、学问实用、造就模范国民"的理念，主张自由探讨学问、提倡独创的钻研精神，注重培养具有实际应用知识、标新立异的实干型人才。经过120多年发展，早稻田大学在人工智能研究方面领先世界，成为日本名符其实的"私学之雄"，培养了众多精英，包括多名日本首相等。

## (二) 特色的标志是学科水平

学科是大学的龙头、旗帜，是汇聚人才、开展研究、办出特色的基础创新平台。在一定程度上，学科水平代表着大学的办学水平，学科优势往往是大学特色最直接的折射。建设特色大学，必须首先建设特色学科，特色学科是特色大学的主要标志。

综观世界一流大学，虽然并非所有的学科都居于一流，但总在某一领域独具特色、水平顶尖。例如，哈佛大学的商学、政治学，斯坦福大学的心理学、电子工程，麻省理工学院的机电工程、计算机工程，剑桥大学的物理等等。在一些世界高水平知名大学中，也是因为某一学科领域的领先，造就了大学地位的独特，其特色无可比拟，其地位无可替代，与其他世界一流大学一同组成了多层次、多元化的发展格局。例如，德国历史上最古老的海德堡大学，其医学学科享有盛誉，在德国位列第一，特别是在癌症治疗方面居世界领先水平。海德堡大学 7 位诺贝尔获奖者中有 3 位与医学相关；利用医学学科优势，1985年海德堡大学建成海德堡科技园，已发展成为全球首屈一指的生物科技研究中心，在医学学科尖端科技领域独领风骚。

建设特色大学，必须把世界一流的特色学科放在首位，有所为、有所不为，不贪大求全，不一味盲从，而要在特色上下足功夫，真正把特色学科搞上去，使特色成为不可替代的优势，创造独特品牌，才能使特色大学的生存与发展始终立于不败之地，获得持久发展的不竭动力。

### (三) 特色的核心是培养质量

质量是大学的生命线，培养质量的高低直接体现出办学特色和教育水平。特色大学的建设，核心就是要提高培养质量，创建一流的培养环境和育人机制，不断提升办学水平，在人才培养上形成自己的特色和优势。美国莱斯大学就是一所"小而精"、培养质量一流的世界特色名校。莱斯大学是一所私立研究型大学，规模很小，在美国属于"第二小"的大学，在校生 5000 人，教职工 1700 人。学科设置上，没有医学院、法学院，却拥有一流的商学院、建筑学院、工程学院、音乐学院，另外，管理学院、社会科学学院、自然科学学院的水平和实力也很突出。莱斯大学本科教育质量一流，小班教学是其重要特色。研究性学习在莱斯大学广泛开展，依托学校丰富的研究项目和雄厚的研究实力，在本科教育方面，该校提供了大量供本科生参与的研究性学习项目，如本科生学者计划、世纪学者计划、建筑学专题研讨、直通休斯顿、质量提升计划等。莱斯大学特色办学、质量一流，在 2007 年《美国新闻周刊》综合排名中位列第八，被《普林斯顿评论》誉为"新常春藤大学"。

### (四) 特色的灵魂是学术大师

学术大师、知名教授是一流大学的灵魂和支撑，没有大师的大学，难以形成突出的特色，学术影响和社会知名度也会大打折扣。建设特色大学离不开大师级专家学者、离不开学有专长的特色教授，特色大学的知名品牌要靠学术大师、知名学者来创造、建树。以西南联合大学为例，在非常历史时期存在了仅8 年，但却云集了一批学术大师，弘扬了"刚毅坚卓"的校训，在极其艰苦卓绝的条件下，艰苦奋斗、严谨治学、学风优良、特色显著。西南联合大学办学时间虽短，但却办出了特色、办出了水平，形成了卓越的"西南联大精神"，创造了我国近代大学发展史上的奇迹，其根本动因就在于拥有一批学术大师，从而吸引了众多优秀学子，培养出了杰出人才，为国家和社会做出了重要贡献。

大学依靠特色而立足、发展，特色是大学办学的基本目标和长远追求。有特色的大学才有竞争力，能够把特色做大做强，形成优势，建设特色鲜明的大学，不仅是对高等教育多元格局的有益补充，更是向高水平大学、一流大学进军的重要途径。大学特色重在提炼和发展，特色大学需要扶持和建设，以特色为主，推动不同类型、不同层次大学的质量和水平建设，将是我国大学在"十一五"乃至更长一段时期内的主要任务。

## 三、关于建设特色大学的建议

特色发展是一流大学建设不可缺少的重要内容，建设特色鲜明的大学，不仅仅是大学自身的事情，需要从国家、社会、政策、机制、资金、环境等各个方面予以积极引导和有力支持。这里，提出几点思考和建议：

第一，政策支持。对大学的分类指导、特色发展给予足够的政策空间和办学自主权，允许有特色的大学按照自身的成长规律适度自主发展，国家予以宏观指导、给以重点扶助，包括资金等。

第二，行业支持。正如几部委重点支持农、林、水、地、矿、油、软件、微电子等紧缺行业人才的培养举措，要鼓励行业领域的部门、企业加大对特色类型大学的支持与横向合作，尤其是电子信息、生物科技等高新技术领域的大学，推动此类大学的重点发展。

第三，区域支持。鼓励地方政府结合本地实际情况，积极支持不同层次、不同类型特色大学的建设与发展，在学校基础设施建设、配套服务等方面给予优惠，在互动合作上加强联系，使特色大学成为区域创新的重要支持力量之一，发挥人才库、智力源、辐射区的积极作用。

第四，氛围支持。要营造有利于特色大学发展的良好社会氛围，创造适合特色大学、特色学院生存和发展的有机土壤，引导不同定位、不同层次、不同类型的特色大学，按照市场需求、国家需要、人才供给等几方面的杠杆平衡机制配置资源、合理布局，促进高等教育多样化的良性循环和发展。

# 大学文化的竞争力

段宝岩

(《中国高等教育》2008 年第 24 期)

文化，在我国古语中即"人文教化"，《易》曰"观乎天文，以察时变；观乎人文，以化成天下。"探寻客观世界规律与认识人类社会构成的双重作用，形成了文化的积淀与传承，产生了不断发展的社会文化形态。文化是软实力，记载着人类文明社会的每一次进步和积累，延续与发展着国家和民族的传统与未来，是重要的社会意识形态，在经济与社会发展中具有不可替代的潜在影响。

大学文化是国家文化的一个重要组成部分，直接影响着大学传播知识、创造成果、培育人才、服务社会等功能的实际发挥，同时对引领先进社会文化、创新主流思想意识、推动科教和谐发展具有十分重要的促进作用。党的十七大报告明确提出"提高国家文化软实力"，确立了文化建设的基本目标，提出了文化发展的长远方向，是当代中国文化建设的指导方针，也为大学文化的发展指明了道路。

## 一、大学文化是大学之根

大学的产生从一开始就蕴涵着浓重的文化色彩。

我国古代"四书"之一的《大学》，明确提出了"大学之道，在明明德，在亲民，在止于至善"的理念，以及"格物、致知、诚意、正心、修身、齐家、治国、平天下"的作为，不仅包含弘扬道德、追求学问、革旧图新、涵养境界的个体追求，也富有明礼重教、治国安邦、濡染思想、化成天下的人文理想。

现代大学缘起于欧洲中世纪，文艺复兴思潮催生了像意大利博洛尼亚大学、萨莱诺大学等以神学、法学为主的最古老的大学；到 18 世纪，第一次工业革命的文明使牛津、剑桥应运而生；19 世纪，德国的第二次工业革命孕育产生了洪堡思想，研究型大学的雏形由此迸发；而当自由、民主之风在美国兴盛之时，哈佛、耶鲁随之兴起，融人才培养、科学研究、社会服务于一体的新型大学文化得以创新发展，进而衍生出普林斯顿、麻省理工、斯坦福等众多的世界一流大学。

大学兴起带动了国家强盛、社会发展，而大学的发展则深深根植于一定时期的社会文化，大学文化成为社会文化的缩影，是大学发展的最初动因和牢固根基，同时也提供了源源不断的精神动力和文化滋养。追溯我国近现代大学100多年发展史，始终贯穿着对"科学"（Science）与"民主"（Democracy）艰苦执著、孜孜以求的探索。"五四"运动所代表的新文化精神，使大学成为启蒙新思想的发源地；"兼容并包、学术自由"、"厚德载物、自强不息"至今仍是中国大学所推崇的办学理念；西南联大艰苦办学的精神更让今人由衷赞叹。

大学文化是大学之根，特定的文化背景是大学生长、成长的肥沃土壤，文化的影响力持久而深远，没有浓郁的大学文化熏陶、浸染，也就很难产生出一流的人才、成果。

## 二、文化竞争力彰显内涵

文化的影响重在内部张力的渗透与感召，彰显出深刻的内涵与底蕴。就大学文化而言，既凝聚为形而上的深层思想与精神，也固化成特色鲜明的个性制度与作为，有着具体的活动与载体，其竞争力恰恰体现为大学自身的实力与个性，从表象、特征以及属性方面显示出大学的真正内涵。

大学文化是一个综合体，其构成可大体分为顶层理念、宏观思想、大学制度、文化活动等四个层次。

办学理念、大学精神是大学的最高宗旨，哈佛"与真理为友"、耶鲁"光明与真理"、北大"兼容并包"、清华"厚德载物"、浙大"求是"精神等，体现出大学的崇高学术追求和崇尚真理的坚定信念，是大学文化的顶层理念。而宏观思想则包括办学思路与大学特色，如麻省理工创始人威廉·巴顿·罗杰斯校长所倡导的"在实践中学习"的思路，斯坦福特曼"学术尖顶"的构想，芝加哥学派"研究工作是学校的主要工作"的理论主张，以及巴黎高师"精品意识"的人才培养特色，反映出大学办学的指导思想，形成了鲜明的办学特色。大学制度集中反映出大学的管理文化，例如美国大学的教授会、董事会、教师评议与聘任中"非升即走"的制度，哈佛的"核心课程"、"斯坦福—硅谷模式"等，鲜明地彰显出大学在体制与机制管理、运行中的独特文化，而大学发展规划、内外部战略，则更加显著地代表了管理的水平。文化活动是大学文化最直接的呈现，载体是教师和学生，通过学术交流、教学科研、科技竞赛、文体活动等一系列活动予以展现，蕴涵了大学的校风校貌、校训校格、人情风物等，是最典型、最直观的大学品格。

大学文化竞争力仍是软实力，其坚实基础仍在于学科、人才、教学、科研等各方面的硬指标，即大学的真正内涵与实力；文化的竞争力体现出偶然中的必然，是长期孕育与积累的结果，特别是在重大领域的科技突破与发现上，是厚积薄发的典型验证，而注重大学文化竞争力建设的意义正在于此。

## 三、风骨气韵是文化之魂

老子《道德经》云："大音希声，大象无形。"若以大学文化的竞争力而论，其本质精髓恰在于风骨气韵，虽不能准确地描绘出形态实体，却可以切实地感受到其存在与影响；而正是这种最核心的文化本质，成就了大学之"大"，孕育了独立思考、学术自由、批判反思、革新创造的独特大学文化。

大学文化，形象地说，就是一所大学性格、个性的典型特征，而风骨、气韵则是理念、思想、制度、活动的结晶与凝聚，集中表现了文化的内涵，乃大学文化之魂，其要素组成在于"大师、大气、大智、大节"。

"大师"是大学的灵魂，"大学乃大师之谓也"。大学最重要的核心竞争力在于教师，学术大师则是典型代表，他不仅是具体的人，更是大学文化的象征符号，牛顿、爱因斯坦、洪堡、蔡元培、梅贻琦、竺可桢，科学巨匠与教育名家与大学交相辉映，是大学造就了大师，还是大师塑造了大学，甚至无法完全分隔。文化来自于人文，人的创造性是任何物所不能替代的，大师必然也是大学文化的本质核心。

"大气"是大学的胸襟，应有包容之体、兼蓄之怀。大学应倡导学术自由之风，"有容乃大、无欲则刚"，涵养海纳百川的气魄，兼修科学与人文的精神，具备国际视野、开放意识，形成浓郁的学术氛围，百家争鸣、百花齐放、独立思考、敢于批判，这是大学应有的胸怀，也是大学文化必有的气度。

"大智"是大学的韬略，创造知识、传播文明、引领创新、推动发展，大学是智力库和发动机。大学知识密集、人才汇集、学科领头、研教并举，人才培养、科学研究、社会服务三大功能兼备，创造知识、运用知识解决社会发展、人类进步的实际问题，是大学最重要的责任和使命。大学应有足够的智慧去发掘潜力、发挥优势，在知识贡献、人才支撑、成果转化上未雨绸缪、率先引领，以智力、人力、思想、成果造福于社会和人类，成为知识的源头、思想的宝库。

"大节"是大学的品行，代表大学的原则、操守。为人讲究气节，要有准则与规范；大学也有原则，坚持有所为有所不为，体现大学意志、凸显文化风骨。正如哈佛大学拒绝了里根总统授予荣誉博士学位才肯出席 350 年校庆的要求，比尔·盖茨辍学 30 年后才获得哈佛学位，大学应有独特的品质节操，秉承学术宗旨、遵守大学宪章。1912 年，蔡元培先生在《对于新教育之意见》中提出："政治家是以谋现世幸福为其目的，而教育家则以人类的'终极关怀'为其追求。故而前者常常顾及现实，而后者往往虑及久远。"大学引领发展，"大节"必须坚守。

## 四、大学文化要卓而不群

大学在发展，文化要创新。大学文化既延续着历史传统，也创造着未来变革，是不断发展更新的意识形态。文化的渗透与影响潜移默化、历久弥新，建设什么样的文化，就会孕育什么样的人才与成果。大学文化要卓而不群、独具个性，才能在多元化的格局中立足、发展。

西安电子科技大学源起于 1931 年红军长征时期的"中央军委无线电学校"，是我党我军亲手创建的第一所工程技术学校，随着中国革命星火燎原之势不断发展，经历了红军长征、抗战硝烟、塞北烽火洗礼，最终在西安扎根，成为闻名遐迩的"西军电"，曾是 1959 年全国首批 20 所重点大学之一。

今天的西电，以工为主、理工结合，多学科协调发展，电子信息特色鲜明，国防研究优势突出，人才培养质量过硬，享有良好的学术声誉和社会口碑。77 年的风雨磨砺，铸就了西电的独特文化，形成了鲜明的"军电精神"，即坚而无畏、韧而有为的"磐石精神"，知难而进、迎难而上的"开拓作风"，精益求精、一丝不苟的"笃实品格"。

从长征路上办学、半部电台起家到产生出我国第一部气象雷达、第一套流星余迹通信系统，乃至"杀手锏"雷达武器、WAPI 国家标准、"嫦娥一号"、"神七"伴飞小卫星图像压缩系统，西电人的心血和智慧倾洒在国防与国家信息化建设的历史画卷上；从孙俊人、毕德显、罗沛霖、陈太一、保铮等前辈学术大师，到王越、郭桂蓉、张锡祥、包为民、张尧学、柳传志、王中林、苟仲文、杨宏等大批杰出校友，西电英才不仅开辟了学科先河、创造了一流成果，还正在为国家信息化建设贡献着青春和力量，谱写着一曲曲奉献之歌。艰苦奋斗、自强不息、埋头苦干、实事求是，构筑成学校"军电精神"的本质精髓，形成了西电文化的核心风骨。

面对信息化战略、科技强军、西部大开发，紧密服务于创新型国家建设，"以服务为宗旨、在贡献中发展"，西电秉承光荣传统、焕发竞争活力，"厚德、求真、砺学、笃行"，强化大学内涵、发扬"军电精神"、发展大学文化，正向着国内一流、国际知名的高水平研究型大学目标大步迈进！

# 破 解 制 约 难 题　 实 现 创 新 发 展

段宝岩

(《中国高等教育》2010 年第 2 期)

行业特色型大学具有深厚的学科与工程背景,形成了鲜明的办学特色,是国家高等教育体系中一支重要的骨干力量。经过 20 世纪 90 年代国家"共建、调整、合作、合并"体制调整之后,行业特色型大学的发展面临新的挑战。原有优势面临弱化风险,学科面窄制约横向拓展,服务行业振兴与区域发展需进一步转型适应,内涵建设与外部拓展还存在许多困惑,战略发展仍有些许迷茫。因此,思考高水平行业特色型建设之路,破解制约创新发展的难题,实现平稳转型和创新跨越,是这一层次和范围内的大学必须认真面对和解决的重要课题。

## 一、 制约发展的主要问题

今天的行业特色型大学,已经不再是过去单纯的行业院校,历史需要继承,未来更需要开拓,建设高水平的行业特色型大学应当成为现阶段发展的主要目标。但随着体制划转、形势变更,激烈的挑战竞争,带来的不仅是对原有特色与优势的强烈冲击与影响,更有着紧抓机遇、乘势而上、革故鼎新、转型适应的崭新意义,而努力解决制约问题、认真思考创新发展,则是战略选择的关键。

当前,制约高水平行业特色型大学建设与发展的问题,主要有三个方面:

首先,行业特色与优势面临被弱化的风险。行业特色型大学源于行业、扎根行业,特色与优势形成的深厚基础在于行业,虽然曾分属于农业、林业、水利、地质、矿业、石油、电力、通信、化工、建筑、交通等不同部门管理,也存在各有差别的情况,但在培养行业人才、注重工程应用、形成学科特色与行业优势上却大体相似,办学特色十分鲜明。随着市场经济的发展,行业垄断被打破,行业界线逐渐开放,行业竞争愈加激烈,脱离了行业直接隶属与紧密联系的行业大学,原有特色与优势不再是"独家风光",面临被弱化、被分化的风险。

其次,内涵建设与外部拓展受到一定制约。培养人才是大学的根本任务,内涵建设应以人才培养为主,而行业特色型大学较单一的培养模式,宏观视野欠开阔、人文素养待加强的不足，难以适应创新人才培养的实际需求。同时，由于管理关系的变迁，外部拓展受到一定程度的制约，建立共建机制、合作机制需要付出更大努力，拓展新领域、新方向仍然存在很大困难。

第三，办学定位和发展方向仍然存在困惑。行业特色型大学虽然有了初步的定位、目标和方向，要立足行业、着力拓展、巩固特色、形成优势，向高水平大学甚至具有特色的世界一流水平行列努力，但对战略重心、发展重点、政策导向、横向合作等实际问题还存在一定的困惑，国家层面的针对性指导仍未十分明确，有关的政策与机制还有待积极探索研究。

## 二、解决问题的主要途径

高水平行业特色型大学的发展，是一个长期的历史进程，需不断探索、积极推进。外因是条件，内因是关键，解决制约问题的关键，仍在于大学自身，不仅要不断增强内部实力、主动适应形势发展，也要积极开拓外部空间、努力争取多方支持，在内外部战略的紧密互动中找到重点突破载体，实现平稳顺利转型。

其一，以学科建设为龙头，着力巩固学科优势。学科建设是旗帜，大学的内部建构以学科为主线，构筑了平台、汇聚了队伍、形成了特色，学科与专业的发展，集中代表了行业特色型大学的实力与水平。加强学科建设，应不断巩固优势、努力形成尖峰，带动和促进教学、科研，发挥行业特色、突出工程实践，争取在行业创新的关键、核心技术上实现重大突破，全面提升学科水平。新中国科技发展史上，从两弹一星、人工合成牛胰岛素、杂交水稻、巨型计算机、南极科考、三峡大坝到神舟飞船、探月卫星等，许多重大突破集中在工程领域，许多行业院校也参与其中，彰显了学科综合的实力与水平。只有形成学科优势，才能确立竞争优势，为行业领域的振兴提供人才、知识、技术、成果的全方位服务，避免行业联系被弱化、被分化，立足行业振兴，实现更大拓展，为寻找长远发展的支撑学科开辟新路径。

其二，以人才培养为根本，不断提升培养质量。人才培养是大学的根本任务，行业特色型大学也不例外，提供高质量的人才支撑、高水平的智力服务，是大学工作的坚实基础。而培养卓越的工程师，则是行业特色型大学对国家建设和社会发展的最直接贡献。新形势下，行业特色型大学更应在人才培养模式上更新调整，完善课程体系、加强实践教学、注重能力培养、强化素质教育，适应行业创新对人才需求的新变化、新需求。培养人才是大学最重要的功能载体，也是区别于科研院所、行业企业的最主要功能定位，应当以培养拔尖创新人才为突破，实现行业特色型大学向高水平、特色型道路的发展转型，带动整体办学思想、育人理念、培养模式的更新与创新，着力培养一专多能的行业拔尖人才，研究推进行业创新的核心技术，产生引领产业升级的一流成果。

其三，以合作交流为平台，紧密加强内外互动。内外互动是行业特色型大学创新发展的关键。大学要以校所合作、校企合作、行业、区域协作等为平台，加强联系、实现互动。通过建立校董会、聘请校外导师、创建跨行业战略联盟、提供面向社会服务等方式融入行业建设、参与区域发展。世界著名的一流大学，十分重视建立各种战略联盟。建立面向社会的全面服务，是内外互动的有效途径，行业特色型大学只有融入区域、融入社会，才能获得更好发展。

其四，以文化建设为基础，努力扩大辐射影响。文化是大学永久的生命力。行业特色型大学要以大学的创新文化来熏陶并影响行业创新与区域发展。我国的行业特色型大学在长期的办学实践中，积累并形成了自身的特色文化，与所在地建立了良好的合作关系，大学的文化不仅对人才培养产生重要作用，也对行业振兴和区域发展具有重要意义，发挥着熏陶、浸染的潜在影响。增强文化的软实力，孕育具有行业特色和底蕴、影响区域文化和生活的大学文化，是行业特色型大学的必尽之责。

总之，解决制约高水平行业特色型大学发展问题的途径不仅在于外部环境与条件的改善，更在于大学自身适应能力的增强、内涵实力的壮大，问题的出现具有历史性，推进改革进程需要分阶段实施、平稳转型，不能一蹴而就。目前，应对金融危机，国家的4万亿投资规划、重大产业振兴规划以及战略性新兴产业发展规划，都为行业特色型大学的发展提供了大好机遇，我们要迎接转机、循序渐进，在发展中破解难题，在探索中找准路径。

## 三、战略发展的思考建议

建设高水平行业特色型大学，不仅要解决当前问题，更要着眼长远发展，要从国家战略指导、建立校企联盟、密切横向合作、拓展国际交流等方面着手，创建宽松、得力的内外部环境，提供坚强的政策支持，搭建广阔的互动平台，建立科学的评价机制，在服务行业振兴、区域发展、国家重点战略的历史进程中，实现高水平行业特色型大学的创新发展。

为此，有以下三点建议：

第一，共建行业特色型大学应列入国家层面战略。共建是推动大学开放拓展的有效途径之一，2004年以来实施的省部共建，使16所欠发达地区的高校获得了当地政府的全面支持，有力地推动了中西部地区关注大学发展、加强区域协调的工作力度和积极性。行业振兴是国家当前工作中的一项战略重点，更关系到经济与科技的长远发展。行业特色型大学是行业振兴的人才库、智力源，其地位与作用不可替代，虽然通过努力，各自程度不同地初步与行业部委实现了战略合作，但共建的力度还不够强、重视的程度还不够高。而解决行业特色型大学发展的制约难题，涉及到教育与科技、经济的协调，与市场、企业的联系，与行业、区域的互动，是一项系统工程，只有在更高层面上的引导与重视，才能切实地推进这项工作。因此，建议把共建行业特色型大学列为国家层面的战略，与行业振兴、新兴产业发展相匹配，充分发挥大学的人才支撑、智力支持作用，为行业振兴提供强有力的源头保障。

第二，大力开展行业大学校企联盟深层合作。行业特色型大学之所以形成了今天鲜明的行业特色，就是因为长期服务于行业发展、与行业企业保持着密切的联系，知识的创新、技术的更新、人才的成长，均来自于扎根行业企业的长期实践。目前，很多大学已经意识到实施校企合作的重要性，也积极推进了校企、校所之间以及大学与行业部委之间的联系与合作，但与企业之间的深层实质性联盟合作还不够，企业参与联盟合作的积极性也不均衡，大学与企业在合作模式、关注重点上也略有差异。加强行业特色型大学与企业的深层次联盟合作，需要以重大产业项目为牵引，集成企业、院所、大学的综合资源，在行业尖端技术、共性技术的自主攻关上优势互补、加强合作；需要以产学研平台为基础，发挥大学的学科与人才优势、调动企业投入研发的积极性、鼓励产生成果、专利的主动性，进一步完善行业振兴、区域发展的创新链，推动产学研合作向更深层次、更高水平发展。

第三，建立多元化支持与投入、评价与激励的机制。多元化的导向、投入与评价、激励机制，是促进高水平行业特色型大学获得持续发展的长久动力，保证行业特色型大学的健康持续发展需要有国家的政策支持、多方的资金投入、社会的科学评价和有效的激励举措。美国《莫雷尔法案》推动下的赠地运动，直接催生了农工学院的蓬勃发展，"威斯康星"思想的诞生，深化了大学社会服务的基本职能，分类评价的科学体系，是促进美国大学合理发展的条件和氛围。我国加强对高水平行业特色型大学的支持，不仅需要从国家层面给予政策指导、优惠投入、重点倾斜，也需要行业部门、大型企业积极参与建设，实现互动发展，需要结合区域经济的战略规划，把行业特色型大学的人才与智力引入到区域创新的体系之中，发挥引领作用、增强创新能力。同时，要建立起科学完善的评价机制，针对行业特点、大学特色、区域特征，准确、如实地评价行业特色型大学的贡献与发展，加强实证研究，为国家、行业部委以及地方政府出台激励政策提供科学依据，切实提高政策决策、资金投入、校企合作对推进高水平行业特色型大学建设的力度和深度，使其在国家建设、行业振兴、区域发展、社会进步的进程中做出更大的贡献。

# 大学之道　以人为本

段宝岩

（《中国高等教育》2010 年第 8 期）

　　大学是人才与知识的集聚之地，是学术和文化的孕育场所，是彰显科学与人文精神、促进人的全面发展的重要源头。大学之道，以人为本。在大学里，教师和学生是两类最主要的主体，而大学的根本使命就是通过教师的"传道、授业、解惑"对学生施加教育影响，培养出社会发展和国家建设需要的高质量人才，提供强有力的人才支撑和智力支持。"教育以育人为本，以学生为主体；办学以人才为本，以教师为主体。"在学习实践科学发展观活动的推动下，我国大学如何贯彻"以人为本"的教育理念，怎样实现人才培养模式的改革与创新，如何进一步构建具有特色与生命力的大学文化，怎样推动大学的科学发展，都迫切需要从定位、布局、机制、举措等各方面予以系统思考、整体统筹。

## 一、人才培养是大学的根本任务

　　现代大学从诞生到发展，始终与人才培养的基本职能紧密联系，不同历史时期、不同阶级统治、不同社会发展所产生的人才培养需求，构成了大学之所以存在并延续的共同任务，培养人才是大学的根本任务。

　　最古老的意大利博洛尼亚大学、萨莱诺大学成立之时，以培养神学、医学、法学等专门人才为主要目的，适应贵族阶级加强统治的需要；14 世纪～16 世纪的欧洲文艺复兴运动，启迪了西方人本主义思想，促进了现代大学的发展，培养目标开始向人的主体性需求发展；18 世纪第一次工业革命催生的英国大学，凝聚着"英式教育"的绅士风采，19 世纪第二次工业革命孕育的"洪堡思想"，体现出德国大学严谨的研究风格，人才培养与学术追求、科学研究融为一体，拓展了新的大学功能；而当代以"熔炉式"教育为特色的美国大学，把人才培养、科学研究与服务社会三大功能集于一身，使大学与市场、经济、国家、社会之间的关系更加密切，使人才培养的价值进一步显现。

　　我国古代《大学》提出的"大学之道，在明明德，在亲民，在止于至善"，以及"格物、致知、诚意、正心、修身、齐家、治国、平天下"，则把加强人的自身修为作为重点，特别强调以德为先、推己及人，从而达成人生自由的境界，"学而优则仕"，教育的宗旨在于培养为封建时代阶级统治服务的人才。

　　"五四"运动以来，中国近代大学在"中学为体、西学为用"的探索与学习中发展成长，曾经出现了"西南联大"的辉煌，奠定以后国家高等教育发展的坚实基础。建国后，在原苏联教育模式的影响下，二十世纪五、六十年代确立了以培养专门技术人才为主的高等教育体系，学科、专业、课程设置、培养模式也大体因袭，切实解决了当时历史条件下国家各行各业百废待兴、建设发展的基础性难题，培养了大批急需人才，积累了工程教育和基础教育等多方面的宝贵经验。

　　改革开放 30 多年来，我国的大学从边缘地带逐步走入社会中心，经历了与改革开放同样翻天覆地的变化，在改革中发展、在发展中改革，重新构建起规模齐备、体系完善、适应社会主义市场经济建设与发展的人才培养体系，不断融入科学研究与社会服务的现代职能。1999 年扩招后，大学的发展迅速步入快车道，高等教育的大众化时代来临，"造就数以亿计的高素质劳动者、数以千万计的专门人才和一大批拔尖创新人才"成为现阶段我国大学的主要任务，学术追求、知识创造、科学研究、社会服务与人才培养的根本使命已经紧密结合在一起；为创新型国家的建设提供最有力的人才支撑和智力支持，是大学不可推卸的责任和义务。

　　综观古今中外的大学发展史，培养人才是大学三大功能中最根本的使命。在大学里，教师和学生是最基本的组成元素，按照人才成长的规律和"教"与"学"实际需求发展大学，是大学办学非常重要的根本宗旨。离开了教师和学生的创造力，知识的传播与创造、学术的思辩与交流、科研的组织与开展、服务的提供与支持，只会变成无本之木、无源之水；离开了教师和学生作为"大学人"的因素，其他所有的指标、机构、设施、设备等等，都会因为失去了主要的有效载体而显得毫无意义。

　　因此，"以人为本"应当是大学最基础、最根本的办学理念；培养英才、汇聚大师，大学只有"人脉"兴旺，才能真正实现不断发展。只有"人"的因素得到充分重视，"人"的潜力得到最大发展，大学的设施、设备、学科、专业、成果等其他资源才能真正地发挥作用、产生价值；只有为国家建设和社会发展不断输送大批有用之才、有识之才、栋梁之才，大学的事业才能实现可持续发展、科学发展。

## 二、培养人才应当遵循客观规律

　　以人才培养为根本使命的中国现代大学，近年来却在创新人才的培养方面走上一个相对尴尬的境地，在一定程度上表现出"重规模轻内涵、重数量轻质量、重硬件轻软件"，存在浮躁心理、功利思想，缺乏沉稳心态、淡泊品质，使大学不能完全集中精力搞好人才培养，制约了创新人才的健康成长。造成创新人才培养困难的现实原因很多，但归根结底仍在于大学自身如何作为，如何按照创新人才的培养规律来造就人才。培养创新人才，不能急于求成，更不能盲目速成，而要站在历史的高度，从现实的角度出发，仔细分析原因、切实解决问题，从顶层设计、体制机制、客观现实性、主观能动性等多方面予以综合考虑，针砭时弊、拿出切实可行的方案和举措。

## 1. 人才产生与时代发展紧密相关，要结合时势准确定位

时势造英雄，不同的历史时期造就不同的杰出人才，不同的发展阶段也会有不同的培养目标。从 17 世纪～19 世纪，世界科学中心发生了 4 次大转移，从英国、法国、德国到美国，先后涌现出牛顿、瓦特、普拉斯等一大批科学巨匠和发明大师，他们的伟大成就往往与当时社会的背景息息相关；而步入到 20 世纪大科学时代以后，鲜有集大成者，更多的是团队力量、集体智慧，以至近年来一项诺贝尔奖往往为两人或多人共同获得，而现代科技的迅猛发展已经把创新人才的培养推向了新层次。

我国目前正在处于关键的建设发展期，经济社会正步入发展新阶段。与此同时，从人口资源大国向人力资源强国转变的建设任务还十分艰巨，创新人才培养的机制和体制还不够完善，也是处于关键的"转型蜕变期"，构建起合理的"金字塔"式人才体系还有很长的路要走。而目前对于大多数大学来说，要真正扎实做好的工作，是打牢"金字塔"的底座、夯实创新人才培养的根基、营造创新文化的浓郁氛围。对此，要有充分的形势预估，摸清形势、准确定位、推进改革、稳步发展。

## 2. 人才成长与国家战略密切联系，要瞄准目标设计顶层

培养创新人才的主要动力在于大学，但人才的成长却与国家战略的导向密切相关，国家对人才规划的顶层设计与引领，直接影响着创新人才的快速成长。

第一次工业革命时期英国从农业、商业向工业主体转变，在曼彻斯特、利物浦、伯明翰等地建立了新兴的城市大学，适应"蒸汽时代"的人才需求着力培养科学家、工程师和管理者；而牛津、剑桥也提出变革，加强理工科教育，卡文迪什实验室得以设立；二战后英国政府极力推进大学与工商界的全面合作，"剑桥科技园"诞生。第二次工业革命发生在德国，"洪堡思想"启迪了教学与研究相结合的实践，大学自治、学术自由、重视科研，为德国引领"电气时代"奠定了人才与知识的坚实基础。二战时，美国芝加哥大学、麻省理工学院等大学积极参与到"曼哈顿工程"以及雷达的研发中，主动担当起承接重大工程项目的任务，而"硅谷"、"北卡三角区"、"128 公路"的产生，则进一步

把大学、企业、政府紧密联系在一起，掀起了"信息时代"的新高潮，使大学的人才培养与市场需求、国家战略目标一致、相互协调。近年来，发达国家仍十分关注大学改革和创新人才培养，加强顶层设计，为创新人才的培养不断注入新活力。

我国实施"科教兴国"、"人才强国"战略以来，"211 工程"和"985 工程"建设成效显著，大学已经成为国家科技创新的重要生力军。但不容忽视的一个现实问题是，高端人才、创新人才十分缺乏，重点要加强国家对创新人才培养的总体设计与长远规划。要从人才需求的实际出发，规划、设计创新人才培养的目标、定位、路径、举措，强化大众化教育背景下的精英人才培养；要以国家重大需求为载体，培养、锤炼优秀的创新团队，在重要领域和重大课题上率先实现突破；要着力解决制约创新人才成长的体制机制问题，积极创造有利于杰出人才脱颖而出的环境氛围。

### 3．人才供给与市场需求相辅相成，要根据需求调整培养策略

在某种意义上看，人才是大学最主要的成果，为国家建设和社会发展提供强有力的人才支撑和智力支持，是大学创新能力的重要体现。人才供给与市场需求之间的关系十分密切，处理好二者之间的平衡关系，不仅有利于经济社会发展，而且有利于人才培养及就业问题的解决。

1952 年的全国高校院系调整，按照前苏联模式开展了以培养各个领域急需的工程建设人才为主的高等教育改革，适应建国初期计划经济的发展需求，也奠定了新中国高等教育的基本格局。1999 年开始实施的新一轮"共建、调整、合作、合并"改革，解决了高等教育旺盛需求与供给不足之间的矛盾，近 10 年的时间里大幅度地提升了高等教育的毛入学率，高教规模获得了历史性的发展。当前，高等教育发展的主要问题是提高质量、培养创新人才，要注重大学的内涵建设，解决毕业生就业的突出问题，加强人才培养与经济发展、社会需求之间的紧密衔接与联系，加强产学研结合，把学历教育、素质教育、实践教育和创新教育相互融合，在调整中开拓、在改革中创新。

因此，对于普通高校分层次、分类别的办学原则、规划设计与评价体系的宏观思考，就显得十分重要。政府部门、大学、企业及其他市场用人单位之间应进一步加强联系，建立起对人才培养、需求、供给之间紧密衔接的有机链条，加强产学研合作，加强全面交流，为大学、市场、企业搭建人才、成果、技术、智力的有效交往平台，为创新人才成长创造条件、提供土壤。大学本身也应当根据需求适时调整培养策略，要真正办出特色、办出水平。

### 4．人才培养与教育规律密不可分，要按照规律造就英才

教育有其自身的客观发展规律，例如教育教学工作中"有教无类"、"因材

施教"、"教学相长"等原则与方法，充分说明了人才培养的复杂性和长期性。人才培养是一个渐进式的复杂过程，受社会、家庭、文化等大环境影响，也与个人的兴趣、特长、爱好等素质紧密相关，人才的成长更是有其阶段性的特征，机遇、能力、学识、人品等因素都发挥着重要作用。创新人才的成长更受到多重因素的制约，创新意识、思维方式、实践经历、文化浸染，都对创新人才的成长产生着重要的影响。

培养和造就创新人才，不仅要靠个体主观能动性的努力，也需要大学整体教育功能的发挥。大学教育"追求真理、崇尚学术"的理念、精神、机制与氛围，可以造就出一大批创新人才，尊重知识、尊重创造、以人为本、激发创新，按照创新人才成长的规律培养英才，是这些世界一流大学之所以长久不衰的重要秘诀之一。因此，要从大学的根本办学理念入手，积极构建科学的现代大学制度，以创新的意识启迪创造的思想、激发创新的思维，倡导学术自由，拟定软硬结合、宽严适度的指标考核与评价体系，开辟多渠道、多方位、多层次的实习实践活动，鼓励奇思妙想、包容与众不同，允许人才的个性在共性发展中脱颖而出，使创新人才的培养不拘一格、百花齐放，使大学的办学步入正轨、回归本位、提高质量，真正办出特色与水平，真正为创新人才的成长创造有力的外部条件和平台支撑。

## 三、改革模式重在秉承以人为本

培养创新人才体现出大学追求真理、崇尚学术的至上理念，包含着兼容并包、学术自由的大学精神，是大学生存与发展的立足之本。以美国大学的创新教育为例，分权制、学分制、教授会、公立与私立并存、多元化筹资办学渠道，从体制和机制上为其创新人才培养创造了有利条件，但真正促进创新人才培养的关键因素仍在于大学本身，尊重人才成长规律、以人为本，尊重知识创造规律、崇尚学术，在教育教学的培养模式上下功夫，切实推进了创新人才的培养。如斯坦福大学特曼教授提出了"学术尖顶"构想，打破均衡传统、采取特殊举措、吸引顶尖人才；哈佛大学核心课程体系的设立与完善，是通识教育模式的典型代表；普林斯顿大学的本科创新人才培养的12条标准，则体现出从理念、目标到实践的相互一致。现阶段，我国大学在创新人才培养上，不应只是盲目模仿、照搬照抄，而要进行深入研究、仔细分析，重点是结合国情战略、经济主体、社会趋势、大学实际进行培养模式改革的深入思考，在创新理念、课程体系、教学方式、实习实践、文化构建等方面着力加强针对性改革，优化模式、强化机制，有目标、有步骤、有计划地推进教育教学模式的改进与完善。

其一，坚持以人为本的办学理念。办大学，要追求学术、发展学科、开展教学科研及服务社会，但中心任务是培养创新人才。汇聚一流的教师、培养一流的学生，是贯穿于各项具体任务的核心要素，人才杰出，大学才能强盛。同时，大学也不同于政府、企业，大学是适合于人的全面发展的独特场所，思想的相互交流、思维的自由碰撞，构成了独特的大学文化，人的潜质与潜能得以发挥，有利于培养具有创新意识和能力的杰出人才。以人为本，是大学办学必须始终坚持的核心理念。

其二，健全、优化新型课程体系。课程体系的设置与更新，对于学生建立合理的知识结构起着十分重要的作用，学科与专业的最新发展应在课程体系中有所体现、及时跟进，人才的培养目标应与教学大纲高度一致、紧密衔接。目前，一些学校的课程体系建设滞后于学科与专业的发展，健全和优化新型的课程体系应当引起足够的重视。要结合研究性学习的需求，积极探索完全学分制的实施，设置有利于启发思维、启迪思想的前沿性、探索型课程，强化教学互动、教学相长，在加强知识基础、学科基础、专业基础的前提下，进一步激发学生的学习与研究兴趣，有意识地培养创新思维。通过健全、优化新型的课程体系，努力达到全面提升教学理念、提高教育水平的目的。

其三，着力推进教学方式的改革。课堂教学是长期普遍存在的教学方式，要在此基础上，进一步加大改革力度，切实转变以知识传授为主的传统模式。一方面，课堂教学应以过程演示、启迪思维为重，避免照本宣科、千篇一律，知识性的内容倡导自学，研究的方法重在启发，加强思想交流、课堂互动；另一方面，要大力加强实习与实践环节，通过实际的操作和实践，理解创造知识的过程，激发灵感、引发兴趣，学以致用、活学活用。此外，还应强化学生的社会实践，让学生的综合素质和全面素养得到实际的锻炼和提高。

其四，积极构建大学的创新文化。极力屏除当前浮躁心理、功利思想在大学校园里的负面影响。积极引导广大教师投身学术、淡泊名利，树立良好的职业道德和学术规范，为人师表、率先垂范；着力营造浓郁的学术氛围、构建宽松的人文环境，提倡包容、吸纳、和谐、向上的思想，反对功利、浮躁、排挤、平庸的作为，用创新文化的思想影响人、熏陶人、塑造人，使学生和教师这两个大学中最为重要的群体和谐、融洽、互动、互进，为早出人才、出好人才、培养大批的创新人才而共同努力。

# 实现协同创新的关键是体制机制改革

段宝岩

(《中国高等教育》2012 年第 20 期)

为了积极贯彻落实胡锦涛主席在庆祝清华大学建校 100 周年大会上的重要讲话的精神，特别是关于"积极推动协同创新"的要求，教育部、财政部启动实施"高等学校创新能力提升计划"(简称"2011 计划")，旨在加强高校与科研机构、行业企业之间的深度合作，构建"政产学研用"协同创新的崭新模式，加快创新型国家建设。实现协同创新，关键在于改革体制机制。

## 一、推动协同创新存在的问题与障碍

我国现代科技事业的发展，经历了从建国初期"零起步"、上世纪 50 年代～70 年代产生以"两弹一星"为代表的重大突破，到改革开放 30 多年来突飞猛进的艰难历程。科研机构从无到有，科研力量从小到大，科技活动从计划经济时代的统一指令模式，发展到大学、行业、企业蓬勃发展、百花齐放的市场经济条件下的崭新局面，科技进步日新月异，事业发展有目共睹。

计划经济时代，采取"集中力量办大事"的模式，在资金、设备、条件等要素十分紧张的情况下，我国科技发挥了很好的协同作用，实现了若干项目的重大突破。市场经济条件下，科技总量与实力虽然得到了很大提升，但应对知识经济挑战、大科学时代要求，准备明显不足，在学科分化、行业细化之后，大系统的有效协同成为新的问题。

当前，我国科研力量主要有企业研究机构、政府研究机构、大学这三大群体，各自独立运行，分散、封闭、低效，互动交流不够、协同统筹缺乏，各方的管理自成体系，各方的利益难以统筹，制约着创新能力的快速提升。总体来看，存在的主要问题和障碍有三点：

管理隶属的隔阂。不同行业、不同部门仍局限于本身的管理隶属关系之中，纵向资源获取多、横向资源争取少，缺乏跨行业、跨部门之间的协作协同，资源获取"隔行如隔山"现象依然存在，不利于学科交叉与融合，不利于消除重复研究的弊端，在很大程度上制约着协同创新。

市场因素的影响。建设中国特色社会主义市场经济，诞生的大量企业，已

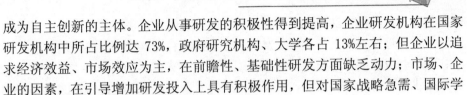

成为自主创新的主体。企业从事研发的积极性得到提高，企业研发机构在国家研发机构中所占比例达 73%，政府研究机构、大学各占 13%左右；但企业以追求经济效益、市场效应为主，在前瞻性、基础性研究方面缺乏动力；市场、企业的因素，在引导增加研发投入上具有积极作用，但对国家战略急需、国际学术前沿等重大系统创新方面支持不足。

人才、资源与成果共享的壁垒。企业研究机构、政府研究机构、大学之间存在不同的利益追求，缺乏开展深度合作、互动融合的有效机制与科学分工，创新力量各自为战，创新资源分散、效率不高，在人才、资源与成果的共享上存在壁垒，制约着实质性系统合作与联合攻关的开展。

总之，高等教育与科技、经济、文化有机结合的力度不够，应当形成的创新体系有机链条未能形成，在体制、机制上存在着障碍与壁垒，束缚着国家整体创新能力的提升。

## 二、实现协同创新的关键在于体制机制改革

协同创新，本质上是一种管理创新，它不同于原始创新、集成创新以及引进消化吸收基础上再创新的三种创新，而更类似于加强"软科学"管理，通过大的系统协同、力量整合、结构优化，使不同的创新主体在整个创新系统中达成一致，构建新的稳定的机构体系，形成强劲的内驱力，从而完成外在的统一目标。

按照协同理论和系统论的基本观点，解决一个复杂大系统的协同问题，需要由属性不同的各个子系统发生相互作用和协作，经历从"无序→有序"、"旧结构→新结构"的演化过程，产生协同效应和自组织功能，从混沌状态转而生成新的稳定结构，增强内驱力，实现整体的创新目标。因此，实现协同创新，关键在于子系统之间的相互作用，改变结构模式、改革体制机制，加强创新主体间的相互协同与适应，以提升大系统的整体创新能力。

"2011 计划"的启动实施，明确了"国家急需、世界一流"的要求，强调了"人才、学科、科研"三位一体的重点，提出了"需求导向、全面开放、深度融合、创新引领"的原则，为体制机制改革提供了新契机，就如何解决协同创新的难题指明了新的方向。该计划在当前推进不同创新主体相互协同、改革体制机制方面具有重要作用：

搭建协同创新的有效平台。高等教育是科技作为第一生产力和人才作为第一资源的重要结合点，大学的基本功能是人才培养、科学研究、社会服务、文化传承。追求卓越、崇尚真理、引领发展是大学的办学宗旨，而开放包容、兼容并蓄的大学文化则是形成协同创新文化的深厚土壤。大学本身就是协同创新

的主体之一，实施"2011计划"，建设一批协同创新中心，以此为平台，不仅可以有效促进学科交叉与融合，发挥人才支撑与智力支持的重要作用，也有利于体制机制改革的探索与实践，充分发挥大学在人才和学科方面的独特优势，有效推进校所、校企、校地、校校之间的深入合作，突破现有体系的束缚，构建新的稳定结构，为实现更大范围的协同创新探索路径。

加快构建协同创新有机链。大学是协同创新有机链上一个重要的衔接环，实施"2011计划"是破解协同创新难题的开始，而要实现全方位的协同创新，还必须加快构建协同创新的有机链，在需求引领、源头创新、前期研发、产生成果、技术转化、市场应用等多个环节上系统衔接，形成上、中、下游的有机链，把人才、资本、信息、技术统筹融合，使创新主体的各个子系统相互作用、相互适应，逐步达到有序、优化的组织结构，增强大系统的整体创新能力，实现协同创新。著名的美国"硅谷"模式，就是依托斯坦福大学、加州大学伯克利分校等一流大学，政产学研用紧密融合，建构起政府、大学、企业的"三螺旋模式创新体系"，形成互动、互利、互惠的有效循环系统，大系统的内驱力得以形成并不断加强，实现了协同创新。

解决内涵发展的当务之急。提高高等教育质量是当前大学内涵发展的重要任务，大学服务社会的功能，应与服务国家战略需求、引领社会发展紧密契合，开放办学、互动发展，通过高层次的学科建设、高水平的科学研究，带动高质量的人才培养。大学创造知识、传授知识，不能脱离社会实践，特别是在大科学时代，更应当与科技前沿的最新研究、市场发展的最新动向紧密结合，与行业企业、生产生活积极互动，更新知识、更新观念，通过协同创新，为改革人才培养模式注入新的动力与活力，为提供更加丰富广泛的教育实践获取更多教育资源，培养出大批拔尖创新人才，支撑协同创新的可持续发展。

## 三、改革重点在于开放、整合、优化、提升

协同创新体制机制的改革应当"有破有立"，改革的重点在于资源开放、力量整合、结构优化、效率提升。

资源开放。当前，不同的创新主体通过共建合作、建立联盟、联合攻关、项目协作等方式，在一定程度上开展了协同协作，但是鉴于各方利益的不同立足点，在合作中彼此间的资源开放程度还远远不够，如信息资源、项目资源、实验室与工程中心资源、学术成果共享资源等，仍存在一定壁垒，缺乏彼此沟通了解、互动互惠的深度共享机制。为此，在保证创新主体各方基本利益和根本要求的基础上，应进一步开放科研、人才、学科的资源，促进信息、技术以及成果的共享，逐步打破壁垒，促进协同创新。为此，大学应发挥示范带头作

用，胸怀宽广、服务协同，架起交流、互动的桥梁，建设有效的衔接地带，以协同创新中心的建设为载体，深入推进创新体系全方位的资源开放。

力量整合。建设协同创新中心，搭建了协同的平台；整合各方力量，还需要有大工程项目的牵引。结合国家 16 个重大科技专项以及国防、民用大工程系统项目的实施，协同创新应为此整合力量，在大科学、大工程背景下，有效促进战略联盟、联合攻关、集体参与等模式在国家大工程项目的有机协同。协同来源于实践，没有大工程、大系统项目的牵引，协同创新就会缺乏应有的着力点，力量整合也就成为空谈。近年来我国载人航天、探月工程、预警机、航母等重大军事装备研制系统工程的实施，有力地证明了大系统项目对带动协同创新的重要作用。

结构优化。协同创新的建设核心是优化大系统的整体结构，以重大需求为牵引、以关键技术为核心、以人才支撑为根本，产生聚变，达到"1+1>2"的效应。在整合力量的基础上，应进一步优化机构，形成有效合力，使创新主体的内驱力逐渐增强，发挥倍增效应。为此，以实施"2011 计划"为突破，还需要进一步理顺不同协同创新中心所涉及的相关行业、部门及单位之间的关系，细化职责、明确分工、加强协同、优化结构，建立协同创新中心科学合理的管理体制与运行机制，使组织管理、人事管理、人才培养、绩效考核、文化建设取得新的进展，为建立协同创新长效机制积累经验。美国在"曼哈顿计划"的实施过程中，格罗夫斯确立了该计划优先权最高级的定位和军事管理服务于科研的目标，奥本海默领衔科学家团队，应用系统工程的思路和方法，建立了高效运行的内部优化结构，大大缩短了工程耗时，使这一举世闻名的巨大工程取得了圆满成功，堪称高效协同的典范，值得学习借鉴。

效率提升。协同创新的最终目的是提升创新能力、提高创造效率，产生巨大的经济和社会效益，为国家建设、社会发展做出实质性贡献。各个创新主体应当围绕这一最终目标，着力在提升效率上下功夫，避免把协同创新等同于简单的资源与利益再分配，而是通过自身在大系统中的准确定位和有效协同，切实提升子系统的创新效率，同时为大系统的整体协同做出努力，甘当绿叶、顾全大局，通过整体系统创新效率的提升，创造更加有益于自身子系统进一步发展的机会与条件。

# 致　谢

　　我任职校长 10 年所取得的工作进展，是基于广大教职工的辛勤工作，来自于管理干部兢兢业业的有力支持，得益于班子成员团结一致的共同努力。在探讨发展理念、商定工作思路、制订工作举措等一系列工作进程中，前辈、学友、同仁、同事、广大师生员工均提出了许多真知灼见，对本书若干文章的形成提供了很好的帮助。因此，本书在一定程度上集中了大家的智慧，特致以衷心的感谢！

　　任职期间，教育部、陕西省等上级领导在指导办学、政策咨询等方面对学校及我个人以很大支持，对学校的建设与发展提供了很多帮助，在此一并致以衷心感谢！

　　老校长保铮院士、北京理工大学名誉校长王越院士一直以来十分关心学校的建设与发展，为本书欣然作序。两位前辈的关心和鼓励让我终生不忘，当致以由衷的感谢！

　　本书编辑出版过程中，得到了学校出版社、曾与自己一起共事的办公室几位同志的帮助和支持，他们为本书的出版付出了很多心血和汗水，在此一并表示真挚的谢意！

作　者

2013 年 6 月